少年学国学

中华经典必读

周韵 主编

北京燕山出版社

图书在版编目（CIP）数据

中华经典必读 / 周韵主编 . — 北京：北京燕山出
版社，2024.2

（少年学国学）

ISBN 978-7-5402-6749-0

Ⅰ.①中… Ⅱ.①周… Ⅲ.①中华文化－少年读物

Ⅳ.① K203-49

中国版本图书馆 CIP 数据核字（2022）第 216276 号

少年学国学·中华经典必读

主　　编　周　韵
责任编辑　王长民
文字编辑　赵满仓
封面设计　凡　人
出版发行　北京燕山出版社有限公司
社　　址　北京市西城区椿树街道琉璃厂西街 20 号
邮　　编　100052
电话传真　86-10-65240430（总编室）
印　　刷　三河市华成印务有限公司
开　　本　880mm×1230mm　1/32
总 字 数　460 千字
总 印 张　24
版　　次　2024 年 2 月第 1 版
印　　次　2024 年 2 月第 1 次印刷
定　　价　118.00 元（全 6 册）
发 行 部　010-58815874
传　　真　010-58815857

如果发现印装质量问题，影响阅读，请与印刷厂联系调换。

前言

"国学"一说，最早见于近代思想家章太炎的《国故论衡》。顾名思义，"国学"就是中国之学，是中华民族在数千年历史中创造的文化。国学，是中华文化的学术基础、固本之学，是全面提升文化素养的学问。已故著名国学大师季羡林曾提出"大国学"的概念，他说："国学应该是'大国学'的范围，不是狭义的国学。国内各地域文化和56个民族的文化，都包括在'国学'的范围之内。"也就是说，广义的"国学"，就是中国之学、中华之学，是中华各民族优秀传统文化学术的总称。

国学知识中蕴藏着中华五千年全部文明和智慧的精髓，它构成了中华民族精神生活的客观环境，维系着中华文化之根。

国学融汇贯通思想学术、典章制度、百行百艺、礼仪民俗，蕴含国脉、国魂、国本，是中国人的根基所在、尊严所在。中华民族历史悠久，文化灿烂，我们的祖先留下了五千年文化遗产，国学知识博大精深、包罗万象。

千百年来，国学已渗透到社会的方方面面，直接影响着国人的思想、意识、伦理、道德和行为。国学不仅是中国悠久传

统文化的明证，也是每一个中国人的立身处世之本，更是我们不可或缺的精神力量。

考虑到孩子的阅读习惯和阅读兴趣，编者对浩如烟海的国学知识进行了适当取舍，选取了具有代表性和实用性的内容，以图文并茂的形式呈现出来。内容涉及中华经典、典章制度、文学常识、诸子百家、文化艺术、民俗传统几个方面，对其进行了较为详尽的讲解，便于孩子轻松学习相关国学知识，更好地领悟国学精华。书中内容丰富、文史兼备、资料翔实，既是查阅中国文化百科知识的实用工具书，又是不可或缺的文化读本。

翻开书，走进国学的殿堂，尽情遨游吧。

目 录

·经 部·

·史 部·

· 子 部 ·

·集　部·

·说 部·

·蒙 学·

经部

《周易》

　　《易》有三种。《周官·春官·太卜》云："《太卜》掌三《易》之法。一曰《连山》，二曰《归藏》，三曰《周易》。"

　　《周易》的"周"一般认为指的是周朝，"易"指的是变化。《周易》就是一本产生于周朝的变化之书。本来《易》的内容成书更早，但文王为其定下更为具体的规范，后孔子为其做解释，我们只把成书定在这个时期。值得庆幸的是，由于李斯将《周易》列在医术占卜书一类，因此《周易》躲过了焚书的劫难，完整地保留了下来。

　　从表面上看，《周易》好像是专论阴阳八卦的著作，实际上它论述的核心问题是一个对立与统一的宇宙观，以及如何利用它来得到未来的信息。《周易》上论天文，下讲地理，中谈人事，包罗万象，无所不有。

　　八卦是以一、二、三这些数目为基础的。整画"—"是一；断画"— —"是二；三画"—"和"— —"按不同卦象以不同方式堆叠而成就是三。于是生出了八个卦，即乾、兑、离、震、艮、坎、巽、坤。到了后来，有人把这些卦中的任意两卦叠在一起重做一卦，然后再排列组合，组成了六十四

个卦，这就出现了《周易》。据司马迁说："文王拘而演《周易》。"据传，商朝末年，商纣王怕西伯侯姬昌（也就是后来的周文王）造反，就把他囚禁在羑里的监狱中。姬昌担心自己身死牢中，就在自己的有生之年，穷一生智慧，把八卦演为六十四卦。据说卜法里有一百二十个兆象，每个兆象都有十条"颂"辞，这些"颂"辞是占卜吉凶用的。《周易》里的六十四卦，就相当于一百二十个的兆象。兆象上的辞，就是"爻"辞。《周易》的每一卦都是由六画组成，都是由下向上数，每一画叫作一爻。"爻"辞就是对整个卦以及各爻的解释，所以有卦辞和爻辞之分。

《周易》的价值

一、《周易》是群经之首、中国哲学的源头。《周易》是古代卜筮用书，它是依据现象和事理以预测事物发展变化的大智慧之书，不能以"迷信的书"来看它。其中有深奥宏大的哲理可以推测宇宙自然的变化，也可以推知社会人事的治乱兴衰。对于人生境遇的好坏、事功成败、吉祥凶衰都有深刻的启发价值。所以孔子说："五十以学《易》，可以无大过矣。"

二、《周易》是研究古代历史的必备之书。《周易》记载了很多古代的历史事实，都是迄今其他史书所未见的。如"既济九三爻辞"：高宗伐鬼方；"泰六五爻辞"：帝乙归妹；"明夷六五爻辞"：箕子之明夷；"晋卦辞"：康侯用

锡马蕃庶。

三、《周易》是研究古代文学诗歌的必备之书。《周易》中记有很多古代的诗歌谣谚。如"中孚九二"："鸣鹤在阴，其子和之。我有好爵，吾与尔靡之"；"明夷初九爻辞"："明夷于飞，垂其翼。君子于行，三日不食"。

四、《周易》的思想贯穿于中国古代科学、文化、艺术及诸子百家学说。中国的天文、历法、算术都深受《周易》的影响。在地理方面，中国的罗盘、方位、地理九州之说也与《周易》紧密相关。在医学方面，医、《易》同源，《易》为理，医为表，《周易》实为中医的理论基础。在武术、养生保健方面，《周易》是其基础理论。在书法、绘画、建筑、园林等方面，《周易》是其指导思想。

总之，《周易》与中国历代人的生活息息相关。

《尚书》

《尚书》是中国最古的记言的历史典籍。这里的"尚"是上古的意思，也有崇尚之意，这里的"书"是公文的意思，它的性质相当于后世的档案，不是泛指图书。

《尚书》的内容和体例

《尚书》的内容包含虞、夏、商、周四代。

《尚书》的体例可以分为六种，称为六体，即典、谟、

训、诰、誓、命。

典：就是常法、常典。是指先王的政绩可以作为常法尊奉，大致相当于现代的成文宪法。如《尧典》《舜典》就是记载尧、舜的嘉言善政的。

谟：就是谋略、计划。君有典，臣有谟，就是施政的方针计划。如《皋陶谟》就是大禹、皋陶、伯益向舜所进的嘉言善策。

训：说教、训诫的言辞，一般是贤良之臣训诫君主的。大致相当于现代的意见、建议书。如《伊训》《太甲》等篇。

诰：就是告知，使人晓喻，有告诫、慰勉之意。诰可以对民众、神祇、君王，也可以同官相诰。如《汤诰》《大诰》。

誓：条约、誓文，用以告诫民众、将士或约束敌人。如《甘誓》《汤誓》。

命：命令，指君王对属下口发命令。如《微子之命》《王侯之命》《顾命》。《顾命》是成王将崩时留下的遗命。

《尚书》的主要观点和价值

《尚书》记载了唐尧、虞舜、夏禹及皋陶、益稷四代圣贤君臣的嘉言懿行，成为中华民族品德文明的重要来源，为后世力求上进的人们修身、行事提供了理论基础和言行典范。

《尚书》记载了上古的历史资料，涉及周公摄政、成王即位、穆王改制等重要的历史事件、古代典制，还有上溯大

禹治水、分述九州的古代地理，所以《尚书》成为了解古代史的必读经典。

《尚书》中记载了古代的政教合一、神权政权合一及民间风俗的情况。《洪范》有箕子告诫武王"天锡禹洪范、九畴之事"，《酒诰》记载殷商酗酒、周代严刑的情况。

《尚书·大禹谟》中有"人心惟危，道心惟微，惟精惟一，允执厥中"，这十六字富有哲理的箴言，成为宋代理学的重要思想基础。

《诗经》

《诗经》是我国古代第一部诗歌总集，作品产生的时代，上起西周初年（约公元前 11 世纪），下迄春秋中叶（约公元前 7 世纪），是中国优秀传统文化中的核心经典之一。

《诗经》在我国文学史、经学史，以及在人类的文化史中，都占有重要的地位。如果想了解中国文化，《诗经》是不可不读的一部要籍，要做一个有文化的中国人，《诗经》更是必读的经典。著名历史学家顾颉刚说："《诗经》这一部书，可以算作中国所有书籍当中最有价值的。"

这部 2700 多年前的诗歌集，是奠定中国文化基础的重要基石。

《诗经》的来源

　　《诗经》原先称作《诗》或《诗三百》，到了汉代都把它当儒家的经典来读，才叫作《诗经》的。《诗经》来源于民间歌谣，上古时期，没有文字，只有唱的歌谣，"一个人高兴的时候或悲哀的时候，常愿意将自己的心情诉说出来，给别人或自己听。日常的言语不够劲儿，便用歌唱；一唱三叹的叫别人回肠荡气"（朱自清语）。这就是《诗》中"国风"的来源了。《诗经》中的"雅""颂"是宴会、祭祀的乐章，出自贵族之手。

　　《诗经》在成书之前，早就在口头流传了。《诗经》的作者是谁呢？因为没有相关的文献记载，至今尚不得知。按照历代的说法，西周前后，官方有专门搜集诗歌的人到民间"采诗"，然后记录下来；或是有宫廷乐师编写，再配上朝廷音乐，伴上舞蹈表演。

　　最初的诗是在有了文字以后，有人将那些歌谣记录下来写成的。这些记录诗歌的人是乐工，他们记录诗歌不是出于研究的目的，而是出于他们的职责，因为他们就是奏乐唱歌的；这就得把歌词记下来，制成唱本儿。到了春秋时，出现了太师这个官职，他们是乐工的头儿，负责宴会时为各国使臣奏乐唱歌。太师们整理本国和别国乐歌，搜集乐词和乐谱，把歌曲按照贵族的口味包装出来。太师搜得的歌谣有乐歌和徒歌之分，徒歌是需要合乐才能唱的，往往在合乐的时候要

7

叠字或叠章，以增加歌曲的音乐美，所以歌词的原貌便有些改变了。除此之外，太师们对贵族祭祖、宴客、出兵、打猎时作的诗也有保存。这类诗的内容不外乎典礼、讽谏、颂美等。后来，周天子和各国诸侯又要求臣民向他们献诗，以供乐工演唱。太师们把所有搜集到的诗歌编辑起来，据说有三千多首。

到了春秋末年，"道德丧而礼乐崩"，传说孔子有感于这些诗歌的教化意义，决定把它们编订成册，将三千多首诗删减至三百篇，取名《诗三百》，遂成《诗经》。从此，《诗经》做了"六经"之一，到了宋代还被选入"四书五经"，

乐工收集记录诗歌进行奏乐歌唱。

成为读书人上进登科的必读之物。

《诗经》的六艺

《诗经》有 305 篇，内容有风、雅、颂，写法有赋、比、兴，这被称为"诗经六义"。风指"国风"，写各国民间事、物；雅分"小雅""大雅"，是朝廷正声雅乐；颂是宗庙祭祀的舞曲歌辞。《诗经》凭什么成为儒家经典？简单地说就是：思无邪。孔子读《关雎》时说："乐而不淫，哀而不伤。"意思是它虽然写爱情，但能保持适度，能在"礼"的约束范围内，后人更是把这意思延伸为"温柔敦厚"。除此之外，它还有很多写战事、写农民疾苦和贵族贪婪的诗，如《秦风·无衣》说的是边塞将士的艰苦生活，《硕鼠》借大老鼠的贪吃讥讽贵族的贪婪，这类针砭时弊的歌谣与儒家的"仁爱"不谋而合。

《诗经》还是文学史上的经典。它是中国第一部诗歌总集。《诗经》在写法上堪称后人写诗的圭臬。《诗经》有三种写法：赋、比、兴。赋就是直接陈述；比是打比方；兴是"先言他物以引起所咏之词"。《诗经》句式整齐，以四言为主，读起来抑扬顿挫，错落有致，很有音乐感。有的诗歌重复使用相同的韵、字、句甚至篇章，叫作"叠韵、叠字、叠句、重章"，也作为诗歌的文字技巧为后世所效仿。

《周礼》

  《周礼》是儒家的重要经典，世界上最早、最完整的官制记录，是了解先秦政治制度与早期儒家思想的重要资料。相传为周公所作，但是据专家考证，春秋之际，儒家学者依据周朝初年的典章制度和当时的官制体系，撰写了《周礼》的部分内容。战国时期，官制进一步完善，人们对《周礼》进行了补充，使之更加完整。到了汉代，当时的部分官制资料，如九服之制、南北郊之制、五岳之制等，补入《周礼》，该书最终成稿。东汉末年，经学家郑玄为《周礼》作注，大大提高了该书的学术地位，使其一跃而居《三礼》之首，成为儒家大典。

  《周礼》原名《周官》，西汉末改称《周礼》，全面记录了周王朝的官制系统，论述了当时设官分职的状况。该书共六篇，分载天、地、春、夏、秋、冬六官：天官冢宰，管理朝廷及宫中事宜；地官司徒，管理土地方域及人民教养；春官宗伯，管理宗教及文化；夏官司马，管理军制和各方诸侯有关事宜；秋官司寇，管理刑狱，兼掌礼宾等；冬官司空，管理工程建设兼及水利等。"冬官"部分汉代时已缺，以《考工记》抵充。这些官职各自都有不少属员，合计数万人。该书内容极为丰富，所载的礼的体系最为系统完备，包括天文历法、祭祀礼仪、封国建制、巡狩制度、丧葬规制、礼乐制

度、文化教育、调兵出兵、刑法狱讼、赋役征发、国家度支、宴饮膳食、车马服饰、寝庙礼制、农商医卜、工艺制作等，诸项典章制度，无所不包，许多制度仅见于此书，尤其宝贵，堪称上古文化史之宝库。所以，清代经学大师孙诒让说《周礼》是"周公致太平之书，先王政教所自出，周代法制之总萃"。

《周礼》作为中国古人设计的理想社会的蓝图，体大思精，学术与治术无所不包，受到历代学者的重视。它以人法天的理想为治国纲领，是放之四海而皆准的经世大法，对后世政治制度有着深远的影响。其儒法兼融、德主刑辅的方针，显示了相当成熟的政治思想；其严密细致、相互制约的管理技巧，体现了高超的行政智慧。故而，西汉末年的王莽改制、西魏的宇文泰改革官制、北宋王安石变法，无不受《周礼》影响。而且，各个朝代的官制都直接或间接地受到《周礼》的影响。此外，中国古代"左祖右社、前朝后市"的都城格局，多以《周礼》为范本，其影响可谓至大至远。

《仪礼》

"三礼"之一，是古代记载典礼仪节的儒家经典，简称《礼》或《士礼》。《仪礼》是"三礼"中成书较早的一部，在汉武帝时期便被列入"五经"而备受推崇。根据古代文献的记载，参考相关考古材料可知，商、周统治者极为重视礼

仪，制定了名目繁多的典礼，这就是所谓的"礼仪三百，威仪三千"。该书详细规定了贵族们冠礼、婚仪、丧祭、朝聘、射乡等方面的基本礼仪，并形成繁缛复杂的典礼仪式，不要说军国大典，即便是士人相见，初见礼节、宾主客套、交谈话题、相互告别都有详细而严密的规定。利用这些烦琐的礼仪，明尊卑，别贵贱，规范维护相关社会秩序，其所传达的人分高低贵贱、行为遵循尊卑远近的思想，成为中国社会千年不移的道德原则。

如此烦琐细密的礼仪，非专业人士，根本不能经办这些典礼。以代人经办典礼为业的人，不仅熟习这些礼仪，而且还能把它们整理厘定成职业手册，以便传习演练，《仪礼》大概就是他们整理编订的礼节手册。这部经典现存 17 篇，分别是士冠礼第一、士昏礼第二、士相见礼第三、乡饮酒礼第四、乡射礼第五、燕礼第六、大射仪第七、聘礼第八、公食大夫礼第九、觐礼第十、丧服第十一、士丧礼第十二、既夕礼第十三、士虞礼第十四、特牲馈食礼第十五、少牢馈食礼第十六、有司彻第十七，详细规定了贵族士人应该遵循的规则以及应当遵守的行为规范。《仪礼》文字古奥，艰涩难懂，内容枯燥乏味，却是了解中国古代社会不可或缺的宝贵文献。

《礼记》

　　《礼记》是中国古代重要的典章制度书籍，由西汉礼学家戴德和他的侄子戴圣编订。戴德选编的八十五篇本叫《大戴礼记》，到唐代只剩下三十九篇。戴圣选编的四十九篇本叫《小戴礼记》，即我们今天见到的《礼记》。这两种书各有侧重和特色。东汉末年，著名学者郑玄为《小戴礼记》做了出色的注解，后来这个本子盛行不衰，并由解说经文的著作逐渐成为经典，到唐代被列为"九经"之一，到宋代被列入"十三经"，为士者必读之书。

　　"礼"本来是指祭祀鬼神时的一种仪式，后来引申指社会上一切礼仪。"礼"，就是身体力行，是一种脚踏实地的实践活动。

　　《礼记》是这样解释"礼"的："夫礼者，所以定亲疏，决嫌疑，别同异，明是非也。"（《礼记·曲礼》）这是说"礼"可以区别人们不同的地位，当作是非的标准。也就是说，人在社会上要找到自己合适的坐标。《礼记》还说："礼节民心。""礼者，天地之序也。""中正无邪，礼之质也。庄敬恭顺，礼之制也。""过制则乱，过作则暴。"（《礼记·乐记》）"礼"是节，节就是掌握一定的度，凡事过了度肯定不好。"礼"既要防止破坏秩序的祸乱，也要防止流于形式的虚伪。人都是有欲望的，欲望的需求是没有止境的。

人的欲望，是社会向前发展的动力，如果失去节制，就会造成巨大的破坏力量。

中华自古就是"礼仪之邦"。"礼"是中国古代传统文化的主题内容，也是中国古代儒家思想的核心价值观念。"礼"是中国古代社会生活的规范、制度和思想观念。

《左传》

《左传》也称《左氏春秋》或《春秋左氏传》，相传为春秋末期鲁国史官左丘明所作。《左传》是我国第一部完整的编年体史书，所记历史自鲁隐公元年（公元前722年）开始，直到鲁悼公四年（公元前464年）结束，共259年，较《春秋》多出17年。《左传》以记事为主，记载了东周及各诸侯国之间的历史事件，其中有关战争的描写有400多次，刻画历史人物1400多人。另外，与《春秋》不同的是，《左传》所记载的历史事件并不仅仅局限于各国的政治、军事及外交，还涉及经济、文化、生活及自然现象等方面。《左传》的文学性很强，文笔生动优美，记叙细致详明。因此，《左传》既是历史名著，又是文学名著。

《左传》一方面对后人研究东周时期的历史具有极大的价值；另一方面，它对后来的史学和文学的发展也有重大意义，为后代树立了典范。

《公羊传》

　　《公羊传》，又名《春秋公羊传》，传为战国时期的公羊高所作。但经后人考证，认为《公羊传》的作者应该是汉景帝时的胡毋生和公羊寿。《公羊传》原本30卷，今存28卷，所记之事自鲁隐公元年（公元前722年）开始，直到鲁哀公十四年（公元前481年）结束，主要是对《春秋》的"微言大义"的解释。该书集中反映了秦汉时期儒家思想中的社会理论，以"尊王攘夷""大一统"等思想为理论核心，大肆宣扬"天人感应""天人合一"的思想。同时，《公羊传》也从一个侧面对《春秋》所记载历史的背景有所反映。《公羊传》对后世影响很深，被后世很多经文学家作为议政工具。西汉董仲舒提出的"罢黜百家，独尊儒术"，很多部分都是引自《公羊传》。由于自汉武帝开始，各个封建王朝都是以"儒学"为"正统"，因此统治者在进行政治改革时，也往往从《公羊传》中寻找理论和历史依据。

《谷梁传》

　　《谷梁传》，又名《春秋谷梁传》，是一部专门对《春秋》做出解释的著作，该书出自谷梁赤。谷梁赤，字元始，鲁国人，相传为子夏弟子，以治《春秋》而名。谷梁赤开始

治《春秋》之时仅为口头流传，并无文字记载。直到西汉景帝、武帝时，后人才编订成《谷梁传》。《谷梁传》与《左传》《公羊传》并称为解释《春秋》的三传。《谷梁传》共2.3万字，在阐明其观点时，采用的是问答的形式。书中提出"著以传著，疑以传疑"这一撰写历史的观点，即历史家应本着以史实为根本，尊重客观历史的态度撰写史书。书中所论述的观点与《公羊传》基本相同，但在一些具体问题上有所差异，《谷梁传》一书的重点是在阐述《春秋》经义，也就是进一步说明《春秋》的政治意义。《谷梁传》虽较之《公羊传》对后世的影响较小，但它也是我们研究儒家思想的重要资料。

《论语》

《论语》是记载孔子和他的弟子们言行的典籍，全书20篇508章，一万余字，现存20篇492章。一般认为，《论语》是由孔子弟子所辑录。

孔子与《论语》

孔子是中国古代伟大的思想家、教育家。由他开创的儒家学派在历史上产生过深远影响，儒家文化一直是封建时代中华民族的主体文化。但是孔子"述而不作"，没有留下完整、系统的学术专著。两千多年间，只有一部记录了孔

子及其学生的言论与事迹的语录体著作流传了下来，这就是《论语》。

此书共 20 篇，492 章，一万余字。这些文字，是我们今天研究孔子思想最宝贵的材料。

《论语》各篇都以每篇开始的两字或三字为篇名。如第一篇的第一章以"学而时习之，不亦说乎"为首句，于是第一篇便定名为"学而篇"；第二十篇以"尧曰"开头，因此第二十篇便称为"尧曰篇"。

《论语》的编纂，约始于春秋末年，而成书于战国初年。

孔子像

孔子其人

孔子，名丘，字仲尼，春秋时鲁国陬邑（今山东曲阜东南）人。历史上对孔子的生卒年月一直争论不休，但意见相差也不过一两年。大多数学者认为是生于公元前 551 年，死于公元前 479 年，享年 73 岁。

孔子是殷商的苗裔。周武王灭殷商后，封殷商的微子启于宋。孔子的祖先便是宋国的宗室。后来家世衰微，失掉了

贵族的地位。孔子的父亲叔梁纥，曾做过鲁国陬地（今山东曲阜县境内）的地方长官，在孔子3岁那年就去世了。孔子从小与寡母相依为命。孔子曾说："吾少也贱，故多能鄙事。"（《论语·子罕》）他不得不从事各种劳动，广泛地接触了下层社会。

孔子30岁前后开始收徒讲学，创办了中国历史上第一所私学，孔子以"学而不厌，诲人不倦"的精神，培养了"弟子三千，贤人七十二"。孔子50岁时在鲁国做官，先后做过中都宰（中都的长官）、司空和大司寇（主管司法），但时间不长，终因鲁国的动乱而离开了鲁国。此后他周游列国，到过卫、曹、宋、陈、蔡等国，向各国君主宣传自己建立社会秩序、尊重人爱护人的主张，但都没有被采用。68岁的孔子返回鲁国，开始专心于教育和整理、传授古代文化的工作。中华上古文化正是因为有了孔子才流传下来、普及开来，前人说："天不生仲尼，万古如长夜。"孔子的光辉永远不会熄灭。

《论语》的内容

《论语》的内容非常丰富，涉及社会与人的各个方面，有人誉之为"东方的圣经"，并不为过。《论语》的核心内容是"仁"。它既是孔子理想中最高的政治原则，又是最高的道德准则。"仁"的根本含义则是"仁者爱人"（《论语·颜渊》）。

"忠恕"是由"仁"派生出来的，忠恕之道的基本要求

是以诚待人，推己及人。具体内容是，己立立人，己达达人；己所不欲，勿施于人（《论语·卫灵公》）。由此中国人形成了"四海之内皆兄弟"（《论语·颜渊》）的宽广情怀。

"仁"推广到政治就是"仁政"。孔子认为治理好国家，君主一定要重视人品、道德，要讲究信用，爱护民众，这是治国的基本原则。子曰："道千乘之国，敬事而信，节用而爱人，使民以时。"（《论语·学而》）

《论语》中，讲到"仁"109次，讲到"礼"75次。孔子认为，有了"仁"的本质还要通过"礼"的实践而达到全社会的遵守。

《孟子》

《孟子》一书虽然只有7篇34000余字，但是对中国社会、中国人有着极其深远的影响。孟子不仅在哲学理论上发展了孔子的思想，而且建立了以"民本"为基础的政治思想体系——"仁政"学说。

孟子生平

孟子，名轲，字子舆，是鲁国贵族孟孙氏的后裔。约公元前372年，他诞生在邹国（今山东邹县一带），孟孙氏家族没落后迁居于此。孟子3岁时，父亲就死了，靠母亲织布维持生计。

　　孟子的家本来住在郊外靠近墓地的山边。孟母见儿子很喜欢模仿玩丧礼、祭礼的游戏，便决定迁到城里去居住。迁到城里后，住在一个市场附近，孟子看到商贩们做生意，又玩起了讨价还价的游戏。孟母又把家迁到一个学堂附近，孟子就跟着读书人学习起礼仪来。

　　孟子8岁时，孟母省吃俭用将他送进学堂，但孟子起初学习并不努力，不能坚持用功。孟母看到这种情况，愤然用剪刀剪断织布机上的布，对孟子说："你读书没有恒心，半途而废，和这又有什么差别呢！"孟子从此刻苦攻读。

　　孟子年岁稍长，便到鲁国去游学，到了鲁国的国都曲阜。这时，孔子的孙子子思已经去世了，孟子便受教于子思的门人。他日夜攻读，学业迅速长进。他决心继承孔子的学说并发扬光大。

　　邹穆公听说孟子贤能，便请他回国，但不久孟子便发现邹穆公并不采纳他的建议，于是率领门人离开邹国，周游列国，向诸侯游说实现王道和仁政的理想。

　　孟子首先到了齐国。齐威王虽将孟子待为上宾，并拜他为卿，却不给他实权。孟子感到在齐国难以施展他的政治抱负，便辞去官职。齐威王再三挽留，并赠以黄金百镒，被孟子婉拒。

　　之后孟子先后到过宋国、梁国、滕国，又返回到齐国，但都未能实现自己的政治理想。公元前311年，孟子结束了十年游说诸侯的生活，回到邹国，专心著述，阐扬孔子的学

经部

说。公元前289年，孟子去世，终年84岁。他的学说对后世儒学影响极大，他本人也被公认为孔子学说的继承者，被尊为"亚圣"。

孟子的思想及其政治主张

孟子根据战国时期的经验，总结各国治乱兴亡的规律，提出一个富有民主性精华的著名命题——"民为贵，社稷次之，君为轻"，认为君主应以爱护人民为先，要保障人民权利，主张保国爱民，礼贤下士，提出要让人民有基本的生活保障，还要为民制产，藏富于民，而且人民有权决定君主的地位。孟子这一思想在中国思想界是破天荒的。《孟子》所阐述的要勇于担当道义的思想造就了许许多多富贵不淫、威武不屈、贫贱不移的大丈夫。

第一，提出以民为本的思想，主张仁政，人民是可贵的，国家社稷应该是为人民的，君主所作所为应该是为了国家社稷和人民的。孟子的这一思想在中国历史上影响极为深远，有民主思想的思想家们都从这里得到了理论的支持，而坚持专制的统治者如朱元璋则痛恨孟子的学说。

第二，"道性善"，孟子解析心的内容为四端，即"恻隐之心""羞恶之心""辞让之心""是非之心"，这仁、义、礼、智"四端"，证明人性的本善。这为儒家的人文主义思想奠定了基础。孟子以"心"论"性"，宋代的陆九渊、明代的王阳明就是在孟子论心、论性的基础上发展出了"心

即理”的心学理论。

第三，“明浩然之气”，孟子提出了一整套锻炼、修养、成就人格的学说，为两千多年以来，有志于成就事业的人指出了下功夫的途径，并鼓舞了无数志士仁人去克服困难，建功立业。

第四，“黜五霸而尊三王”，孟子继承孔子学说和先圣先王的道统，发扬了周公“制礼作乐”的精神。他提出“辟杨、墨”，提出了一整套做人做事和社会生活的价值判断标准。他强调义利之辨、人兽之辨和取予之道，为中华民族建立礼乐型的教化系统做出了贡献。

《孝经》

　　《孝经》是儒家伦理学的经典著作。该书的作者不详，一说为孔子所作，一说为孔子的弟子曾参所作。早在西汉时期，《孝经》即被列为经典；到了唐朝，唐玄宗亲自为它作注，是十三经中唯一由皇帝注释的经典。全书以阐述儒家“孝”的伦理思想为主要内容，在唐代被尊为“经书”，是“十三经”之一。书中首先把孝归于“上天”所定的范畴，提出了“夫孝，天之经也，地之义也，人之行也”的观点。《孝经》对儒家思想中的“孝”的基本内容和要求进行了阐述，并首次将个人的“孝亲”与国家的“忠君”联系起来，而且提倡国家应对“孝”进行法治化，即以法律来维护儒家的“孝”。

《孝经》中还提出"以孝治天下"的主张，从而达到使国家"长治久安"的目的。《孝经》就其本身来说，是有一定进步意义的，但随着封建社会的发展，《孝经》演变为钳制人民思想、麻痹人民反抗意识以及维护封建统治制度的思想工具。

《大学》

曾子的学生把老师阐释的"大学之道"记录下来，编成书本。但在当时，这本书没有得到应有的重视，学者们只把它收在《礼记》中。一直到了唐朝，《大学》才受到了大儒韩愈的推崇。及至宋代，朱熹还把它定为"四书"的第一部书，并特意为《大学》作章句集注。

"三纲八目"是"大学之道"的核心。"三纲"指的是明明德、亲民、至善；"八目"是格物、致知、诚意、正心、修身、齐家、治国、平天下。实际上，儒家学说都是围绕"大学之道"展开的，若是懂得了它，就好比抓住了一把打开儒学大门的金钥匙，到时就可以登堂入室，领略儒学经典中蕴藏的全部精义。

曾参认为，早在夏商周时代，就已经开始强调品德了，他还引用《尚书》中的《康诰》《太甲》《帝尧》来论证："《康诰》曰：'克明德。'《太甲》曰：'顾诸天之明命。'《帝典》曰：'克明峻德。'皆自明也。"这段话的意思，是说《尚书》中的这几句话，都是在说光明正大的美德应该

得到发扬。

格物致知是"大学之道"的第一个阶梯，是要我们研究了解每一种事物，这样心中的知识才有可能推究到极点。人的心灵最为敏锐，能够认识各种事物；而天下的各种事物都有一定的道理可寻。只是对这些道理深入研究，就能让知识充实。

看得出，《大学》一书的形成和成熟，不但有孔子的智慧，也有曾子的智慧，甚至于朱熹的智慧也渗透其间。因此，也可以说《大学》是中国知识分子集体智慧的结晶。

儒家心目中有一个理想的大同世界，在这个世界里，人们单纯善良，不欺互助，和谐无间。而要实现这样的大同，无疑需要每个人的努力。"明明德""亲民""止于至善"，统称为《大学》的三纲领，是儒家教育每个儒者都追求的人生终极目标。

《中庸》

子思是孔子的孙子，子思的父亲早在孔子在世时就死了，但子思却获得了经常与孔子交流的机会。孔子死后，子思又拜曾子为师，成为儒家八派中的一个代表，他将自己所得真传传给了孟子，便是《中庸》。我们现在经常说孔孟之道，要知道在孔子和孟子之间，还有曾子和子思为儒家做出过贡献。

安贫守志的子思

鲁缪公曾多次邀请子思做官，子思坚持不受。为了潜心研究学问，他移居到了宋国，以免被人打扰。鲁缪公这人倒是很执着，一次被拒绝不死心，就派了使者去宋国拜见子思，还带了一份厚礼。子思二话没说，当即把人赶了出去。子思一辈子也没做官，学生求学时给他的一点见面礼就成了他唯一的生活来源，所以他一辈子住在破旧的陋巷中，过着饥寒交迫的日子，跟颜回有点像。

饱受生活折磨的子思，到了62岁的时候再也支撑不下去了，离开了人世。

子思作《中庸》

25

何为"中庸"

所谓中庸,宋代程颐解为:"不偏之谓中,不易之谓庸。"《中庸》云:"喜怒哀乐之未发,谓之中;发而皆中节,谓之和。中也者,天下之大本也;和也者,天下之达道也。致中和,天地位焉,万物育焉。"这是《中庸》的核心思想,写出了天地和谐的自然天性,是宇宙的本来状态,而天地之间的人一旦拥有这样的和谐状态,就达到了很高的境界。天地万物达到一种和谐无碍的境界,人与天地合为一体,行事自在,万物欣欣向荣,人则可以得到可持续的发展。

《中庸》不长,不到一万字,却是跟《论语》《孟子》并列的经典。它主要说的是什么呢?说白了就是中庸之道,就是用中正、中和的方式做人做事。这是《中庸》最核心的东西。

"中"原意不像现在人想的"持中、中立"那么简单,它其实是有点玄机的,首先是告诉人们人的行为不要过头了、极端了,不偏不倚是为中,万事都要刚好才行。就像是一道菜,火候适中才能烧好。《中庸》里还说"喜怒哀乐之未发,谓之中",可见它还指人的本心。人人心里都有个"礼",喜怒哀乐变成行为的时候,这个"礼"就让行为变得恰当、自如、不过分。庸如何解呢?孔子说"不易之谓庸",庸就是稳定不变的东西。一句话,中庸就是让人的内心和行为做到协调,做事情不要过和不及。

《尔雅》

《尔雅》，儒学经典，也是我国第一部词典。关于其作者及成书时间，历来说法不一，今人多认为此书非成书于一人一时之手，应为秦汉学者集体编撰而成。到唐朝时，该书升格为经。《尔雅》首创了按内容性质分类释词的体例，有点像现在的分类编排的百科词典。今本《尔雅》含19篇，分别为释诂、释言、释训、释亲、释宫、释器、释乐、释天、释地、释丘、释山、释水、释草、释木、释虫、释鱼、释鸟、释兽、释畜，共收词4300多个，13000余字，所收的内容极其丰富。其中，释诂、释言、释训3篇主要是对古代汉字、词语的解释；后16篇则主要是对各种百科知识、器物名词的解释。《尔雅》释义简单明了，保留了许多古注古义，对后世训诂学的发展产生了极其重大的影响。书中所收录的先秦时期的语言和文字，对我们阅读和研究先秦史籍及秦汉古书具有重要的参考价值。

《说文解字》

《说文解字》是中国第一部系统地分析汉字字形和考究字源的字书，也是流传最广的中文必备工具书。

《说文解字》，简称《说文》，汉朝许慎编著，是首部

按部首编排的汉语字典。原书作于公元 100 年至公元 121 年，现已失落，但其中大量内容被汉朝以后的其他书籍引用，并有北宋徐铉于雍熙三年（986 年）校订完成的版本（称为"大徐本"）流传至今，宋以后的说文研究著作多以此为蓝本。原文以小篆书写，逐字解释字体来源，全书共分 540 部首，收字 9353 个，另有"重文"即异体字 1163 个，共 10516 字。

《说文解字》总结了先秦、两汉文字学的成果，给我们保存了汉字的形、音、义，是研究甲骨文、金文和古音、训诂不可缺少的桥梁。特别是《说文解字》对字义的解释一般保存了最古的含义，对理解古书上的词义更有帮助。书中关于秦汉时期全国各地方言的介绍使其成为了解中国古方言的一本参考书籍。

此书保存了研究古代社会历史、文化等方面的材料，是整理我国优秀的文化遗产的重要的阶梯。《说文解字》包括各种字的含义的解释，反映了古代的政治、经济、文化、风俗习惯，成为我们了解古代的一些历史情况和各种知识的一扇窗口。

史部

三通四史

　　三通指的是《通典》《通志》和《文献通考》，四史是《史记》《汉书》《后汉书》《三国志》4 部史书的合称。三通四史是我国史学的典范，是历史著作中的代表作。

　　《通典》是我国第一部典章制度通史，唐朝杜佑撰。它讲述了历代典章制度的沿革变迁，上起黄帝，下到唐肃宗、唐代宗时期。《通志》是宋朝郑樵所撰，它是继司马迁之后纪传体通史的续作，对封建时代史学的发展产生了重大影响。《文献通考》由宋元之际的马端临所撰，是记载历史典章制度的巨著，记事上起远古传说时代，下至南宋宁宗嘉定年间。

　　《史记》作者是西汉司马迁，记载了上自黄帝时代，下至汉武帝元狩元年（公元前 128 年）的历史，是我国第一部纪传体通史。《汉书》作者是东汉班固，记载了刘邦起义反秦，到王莽地皇四年（23 年）的历史。《后汉书》作者是南朝宋范晔，是一部记载东汉历史的纪传体史书，记载了从汉光武帝到汉献帝共 196 年的史实。《三国志》由晋陈寿撰，南朝宋裴松之注，是一部记载魏蜀吴三国历史的纪传体史书。

二十四史

"二十四史"是乾隆皇帝钦定的 24 部纪传体正史的总称。这些史书记载了上起黄帝时代，下到明朝崇祯十七年（1644 年）4000 多年的历史。

"二十四史"共 3213 卷，约 4000 万字，使用统一的本纪、列传的纪传体的形式编写。它们分别是：《史记》（西汉·司马迁）、《汉书》（东汉·班固）、《后汉书》（南朝宋·范晔）、《三国志》（西晋·陈寿）、《晋书》（唐·房玄龄等）、《宋书》（南朝梁·沈约）、《南齐书》（南朝梁·萧子显）、《梁书》（唐·姚思廉）、《陈书》（唐·姚思廉）、《魏书》（北齐·魏收）、《北齐书》（唐·李百药）、《周书》（唐·令狐德棻等）、《隋书》（唐·魏徵等）、《南史》（唐·李延寿）、《北史》（唐·李延寿）、《旧唐书》（后晋·刘昫等）、《新唐书》（宋·欧阳修、宋祁）、《旧五代史》（宋·薛居正等）、《新五代史》（宋·欧阳修）、《宋史》（元·脱脱等）、《辽史》（元·脱脱等）、《金史》（元·脱脱等）、《元史》（明·宋濂等）和《明史》（清·张廷玉等）。这些史书勾勒出中国历史的主干，是中国古代史的权威读本。

《国语》

  《国语》是先秦时代的古史，属于史书的"杂史"。该书的作者没有确切的记载，相传为春秋末年的鲁国史官左丘明所作。《国语》在记述历史的手法上，以时间为横线，以并列的国家为纵线，开创了我国用国别体记述历史的先河，是我国历史上最早采用国别体编写的史书。全书共21卷，分别为：《晋语》9卷、《周语》3卷、《鲁语》2卷、《楚语》2卷、《齐语》1卷、《郑语》1卷、《吴语》1卷和《越语》2卷，共计7万余字，所记历史自周穆王伐西戎开始，直到韩、赵、魏三家灭智伯结束。书中主要记载了西周末年及春秋时期西周与各国的史实，特别是对春秋时期的各国史实记载比较详细。《国语》一方面记载了当时各国的政治、军事及外交活动；另一方面记载了当时各国贵族的一些言论。

  《国语》对后人研究春秋时期各国的历史有宝贵的价值，因该书可以和《左传》互相参证，所以被称为"春秋外传"。

《战国策》

  《战国策》，又名《国策》，此书是战国时期纵横家言论的汇编，是战国时期的谋士游说的活动记录。关于其作者，一直以来颇有争议，至今尚无定论。今人普遍认为该书非成

于一时一人之手。《战国策》最后的整理工作是西汉刘向完成的，因为刘向认为书中内容主要是"战国时游士辅所用之国，为之策谋"，故取名《战国策》。《战国策》共33篇，其中，西、东周各1篇，秦5篇，齐6篇，楚、赵、魏各4篇，韩、燕各3篇，宋、卫合1篇，中山1篇。《战国策》全书的思想是肯定战国时期谋臣策士追求个人名利的利己主义人生观，以"士"的言论为主要内容。书中通过记载言论塑造出一个个鲜活的人物形象。但《战国策》在记事时不注年月，缺少完整的结构，记言记事时也缺乏严谨，有时为了塑造某一人物形象或为加强语言的文采，有言过其实之处，甚至有虚构加工。《战国策》中记载的很多历史是其他史书没有记载或记载有误的，对于研究战国时期的历史具有宝贵的史料价值。

《史记》

《史记》，又名《太史公书》，列"正史"之首，二十四史之一，中国第一部纪传体通史。其作者是西汉时期著名史学家、文学家司马迁。《史记》共130篇，含8书、10表、12本纪、30世家、70列传，共52万余字，记事上起黄帝，下至汉武帝年间，共计3000多年。《史记》以"究天人之际，通古今之变，成一家之言"为宗旨，所记载之人物众多庞杂，既有王侯将相，又有奇人义士及平民百姓；既

有中原地区的人物，又有边疆少数民族的人物。《史记》不仅是一部不朽的史学巨著，也是一部杰出的文学著作。《史记》将史学与文学结合起来，语言生动，情节引人入胜，塑造人物形象鲜明，具有很高的文学价值。《史记》在我国历史上有着极其重要的地位，书中所载史实大都翔实可靠，对我们研究汉代及其以前的历史具有很高的价值。同时，它开创了我国采用纪传体记载历史的先河，为后代史书的撰写奠定了基础，鲁迅赞之为"史家之绝唱，无韵之离骚"。

《汉书》

《汉书》是我国第一部纪传体断代史、二十四史之一。作者班固（32—92年），字孟坚，扶风安陵（今陕西咸阳市东北）人，东汉著名史学家、文学家。

《汉书》共100篇，120卷，包括12帝纪、8表、10志以及70传，其体例与《史记》基本相同，只是将"书"改为"志"，取消了"世家"，将"列传"改为"传"，所记历史自汉高祖元年（公元前206年）开始，直到王莽被诛结束，共计230年。该书记事系统详细，以为汉家王朝歌功颂德为基本出发点，以儒家思想作为标准来评价历史人物。书中所记汉初至武帝中期的历史，基本取自《史记》，只是稍加改动，而记武帝之后至东汉以前的历史则为班固新作。班固死时，全书并未完成，书中的部分表以及"天文志"是

汉武帝网罗贤人，治国有道。

由班固的妹妹班昭补撰的。《汉书》在我国史学和文学史上都占有极其重要的地位。书中虽有明显的倾儒和颂德，但依然是我们研究西汉历史的重要资料。《汉书》还开创了用纪传体来写断代史的先例，对后人撰写历史影响颇深。

《后汉书》

《后汉书》是纪传体史书、东汉断代史、二十四史之一。作者范晔（398—445年），字蔚宗，南朝宋时期史学家，顺阳（今河南淅川）人，出身官僚世家，分别在东晋和南朝宋做官。后来，范晔因政治不得志，转而撰写史书。445年，因政治原因被杀，今仅存所著《后汉书》。

此书所记之事自汉光武帝建武元年（25年）开始，直到汉献帝建安二十五年（220年）结束，共计196年。全书共有90卷，其中，本纪10卷，列传80卷。因范晔在编写的过程中被杀，因此，他所作的"志"未能收入《后汉书》。我们今天看到的《后汉书》加入司马彪所撰的《续汉书》的8志，分为30卷，故今本为120卷。《后汉书》在"传"上，首创了《党锢》《宦者》《逸民》《方术》《文苑》《独行》以及《列女》7传，符合东汉时期的历史特点。《后汉书》在我国史学界有着极高的地位，对我国研究东汉时期的历史具有很高的参考价值。

《三国志》

《三国志》是一部纪传体国别史书、二十四史之一。作者陈寿（233—297年），字承祚，巴西安汉（今四川南充）人，蜀灭后，入晋为官。《三国志》以曹魏为正统，记载三国时期魏、蜀、吴三国的历史。在陈寿以前，虽然有写三国历史的，但大都只是局限于写某一国。而陈寿打破了这种局面，以三国形成的历史期限作为断史的依据，所记历史自东汉灵帝光和末年（184年）开始，直到西晋武帝太康元年（280年）结束，共计约97年。全书共65卷，其中《魏志》30卷、《蜀志》15卷、《吴志》20卷。在记载魏、蜀、吴三国时，该书所采用的风格各不相同。其中，《魏志》记载较详细；

《蜀志》虽简明，但所记之事较多，并且叙述得体；《吴志》则比前两个差一些。《三国志》在叙事手法上以"简明扼要"为主，体例只采用纪传，这两点使《三国志》在文学性和体例完整性上存有缺陷。《三国志》所记载之史料较为翔实可靠，是研究三国历史的重要文献。

《晋书》

　　《晋书》是一部唐代官修的纪传体晋代史、二十四史之一。旧题为唐太宗御撰，实际上是唐太宗钦命，房玄龄等人共同编写的。《晋书》包括帝纪 10 卷、志 20 卷、载记 30 卷、列传 70 卷，共计 130 卷。书中所记历史自西晋武帝泰始元年（265 年）开始，直到东晋恭帝元熙二年（420 年）结束，共 156 年。《晋书》中的 10 卷帝纪中所记的人物包括晋建立前的司马懿、司马昭和司马师，共 18 人；20 卷志共分 10 类，分别是：《天文志》《地理志》《乐志》《礼志》《历律志》《刑法志》《职官志》《五行志》《舆服志》《食货志》；70 列传中共收录了 772 人，增加了《叛逆》《忠义》《孝友》3 类；30 卷载记则是《晋书》首创，用于记载晋时期的五胡十六国。《晋书》所记载的史实具有很高的价值，是我们研究魏晋历史的重要历史著作。

《宋书》

　　《宋书》是一部纪传体南朝宋史，二十四史之一。作者沈约（441—513年），字休文，吴兴武康（今浙江德清）人，南朝著名文学家、史学家。《宋书》所述历史，自宋武帝永初元年（420年）起，直到宋顺帝升明三年（479年）结束，共60年。全书共100卷，分为"本纪""志""列传"。其中，帝王本纪10卷，记载了南朝刘宋的8个皇帝；志为30卷，卷首附有"序"1篇，余下则包括《律历志》《百官志》《州郡志》《乐志》《符瑞志》和《礼志》等；列传则为60卷。《宋史》首创《恩幸传》和《索虏传》，且在"传"的写作手法上，采用了将没有"传"的人放在有"传"之人的传中叙述出来的手法，具有开创性。但书中也有一定的不足，比如"志"的部分缺少刑法和食货两志，很多地方有对刘宋王朝讳忌溢美之处，使某些记载失实。《宋书》保存了很多珍贵的史料，是我们研究南北朝时期的重要历史依据。

《南齐书》

　　《南齐书》是一部纪传体南朝齐国史、二十四史之一。作者萧子显（487—537年），字景阳，南朝梁时期王公贵族，齐高帝之孙、豫章王之子。齐灭后，萧子显入梁为史官，著

有多部史书。

《南齐书》今存本为59卷。《南齐书》记载了从齐高帝萧道成建齐，至齐和帝萧宝融被废这24年的短暂的南朝齐国史。全书共记载了齐政权的7位统治者，分8卷，又含"志"11卷。同时，书中设有《文学传》，共收录文学家10人。《南齐书》中对历史的记载基本上客观真实，但由于萧子显是南朝齐政权的贵族后裔，因此在记述历史时难免会融入个人感情色彩，有时为了美化齐政权的统治者，甚至有歪曲历史的失真之处。另外，《南齐书》中还大肆宣扬因果报应、宿命论等唯心主义思想，其中夹杂了对佛教思想的宣传。《南齐书》是最早记载有关南齐历史的史书，因其成书年代距南齐时期非常近，所以成为后人研究南齐历史的主要依据。

《梁书》

《梁书》是一本纪传体南朝梁史、二十四史之一。作者姚思廉（557—637年），本名简，思廉是他的字，吴兴武康（今浙江德清）人。其父姚察曾任梁、陈、隋三朝官员。《梁书》是姚思廉在贞观年间奉唐太宗之命，在他父亲所撰写的梁陈史书的基础上编撰而成的。

书中包括本纪6卷、列传50卷，共56卷，所记历史自南朝梁建立（502年）开始，直到梁灭亡（557年）结束，

共计 56 年。本纪 6 卷中共记载了南朝梁的 4 位皇帝，其中梁武帝 3 卷，其他三帝每帝各 1 卷。列传 50 卷，分《皇后传》《太子传》《诸王传》《大臣传》《良吏传》《止足传》《儒林传》《文学传》《处士传》《孝行传》《诸夷传》《侯景传》共计 12 类，其中《止足传》是《梁书》首创的。另外，《文学传》有 2 卷，包括了 24 位南朝梁时期的文人。《梁书》文字简洁朴素，力戒追求辞藻的华丽与浮泛，在南朝诸史中是比较优秀的。

《陈书》

　　《陈书》是一部纪传体南朝陈史书，是二十四史中卷数最少的一部史书。《陈书》是姚思廉继承其父姚察的遗志，奉唐太宗之命编写而成的。《陈书》的内容主要是取自姚察所写南朝陈史的资料，也融汇了他人所收集的史料。《陈书》中包括本纪 6 卷、列传 30 卷，共 36 卷，所记历史自南朝陈霸先建陈（557 年）开始，直到隋灭陈（589 年）结束，共计 33 年。其中，6 卷本纪中共记载了南朝陈的 5 位皇帝，其中陈武帝 2 卷，其他 4 帝则是每帝各 1 卷；30 卷列传分为《王子传》《皇后传》《宗室传》《诸臣传》《儒林传》《文学传》《孝行传》，共计 7 类。《陈书》比较翔实地记载了有关南朝陈的历史，但是，书中也存在很多避讳和溢美的言辞，使很多有关历史的记载存在失实之处。《陈书》

一书由于内容存在为统治阶级歌功颂德的地方，因此史学界历来对它的评价不高。

《魏书》

《魏书》，纪传体史书、北魏断代史。作者魏收（506—572年），字伯起，北齐钜鹿下曲阳（今河北平乡）人，少能文，才华卓著，先后在北魏、东魏、北齐三朝担任官职。因在北魏、东魏所任官职与文书历史有关，所以，北齐王朝命他撰写魏史。《魏书》记载了4世纪末至6世纪中叶北魏王朝100多年的历史。全书共124卷，其中本纪12卷、列传92卷、志20卷。《魏书》记述了北魏拓跋氏兴起的历程，是我国历代"正史"中第一部专记少数民族政权史事的著作，具有开创意义。《魏书》还新增了《官氏志》《释老志》两篇。后人评价此书说，"追踪班、马，婉而有则，繁而不芜，持论序言，钩沉致远"，这是比较中肯的。

《北齐书》

《北齐书》，二十四史之一，是一部纪传体北朝齐史，原名《齐书》，后为了和萧子显的《南齐书》区别开，改名《北齐书》。作者李百药（565—648年），字重规，定州安平（今河北深州市）人。其父李德林曾任齐、周、隋三朝官员。《北

齐书》是李百药在贞观元年（627年）奉唐太宗之命，在他父亲所撰写的北齐史的基础上编撰而成的。

全书包括帝本纪8卷、列传42卷，共计50卷，所记历史自北魏分裂为东西魏（534年），高洋操纵北魏政权开始，直到高氏政权被北周所灭（577年）结束，共计44年。《北齐书》在记事上比较尊重史实，书中记载了大量反映北齐政权黑暗统治的史实。另外，书中还对当时的科学技术水平有很多的记载。但是，《北齐书》贯彻了封建正统迷信思想，在写每位皇帝时都要写一些所谓的征兆，希望以此来为封建统治寻找根据。

《周书》

《周书》，纪传体史书、北周断代史、二十四史之一。作者令狐德棻（583—666年），宜州华原（今陕西铜川耀州区）人，唐朝初期史学第一人。唐贞观三年（629年），他奉唐太宗之命编写五朝史，并和岑文本、崔仁师一起负责《周史》的撰写，唐贞观十年（636年）成书。《周书》包括本纪8卷、列传42卷，共计50卷。书中所记历史起于西魏文帝大统元年（535年），到隋文帝杨坚灭周建立隋朝（581年）结束，共计47年。《周书》本来应该是记载"北周历史"，但因为早在西魏时期，作为北周政权奠基人的宇文泰就已经操纵了西魏政权，因此，《周书》记事从西魏时期开始，并为宇

文泰写了"纪"。书中有藐视农民起义，为唐初的"功臣"歌功颂德之处。《周书》所记历史比较翔实，补充了其他史书的不足，是后世研究北周史的重要文献。

《南史》

　　《南史》是一部纪传体南朝史、二十四史之一，由李延寿继承其父李大师遗志而撰写，该书和《北史》一起于659 年完成。全书包括本纪 10 卷、列传 70 卷，共计 80 卷，记载了南朝的 4 个政权（宋、齐、梁、陈）的兴亡史，共计 170 年。《南史》的 10 本纪包括：宋本纪 3 卷、齐本纪 2 卷、梁本纪 3 卷、陈本纪 2 卷。《南史》一书的撰写材料，一部分是来自李延寿父亲所写的南朝历史稿件；另一部分则来自当时已成书的《宋书》《南齐书》《梁书》《陈书》。但是，《南史》在编写的过程中，李延寿打破了前四书"各自为政"的局面，将四朝历史融汇一起，合称"南朝史"。在记载人物时，《南史》突出门阀士族地位，采用家传形式。另外，由于《南史》成书于唐朝，因此书中的避讳和溢美之词与前四史比较起来要少得多。《南史》中很多史料对《宋书》《南齐书》《梁书》《陈书》中记载的不足和失实有补充订正的作用。

《北史》

　　《北史》，二十四史之一，是一部纪传体北朝史。作者李延寿，字遐龄，唐朝初年相州（今河南安阳）人。李延寿继承其父遗志，于贞观十七年（643年）开始写史，奋笔疾书16年，终于在唐显庆四年（659年）完成《南史》《北史》两部著作。《北史》包括本纪12卷、列传88卷，共计100卷，所记历史自北魏道武帝建立政权开始（386年），直到隋恭帝义宁二年（618年）结束，共计233年。书中主要记载了北魏、东魏、西魏、北齐、北周、隋这几个朝代的兴衰。《北史》的12卷本纪包括：魏本纪5卷、齐本纪3卷、周本纪2卷、隋本纪2卷。另外，在记载北魏分裂后的历史时，尊东魏为正统，对西魏历史记载很少。《北史》的很多史料印证和补充了《魏书》《北齐书》《周书》《隋书》的不足，具有很大的价值。

　　《南史》和《北史》打破朝代限制，全景式地展现南北朝的历史，叙事简明精当，规避了《魏书》等断代史的繁芜，深受后世读者喜爱；再加上李延寿博采杂史，文笔生动，故而具有极强的可读性。宋史学大家司马光曾评价《南史》《北史》，誉为"近世之佳史"。

《隋书》

　　《隋书》为纪传体史书、隋朝断代史、二十四史之一。此书旧题为魏徵所撰，实际上是合众人之手共同编写。因此，此书为中国第一部官修的出自史馆的史书。《隋书》初成时包括本纪 5 卷、志 50 卷，共为 55 卷。后来唐太宗令长孙无忌、于志宁等编纂《五代史志》，成书后将它收入《隋书》，成为"隋志"，共计 30 卷。所以，《隋书》实际上是 85 卷。《隋书》所记历史自隋文帝开皇元年（581 年）开始，直到隋恭帝义宁二年（618 年）结束，共计 38 年。《隋书》贯

冀州刺史奏明隋文帝，使之命令全国各地统一用铜斗铁尺称量货物，从而制止了商人奸诈刻薄、坑骗百姓的欺诈行为，造福了百姓。

穿了以史为鉴的思想，编撰的目的就是让唐的统治者借鉴隋灭亡的原因，从而巩固唐的统治，因此书中着重论述了隋朝两代皇帝的功过得失，尤其重于隋炀帝的荒淫无道。与其他同类史书相比，《隋书》较少隐讳，叙事真实可靠。

《隋书》史志部分分 10 类 30 卷，分别为：《律历志》《天文志》《地理志》《百官志》《刑法志》《仪礼志》《音乐志》《经籍志》《食货志》《五行志》。它保存了南北朝以来大量的典章制度，为后人研究隋代以及前几朝的政治、经济、文化制度保留了丰富的资料。其中的《经籍志》是继《汉书·艺文志》之后对我国古代书籍和学术史进行归纳总结的一部十分重要的志书，是了解唐朝以前典籍的必读目录。它将各类书籍标出经、史、子、集四大类，为我国以后的四部图书分类奠定了基础，是对中国文化的重要贡献，为后世遵用上千年。

《旧唐书》

《旧唐书》是一部纪传体唐史、二十四史之一。《旧唐书》是五代后晋的官修史书，因为它是由当时的宰相刘昫监修编纂的，所以旧时题为刘昫撰。《旧唐书》包括本纪 20 卷、列传 150 卷、志 30 卷，共 200 卷，所记历史自唐高祖武德元年（618 年）开始，直到唐哀帝天祐四年（907 年）结束，共计 290 年。《旧唐书》初成书时题名为《唐书》，但自北

宋欧阳修等编写的《唐书》问世后，就在原书的名字前加上"旧"字，以示区别。

《旧唐书》开始编写的时间因为距离唐王朝的灭亡很近，所以在搜集史料时比较方便。该书所引的资料基本是抄录唐时的文献，特别是以国史为主，因此在史料的可靠丰富方面，有着不可替代的价值。在记事上，《旧唐书》有着明显的特点：因为唐前期的史料比较丰富，所以对唐前期历史的记载比较详细，而唐后期历史记载则较简略。《旧唐书》出自乱世，编者众多，编写时间短暂，因而漏缺粗率之处颇多。同时，该书转抄的痕迹十分明显，烦琐芜杂，甚至还有某些人物同时并列两传的现象。

《新唐书》

《新唐书》是一部纪传体唐史、二十四史之一，原名《唐书》。因为在它成书以前，已有五代后晋时期所修的《旧唐书》，所以称其为《新唐书》，用来和《旧唐书》相区别。《新唐书》的编写起因，是宋仁宗觉得《旧唐书》有很多不足之处，需要重新修订一本翔实的唐朝史书，于是下诏，命欧阳修、宋祁重修唐史。此书自宋仁宗庆历四年（1044年）开始撰写，直到嘉祐五年（1060年），历时17年完成。《新唐书》全书共225卷，包括本纪10卷、志50卷、表15卷、列传150卷，是宋代以前体例最完备的正史。其中，本纪、志、

表是由欧阳修撰写的；列传是由宋祁撰写的。书中的资料以《旧唐书》为底本，同时也吸收了很多其他史料。在体例上，《新唐书》同以前的史书相比较有所创新：在"志"中，首创了《兵志》《仪卫志》和《选举志》。但《新唐书》中也存在一些缺点，比如在记载历史事件发生的时间时有模糊之处。

《旧五代史》

《旧五代史》，二十四史之一，原名《梁唐晋汉周书》，后称《五代史》，是一部纪传体五代史。《旧五代史》为官修的五代历史，后欧阳修所编《新五代史》问世，为加以区别，改名为《旧五代史》。

《旧五代史》从宋太祖开宝六年（973年）开始编写，第二年即告完成。当时，宰相薛居正奉命监修，因此题名为薛居正所编。全书共150卷，记载了五代时期后梁至后周年间50多年的历史。该书的编写目的就是为了总结五代时期各个政权"短命"的原因，从而为宋朝统治者提供借鉴。《旧五代史》中包括本纪61卷、列传77卷、志12卷，其中《梁书》24卷、《唐书》50卷、《晋书》24卷、《汉书》11卷、《周书》22卷、《世袭列传》2卷、《僭伪列传》3卷、《外国列传》2卷以及《志》12卷。《旧五代史》一书保留了很多珍贵史料，尤其是它所引用五代时的历史文献今基本都已

散佚，因此其文献价值更为突出。

《新五代史》

　　《新五代史》是一部纪传体五代史、二十四史之一，由北宋大文豪欧阳修所撰。此书是宋代以后唯一一部私家撰写的正史。这部书撰成之时名为《五代史记》，但为了和以前的官修《旧五代史》相区别，故名曰《新五代史》。《新五代史》中包括本纪 12 卷、列传 45 卷、考 3 卷、世家 10 卷、世家年谱 1 卷、四夷附录 3 卷，共 74 卷。这部史书所载，起于后梁开平元年（907 年），迄于后周显德七年（960 年），共 53 年的历史。作为私家著史，《新五代史》有自己独到的东西，其一：仿效孔子，采用《春秋》笔法，于字里行间褒贬人物；其二，仿效司马迁，采用通史写法，并恢复了久已不用的"世家"，记述五代时期十国的历史。欧阳修注重借史传达自己的道德观念和历史观，目的是以乱世之史惩戒"乱臣贼子"。欧阳修在书中多有评论，并俱以"呜呼"开头，故此书有"呜呼传"之戏称。由于过度重视史书的批判教育功能，书中某些记载有失实之处，故史料价值不如《旧五代史》。

《宋史》

  《宋史》是元朝官修的一部纪传体宋朝史书、二十四史之一，也是二十四史中篇幅最多的一部书。它和《金史》《辽史》一样，也是早就拟定编修，也准备了较为充足的资料，但由于"正统之争"而始终未能进行，直到元顺帝至正三年（1343年），才开始编修。此书的编写由丞相脱脱主持，于元顺帝至正五年（1345年）编修完成，历时两年半。

  全书共 496 卷，包括本纪 47 卷、志 162 卷、表 32 卷、列传 255 卷。书中所载，起于宋太祖建隆元年（960 年），终于南宋赵昺祥兴二年（1279 年），共计 320 年的历史。这部史书，包含北宋和南宋的全部历史。《宋史》篇幅浩繁，但成书时间很短，其中一个重要的原因就是宋朝政府十分重视对历史的编修，当时宋政府设立的编写史书的机构也非常完善，因此保留到元朝时的史料极其丰富。《宋史》在编修过程中，很多资料都是从宋朝的史料中原文摘取的。《宋史》因为成书时间短，因此显得比较粗糙，再加上文字水平较差，历来受到很多非议。但它对我们研究宋王朝的整个历史有着极其重要的史料价值。

《辽史》

　　《辽史》是元代官修的纪传体辽朝史书、二十四史之一。它是二十四史中成书时间较短，也是缺陷比较明显的一部。此书由元顺帝时期的宰相脱脱主持编修，成书于元顺帝至正四年（1344年）。《辽史》全书共116卷，包括本纪30卷、志32卷、表8卷、列传45卷，另附有《国语解》1卷。全书记载了辽朝200多年的历史，在"志"中，《辽史》首创了《营卫志》。《辽史》在编写时，主要参考了辽耶律俨编写的《辽实录》以及金陈大任编写的《辽史》。在编写《辽史》的同时，《宋史》和《金史》也在进行同步编写，史料可以相互印证。

　　在编写思想上，该书打破了以前史书中将一方尊为正统，另一方称为叛逆的"正统修史思想"，而采用让"三国各为正统"的写史方法，消除了"正统之争"。因为有关辽朝的历史文献流传至今的很少，所以，《辽史》对我们研究辽朝的历史有很重要的参考价值。

《金史》

　　《金史》是元朝官修的一部纪传体金朝史书、二十四史之一。早在元世祖时期该书就已开始拟定修撰，但由于"正

统之争"而未能完成。后来脱脱打破"正统"观念，该书于元顺帝至正四年（1344 年）编修完成。

《金史》所记历史自女真族的兴起开始，直到金朝灭亡结束，共计 120 余年。全书共 135 卷，包括本纪 19 卷、志 39 卷、表 4 卷、列传 73 卷，书末另附有《金国语解》一篇。其中，"志"为 14 类，分别为天文、历、五行、河渠、地理、祭祀、礼乐、舆服、仪卫、选举、百官、兵、刑及食货等；"表"为 2 类，分别为宗室和交聘。《金史》在编写过程中所引用的史料大都直接取自金朝时期的各种历史文献，因此书中记载的历史较翔实可靠。同时，《金史》是元朝官修的 3 部史书中评价最好的一部，是我们研究金朝历史的必备文献。

《元史》

《元史》是一部纪传体元朝史书、二十四史之一。它是在明朝建立初期，明太祖朱元璋命宋濂、王祎等编著的。该书的编撰时间起于洪武元年（1368 年），最终成书于洪武三年（1370 年）。《元史》全书共 210 卷，其中本纪 47 卷，共记载了元朝 14 位皇帝；志 58 卷，分天文、历、五行、河渠、地理、祭祀、礼乐、舆服、选举、百官、兵、刑及食货，共 13 类；表 8 卷，分后妃、宗室世系、诸王、诸公主、三公、宰相，共 6 类；列传 97 卷，共收录人物 1200 多人。《元史》成书时间距离元朝灭亡的时间很短，因此书中所引用的写史

资料很多都直接借鉴元朝流传下来的文献资料，因此保留了很多珍贵史料；同时，由于参加编写的史官都经历过元朝的统治，还有很多人曾在元朝为官，因此可以作为元朝历史的见证人。但是，由于朱元璋急于成书，再加上宋濂等人并非历史学家，所以《元史》错讹漏误颇多，或人物排列失时，或为一人立两传，不一而足。所以，此书虽有很高史料价值，但因其太过草率，故后人对此书多有修补。

《明史》

《明史》是清朝官修的一部纪传体明朝史，题为张廷玉（等）撰，实际上是清朝史官合纂。此书为二十四史的

朱元璋夺取天下期间广招人才，求贤若渴。

最后一部正史。《明史》自清顺治二年（1645年）开始编修，直到雍正十三年（1735年）才编纂完成，历时90年，是二十四史中编修时间最长、用力最深的，并且得到评价较好的一部史书。《明史》全书共332卷，其中包括本纪24卷、志75卷、表13卷、列传220卷，所记历史自明太祖洪武元年（1368年）开始，直到明崇祯十七年（1644年）结束，共计270多年。全书在编写上体例严谨、叙事简洁，而且根据明王朝的特点在记事上有所创新，比如增设了《阉党传》《土司传》《流贼传》等。《明史》最大的价值有两点：一是在取材上翔实谨慎；二是在对明朝人物评价上较客观公正。但是，书中也存在避讳清朝是少数民族而统治中原、蔑视农民起义等缺点。

《清史稿》

　　《清史稿》是一部纪传体清朝史书，是历代正史中篇幅最大的史书。它是1914年北洋政府召集赵尔巽等60余位当时的文史专家共同编修的。1920年时初稿已成，但杂乱无序，后重订，于1927年刊印，但那时此书尚未完成修订，故仿《明史稿》先例，取名为《清史稿》。《清史稿》全书共529卷，书中所记，起于努尔哈赤开国（1616年），迄于溥仪颁布退位诏书（1912年），共计296年的历史。其中，本纪25卷、志135卷、表53卷、列传316卷。书中所采资料大都是出

自清代官方文献，并主要参考了清代历朝的实录以及其他一些志、传等史料，保留了很多史料。但是，此书缺陷颇多，一是参与编纂的成员过多，对全书的资料也没有进行系统地整理，使资料杂乱无章；二是编纂者站在清王朝的立场上，历史观存在问题。虽然存在很多弊端，但《清史稿》仍然具有珍贵的文献价值。

《竹书纪年》

《竹书纪年》是东周时期编撰的一部编年体史书，出自汲郡（今河南汲县西南）魏襄王墓。该书本名为《纪年》，因它是用竹简书写而成的，所以后人把它称为《竹书纪年》。

《竹书纪年》全书共 13 篇，记载了夏、商、西周、春秋时的晋国以及战国时的魏国的历史，按年编次。《竹书纪年》不以儒家的"仁义道德"为指导思想，大量记载古代"放杀"的历史，比如书中记载了启杀益、太甲杀伊尹等事件。此外，书中很多事件的记载也和其他史书的记载颇有出入。比如，书中记述，自周受命直到周穆王时应该是 100 年，而并不是周穆王 100 岁等。《竹书纪年》一书，以记载王室争权夺利的斗争为核心。《竹书纪年》因其写作的思想和所记内容与正统的儒家思想大相径庭，受到后世儒家贬斥，该书的学术地位日渐下降，甚至被称为

"荒诞"之书。但是，现在的历史学家对《竹书纪年》仍十分重视。

《资治通鉴》

　　《资治通鉴》是我国古代史书中一部规模空前的编年体通史。作者司马光（1019—1086年），字君实，号迁叟，世称涑水先生，谥号文正，陕州夏县（今山西夏县）人，北宋著名史学家和杰出的政治家。《资治通鉴》共294卷，另有《目录》《考异》各30卷，约300多万字。《资治通鉴》所记之事，自周威烈王二十三年（公元前403年）开始，直到后周显德六年（959年）结束，共记载了从战国到五代末年共计1362年的历史。《资治通鉴》书名的意思是"鉴于往事，有资于治道"，其著书宗旨是"叙国家之兴衰，著生民之休戚，使观者自择其善恶得失，以为劝诫"。也就是说，该书的编撰目的是为封建统治者提供历史的借鉴。全书所选史料极其丰富，在编写过程中的治史态度也十分严谨，记述历史时文笔优美，可读性很强。更重要的是，《资治通鉴》在一定程度上对封建社会的黑暗统治给予了揭露。

　　《资治通鉴》在我国史学界和文学界有着很高的地位，问世后得到极高的评价，被认为是研究历史不可不读的史书。同时，后人又有很多在它基础上撰写的"续"史。宋神宗曾评价它说："前代未尝有此书，过荀悦《汉纪》远矣。"

《山海经》

    《山海经》是我国古代地理名著。关于其作者和成书时间，今已无可考。一般认为，该书非出自一人一时之手，初成书时约在战国时期。

    《山海经》一书内容庞杂，涉及古代山川、物产、祭祀等方面的内容，可看作上古时代的百科全书。书中主要以记载各地地理为主，所记范围非常之广，涉及我国以及东亚和中亚等地区。今本《山海经》共18卷，含39篇。其中，《五

龙首鸟身神

藏山经》5卷，包括中、南、西、北、东经各1卷，含26篇；《海经》8卷，包括海外南、西、北、东经各1卷，海内南、西、北、东经各1卷，含8篇；《大荒经》4卷，包括东、南、西、北经各1卷，含4篇；另有《海内经》1卷1篇。《山海经》中保留了大量的远古神话，是先秦古籍中保留神话最多的一部。《山海经》包罗万象，对各地的地理、历史、文化、风俗民情、神话、物产等都有记载，是研究我国地理的宝贵资料。书中有关各地矿产的记叙，是世界上最早的有关矿物和矿物学分类的地理文献。

《水经注》

《水经注》是一部综合性地理著作。作者郦道元（约466—527年），字善长，范阳涿鹿（今河北涿州）人，北魏时期著名地理学家、散文家。博览群书，爱好游览，曾任官吏。《水经注》是他参考大量地理资料，并结合实地调研写成的。全书共40卷，书名虽为对《水经》所作之注，实际上是自成一作。《水经》一书简要记载137条主要河流的水道情况，仅1万多字，记载简略，缺乏系统性。而《水经注》约30万字，书中不仅记述了1252条河流的发源地点、流经地区、支渠分布以及河道历史上的变迁等情况，还记载了水道流经各地的山陵、城郭、农田水利、土地物产乃至于风俗习惯。《水经注》对我们研究古代的河道地理具

有很高的文献价值，其山水散文的艺术成就对后世也有很大影响。

《大唐西域记》

《大唐西域记》，简称《西域记》，是玄奘根据自己的亲身经历编著的一部佛教游记著作。作者玄奘（602—664年），俗姓陈，名祎，洛州缑氏（今河南洛阳市偃师区南缑氏镇）人，出生于官宦家庭，出家后法名玄奘。因玄奘的名气很大，所以人们又称他为"唐僧"，尊称为"三藏法师"。

唐贞观元年（627年），玄奘为取"真经"，从长安出发，历时19年，经100多个国家，最后到达印度。回国后，经他自己口述，由辩机整理成《大唐西域记》。全书分12卷，共10万余字。书中记载的既有玄奘亲身经过的西域及天竺的110个国家，也有他听闻的28个国家，同时还有附带提及的12个国家。书中记载了玄奘在取经途中所见国家的都城、疆域、政治、历史、地理、语言、文化、物产、气候、宗教信仰以及风土人情等。《大唐西域记》在世界史学界有着很高的地位，是我们研究古代中亚及印度历史的重要史料。

《徐霞客游记》

　　《徐霞客游记》是一部地理学名著，作者徐霞客（1587—1641年），原名徐宏祖（本名弘祖，清代刻印《徐霞客游记》时，因避乾隆帝弘历讳，改"弘"为"宏"），字振之，别号为霞客，江阴（今江苏江阴）人，明代著名旅行家、地理学家。徐霞客自幼喜读古今地志，一生未入仕途，游历祖国大江南北。

　　徐霞客根据30多年的实地考察，以自己的见闻编写了这部日记体游历记录。全书共计60余万字，所含内容十分丰富广泛：既有对山川河流渊源、地形地貌特征的考察，又有对岩石洞穴、奇峰瀑布的探索；既有对各种矿产、手工业、农业乃至城市建制、风土人情、民俗状况的记载，又有对各种动植物品种的比较。同时，书中还对当时处于边陲的我国西南少数民族地区的状况有所记载。全书在记写地理时，融入了作者强烈的爱国主义思想感情。《徐霞客游记》对后世影响很大。

子部

《老子》

　　《老子》，又名《道德经》，其作者相传是老子。老子原名李耳，字伯阳，楚国苦县（今河南鹿邑东）厉乡曲仁里人，春秋时著名思想家、道家创始人。因为传说他"生而皓首"，故名老子。

　　全书共 81 章，5000 多字，集中体现了老子的思想。在哲学上，《老子》认为"道"是世界的本原，提出"道生一，一生二，二生三，三生万物"的观点，认为世间万物都是由"道"演化出来的。《老子》中还含有朴素的辩证法思想，如"祸兮福之所倚，福兮祸之所伏""反者道之动""有无相生，难易相成"等观点。在政治上，老子一方面对统治阶级进行抨击，如书中提到"天之道，损有余而补不足，人之道则不然，损不足以奉有余"；另一方面，他主张清静无为、寡欲、知足，幻想人类回到"小国寡民"的原始状态。《老子》对中国的哲学产生了很大的影响，对后世的文人思想家及一些学派的思想发展也有一定影响，特别是儒家学派。在中国哲学的发展史上，《老子》之后的唯物、唯心两派都从不同角度吸取了他的思想。

《庄子》

　　《庄子》，古代著名的哲学著作。作者庄子，名周，宋国蒙（今河南商丘东北）人，战国时期著名的哲学家、道家学派代表人物。《庄子》今存33篇，分内、外、杂3部分，现今学术界普遍认为内篇为庄子所作，外篇、杂篇是其门人及其他道家学者所作。在对世界和事物的认识上，书中发展了老子的"道法自然"的思想，否定了神创论，认为凡事必须遵循事物自身的发展规律。同时，《庄子》还继承了老子的朴素辩证法思想，但是由于它用相对性来否定绝对性，因此又得出了虚无主义和宿命论的唯心主义观点。在政治和学术观点上，《庄子》强烈抨击当时的统治阶级，同时也轻视当时的诸子百家，提出了"任自然"的处世观点，这种观点在当时的社会政治条件下有一定的积极作用。《庄子》一书的另一大特点就是"美"，书中大量运用诗和寓言来阐述庄子的思想，将抽象的哲学寓于生动的艺术形象中。《庄子》一书对后世哲学的发展产生了深远的影响。书中提及美的起源、本质及美感问题，为中国古代美学奠定了理论基础。鲁迅评价道："其文汪洋辟阖，仪态万方，晚周诸子之作，莫能先也。"

《管子》

　　《管子》一书托名为管仲所著，实为战国时期齐国稷下学者所作的著作总集，后经刘向编订为86篇。《管子》今本仅存76篇，其余的10篇仅存目录。全书共分8类，其中，"经言"9篇、"外言"8篇、"内言"7篇、"短语"17篇、"区言"5篇、"杂言"10篇、"管子解"4篇、"管子轻重"16篇。全书内容庞杂，其思想融合了法、道、名等家的思想，内容则涉及天文、历数、舆地、农业和经济等方面的知识。书中最精华的部分是提出了以"精气"为万物本原的朴素唯物主义精气说，认为天地万物并不是神创造出来的，而是由

齐桓公拜管仲为相国，且尊称为"仲父"。

精气相互结合产生的。书中还提出了"顺天者，有其功；逆天者，怀其凶"的朴素的关于物质与意识关系的唯物主义观。《管子》中的朴素唯物主义观对后世产生了深远的影响。它对中国唯物主义哲学的发展有着积极、深远的影响，对后来荀子和韩非子的唯物主义思想，乃至王充、柳宗元等的唯物思想都有很大的影响。

《墨子》

　　《墨子》是墨家门人记述墨子言行的书，反映了墨家的思想。墨子，名翟，鲁国（今山东西南部）人，春秋时期著名思想家、墨家学派的创始人，儒家学派的反对者。《汉书·艺文志》著录《墨子》71篇，今存53篇。《墨子》中主要阐述了墨家学派以"兼爱""非攻"为思想核心的十大主张，包括"兼爱""非攻""尚贤""尚同""天志""明鬼""节用""节葬""非乐""非命"。《墨子》中还包含了墨家的认识论、逻辑学及自然科学方面的思想。书中的认识论属于朴素唯物主义，强调"眼见为实"。在辩证逻辑方面，《墨子》广泛地用逻辑推理来论证自己的学派思想，在中国思想史上建立了第一个古代逻辑学体系。但是《墨子》中也有一些局限，比如承认鬼神的存在等。《墨子》是研究墨家学派的宝贵资料，在中国哲学和逻辑史上占有很重要的地位。

《荀子》

　　《荀子》，古代著名的哲学著作。作者荀况，字子卿，战国末期赵国（今山西南部）人，先秦时期著名思想家。此书又名《荀卿子》，今存20卷，是荀况晚年总结百家争鸣以及阐述自己思想的理论成果。在书中，荀子在总结前期儒家思想的基础上，充实并论述了自己的理论，强调礼在社会中的作用，政治上主张"王霸"兼用。哲学思想属于唯物主义，在对自然界的认识上，该书提出了"明于天人之分"以及"天行有常，不为尧存，不为桀亡"的唯物观点。在对世界的认识上，书中提出"制名以指实"的观点，承认世界的物质第一性。《荀子》中有关逻辑思维的文章《正名》，在一定意义上突破了形式逻辑的局限，有了辩证逻辑的萌芽。书中还宣扬"性恶论"，倡导"以礼法治国"，他的这一思想后来为李斯和韩非继承和发展。《荀子》一书是先秦思想的集大成者，具有很强的系统性。书中的唯物主义观点对后世影响很大，在中国古代思想史上占有重要地位。

《韩非子》

　　《韩非子》，战国时期法家的代表著作。作者韩非，战国末期韩国人，出身贵族，荀况门人，法家代表人物。《韩

非子》共55篇，分内、外两个部分，书中的重要篇目有：《五蠹》《定法》《扬权》《六反》《显学》《孤愤》《说难》等，战国末期流传甚广。韩非的思想深为秦王嬴政赏识，被作为立国的指导思想。在《韩非子》中，韩非总结前期法家学派的各家思想，将其熔于一炉，提出了"法""术""势"三者合一的以法治国的主张。这一主张不仅是一套较完整的封建专制主义理论，而且在驾驭臣下、统御万民方面具有很强的操作性。在列国争雄的时代，为君主提供了切实可行的强国方案，具有巨大的实用价值。相比儒家和道家，这套方案的优越性是显而易见的。在哲学观点上，《韩非子》基本沿袭了荀子的朴素唯物主义思想。但由于《韩非子》中把矛盾的对立绝对化，倾向于实用主义，坚持"轻民"观点，因此具有很大的局限性。

《韩非子》对后世的影响极其巨大，其所提出的完整的封建专治主义的政治理论，对秦朝乃至整个封建社会都有深远影响。另一方面，《韩非子》也是研究当时法家思想及先秦历史的重要文献资料，具有极大的价值。

《列子》

《列子》成书于战国时代，但原书到了汉初散佚了。后来，刘向对残稿进行校订整理，将其分为8篇，但对它的作者为列御寇有所怀疑。后人经过研究，也多认为该书应为他人伪

托列御寇所作。《列子》中的内容大多数是民间传说、寓言和神话故事，通过讲述这些故事来说明哲理、阐发思想。在对宇宙的认识上，书中一方面认为"虚无"是宇宙生成的本体；但另一方面又否定道家的"有生于无"的说法，认为世间万物乃是"自生自化"的。书中还讨论了自然界的变化发展以及自然界与人的关系等问题。此外，书中还借寓言和故事对各种自然科学进行了讨论，如"小儿辩日""偃师造人"等。书中在某些地方含有宣扬个人享乐、消极处世等思想，虽具有一定的消极因素，但也从另一方面反映了当时之人冲破礼教名利、鬼神迷信的要求。《列子》对以后玄学的发展产生了一定的影响，书中所收的寓言和故事也广为流传。

《吕氏春秋》

《吕氏春秋》，又名《吕览》，约成书于公元前239年，是吕不韦组织门客编撰的一部先秦杂家著作。吕不韦（？—公元前235年），卫国濮阳（今河南濮阳西南）人，战国时期政治家，从政前本为商人，后来任秦相国。《吕氏春秋》共26卷，分8览、6论、12纪，开头附有《序意》1篇。《吕氏春秋》是适应当时历史趋势发展而作的，以道家思想为主，主张"以礼治国"，但也兼并儒、法各家。《吕氏春秋》最大的特点就是"杂"，它兼取各家学说的长处，希望借此来

指导秦国兼并六国，建立封建统一王朝，同时也为秦统一六国，"取周而代之"寻找理论依据。另外，《吕氏春秋》中还记录了大量的史实、传说以及当时科学技术的状况。书中包含许多富有哲理的寓言，我们最熟悉的"刻舟求剑"就是出自此书。《吕氏春秋》对先秦思想"取其精华"，可以说是对先秦思想的总结，它对秦统一六国在理论上起到指导作用。同时，书中关于史实和传说的记载也有较高的史料价值。

《鬼谷子》

《鬼谷子》一书是先秦时期纵横家学派的代表作，相传是鬼谷子在楚国的监狱中写成的，今人考证此书应该是后人托鬼谷子之名所作。鬼谷子，纵横家之鼻祖，原名王诩，春秋时期人，隐居云梦山清溪鬼谷采药修道，自号"鬼谷先生"，世称"鬼谷子"。

《鬼谷子》内容丰富，涉及政治、军事、外交等领域，原书14篇，其中第13篇、第14

孙膑、庞涓都师从鬼谷子。

篇失传，今存 12 篇。该书的中心思想与儒家思想完全相悖：主张权力斗争、谋得政治权势，同时还阐述了有关言谈辩论的技巧，认为人应该以追逐功名利禄来实现自身的价值。《鬼谷子》被当时的纵横家学派奉为经典。由于此书反对儒家思想，因此后世的儒家学者对它的作用、意义和价值极少研究，大多数人持反对和讥讽的态度。但《鬼谷子》一书代表了我国先秦时期百家争鸣一派的思想，是我们研究战国时期纵横家思想学说的重要资料。

《孙子兵法》

　　《孙子兵法》，又称《孙武兵法》，是先秦兵家代表作。作者孙武，字长卿，齐国乐安（今山东惠民）人，春秋末期杰出的军事学家，因擅长用兵作战，并著有优秀军事论著《孙子兵法》而被后人尊为"兵圣"。

　　这部杰出的兵法是孙武根据前人及春秋时期的战争经验所编写的军事理论著作。全书共分 13 篇，依次为《始计》《作战》《谋攻》《军形》《兵势》《虚实》《军争》《九变》《行军》《地形》《九地》《火攻》和《用间》。《孙子兵法》从整体和全面的角度对战争的谋略、战争的方式以及战争的手段等方面进行了精辟的阐述，揭示了战争的普遍规律性，形成了比较系统的战略思想。《孙子兵法》重战慎战的思想、"先胜"的理念、"不战而屈人之兵"的策略、致人

而不致于人的著名论断，对中国军事政治生活均产生巨大影响，并影响了中国人思维方式的形成。《孙子兵法》认为，对战争起决定性作用的是道（政治）、天（天气变化）、地（地理形势）、将（作战统帅）、法（军队纪律）这5个客观因素，而不是天命、鬼神，具有一定的积极意义。《孙子兵法》被后人尊为"兵经"，是了解中国古代军事理论绕不开的巨著。

《孙膑兵法》

《孙膑兵法》，战国时期兵家代表作。作者孙膑，齐国阿、鄄之间（今山东阳谷东西）人，孙武后人，因受膑刑，史称"孙膑"，中国古代著名军事家。《孙膑兵法》分上、下两编，共30篇。其中上编15篇，主要记载孙膑的事迹和言论；下编15篇，主要阐述孙膑的军事思想。《孙膑兵法》在继承《孙子兵法》的前提下，总结以前战争经验，结合战国中期的战争特点，提出了很多有价值的军事理论。书中认为，解决战争的方法是不能依靠和平手段的，要想制止战争，就必须通过战争的手段，只有在取得胜利的情况下，才能获得和平。在战略战术上，书中强调对战争规律的认识和掌握，主张根据客观条件的不同来使用不同的战术，作战时应主要攻击对方防守薄弱的部分。此外，书中还十分强调"人"的作用。《孙膑兵法》一书具有极高的军事学术研究价值。书

中在阐发其军事理论时，也对古时很多战争有所记载，具有很高的史料研究价值。

《淮南子》

《淮南子》由刘安主持并集结其门下宾客编撰而成。刘安（公元前179—前122年），汉高祖刘邦之孙，自文帝起，被封为"淮南王"。他博雅好古，广纳贤才，是西汉贵族中博学多才的人物。《淮南子》在编成初期包括《内书》《中篇》《外书》三部分。但《中篇》《外书》到了东汉就已失传，所剩的《内书》，又名《鸿烈》，乃是取"广大光明"的意思。后刘向对其校订时，改称为《淮南》，后人习惯称为《淮南子》。

书中以道家思想为主，但又混有法家、儒家、阴阳家等思想，故习惯上被人们称为"杂家著作"。《淮南子》善用历史传说和神话故事说理，因此保留了一些著名神话。另外，《淮南子》在哲学上提出了"宇宙进化"和无神的唯物主义观点。在政治上，《淮南子》主张道家的"无为而治"。《淮南子》中保留的历史传说和神话故事对后人研究汉以前乃至上古时期的历史有很大的价值。它的唯物主义观点对后世的唯物主义思想的发展也产生了很大影响。

《盐铁论》

　　《盐铁论》是一部经济学著作。作者桓宽，字次公，汝南（今河南上蔡西南）人，官至庐江太守丞。

　　汉昭帝元始六年（公元前81年），汉昭帝召集民间有声望的学者60余人来京城与政府官员讨论经济政策。其中，官方代表主要是桑弘羊，民间儒生的代表则主要是鲁万生等。双方就是否对盐、铁、酒实行官营等进行了讨论。桓宽记录了双方的观点论说，并整理成书。书中记载，官方代表桑弘羊等以"重商"为思想核心，反对当时流行的重农抑商的思想。他以货币的多少来评判贫富，提出"富国何必用本农，足民何必井田也"的观点，主张"重商主义"，提倡盐铁官营，推行对外贸易，统一国家铸币。民间学者则认为商业是导致国家贫穷的根本原因，主张重农抑商，反对盐铁官营，反对使用货币，提倡藏富于民。《盐铁论》在中国的经济思想史上有很重要的地位，是研究秦汉时期经济思想的重要著作。

《论衡》

　　《论衡》是我国古代哲学史中的一部唯物主义哲学经典著作。作者王充（27—97年），字仲任，东汉会稽上虞（今浙江上虞）人。他一生仕途不顺，晚年著《论衡》。全书篇

目共为85篇，其中《招致》一篇有目无文，所以今天实际上仅存84篇。关于书名"论衡"的意思，在书中作者有相关的解释——"《论衡》者，所以铨轻重之言，立真伪之平"，也就是说，《论衡》是对东汉及以前的各种学说、思潮加以衡量比较，评定是非曲直，从而达到批判虚妄之说的目的。书中内容以唯物主义观点为主，批判"神创论""天人感应说"，以及"因果报应"等神学迷信思想。书中提出元气自然论，宣传无神论，承认历史发展，这些观点都属于唯物主义。但《论衡》中的一些思想也有陷入不变论的倾向。《论衡》是我国古代唯物主义哲学巨著，它的出现，标志着中国古代唯物主义哲学体系的建立，对后来的唯物主义哲学家及中国唯物主义的发展都产生了深远的影响。

《颜氏家训》

　　《颜氏家训》是中国教训类的经典著作。作者颜之推（531—约595年），字介，琅琊临沂（今山东境内）人，著名文学家、教育家，曾分别于南朝梁、北齐时期任官，后隋朝建立，任学士。《颜氏家训》以"务先王之道，绍家世之兴"为主旨，以儒家思想为中心，宣传儒家传统的伦理道德观念，对教育子女成人成才有着重要的指导意义和实用价值。全书共20篇，分别为"序致篇""教子篇""兄弟篇""后娶篇""治家篇""风操篇""慕贤篇""勉学篇""文章

篇""名实篇""涉务篇""省事篇""止足篇""诫兵篇""养生篇""归心篇""书证篇""音辞篇""杂艺篇""终制篇"。书中除包括有关伦理道德、为人处世的内容外，还有关于颜氏教子弟文字训诂、品评文艺等方面的内容。此书内容丰富，涉及有关当时士族生活、医学算数、文字音训等诸多方面。

《颜氏家训》对后世影响较大，被称为"古今家训，以此为祖"。书中所涉及的知识教育部分，也具有很高的文献参考价值。

《朱子语类》

《朱子语类》是一部记录有关朱熹及其弟子讲学问答的语录总集，又名《朱子语类大全》。朱熹（1130—1200 年），字元晦，宋代著名理学家。朱熹是宋代最渊博的学者，在讲学时往往妙语连珠，引人深思。他去世后，弟子黎靖德等人辑录其言论，于南宋末年刊刻行世，这便是《朱子语类》。此书虽然不是哲学专著，却全面反映了朱熹的理学思想。全书共 140 卷，分 26 个门类，分别是：理气、鬼神、性理、学、《大学》《论语》《孟子》《中庸》《易》《尚书》《诗》《孝经》《春秋》、礼、乐、孔孟周程张邵、吕伯恭、陈叶、陆氏、老氏、释氏、本朝、历代、战国汉唐诸子、杂类、论文等。《朱子语类》认为"理是世界的本原"，提出世间万物

都是由理和气衍生而成的唯心主义世界观。书中把"理"作为朱熹哲学的最高范畴，同时又吸收了唯物主义哲学中"气"的思想，具有一定的合理性；在伦理道德上，书中提倡"明天理，灭人欲"，希望以此来维护封建统治。《朱子语类》是我们研究朱熹思想的重要资料。

《传习录》

《传习录》是一部语录和论学书信集，是王守仁哲学思想的全面体现。该书非成于一时一人之手。王守仁门人徐爱、钱德洪等人从1512年开始，陆续记录其论学谈话，整理成书，取名为《传习录》。后来，南大吉、钱德洪、谢廷杰等人又在对原书进行增删的基础上，补进王守仁论学书信，附入王守仁编的《朱子晚年定论》，辑成今本《传习录》。《传习录》的"传习"一词出自《论语》中的"传不习乎"。全书共分上、中、下3卷，其中，上卷经王守仁审阅，主要是阐述他对"格物致知"的解释以及"心即理"的新思想；中卷是王守仁的亲笔，是他晚年的成熟之作，系统阐述了他的致良知、知行合一、心物合一等思想；下卷未经王守仁本人审阅，但是比较具体地解释了有关王守仁晚年的各种思想。

《传习录》中宣扬的心学理论背弃了二程（程颢和程颐）与朱熹的理学，在某种程度上起到了冲击圣贤偶像的作用，有利于人们思想的解放，促进了明中叶以来的学术发展和社

王守仁心体光明，毫无暗昧之念，面对没有事实根据的谗言忍辱负重、以诚感人。

会进步。作为一部较为纯粹的哲学著作，其所阐述的思想对后来的哲学、社会意识影响极大，在中国古代哲学史上有着重要的地位。

《太平御览》

　　《太平御览》是我国北宋时期编写的一部具有百科全书性质的类书，宋代四大部书之一。书名中的"太平"是宋太宗赵光义的年号，"御览"是呈送给皇帝亲自阅读的意思。它是宋太宗命李昉等13人编纂的，开始于宋太宗太平兴国

二年（977 年），完成于太平兴国八年（983 年），用时 6 年多。初成时名为《太平总类》，后宋太宗将其改为《太平御览》。全书共 1000 卷，55 部，分 5363 类，总字数达 4700 多万字，引用古今图书及各种体裁文章共达 2570 多种。此书编纂的目的是为帝王提供以备随时查阅的"百科知识"，了解历代治乱兴衰的原因，以及各种典章制度由来。《太平御览》不仅对各种实物有所记载，还保留了大量的古书资料，其中好多是今天已经失传的。但是，《太平御览》也有其不足之处。在编排时，有些类目重复出现，而且体例也有不当之处。《太平御览》对我们今天研究宋代以前的历史具有极高的史料价值，它也被称为"类书之冠"。

《永乐大典》

　　《永乐大典》是我国明代永乐年间编修的最大的类书著作。永乐元年（1403 年）开始编修，永乐二年（1404 年）初成，名为《文献大成》。永乐三年（1405 年）重修，于永乐六年（1408 年）最终编写完成。《永乐大典》在编排上改变了过去类书的体例，采用了"用韵以统字，用字以系事"的方法。这种编排方法已经是现代百科全书的形式了，也有人干脆把它视为世界上第一部百科全书。《永乐大典》正文共 22937 卷，凡例和目录 16 卷，装订为 11095 册，总字数约为 3.7 亿，收录了先秦时期到明朝初期的各种典籍 8000 余种。书中内

容包括天文地理、科学技术、医学占卜、文学戏剧、诗歌小说等方面，朱棣在为《永乐大典》所作的序中称此书"上自古初，迄于当世，旁搜博采，汇聚群书，著为奥典"。《永乐大典》一书保留了很多我国古代的珍贵文献书籍，具有很高的文献价值。但成书后历经磨难，以致残缺不全，现今保存下来的部分仅为全书的百分之三四。

《菜根谭》

《菜根谭》是著名小品文著作，作者洪应明，字自诚。关于他的生平事迹，在史书上少有记载，今已无从考证。根据其他资料的记载进行推断，他可能是浙江余杭人，曾为官吏，后退世隐居。《菜根谭》成书于明万历年间，是一部处世格言集。

全书共 360 则，每段话数十字至上百字不等，全面阐述了作者关于为人处世、修身养性等方面的观点。在编写上，该书没有完整的系统和严密的逻辑。书中阐述观点时，颇有随感而发、随性而至、信手拈来的感觉。书中融合了儒、道、释三家的思想——既有儒家的中庸思想的体现，又有道家清静无为观点的融合，同时还掺杂了佛教出世的思想观点，形成一种以出世之心面对在世之事的处世方法体系。该书确立的道德、原则、立场对现代社会依然有着很强的借鉴意义。在文笔上，《菜根谭》则对仗工整、优美俊秀、比喻生动、

雅俗共赏。《菜根谭》一书可谓字字珠玑，其格言警句耐人寻味，发人深省。它集中了中国几千年来为人处世的智慧精华，对后世影响极其广泛和深远。它不仅在我国，乃至于在海外，都产生了很大的影响。时至今日，它仍被广大民众所喜爱。

《齐民要术》

　　《齐民要术》是我国现存最早，也是最完整的一部农学著作。作者贾思勰，齐郡益都（今山东寿光南）人，北魏时期著名农学家。他的生平事迹不详，只知道他曾做过高阳郡（今山东临淄西北）太守。全书共10卷，含92篇，另附《序》和《杂说》各1篇，系统地总结了我国6世纪以前的农业生产技术经验，记述了包括五谷、瓜果、蔬菜等农作物的栽培；牲畜、家禽和鱼类等的饲养；酒、酱、醋、糖等的制作方法，

耙地图　南北朝

煮胶和造笔墨的方法等，还记述了当时中原以外的农作物。《齐民要术》所述内容包括农、林、牧、副、渔各个方面，提出了很多先进的农学思想，比如强调农业生产应注意"天时地利"、防旱保墒、选种和培植良种、轮作法及使用绿肥等。《齐民要术》保留了我国古代大量的农业生产经验，对中国乃至世界的农业发展都做出了一定的贡献。

《考工记》

《考工记》是一部我国古代手工业技术专著，关于其作者和成书时间一直无定论。今人普遍接受的观点是，《考工记》是春秋时期齐稷下学宫的学者编写的齐国官书。我们今天看到的《考工记》是《周礼·考工记》，是由西汉时期的刘歆编入《周礼》的。西汉景帝时，因《周礼》遗失《冬官》一卷，所以将河间献王刘德所献的《考工记》编入《周礼》。

《考工记》全文7000多字，记述了我国春秋战国时期木工、金工、皮革工、染色工、玉工、陶工6大门类、30个工种的生产工艺。其中6个工种已失传，后来又衍生出1个工种，实存25个工种。这部书不仅分别介绍了兵器、车舆、礼乐之器以及宫室等的制作、建造工艺，还介绍了许多简便、有效的检验方法，涉及冶炼学、数学、力学、声学和建筑学等方面的科学知识和经验总结。书中所记内容既包括当时的生产技术水平、工艺美术设计水平，同时还涉及当时的生产

管理制度等。《考工记》是我国现存最早的有关手工业技术规范的著作，在我国科技史、工艺美术史，甚至于在我国文化史上都占有重要地位。

《农政全书》

《农政全书》是我国古代大型的农业百科全书著作。作者徐光启（1562—1633年），字子先，号玄扈，上海人，明末杰出的科学家，著有《农政全书》《崇祯历书》《勾股义》等著作。《农政全书》于崇祯元年（1628年）完成初稿，后经陈子龙整理，于崇祯十二年（1639年）刊行。它是作者花费几十年心血，参考200多种文献编著而成的。全书共60卷，分12目，总计70余万字。其中，农本3卷、田制2卷、农事6卷、水利9卷、农器4卷、树艺6卷、蚕桑4卷、蚕桑广类2卷、种植4卷、牧养1卷、制造1卷、荒政18卷。书中许多内容是对前代农书的摘录，但作者对其精心剪裁，并以旁注或评语的形式加入许多自己的见解和经验体会，从而构成一个完整的农学体系。

与以前的农书相比较，该书有了很大的突破和进步。首先，它摒弃了以前农书单纯探讨农业技术的思路，系统论述了屯垦、水利、备荒等方面的农政措施，为后来农书写作提供了新的范例。其次，它引进了西方的农业科技成果，如"泰

西水法"，为中国传统农业注入新的活力。再次，它将"数象之学"应用于农学研究，为后来的农学研究提供了新的方法。同时，该书还以大量的篇幅阐述了兴修水利、开垦西北荒地、救济灾荒的建议和规划。《农政全书》不仅集中国传统农学之大成，而且影响了后来的农学写作和农业科技的发展。

《九章算术》

《九章算术》又名《九章算经》，作者不详，是《算经十书》中最重要的一种，是我国古代最著名的数学著作之一。《九章算术》中共收入了 246 个数学问题，采用问答的形式来阐述数学问题，并将这些问题分为 9 个部分，因此称为"九章"。全书的"九章"分别为：方田（分数四则运算）、粟米（比例运算）、衰分（比例运算）、少广（开方运算）、商功（体积计算）、均输（比例运算）、盈不足（盈亏问题）、方程（多元一次方程以及正负数的四则运算）以及勾股（用勾股定理求解）。《九章算术》中所记的很多数学上的计算方法，在当时的整个世界都具有绝对的领先地位。《九章算术》真实地反映了我国在数学领域的发展水平，表明早在东汉时期，我国的数学水平就已相当发达。《九章算术》对中国乃至整个世界数学的发展都有着极其重要的影响，它的出现，标志着中国古代数学体系的形成。

《茶经》

　　《茶经》是我国古代最早的专门论述茶叶的著作。作者陆羽（733—804年），字鸿渐，一名疾，字季疵，自称桑苎翁，又号东冈子、竟陵子，唐复州竟陵（今湖北天门）人。陆羽原本是一个弃儿，被僧人所收养。后来他离开寺院，曾经做过伶工。唐上元初，陆羽隐居在苕溪（今浙江湖州），闭门著书，撰成《茶经》，后世尊称其为"茶圣""茶祖"。全书共3卷，分10篇，7000多字。陆羽总结了前人的研究成果，并结合自己的实践经验，对茶叶从本性到制作与加工都有了很多的新认识。《茶经》一书分别对茶的起源、茶的名称、茶的种类、茶的品质、茶的功用等茶本身的特性做了详细的论述。另外，《茶经》还分别论述了有关茶的采制方法、制茶饮茶器具、制茶饮茶方法等。《茶经》一书的问世使饮茶在唐朝成风，对后世针对茶的研究也产生了深远的影响。

《梦溪笔谈》

　　《梦溪笔谈》是我国古代最著名的笔记体科学著作之一。作者沈括（1031—1095年），字存中，钱塘（今浙江杭州）人，北宋著名科学家。沈括一生著作很多，但今大多已经失传。《梦

溪笔谈》是他最有影响的著作，今得以保留下来。这部书是沈括晚年在梦溪园根据他平生的见闻和心得写成的。全书今本为26卷，又有《补笔谈》3卷、《续笔谈》11卷，共40卷，分17门，共计609条。书中所记载的科学知识极其庞杂丰富，包括天文、地理、地质、数学、气象、物理、化学、冶金、兵器、水利、建筑以及生物、医药学、军事、文学、史学、考古以及音乐等众多领域。在书中所记的这些知识中，既有沈括自己的科研成果，也有他对别人科学成果的记述。《梦溪笔谈》对后世影响很大，对研究当时我国的科学技术水平有很高的文献价值。

《天工开物》

《天工开物》是我国明代著名的农业手工业百科全书。作者宋应星（1587—约1666年），字长庚，江西奉新县人，明代著名科学家、思想家。

该书以"贵五谷而贱金玉"为基本原则，共分3卷，18章。其中，上卷为"乃粒"（谷物）、"乃服"（纺织）、"彰施"（染色）、"粹精"（谷物加工）、"作咸"（制盐）、"甘嗜"（食糖），共6章；中卷为"陶埏"（陶瓷）、"冶铸"（金属铸造）、"舟车"（交通工具）、"锤锻"（金属加工）、"燔石"（煤石制造）、"膏液"（食油）、"杀青"（造纸），共7章；下卷为"五金"（金属冶炼）、"佳兵"（兵

《天工开物》插图

器）、"丹青"（矿物颜料）、"曲蘖"（酒曲）、"珠玉"（珠宝玉器），共 5 章。全书记述扼要，文字简洁，所记多为作者直接观察和研究所得，可信度很高。另外，书后附 121 幅插图，描绘了 130 多种工具的名称、形状、技术工序。《天工开物》对后世影响很大，在国内外多次刊行，它代表了我国明代的科学技术水平，被誉为中国 17 世纪工艺百科全书。

集部

《古诗十九首》

　　《古诗十九首》是东汉文人五言诗的集锦，最早见于南朝梁萧统的《文选》。东汉后期党争激烈，政治日渐腐败，官僚垄断仕途，文人士子受到压制。面对这种社会现实，中下层文人士子或为寻求出路，或为避祸，纷纷背井离乡，因此亲戚隔绝、闺门分离。他乡"游子"的乡愁和"思妇"的闺怨也随之产生。《古诗十九首》反映了这种漂泊流离之苦和离别相思之痛，表达了祈求社会安定、渴望家室团聚的愿望。由于诗人们的回归故里与亲人团聚的愿望难以实现，这些诗大都流露出浓重的感伤之情，蕴涵着对社会的强烈不满。同时，这些诗真实地记录和反映了失意文人在仕途上碰壁后所产生的生命无常、及时行乐等颓废情绪。这种诗风对后来的婉约派诗词有一定影响。

《玉台新咏》

　　《玉台新咏》是一部中国古代诗歌总集，共收录诗歌769首，其中大多为两汉、三国、晋一直到南朝梁代的诗歌。卷一至卷八为五言诗，卷九为七言诗及杂言诗，卷十为五言

四句的短诗。该书的序言中指出该书的宗旨是"撰录艳歌"，其内容多写男女闺情，题材范围比较狭隘，故后人将其概括为"凡言情则录之"，"非词关闺闼者不收"。尽管如此，它亦收有不少脍炙人口的优秀作品，比如《羽林郎》《陌上桑》《孔雀东南飞》。许多诗作在主体思想和艺术手法上都达到了相当高的成就。另外，《玉台新咏》保留了大量前代诗歌，使之得以流传。书中所收录的作品大多形式华美雕饰，声律和谐优美，语言既有典丽浓艳的，也有明白晓畅的。该书所收作品，对于研究诗歌形式、体裁的演进，以及校订古籍、补其缺佚，都具有较高的文献价值。

《文心雕龙》

《文心雕龙》是我国古代文学史上不可多得的文学理论批评专著。作者刘勰，字彦和，莒县东莞（今山东莒县）人，早年家贫，后师学于僧佑，博览群书，晚年出家，死于钟山定林寺中。《文心雕龙》全书共50篇，其中，开头的《原道》《征圣》《宗经》《正纬》《辩骚》5篇是全书总论，称为"文之枢纽"；《明诗》到《书记》等20篇则是对文体的论述；《神思》到《总术》等19篇主要是阐述文章的创作与风格，称为"创作论"；《时序》到《程器》等5篇为"批评论"；书末附有作者所作的《序志》，是对全书基本内容的介绍。《文心雕龙》对南朝齐梁以前的文学创作进行总结，以儒家思想

为基础，中庸思想为主线，夹杂佛道思想，对文学创作从美学角度加以评述，并论述了文学创作的主客观条件及规律。

《乐府诗集》

《乐府诗集》汇集了从上古时期至唐五代的乐章和歌谣。编者郭茂倩，北宋时人，生平事迹不详。全书 100 卷，以辑录汉魏至唐的乐府诗为主。根据音乐性质的不同，所集作品分为郊庙歌辞、燕射歌辞、鼓吹曲辞、横吹曲辞、相和歌辞、清商曲辞、舞曲歌辞、琴曲歌辞、杂曲歌辞、近代曲辞、杂歌谣辞、新乐府辞 12 大类。其中郊庙歌辞、燕射歌辞、鼓吹曲辞、舞曲歌辞多为宫廷祭祀、宴享朝会时所用的乐章，属于贵族文学的范畴，思想内容和艺术技巧较差。而相和歌辞、杂曲歌辞、清商曲辞、杂歌谣辞等保存了很多原汁原味的民歌，尤为珍贵。全书每一类有总序，每一曲有题解，对乐曲的起源、性质、演唱配器等均有详尽说明。其中保存了不少已失传著作的内容。《乐府诗集》是成书较早、收集历代各种乐府诗最为完备的一部重要总集，对文学史和音乐史的研究均有重要参考价值。

《孔雀东南飞》诗意图
《孔雀东南飞》是汉乐府中的佳作。

《全唐诗》

《全唐诗》由清朝康熙年间的彭定求、杨中讷、沈三曾、潘从律等人奉敕编纂，最后由曹寅具体负责刊刻事宜。全书共 900 余卷，收录 2200 多人的诗歌作品 48900 余首。它是在明代胡震亨《唐音统签》和清初的季振宜《唐诗》的基础上，旁采残碑断碣稗史杂书所载，拾遗补阙，会聚而成的诗歌总集，既包括已结集者，又含有散佚者。书中把帝王后妃作品罗列于前；其次为乐章、乐府；接着是历朝作者，按时代先后编排，附以作者小传；最后是联句、逸句、名媛、僧、道士、仙、神、鬼、怪、梦、谐谑、判、歌、谶记、语、古谚、民谣、酒令、占辞、蒙求，而以补遗、词缀于末。它不仅收集了唐代著名诗人的集子，而且包含一般作家及各类人物的作品，全面反映了唐诗的繁荣景象，不失为一部资料丰富和比较完整的唐代诗歌总集。

《唐诗别裁》

《唐诗别裁》，唐代诗歌选集，编纂者沈德潜（1673—1769 年），字确士，号归愚，长洲（今苏州）人，清代著名的诗人和诗歌评论家。全书共有 20 卷，选诗达 1900 多首，囊括了唐朝各家各派的重要作品，初名《唐诗宗》，意为

唐诗之集大成者。后来作者以杜甫的《戏为六绝句》之六"别裁伪体亲风雅"之意改现名，表示编者已经剔出"伪体"。编者在选录诗作的时候，秉承"温柔敦厚"的诗教，反对淫靡的诗风。该书前面的凡例极为详细，论及各种体裁、流派。书中的作品也都是按照诗体编排，并且对诗人均有概括性的切中肯綮的评价，另外还有按语、眉批、注释，简要精当。长期以来，《唐诗别裁》都是受人推崇的唐诗选本，对后世唐诗的编辑整理有着深远的影响。

《唐诗三百首》

《唐诗三百首》，清代乾隆年间蘅塘退士孙洙编的唐诗选集，全书选诗 310 首，或作 6 卷或 8 卷，基本上按五古、七古、五律、七律、五绝、七绝、乐府等诗体编排。四藤吟社的版本又增补杜甫的 3 首《咏怀古迹》。该书收录了 77 人的作品，其中既包括帝王、士大夫等贵族，也有僧侣、歌女，还有无名氏等，但大多数是唐代重要诗人，并重点突出了盛唐时期的李白、杜甫、王维，兼顾晚唐如李商隐等人。诗的内容大多反映了唐代的社会生活和精神风貌。此书原本是为童蒙学习诗歌而编的家塾课本，因编者汲取了《千家诗》易于成诵的优点，该书雅俗共赏、流行久远。

《全宋词》

这是今人唐圭璋编的一部宋词总集。宋词的编辑整理其实从明末毛晋的《宋六十名家词》就已开始，其后清代的侯文灿、秦恩复等人的词集层出不穷，晚清时期刊刻词集的风气更盛。但这些词集对于孤篇断句一概不录，不足以探求一代词作全貌。唯独唐圭璋编辑的《全宋词》旨在总辑宋代的词作，广泛搜罗采集，将宋人文集中所附、宋人词选中所选、宋人笔记中所载词作，统统采录，同时还收录类书、方志、金石、题跋、花木谱等所载之词，集中编为《全宋词》。《全宋词》比同类词集收录更为齐备，考订更为精审，并且改正了前人的不少谬误。全书共计收录两宋词人 1330 余家，词作约 2 万首。

《宋词三百首》

《宋词三百首》是一部精简的宋词选集。编者朱孝臧（1857—1931 年），一名祖谋，字古微，号沤尹，又号疆村，浙江归安人。他历任侍讲学士、礼部侍郎、广东学政，后辞官游览名山大川，吟咏自遣。朱孝臧早年以诗名，终弃诗而专攻词，著有词集《疆村语业》2 卷，收入《疆村遗书》。《宋词三百首》是他编辑的一部不朽的词集，共选两宋 79

家词人 283 首词，而且两宋并重。所选词人不局限于名家，只要文笔出众，即使是无名小卒亦能入选。故而该集几乎涵盖了宋代所有著名词作家，其中选词 10 首以上的是：吴文英 25 首、周邦彦 22 首、姜夔 17 首、晏几道 15 首、辛弃疾 12 首、晏殊 11 首、贺铸 11 首、苏轼 10 首。作者对这些词作家按帝王、文士、女流编排，以天然浑成为主旨，尤为精粹。这部词集所选词作的难易程度有一定梯度，便于初学者理解和提高。

《元曲选》

《元曲选》又名《元人百种曲》。该书共 10 集，每集 10 卷，每卷 1 剧，共计 100 种。其中元人的有 94 种，元末明初的有 6 种。该书卷首有编者臧懋循在万历十四年（1586 年）的序文 2 篇，并附有元陶九成、燕南芝庵、周德清、赵子昂、丹邱先生、涵虚子诸家关于戏曲的文章，以及"涵虚子杂剧目"等，内容十分翔实、丰富。它是从许多杂剧秘本和宫廷内府本相互校订精选而成；这本杂剧选集保存了现存元杂剧的 2/3。这本剧作选集科白齐全，语言通俗、通顺，便于阅读和研究。

《古文观止》

  《古文观止》是中国历代优秀散文的选集。清代的吴楚材、吴调侯编选，经过吴兴祚审订。所谓"观止"，取典《左传》，意思是尽善尽美，暗示此书所选皆是古文精华。该书以散文为主，兼取骈文，时间跨度上起先秦，下迄明末，兼收并蓄，最后收文 222 篇，分为 12 卷。该书与《文选》以后的同类作品相比，选录作品时间跨度甚大，但所选作品数量甚少，实属优中选优，宁缺毋滥。此书所选文章的体裁多样，没有派别的偏见。在编排上，此书按时代先后分为 7 个时期，每个时期都有重点作家作品，每篇作品都有简评。入选的文章多属久经传诵的佳作，值得反复品味。

《古今图书集成》

  《古今图书集成》，原名《文献汇编》，是我国古代最大的一部类书。它是由清康熙年间的陈梦雷编纂的，雍正年间由蒋廷锡校订编排，于雍正四年（1726 年）成书。《古今图书集成》共 1 万卷，其中包括目录 40 卷。全书内容分为 6 编，编下分典，典下又分部，部下又分目，依次为：历象编 4 典，分别为乾象、岁功、历法、庶征；方舆编 4 典，分别为坤舆、职方、山川、边裔；明伦编 8 典，分别为皇极、

宫闱、官常、家范、友谊、氏族、人事、闺媛；博物编 4 典，分别为艺术、神异、禽虫、草木；理学编 4 典，分别为经籍、学行、文学、字学；经济编 8 典，分别为选举、铨衡、食货、礼仪、乐律、戎政、祥刑、考工。全书编写体例完善合理，内容极其丰富，堪称古代百科全书。

《四库全书》

　　《四库全书》是我国清代官修的中国古代最大的一部丛书，清乾隆年间学者纪昀为总纂官。该书的编修开始于乾隆三十八年（1773 年），直到乾隆五十八年（1793 年）才最终完成，共历时 20 年。《四库全书》共收书 3503 种，36304 册，79337 卷。全书按经、史、子、集分部，部下又分类。其中，经部含 10 类，分别为易、书、诗、礼、春秋、孝经、五经总义、四书、乐、小学；史部含 15 类，分别为正史、编年、纪事本末、别史、杂史、诏令奏议、传记、史钞、载记、时令、地理、职官、政书、目录、史评；子部含 14 类，分别为儒家、兵家、法家、农家、医家、天文算法、术数、艺术、谱录、杂家、类书、小说家、释家、道家；集部含 5 类，分别为楚辞、别集、总集、诗文评、词曲。《四库全书》编成后，分抄 7 部，分别收藏于文渊阁、文溯阁、文源阁、文津阁等"北四阁"和文宗阁、文汇阁和文澜阁等"南三阁"。《四库全书》是我国古代文化中的瑰宝，保存了大量我国古代的文献

资料。但是，书中有的地方出于政治原因，对原始的文献资料有所篡改，有的原始资料甚至遭到焚毁，对中国文化造成一定程度的破坏。

《元曲三百首》

《元曲三百首》是一部元曲选集。诗、词、散曲是中国韵文文学的 3 个主要门类，其中散曲兴起最晚，发展历史较短，成就也逊于诗词。同时，中国文人向来轻视散曲，认为它是无用的"小道"，所以研究者很少。但作为一种韵文文体，"散曲"的概念长期以来都没有得以厘清，直到 1930 年，任中敏才在《散曲概论》中做出明确界定：散曲即指元代出现的新体诗歌，是继歌诗、歌词而后起的一种新歌曲；作为音乐文学的一个品类，则特指宋金以来配合时调新声用于清唱的通俗歌词，有小令和套数两种样式。

全书概括了元代散曲中的菁华，展示了元曲的大致风貌与发展脉络。所选元曲，兼顾曲家的代表性与曲作题材的广泛性。入选曲作，以小令为主，兼收套曲，大体按年序编排。有此一编，足以了解元曲的概貌。

说部

《搜神记》

《搜神记》是早期的一部神怪小说集。作者干宝（约286—336年），东晋文学家，字令升，祖籍河南新蔡。《晋书·干宝传》说他有感于生死之事，"遂撰集古今神祇灵异人物变化，名为《搜神记》"。干宝认为，自己所记并非荒诞之事，他在序中自称："虽考先志于载籍，收遗逸于当时，盖非一耳一目之所亲闻睹也，亦安敢谓无失实者哉！"此书共20卷，保存了许多古代民间的传说，堪称古代民间传说的总汇，如"干将莫邪""相思树""董永卖身""李寄斩蛇""蚕神的故事""盘瓠的故事""细腰的故事"等，大多成为后世文学的题材，并且至今仍在流传。《搜神记》代表了我国魏晋志怪小说中的最高成就，对后世有深远影响。

《世说新语》

《世说新语》，南朝志人小说集，主编是南朝宋临川王刘义庆（403—444年）。此书也可以看作一本有关汉末、三国至两晋时期士族阶层的言行风貌和逸事琐语的杂史。汉代的刘向曾写过一部《世说》，已散失。《世说新语》原名

也是《世说》，为了与刘向的著作相区别，故称《世说新书》，宋代之后改为现用名。全书原有8卷，由刘义庆门下众多文人学士在刘义庆的领导下合力编纂，并力图使全书体例与风格基本一致。后来刘孝标为其作注时分成10卷，现在的版本多为3卷，分德行、言语、政事、文学、方正、雅量、识鉴、赏誉、容止等36门，记述汉末到刘宋时名士贵族的逸事，其中多有人物评论、清谈玄言和机智故事。《世说新语》是当时志人小说的集大成之作，语言简练传神，含蓄隽永；善于抓住典型，进行概括描写；喜欢通过言行，表现人物性格。此书所记的故事与史实有所出入，但从

干莫炼剑图 清 任预

中可以看出门阀士族的思想面貌，保存了社会、政治、思想、文学和语言等史料，具有较高的参考价值。

《三国演义》

《三国演义》是中国古典文学的四大名著之一，在明朝被列为四大奇书之一。作者罗贯中（约1330—1400年），名本，字贯中，号湖海散人，元末明初小说家，生于杭州，祖籍太原。《三国演义》成书之前，已经有众多的文人墨客和无名作者以三国故事为题材，进行了大量的艺术创作。这些作品经历了漫长的流传、发展、演变过程，有的已为人民大众所耳熟能详。罗贯中在对其中的优秀作品进行归纳和梳理的基础上，依据三国正史以及民间传说、话本和各种三国戏，再融入自己的生活体验，创作了这部长篇巨著。《三国演义》着力描写了大约半个世纪的魏、蜀、吴三国的纷争和兴衰过程。《三国演义》的艺术成就是多方面的。首先，在人物刻画方面显示出惊人的技巧。全书400多个人物形象，不管是曹操、刘备、孙权这些群雄之首，还是诸葛亮、关羽、张飞、鲁肃、周瑜、张辽等谋臣勇将，无不刻画得栩栩如生。尤其是对诸葛亮、张飞和曹操的形象塑造可谓出神入化，呼之欲出。其次，对战争的描绘方面，作者把一幕幕惊心动魄的战场、瞬息变化的战斗形势，描

绘得各具特色、扣人心弦，显示出战争的复杂性。书中表现出的德治仁政、圣君贤相的社会理想，一定程度上反映了人民群众的爱憎感情、道德观念和愿望。

《水浒传》

《水浒传》是中国历史上第一部描写农民起义的小说。作者施耐庵（约1296—约1371年），名子安，元末明初作家，兴化（今江苏兴化）人，原籍苏州。早年入仕途，郁郁不得志，于是弃职还乡，闭门著述，写作《水浒传》。全书围绕"官逼民反"这一中心思想展开情节，表现了一群不堪暴政欺压的绿林好汉揭竿而起，聚义水泊梁山对抗朝廷，最后在封建思想的指引下接受招安，导致起义失败的全过程。这部小说在历史上第一次从正面深刻揭示了农民起义的社会根源，即上至皇帝和蔡京、高俅一类的佞臣，下至大小官吏的昏庸无能、横行霸道、为非作歹，致使民不聊生，最终使得原已尖锐的阶级矛盾激化。这部小说的鲜明特征在于，它没有站在统治阶级的立场上，而是对封建统治者视为"盗贼草寇"的起义农民给予充分肯定。因为这部书来源于话本，其语言具有高度口语化的特点，这使得它的语言更为明快、洗练、生动、准确、富于表现力，并在人物个性化上取得了很高的艺术成就。

《西游记》

　　《西游记》是中国神话小说史上最优秀的作品。作者吴承恩（1501—1582年），明代小说家，号射阳山人。屡试不第，中年以后才补为岁贡生，得任县丞一类的小官，后辞官回乡。晚年的吴承恩，寄兴于诗酒，最后贫病而死。《西游记》中的许多故事在民间流传已久，经过了无数民间艺人的加工和创作，由吴承恩最后完成。《西游记》全书分为3部分，第一部分写孙悟空的出身和大闹天宫，第二部分写唐僧的身世和取经的起因，第三部分写孙悟空保护唐僧到西天取经，一路上降妖捉怪，历尽苦难，取回真经的过程。这部作品生动地塑造了孙悟空蔑视皇权、敢拼敢打的英雄形象，以及恪守教条、迂腐顽固、是非不分的唐僧形象和憨厚纯朴、吃苦耐劳，但贪馋好色、嫉妒心强、斗争性不够坚定的猪八戒形象等，讴歌了反抗权威、蔑视封建等级制度的叛逆思想和正义、无畏、勇敢的斗争精神。在塑造各色神魔形象的时候，既表现他们超自然的神性和动物属性，又不偏离其社会化个性。比如孙悟空灵活多变、急躁、好动的个性是猴的特点，但这一特性与他乐观反叛的人格个性和谐地融为一体。浓郁的浪漫主义色彩是《西游记》的基本艺术特征。它模拟了一个类似人间的神仙世界，这个世界有威严不可一世的玉皇大帝、太上老君，各色佛教徒、残暴的妖魔。其实这些角色在人间

都可以找到原型。在书中那个超自然的世界里，各色神话人物、神奇法宝和所处的环境大都有现实的基础。这使得作品既有色彩瑰丽的奇想，又不失细节的真实。

三言二拍

　　"三言"是指明代冯梦龙所编著的《喻世明言》《警世通言》和《醒世恒言》，"二拍"是指凌濛初编著的《初刻拍案惊奇》和《二刻拍案惊奇》。因"三言"和"二拍"编著年代相近，内容形式类似，所以后人将它们合称为"三言二拍"。

　　"三言"是我国文学史上第一部规模宏大的白话短篇小说总集，也是白话短篇小说发展历程上由民间艺人的口头艺术转为文人作家的案头文学的第一座丰碑。它是冯梦龙收集的120篇宋元和明朝的话本及拟话本，并进行了加工润色而成。它的题材广泛，内容复杂，广泛反映了晚明市民的生活面貌和思想感情。"二拍"是凌濛初根据野史笔记、文言小说、社会传闻等模仿"三言"创作而成的，共80篇。它反映了当时市民生活中追求财富和享乐的社会风气，同时也反映了资本主义萌芽时期人们渴望爱情和平等的自由主义思想。"二拍"标志着我国古代白话短篇小说实现了由集体创作到个人创作的转变。"三言二拍"在我国古代流传很广，许多故事脍炙人口，在中国文学史上也占有重要地位。

《红楼梦》

　　《红楼梦》是一部震古烁今的伟大文学作品。作者曹雪芹（1715—1762年），清代最杰出的文学家，名霑，字梦阮，号雪芹，又号芹圃。全书以贾宝玉、林黛玉的爱情为线索，以大观园的风月繁华为总背景，在此基础上，它通过对贾、王、史、薛四大家族兴衰荣辱的描写，展示了一幅广阔无边的社会风俗画卷，其包罗万象，囊括了中国封建社会多姿多彩的世俗人情。它再现了整个时代的风貌，堪称封建末世的百科全书。《红楼梦》成功塑造了数以百计的贵族、平民、奴隶出身的女子的悲剧形象，深刻揭露了封建大家族中的各种错综复杂的矛盾，表现了封建制度下的道德、

林黛玉像

婚姻、文化的腐朽和堕落，微妙、曲折地反映了那个社会必将走向崩溃、没落的历史趋势。全书歌颂了封建贵族中的叛逆者和违背礼教的爱情，全面而深刻地揭示了贾、林之间爱情悲剧的社会根源，批判了以贾府为代表的四大家族奢侈的用度、虚伪的礼法、长幼的淫乱、骨肉的内讧，以及他们的专横跋扈、残忍无度。对那些被压迫、被剥削的劳动人民与没有人身自由的奴婢，尤其在封建社会受压迫最深的妇女则寄予了深深的同情。这些都体现了作者的反抗精神和追求个性自由的朦胧的民主思想。《红楼梦》是中国成就最高的古典文学巨著，是中国古典文学的巅峰之作，是全人类的文化瑰宝。

《聊斋志异》

《聊斋志异》，中国古代最杰出的短篇小说集。作者蒲松龄（1640—1715年），字留仙，山东淄川人。他屡试不第，直到晚年才援例成为贡生。他怀着科场失意的愤懑，用毕生的心血创作了文言小说集《聊斋志异》。全书有短篇小说431篇。该书题材非常广泛，内容极其丰富，按思想内容可分为3类，其一是揭露统治者对人民的残酷压迫，反映人民的反抗斗争，如《野狗》《公孙九娘》等篇描写了清初统治者对无辜百姓的血腥屠杀；其二是揭露科举制度的腐朽，如《神女》《司文郎》《于去恶》等作品抨击了科场的行贿

受贿和营私舞弊，而且言辞激烈，感情充沛；其三是反对封建礼教，赞扬真诚的爱情与美好的婚姻，如《青凤》《婴宁》《小谢》等作品，反映了广大青年男女对美好爱情的向往和追求。这些作品通过谈狐说鬼的手法，对当时社会的腐败、黑暗进行了有力批判，在一定程度上揭露了社会矛盾，表达了人民的愿望。《聊斋志异》是一部积极浪漫主义作品，作者善于运用大量虚构情节，冲破现实的束缚，表现自己的理想。《聊斋志异》的艺术成就很高，成功地塑造了众多鲜明生动的艺术典型，情节曲折离奇，布局严谨巧妙，文笔简练，描写细腻，堪称中国古典短篇小说的高峰。

《儒林外史》

《儒林外史》是中国古代杰出的讽刺小说。作者吴敬梓（1701—1754年），字敏轩，号文木老人，原籍安徽全椒，后因厌烦家族内部纷争而移居南京。晚年的吴敬梓穷困潦倒，最后客死扬州，但他所著的《儒林外史》，是永垂不朽的伟大现实主义巨著。该书由许多各自独立的故事连缀而成，重点揭示封建士人的生活和心态，着力塑造两个被科举制度捉弄得既可怜又可笑的人物——周进和范进。作者在周进的故事中侧重讲述他本人发科前后命运的落差；在范进的故事中除了描述其本人的遭遇外，还描写了其周围各色人物的丑态。该书表面上描写明代的生活，但实际上展示了中国18世纪

的社会风情。这部小说描写了不同类型知识分子的生活场景，对他们的心灵空虚、精神堕落以及无聊举动进行了鞭辟入里的剖析，无情地抨击了封建科举制度，预示了封建社会没落、崩溃的必然趋势。《儒林外史》以亦庄亦谐的叙事文笔，将百态世象刻画得栩栩如生，代表了中国古典讽刺文学的最高成就。

《官场现形记》

《官场现形记》是晚清优秀的谴责小说。作者李宝嘉（1867—1906 年），著名小说家，字伯元，号宝凯，别号南亭亭长，江苏武进人。这部小说刻画了形形色色的官僚人物，将他们不择手段谋求升官发财的丑态刻画得淋漓尽致。这里的官员，既有军机大臣、总督巡抚、提督道台，也有知县典吏、管带佐杂。他们或出卖国家矿产、吞没救灾款，或借生日、办喜事大捞钱财，或让老婆拜大官的小丫头做干娘，甚至不惜把亲生女儿送给好色上司以保位升官……凡此种种，不一而足。《官场现形记》揭露了官场的种种罪恶，触及近代社会的深层矛盾，集中暴露了封建社会崩溃时期官僚机构的腐朽与没落，惟妙惟肖地刻画了官员们的龌龊卑鄙、昏聩糊涂、腐败堕落，堪称封建末世官场的百丑图。鲁迅先生说："凡所叙述，皆迎合、钻营、朦混、罗掘、倾轧等故事，兼及士人之热心于作吏，及官吏闺中

之隐情。"《官场现形记》是清末谴责小说中最早的，也是最有代表性的一部。

《老残游记》

　　《老残游记》是晚清伟大的现实主义作品。作者刘鹗（1857—1909年），字铁云，别署鸿都百炼生，江苏丹徒人，生于封建官僚家庭，精通算术和医道，先后为河道总督吴大澂、山东巡抚张曜的幕僚，见闻颇丰，晚年著成《老残游记》。该书分两集，初集20回，续集9回。

　　全书以江湖医生老残为中心，以第一人称的口吻叙述其游历的所见所闻，揭露了封建官僚的昏庸、残暴。书中着力刻画了那些自诩为清官的道府官员，他们假装清廉，实则刚愎自用，残害百姓，为了个人仕途不惜用人血染红顶戴。作者揭露了"清官"之可恨，尤甚于赃官。全书在艺术描写方面也别具特色，给人耳目清新之感，如白妞说书、大明湖景致、黄河破冰等片段，尤为精彩。

蒙学

《三字经》

　　《三字经》是我国最具影响力的三大儿童启蒙读物之一。它与《百家姓》《千字文》合称为"三百千"。关于该书的作者，有多种说法，今人普遍认为，它是南宋时期的王应麟所作。

　　《三字经》全书仅为 1128 字，每 3 个字为 1 组，共分 376 组。《三字经》在编写上十分符合韵律，读起来朗朗上口，易于背诵。书中所涉及的内容广泛，包括经史子集、百家之说、历史地理、圣贤故事以及英雄事迹等方面。书中收录的内容通俗易懂、生动活泼，利于儿童诵读及理解。该书既具有学文识字、增广见闻的功能，同时也有灌输封建伦理道德观念，进行封建政治思想教育的作用。

　　《三字经》对后世影响极其深远，一经问世，就被广泛流传。后人也多有对它进行增订或注释的，今天它已是家喻户晓的一部蒙学读物，被称为"蒙学之冠"。

窦燕山教子图轴　清　任薰

窦燕山，本名窦禹钧，五代时后周渔阳人，后居幽州，因其地属燕山，故名窦燕山。以词学闻名。其持家克俭，乐善好施。《三字经》有"窦燕山，有义方"句。其五子相继连科及第，皆成人才，时号燕山窦氏五龙。

《百家姓》

关于《百家姓》作者，历来都有争议，学术界也持有很多观点。但今人普遍认为，《百家姓》应为北宋初年钱塘（杭州）的一位儒生所作。《百家姓》是我国流传时间最长、流传范围最广的蒙学读物之一，与《三字经》《千字文》齐名。在古代，《百家姓》与《三字经》《千字文》相配合，作为我国古代蒙学教育的固定教材。全书采用四言体例，句句押韵，最初成书时，共收录了411个姓，后经历代增补，今天我们看到的版本共收录了568个姓，其中单姓507个、复姓61个。《百家姓》一书的内容虽然没有文理，实用性却非常强，读起来很顺口，而且易学好记。《百家姓》对后世影响非常大，是我国古代蒙学的经典教科书。时至今日，《百家姓》依然有很大的实用意义。

《千字文》

周兴嗣（？—521年），字思纂，南朝梁陈郡项（今河南沈丘）人。据史书记载，梁武帝选取了王羲之书写的1000字，命周兴嗣编成有内容的韵文，周兴嗣在一夜之间将它编成《千字文》。《千字文》书如其名，全书共1000字，除"洁"字重复一次外，其他各不相同。全文共250句，每

句4字，是我国早期的蒙学课本。《千字文》并不是简单地把1000个字罗列堆砌起来，而是一篇内容涉及自然、社会、历史、道德等方面的知识，条理清晰，朗朗上口，包含很深寓意的文章。全书可分为4部分：第一部分是对人类社会产生历史的介绍；第二部分则是讲人的道德修养；第三部分是介绍一些政治常识；第四部分则是作者哲学思想的体现。

《千字文》是我国最优秀的一篇训蒙教材，用1000个汉字勾画出一幅完整的中国文化史的基本轮廓，代表了中国传统教育启蒙阶段的最高水平。

《弟子规》

《弟子规》是一部蒙学经典，所谓"弟子"，不是一般的意义，而是指要做圣贤弟子。"弟子规"便是说，要学习圣贤经典，做圣贤弟子，成为大丈夫。《弟子规》就是其入门读本。此书原名《训蒙文》，作者李毓秀（1662—1722年），清朝康熙年间的秀才。他把全书分为五个部分，具体列述弟子在家、出外、待人、接物与学习上应该恪守的守则规范。后贾存仁加以改编，改名《弟子规》。此书是启蒙养正，教育子弟远邪小、走正道，养成忠厚家风的必备读物。

《增广贤文》

《增广贤文》，又称《增广昔时贤文》，是我国古代一部蒙学课本。关于该书的作者和成书年代，今已无从考证。今大多数人认为此书应成于清朝时期。《增广贤文》主要收录了一些为人处世和待人接物等方法原则的格言警句，其编纂目的主要是为了对人从思想道德、伦理品质等方面进行教育。全书篇幅不长，句子长短不一，基本上每句都采用对偶的形式，读起来十分富有节奏感和韵律感，朗朗上口，易于背诵。书中所收的格言警句，有很多都是民间广为流传的俗语、谚语，这样一来就很容易让下层人民接受和理解。书中很多格言警句到今天仍被广泛流传和使用，如"有意栽花花不发，无心插柳柳成荫""画虎画皮难画骨，知人知面不知心""路遥知马力，日久见人心"等。

《增广贤文》一书对后世影响很大，流传范围也非常之广，书中很多思想都是我国传统美德的体现。但是，书中也不免存在着一些封建消极糟粕思想。

《童蒙须知》

《童蒙须知》，蒙学读本，由宋代大儒朱熹编订。朱熹认为，蒙学应该易知易从，教育子弟，应于日常生活着手，

重在切实可行。所以，朱熹编订《童蒙须知》，对儿童提出要求，分为衣服冠履、言语步趋、洒扫涓洁、读书写字、杂细事宜等目，对儿童生活起居、读书学习、洒扫应对、道德行为等做了详细规定，以此作为养成习惯、培养道德、修养身心的入门之阶，为未来的修身齐家打下基础。

《幼学琼林》

　　《幼学琼林》，原名《幼学须知》，清嘉庆年间邹圣脉将原书改名为《琼林》，又名《成语考》《故事寻源》，是我国古代著名的蒙学课本。作者程登吉，字允升。程登吉生卒年及生平事迹不详，史书记载很少。这部蒙书共4卷，分33类，所含内容极其丰富，所涉领域也极其广泛，包括天文地理、历史神话、科举制度、婚丧嫁娶、衣食住行乃至鸟兽花木、处世之方等。另外，书中还收录了很多包括自然、历史、社会、伦理等方面内容的成语典故、格言警句，堪称一部供儿童阅读的"小百科全书"。全书在编写上比较科学，对所论内容的分类编排也比较合理，语言通俗易懂，而且采用骈文记写，读起来朗朗上口，易于背诵。

少年学国学

典章制度纵览

周韵 主编

北京燕山出版社

图书在版编目（CIP）数据

典章制度纵览 / 周韵主编 . — 北京：北京燕山出
版社，2024.2

（少年学国学）

ISBN 978-7-5402-6749-0

Ⅰ . ①典⋯ Ⅱ . ①周⋯ Ⅲ . ①典章制度 – 中国 – 古代
– 少年读物 Ⅳ . ① D691.5–49

中国版本图书馆 CIP 数据核字（2022）第 216273 号

少年学国学·典章制度纵览

主　　编	周　韵	
责任编辑	王长民	
文字编辑	赵满仓	
封面设计	凡　人	
出版发行	北京燕山出版社有限公司	
社　　址	北京市西城区椿树街道琉璃厂西街 20 号	
邮　　编	100052	
电话传真	86-10-65240430（总编室）	
印　　刷	三河市华成印务有限公司	
开　　本	880mm×1230mm　1/32	
总 字 数	460 千字	
总 印 张	24	
版　　次	2024 年 2 月第 1 版	
印　　次	2024 年 2 月第 1 次印刷	
定　　价	118.00 元（全 6 册）	
发 行 部	010-58815874	
传　　真	010-58815857	

目录

·国家·

·职官制度·

·举官制度·

·礼　仪·

·古代军队与刑罚·

·赋 役·

国家

夏　朝

　　夏朝是中国第一个以国家的形态出现的朝代。夏朝之前，古人以一种原始的部族联盟的方式维持社会结构的稳定。各部族酋长通过选举产生称为"天子"的军事首领，下一任"天子"在通过酋长会议同意后，由上任"禅让"于他，尧、舜、禹之间的传递正是通过这种禅让制度。但禹死后，他的儿子启首次破坏了这种禅让制度，自立为王。由此，这种父传子的"家天下"制度取代禅让制，夏朝产生。

　　夏朝是一个奴隶制政权，"天子"地位的体现形式是其他部族每年向天子送供赋。另外，"天子"的号召力也比从前要提高许多，可以"集中力量办大事"，更有效地抵抗外族，发展经济。因此，夏朝的建立应该说是一种政治上的进步。夏王朝的疆域大约东至东海，西连西河，北及燕山，南逾江淮。在经济上，夏朝冶炼青铜的技术比较成熟，商品交换也初步发展。另外，当时已经创造出了较好的历法，即现在还在用的夏历，因此其农业经济也已经比较稳定。夏朝存世时间约从公元前 2070 年至约公元前 1600 年，总共传了 14 代，延续近 500 年。至最后一位天子夏桀，因其昏庸残暴，被本受其统治的商汤部落推翻。《史记·匈奴列传》

等史料记载，夏亡后，其部分贵族逃到北方草原，成了后来的匈奴人。

商　朝

夏朝末年，夏桀无道，活动于黄河下游的畜牧部落商在首领商汤的带领下灭夏，建商，定都于亳（今河南商丘）。后因商王盘庚迁都于殷（今河南安阳），人们称之为"殷商"。

商建立后，自商汤至商纣，历17代、31王，前后将近600年。从目前发掘的商代古墓和文献记载来看，商朝是一个相当强盛的国家。《诗经·商颂·殷武》中记载："昔有

商纣王沉湎于声色，不听劝谏，滥杀忠良，最后落得自焚于鹿台的下场。

成汤，自彼氐羌，莫敢不来享，莫敢不来王。"政治上，商朝国家机构已经相当完善，不仅存在各种职官、常备武装，还制定了相应的典章制度、刑法法规等。经济上，代表当时社会生产力发展水平的青铜业，有了很大的进展，青铜器生产已经进入繁盛期。另外，商朝在医学、纺织、交通、天文等方面，也都取得不小的成就。在风俗上，商人崇拜鬼神，祭祀繁多，喜欢巫卜。有趣的是，商朝的君位传承制度不像夏朝那样由父传子，而是由兄及弟，最后由最年幼的弟弟回传给长兄的长子。这种王位传承方式，导致商朝多次出现君王的弟弟、儿子们争夺王位的情况。正因为争夺皇位的内乱频繁，商朝多次迁都，目前发现的便有 4 个商都遗址。末帝商纣荒淫残暴，失却人心，再加上连年征战，国力衰落，对西北失去控制，商朝最终被西北渭水流域的周族所推翻。

西 周

　　西周指的是周朝的前段，其存在时间是从公元前 1046 年至公元前 771 年。西周区别于东周的外在标志是都城在西边（相对东周的都城洛阳而言）的镐京（今陕西西安市西部）。周武王姬发灭商后建立西周，为有效控制大片土地，先是采取了分封制。将同姓宗亲和功臣分封各地，建立诸侯国。比如封周公于鲁、姜尚于齐、召公于燕等，而这也形成了春秋时期诸侯争霸的基本格局。诸侯国要定期朝见周王，向周王

纳贡、服役，并有保卫周王室的义务。武王去世后，其子成王继位，由周公（武王的弟弟）摄政。周公外平叛乱，内制礼乐，使周王朝在文化与政治上空前统一。传至昭王、穆王两代，因对南蛮战争失利，加上周穆王喜欢出巡旅行，导致政治松弛，周王室开始衰微。到周幽王时，因其宠幸美女褒姒，废皇后，其岳父申侯（申国首领）不满，联合西戎杀了他。至此，共经历11代、12王、275年的西周灭亡。之后平王在洛阳继位，东周开始。但东周王室在诸侯国中已经没有权威。

总体而言，西周的农业、畜牧业、建筑、天文、地理等有了进一步发展，尤其当时的人们已经学会了冶铁技术；在文化上，文字在西周时期得到了更广泛的运用；在对后世的影响上，西周的政治与文化的统一最终催生了华夏族，其嫡长子继承制也为后来历代的权力继承提供了模式，保持了历代政治的稳定。

春 秋

"春秋时代"得名于史书《春秋》，具体指从周平王迁都洛阳的公元前770年到战国七雄格局形成的公元前476年，大致是东周的前半期。春秋时代是中国历史上非常重要的时期，在政治、经济，尤其文化上深远地影响了中国。在政治上，周王室大权旁落，群雄争霸，连年战争，大国不断蚕食

小国。同时，由于卿大夫势力强大，各国内部动乱也时有发生，权力更替频繁，弑君现象屡见不鲜。据《春秋》所载，春秋时代的 200 多年间，有 43 名君主被臣下或敌国杀死，52 个诸侯国被灭，有大小战事 480 多起，诸侯的朝聘和盟会则达 450 余次。其间，先后出现齐桓公、晋文公、楚庄王、宋襄公、秦穆公 5 个霸主，史称"春秋五霸"。到春秋末期，经连年战争，相互吞并，140 多个诸侯只剩下了 20 多家。其中以"战国七雄"为最强，历史进入"战国时代"。

除战火不息的乱世特征之外，春秋时期还是中国文化的黄金时代。周王室以及诸侯国的衰落导致学术下移，大批文化人流入民间，出现了"百家争鸣"的局面。尤其孔子、老子、墨子等文化巨人的出现，为后世几千年的中国文化奠定了根基。

战 国

一般而言，战国指的是从公元前 475 年至公元前 221 年这段时间，即东周的后半期。因西汉的刘向就这段历史编写了《战国策》一书，因此这一历史阶段称为战国时期。战国时期，形成了齐、楚、燕、韩、赵、魏、秦这 7 个诸侯强国，即战国七雄。这 7 国连年争战，弱肉强食。在这期间，因为国与国之间的战略缓冲地带已不复存在，往往是大国之间直接相邻，生死存亡的竞争更加残酷。据统计，从周元王元年（公

元前 475 年）至秦王政二十六年（公元前 221 年）的 255 年中，有大小战争 230 次。并且因各国的实力大大增强，战争的规模也越来越大，动辄便投入十几万、几十万人的军队。除加强对外战争之外，各国纷纷招贤纳士，乃至引进国外人才，同时实施变法以富国强兵。其中著名的有魏国的李悝、楚国的吴起、秦国的商鞅等实行的变法。另外，各国在外交上纷纷寻求政治联盟，以共同遏制对手。这其中的两条主线便是秦相张仪的"连横"（分化六国）和六国宰相苏秦的"合纵"（六国联合抗秦）。最终，"合纵"因六国不同心而失败，秦国通过"远交近攻"的策略逐个灭掉六国以及众多小国，成为最后的赢家。秦始皇于公元前 221 年统一中国，建立了中国第一个中央集权制的王朝——秦朝，中国自此步入大一统的封建社会。

秦

秦是中国第一个集权制王朝，公元前 221 年由秦始皇建立，15 年后亡于秦二世之手。据《史记·秦本纪》记载，秦乃颛顼后裔，被舜赐嬴姓。周朝时嬴姓后裔秦襄公因护送周平王东迁有功，被封为诸侯。春秋战国时期，经过自秦穆公至秦王政历代君王的努力，加上地理位置的优势，秦国最终从春秋战国的血腥争霸中冲杀出来，建立了大一统的王朝。秦统一六国后，进一步北击匈奴，南下百越，其疆域在周王

朝的基础上进一步扩大，东起辽东，西至玉门关、陇西，北抵长城，南达越南北部及中部一带，面积超过 500 万平方千米，基本奠定了后世中国的版图。在政治上，秦改周朝的分封制为郡县制，首次确立中央集权制和皇帝的绝对权威，并设置了与之配套的三公九卿制的中央官僚机构。秦所创下的这套中央集权的国家政治制度，成为后世历代王朝政治制度的基本框架；在经济上，秦实行土地私有制，使社会进入地主—农民模式的阶级社会；其统一度量衡、货币、车轨、文字等，则使中国在文化上首次实现真正的大一统；另外，秦所创的法律也一直沿用到唐代才有较大的变动。总体而言，秦代虽短，对中国却是影响巨大。

秦在政治、经济、文化上取得一系列成就的同时，因维持庞大的官僚机构和一支庞大的军队并进行多次大规模战争、修筑万里长城等大型工程等原因，对人民征敛过重，再加上过于严酷的法律，对知识分子的打击，使人民"苦秦久矣"，最终引发大规模农民起义，加上六国贵族的响应，二世而亡。

西 汉

西汉是汉代的前半段，因其都城长安（今西安）相比于东汉都城洛阳位置靠西，故名，也称"前汉"。从时间上讲，西汉是从公元前 206 年至公元 25 年。

西汉为刘邦所建，其各种制度基本上沿袭了秦制，因此往往被史学家们视作秦的继续，只是换了皇帝的姓氏。汉在建立之初，鉴于秦亡的教训，对人民采用了比较宽松的休养生息政策，经济因此得以发展，人民安居乐业，史称"文景之治"。但此时的西汉在军事外交上常受匈奴欺负，可以说是盛而不强。

到汉武帝时，西汉在军事上沉重打击了匈奴。但由于连年对匈奴作战，军费支出庞大，人民生活贫苦，成了强而不盛。到了汉武帝晚年，汉武帝为自己连年征战导致人民生活困苦下罪己诏，并着力发展经济，汉代才开始逐渐强盛。另外，汉武帝时开辟的"丝绸之路"，使西汉对外贸易繁荣起来，西汉也由此极大地开阔了视野，在文化上显示出一种气度。然后汉昭帝、汉宣帝继承其遗志，继续维持这种盛世。这段时期的汉朝疆域辽阔，政治稳固，经济繁荣，文化昌盛，史称"武昭宣盛世"。其后直到西汉末，汉代都是当时世界上最强盛的国家之一。据《汉书·地理志》记载，汉疆域最大时东抵大海，西至今新疆，南至今云南及越南大部，北至今蒙古国，东北延伸到朝鲜半岛北部。西汉人口最多时达5959万。也正是因为此，汉人、汉字、汉族等名称才得以一直流传下来。公元5年，外戚王莽篡权。公元8年，王莽自立为帝，建立新朝。公元23年二月，绿林军拥立刘玄为帝，建立更始政权。公元25年，赤眉军攻入都城长安，更始政权结束。

东 汉

　　东汉是汉光武帝刘秀建立的一代王朝，时间上是从公元25年刘秀立国至公元220年曹丕代汉。西汉末年，社会矛盾重重，政局动荡。王莽建立新朝后，推行"王莽新政"，试图稳定社会，缓和矛盾。但王莽的新政却使原有的政治经济秩序遭到很大冲击，新的合理秩序却没能建立，结果国家混乱不堪，从而引发大规模的农民起义。汉光武帝刘秀本是汉景帝后裔，其先祖贵族地位经逐代稀释，至刘秀已是平民。刘秀参加绿林起义后逐渐当上首领，最终推翻王莽新朝，建立政权，定都洛阳，并自称兴复汉室，史称东汉。

　　东汉初期，经过光武帝刘秀、汉明帝刘庄、汉章帝刘炟三代皇帝的治理，东汉王朝逐渐恢复往日汉朝的强盛，这一时期被后人称为"光武中兴"。但其后，统治阶层开始安于享乐，国势日衰。尤其自和帝始，宦官、外戚势力膨胀，政治日益腐败。再加上东汉后期皇帝有七八个都是娃娃皇帝，导致外戚专权，小皇帝长大后，借助身边的宦官夺权，又导致宦官得势。新的小皇帝即位后，又开始同样模式的循环。政治的混乱导致民不聊生，184年，爆发了黄巾起义。农民起义的同时，洛阳的外戚何进与宦官十常侍在火拼中同归于尽，最终西北军阀董卓入京专权，东汉名存实亡。220年，曹丕废汉献帝，称帝建魏，东汉灭亡。

三 国

　　三国是指东汉灭亡前后，魏、蜀、吴三个政权鼎足而立的时期。三国鼎立的时期一般认为始于 220 年曹丕废汉献帝而称帝，至 280 年西晋灭吴结束。三国乃是在东汉灭亡前后的乱世中，主要通过军事斗争脱颖而出的 3 个赢家。

　　魏国建于 220 年，其疆域最大，占有东汉十三州中的九州，包括了秦岭、淮河以北的整个北方地区；其人口也最多，有 440 余万；另外，魏国在三国中的文化学术也最繁荣，建安七子及曹氏父子乃是三国时期的主要文学家代表。因此，后世史学界一般以魏为正统。晚期的魏国政权被司马氏所控。265 年，司马昭之子司马炎以曹丕代汉献帝的方式代魏立晋，

刘备三顾茅庐，向诸葛亮请教天下大计。诸葛亮被刘备的真诚感动，不仅对天下的形势进行了细致分析，还为刘备指出了成就霸业的长远大计。

魏灭。蜀国其实是后人的叫法，当初刘备自认汉室后继，本定国名为汉，于221年建立。蜀汉乃三国之中最弱的一个，其原本具有益（今四川）、荆（今湖南湖北）两州，后关羽失掉荆州，只占得益州一地；人口仅有94万。蜀国于263年被魏国所灭，其灭亡的直接原因是后主刘禅的无能，间接原因则是诸葛亮、姜维连年伐魏造成国力虚空。吴国乃三国之中最后成立者，229年，孙权继曹丕、刘备之后在武昌（今湖北鄂州）称帝，建立吴国，后迁都建业（今江苏南京）。其疆域次于魏，大于蜀，据有东南扬（今淮河以南及江西、浙江、福建三省）、荆、交（今广东、广西及越南北部）三州，人口230万。吴国于280年被西晋以武力所灭，至此，三国悉归于晋。

三国鼎立期间，因为军阀连年混战，全国总人口一度从东汉的5000多万减少至1000多万，可以说是一段相当残酷的历史时期。

西晋和东晋

西晋和东晋合称为晋朝。晋原本是周朝时的诸侯国，在今山西西南部。曹魏政权末期，司马昭掌控实权，因司马氏原籍在古晋国地面，故被封为晋王。265年，司马昭之子司马炎代魏立晋，定都洛阳，因洛阳位于后来的东晋都城建康（今南京）的西边，史称西晋。西晋立国后，鉴于东汉末期军阀割据的教训，恢复了古代的分封制，封同姓宗室到各地

为王。可是宗室势力又成了新的麻烦，发生了宗室反叛的"八王之乱"。"八王之乱"使西晋元气大伤，军事力量从此一蹶不振。北方和西南的匈奴、鲜卑、羌、氐、羯等少数民族趁机发兵，在中原建立政权，并于316年灭西晋。之后中国北方由汉人和少数民族陆续建立起几十个大小不等的政权，进入"五胡十六国"时代。西晋亡后，晋室南渡长江，琅邪王司马睿在建业（今南京）重建晋朝，因其在洛阳东面，史称东晋。东晋皇帝害怕将领坐大后反叛朝廷，因此抑制将领北伐，偏安于江南103年，传11帝。420年，权臣刘裕篡位称帝，建国宋，史称南朝宋。东晋灭亡。

就整个晋朝而言，朝政由士族把持，入仕唯出身论，政治可谓一团糟，给百姓带来了深重的灾祸。但在文化上，这一时期却是一个繁荣时期。由于儒教独尊的地位被打破，哲学、文学、艺术、史学等纷纷出现革新，发展成独立的学问。在司马氏的政治高压下，文人们多躲避政治，放浪形骸，谈玄说道，成为中国历史上最有个性的一批文人。另外，在经济上，由于晋王室的南迁，江南获得全面开发，逐渐繁荣兴盛起来，中国的经济中心也逐渐南移。

南北朝

南北朝是中国历史上一段南北政权对峙的时期，始于420年东晋权臣刘裕代东晋建立南朝宋，结束于589年隋灭

南朝陈。在南北朝之际，中国基本上分为南北两个政权，虽经常在军事上互有征讨，但谁也灭不了谁，各自更迭，好像是两个国家一样。在疆域上，南朝在前三朝时较大，能够占有长江以北的一些地区，南朝陈最小，只依长江守住东南一隅。其中，南朝总共历经宋、齐、梁、陈四朝。有趣的是，四朝均是前朝的大臣篡权而立，并以自己原来的封号为新的国名。四朝均以建康（今南京）为都城，存世时间也都比较短，其中最长的为刘裕所建的宋，共 59 年；南齐国祚最短，仅 23 年；萧梁 55 年；陈 33 年。

北朝严格的开始时间要晚于南朝，以 439 年北魏太武帝拓跋焘结束分裂的乱局，统一北方为开端。北魏乃是鲜卑族南下中原所建政权，统治中国近百年后，丞相高欢和关西大都督宇文泰各立一皇族子弟为帝，以洛阳为界，分裂为东魏、西魏两个政权。后东魏为北齐所代，西魏为北周所代，取代者分别是高欢的儿子高洋和宇文泰的儿子宇文觉。577 年，北周武帝宇文邕灭北齐，再次统一北方。581 年，外戚杨坚篡夺北周江山，建隋，并在 8 年后渡江灭陈，中国长达近 300 年的分裂局面结束，复归统一。

南北朝时期政权更替频繁，统治者贪婪、残暴的本性暴露出来。长期的战乱和残酷剥削，使得北方经济遭到严重破坏，虽有几次短暂恢复，但总体水平已下降。北方人民为躲避战乱大量南迁，促进了江南经济的开发。这一时期北方少数民族内迁，尤其北魏孝文帝改革，促进了民族融合。文化

上，形成了多元化思想，出现了以法治国、务实求治的主张和"无君论"等有价值的观点，也产生了消极、遁世的思想，影响最大的是玄学思想。

隋 朝

　　隋朝由隋文帝杨坚于581年建立，618年亡于二世炀帝之手，存世仅37年，是大一统王朝中除秦朝之外的第二短命王朝。隋朝虽然短命，却是中国历史上最伟大的王朝之一。自东汉末年至南北朝，中国便一直未曾出现过一个强有力的稳定统一的政权。隋朝建立之后，其强盛在中国乃至世界历史上都是空前绝后。隋朝不但疆域辽阔、经济繁荣、文化昌盛、户口锐增，而且甲兵强锐，所向披靡，周围民族莫不臣服，这也为后来唐朝扫除边地少数民族威胁奠定了基础。京杭大运河的开凿连通了黄河与长江，为后世几百年的经济繁盛奠定了基础。另外，其对长安城与洛阳城的大规模建设为后世留下了两座世界顶级的城市。尤其值得一提的是，隋朝所创立的三省六部制、《开皇律》、州县两级制、科举制等一系列新制度为后世历代所承继。

　　隋朝总共传位两代，开国之君隋文帝被誉为中国历代最有才智、最仁慈的皇帝；而二世隋炀帝也并非简单地用一个暴君可以概括，他本人也是文武双全，颇有能耐。只是隋朝与之前同样短命的秦朝有些类似，长达几百年的割据局面骤

然统一，统治基础并不稳定，表面的强盛之下潜藏着许多前朝遗留的政治势力的暗流在伺机而动。与秦朝灭亡原因完全相同，隋王朝一系列军事征伐与大工程建设，致使下层百姓不堪忍受，爆发了农民起义。隐藏的政治力量趁机与农民起义呼应，强盛的隋朝轰然而灭。

唐 朝

　　唐朝是世界公认的中国最强盛的时代之一。唐开国皇帝高祖李渊本是关陇士族，在隋末农民起义中顺势在山西晋阳（今太原）起兵，最终夺了隋朝江山。唐建立后，基本继承了强盛的隋朝遗产（疆域、与周边少数民族的关系、制度等），成为继隋朝之后的又一个强盛王朝，因此有史学家将唐朝看作是隋朝的继续。

　　唐朝因为承继隋朝的不错的外部环境以及均田制、科举制、三省六部制等良好的制度，加上唐朝前面的几代皇帝都比较能干，尤其在唐太宗、女皇武则天、唐玄宗（前期）三代皇帝的励精图治下，唐王朝达到极盛。经济方面，先是出现唐太宗的"贞观之治"，后在唐玄宗时期又出现"开元盛世"，当时唐朝经济已经远远超过了同一时期的拜占庭帝国和阿拉伯帝国。唐都城长安是当时世界上最大、最繁华的都市。军事方面，唐朝先后攻灭东突厥、西突厥、高昌国、高句丽、百济等政权，以前为突厥所支配的蒙古高原也一度成

为唐王朝的势力范围。唐朝疆域最盛时期东至朝鲜半岛，西达中亚咸海，南到越南顺化一带，北越贝加尔湖，总面积达1251万平方千米。

唐朝的政治制度也可谓后世典范，其承继了隋朝的宰相制，对皇帝和宰相的职权范围做了进一步的明确划分，使得皇帝和政府的职权更加规范。唐发展完善了隋朝的科举选士制，使得天下有才能之人大量进入唐廷。尤其令后世所仰视的是，因其包容开放的气度，唐朝在文化上也达到了中国历史上的最高峰，唐诗代表了中国诗歌艺术发展的顶峰，并涌现出李白、杜甫等一大批文学巨擘。

至唐玄宗晚年，因其骄奢淫逸，疏于朝政，重用奸人李林甫和杨国忠，朝政日腐；藩镇节度使权力日隆，出现外重内轻的局面，又重用胡人将领，最终导致755年爆发胡人将领安禄山和史思明发动的"安史之乱"。8年之后，"安史之乱"虽被平定，唐朝自此衰落。之后的唐廷再也无法有效控制趁乱而起的地方藩镇势力，唐王朝在帝国的余晖里苟延残喘了一个半世纪，最后被割据势力朱温所灭。

五代十国

五代十国是唐朝灭亡之后中国出现的一个乱世，时间自907年唐朝灭亡始，至960年北宋立国止。五代十国总体上与前面的南北朝乱世有些相似，也大体上呈现出一种南北对

峙的局面。五代指的是在中国北方次第更迭的五个短命王朝，分别是：后梁、后唐、后晋、后汉、后周。十国指大致与五代同时在南方和山西出现的十个割据政权，分别是：前蜀、后蜀、吴、南唐、吴越、闽、楚、南汉、南平（即荆南）、北汉。其中，五代政权因地处战争频仍的中原地区，都比较短命。最长的后梁也只有17年，其次后唐14年，后晋11年，后汉仅4年，后周9年。相对于"五代"，"十国"的政权除了北汉在今山西外，其他的都在南方，受中原战端影响不大，政局比较稳定，立国时间都比较长。其中存在最久的吴越国传了5帝，共72年；最短的前蜀有34年。960年，因后周新皇帝年幼，无力掌管天下，大将赵匡胤发动"陈桥兵变"，代周立宋。宋建立后花了将近20年时间逐个灭掉南方的割据政权，再次统一全国，结束了五代十国的分裂局面。

五代十国时期，因为当时北方战乱频仍，经济发展受到严重影响。同时，北方战争使得大量的北方人士南下避祸，带来了先进技术与文化，促进了南方的进一步开发。

宋　朝

在中国建立的大一统王朝中，最富的是宋朝，但最弱的也是宋朝。宋朝分为北宋和南宋，其中北宋自960年后周大将赵匡胤立国算起，至1127年"靖康之难"止；南宋则承

接北宋始于 1127 年，止于 1279 年。

宋王朝在经济、科技、制度、文化等方面都取得了长足的进步，其物质文明与精神文明所达到的高度是空前的。就财政收入而言，不仅前面的历代，即便其后的元、明两代都远远低于宋代，清代也只是到晚期时才超过了宋代。并且，由于宋代工商业以及海外贸易的快速发展，政府财政收入只有 30% 依靠农业收入，剩下的 70% 则来自工商业税收。因此有学者认为宋代已经出现了资本主义萌芽。宋朝经济的繁荣带来了城市的扩大、人民生活的安定和文化的繁荣。到南宋时期，人口过百万以上的城市就有四五个。正因为经济的繁荣与安定，宋代基本没发生大规模的农民起义，而这在历代都是很少见的。但是，在经济、文化繁荣的同时，宋代在

赵匡胤登基后，赵普尽心尽力辅佐。

对外战争中却是屡战屡败。当年宋太祖赵匡胤立国后，鉴于唐代亡于武人割据的教训，采取了重文轻武的治国方略。赵匡胤"杯酒释兵权"，将能打仗的武将兵权悉数收回，然后交由不懂打仗的文人，以至于宋代多"将不识兵，兵不识将"的状况，军队战斗力可想而知。在北宋北方，西有党项人所建的西夏王朝，东有契丹人所建的辽，均是军事实力强劲的强邻。宋朝在军事上的积弱导致辽经常南下侵宋，宋与之多次交战均以失败告终，最后只好每年向辽供奉绢二十万匹，银十万两，以买和平。后来金崛起，灭辽之后，又虎视北宋。1127年，金兵攻陷北宋都城开封，掳走徽、钦二宗和其他皇室人员3000多人，史称"靖康之难"，北宋灭亡。漏网的宋朝宗室康王赵构南下后以临安（今杭州）为都城建立南宋。南宋与金隔江对峙，打仗仍是败多胜少。后来蒙古人崛起，南宋与之联合灭了金，但随后南宋则被蒙古所灭。

元　朝

元朝政权是由蒙古人建立的一个大一统王朝，这也是中国首次由少数民族建立的大一统王朝。在时间上一般认为其起于1271年元世祖忽必烈建元，止于1368年明朝建立。

13世纪初，成吉思汗统一蒙古各部，建立蒙古汗国。之后蒙古人在成吉思汗及其后世继承人的带领下横扫欧亚大陆，占有了当时世界上22%的土地。与此同时，蒙古人

先是联宋灭金，结束了金在北方 120 年的统治，之后又于 1279 年灭南宋，统一中国。成吉思汗之孙元世祖忽必烈于 1271 年取《易经》"大哉乾元"之义，建国号大元，次年迁都大都（今北京）。

蒙古人除了元帝国外，还建有以成吉思汗子孙为王的窝阔台、察合台、钦察、伊利四大汗国。这四大汗国在名义上要服从元朝皇帝，但实际上四大汗国各自为政，并在元朝灭亡之前或灭或分裂。就元帝国来说，其疆域超过了汉唐，只有后来的清朝能与之相比。其西北达新疆东部，北至西伯利亚，东抵大海（包括台湾），南到南海诸岛，西南包括西藏、云南、今缅甸东部，领土面积超过 1200 万平方千米。元朝人口盛时达 5830 万。元朝强大的军事实力带来了稳定的边疆和安定的生活，生产得以快速发展，加上元朝本身的外向性，商贸也得以极大繁荣。另外，由于元代基本废除了科举制度，士子文人无门路入仕，纷纷走向民间创作文艺，以元曲为代表的文化事业得以繁荣。总体而言，元朝短暂的 97 年算得上是强盛而且繁荣富足的。元朝统治者将全国人口划分为 4 个等级。由高到低依次是：蒙古人、色目人（中亚、西域等地的民族）、汉人（北方的汉族、契丹、女真等）、南人（南宋遗民）。因此，元代汉人虽然生活富足，但精神上却是压抑的，对元朝廷始终敌视，这可以说是元朝短命的一个重要因素。元末政治的腐败导致经济的衰败，汉人起而反抗。1368 年，明率军攻破大都，元顺帝北逃，元朝灭亡。

北迁的元政权退居漠北，仍沿用大元国号，与明朝对峙，史称"北元"，但已经不成气候，30年后因内讧灭亡。元朝自忽必烈定国号起，历11帝97年。

明　朝

明朝是汉族建立的最后一个大一统王朝。1368年，与汉高祖刘邦有些类似的又一个平民皇帝朱元璋称帝建明王朝，继而挥师北伐，明军攻破北京。明原本定都南京，后朱元璋的儿子燕王（即后来的永乐皇帝）通过武力夺了其侄建文帝的皇位后，迁都北京。总体而言，明朝也算是一个既强又盛的汉族政权。明朝长期受日本倭寇骚扰沿海，但并非大患。其疆域包括内地两京十三省，另外还囊括东北、新疆东部、西藏、南海诸岛、今缅甸北部、西伯利亚东部等地。经济上，明代工商业得以迅速发展，在冶铁、造船等重工业以及纺织、瓷器、印刷等轻工业方面遥遥领先于世界。以徽商、晋商、闽商、粤商等为名号的商帮亦逐渐形成，并且出现不少年入百万乃至千万（两银子）的巨商大贾；只是明代的政治有些乌烟瘴气，首先是明代皇帝大多没个皇帝的样子，出了几个耽于方术的淫乐皇帝（宪宗、神宗、光宗），又有一心升仙的炼丹皇帝（世宗），甚至出了个不识字的文盲皇帝（熹宗）。另外，明初朱元璋以宰相胡惟庸谋反为由，废弃了中国流行了1600多年的宰相制度。明朝皇帝集君权、相

权于一身，因宦官在靖难之役中立功，自明成祖朱棣始，宦官权势日盛，后世皇帝又多有荒嬉淫乐的昏君，结果造成明代政权时时出现宦官干政的弊端。但在明代乌烟瘴气的政治氛围下，却有一个可圈可点、为后世津津乐道的亮点，便是明代士大夫阶层的不畏强权，敢于与帝王抗争的独立精神。对于皇帝的不合理政策与行为，以东林党人为代表的明代士大夫争相犯颜直谏，被下狱乃至处死不悔，以至于形成了明代独特的士大夫以谏言被处罚为荣的风气。当年因万历皇帝不按制度立长子为太子，士大夫犯颜直谏遭下狱或免官者前仆后继，前后达几百人。

明代总共传位 16 帝，明崇祯十七年（1644 年），李自成的大顺军攻克北京，崇祯帝在北京煤山上吊，明亡。

清 朝

清朝是中国最后一个"家天下"封建王朝，由东北的游牧民族满洲人所建。满洲人的主体是当年灭北宋的女真人的后裔，于明末在军事领袖努尔哈赤的带领下逐渐崛起，1644年被山海关守将吴三桂引入中原，击败李自成后建立清朝，定都北京。清朝建立后，鉴于元朝的教训，虽然给予了满族人许多特权，但没有实行按民族划分等级的制度。除此之外，清朝统治者还极力汉化，最终取得了汉人的文化认同。这也是清比元长命的重要原因。值得注意的是，清统治者行事异

常小心，对皇族子孙要求异常严格。正因为此，清代皇帝基本上算是中国历代皇帝中最勤政的，没有出现怠政荒淫的皇帝。尤其前几任皇帝顺治、康熙、雍正等都相当能干而且勤奋，使中国在内出现了一个稳定繁荣的"康乾盛世"，在外则成了一个称雄东亚的帝国。其疆土超过明代，基本达到元代的规模。尤其值得注意的是清代的人口，顺治八年（1651年）时，中国人口只有3000多万。到雍正年间，首次突破1亿大关。而道光年间，则达到了4亿。当清朝政府关起门来陶醉在"康乾盛世"的美梦中时，西方则正在发生工业革命和资产阶级民主革命，两千年来一直跑在世界第一位的中国悄悄地被西方赶上并超越了。1840年的鸦片战争，使西方人摸清了这个帝国的外强中干的底细，中国逐步沦为西方列强瓜分的对象。1911年至1912年年初，辛亥革命爆发，中国自秦始皇以来2000多年的封建帝制时代宣告结束。

职官制度

王

王最早出现于商周时期，是对天子的称呼，如商纣王、周穆王。《六书故·疑》言："王，有天下曰王。帝与王一也。"关于"王"的字形含义，《说文解字》解释："三画而连其中，谓之王。三者，天、地、人也。而参通之者，王也。"春秋战国时期，周王室衰微，本来称呼为公（如秦穆公、齐桓公）的诸侯们纷纷称王。

秦统一全国后，天子称为皇帝，也不再封王。汉代，汉高祖刘邦封赐异姓功臣为王，王自此成为封建社会的最高封爵。后异姓王发动叛乱，刘邦将之尽行剿灭后，封赐宗室子弟为王，并规定后世非同姓不得封王。此规矩为后来历代统治者所遵循，异姓臣子功劳再大最多封侯（但也有统治者对拥兵自雄的武人无力剿灭而被迫对其封王的情况，如清代的三藩）。西汉时，发生了同姓王叛乱的"七国之乱"，西晋也发生了同姓王叛乱的"八王之乱"。此后的历代统治者均认识到同姓王也不可靠，因此对同姓封王时只是赐其爵号，不再封地。自此，王成为封赐宗室的最高爵位，直至清朝灭亡。

皇　帝

皇帝是封建王朝的最高统治者。皇，早期是上天、光明之意，"因给予万物生机谓之皇"；帝，则是生物之主，有生育繁衍之源的意思。在上古时期，"皇"与"帝"都是用来称呼最高统治者的称号，如"三皇五帝"。商周时期，最高统治者一般都称为王，比如商纣王、周文王。"皇帝"一词的出现始于秦始皇。秦虽二世而亡，但"皇帝"这一称号流传了下来，为后世历代沿用。有人专门统计过，自秦2000多年下来，中国正统王朝的皇帝总共有 349 位。

秦始皇登基后，李斯做了秦朝的丞相。他为秦始皇统一六国，立下了汗马功劳。

皇后

皇帝的正妻称皇后。秦、汉以后，历代沿称。"后"最初也是君主主宰的意思，其与"帝"的区别是："帝"是传说中的天神，而"后"是大地的统治者。如禹之子启就被称为夏后氏。后来，因为皇帝的正妻主宰六宫，所以称为"皇后"。

三公九卿

三公九卿乃是秦朝时确立的中央官制，三公是古时辅助国君的三个最高官员，九卿是中央政府的九个高级官员。周代曾经出现过"三公六卿"，分别以辅佐皇帝的太师、太保、太傅为三公，以冢宰（总管军政）、司马（负责军务）、司寇（分管刑罚）、司空（负责工程）、司徒（负责民政）、宗伯（负责礼仪）为六卿。后来秦始皇统一六国后，听从李斯的建议，建立了以皇帝为尊，以三公九卿为中央官制的中央集权制。三公分别是丞相、太尉、御史大夫。其中，丞相主管全国行政；太尉负责总揽全国军政；御史大夫则负责皇帝与群臣的沟通并监督群臣。九卿分别是：奉常（掌管宗庙礼仪，为九卿之首）、郎中令（领导宫廷侍卫）、卫尉（掌管宫门警卫）、太仆（掌管宫廷御马和国家马政）、廷尉（负

责司法）、典客（负责外交与少数民族事务）、宗正（分管皇族事务）、治粟内史（掌管赋税徭役）、少府（负责宫廷财政与皇室手工业制造）。三公九卿的基本构架被汉代沿用，只是具体名称有所变化。丞相改为"大司徒"，太尉改为"大司马"，御史大夫改为"大司空"；九卿中的奉常变为"太常"，廷尉变为"大理"，典客变为"大鸿胪"，治粟内史变为"大司农"等，不过其基本职责都变化不大。三公九卿制的建立首次确立了我国中央集权制。另外，可以看出九卿中的大部分官职本来都只是负责皇家事务的奴仆，却纷纷担任起处理国家要务的职责，这也暴露了皇帝制度建立之初皇帝家事、国事不分的粗糙之处。自秦至两晋，各王朝都以三公九卿制为基本的中央官制构架，直到隋朝文帝创立三省六部制，三公九卿制才宣告结束。事实上，三省六部制仍受到三公九卿制的影响。

宰　相

　　宰相是我国古代朝廷中的行政首脑。宰相职位最早出现在春秋战国时期，齐国的管仲、秦国的商鞅等都是当时著名的宰相。后来秦朝统一全国后，实行中央集权的郡县制，以分封制为基础的贵族统治阶层消失，官僚组织成了国家机器运行的载体。作为这个官僚组织的首领，宰相一职得以正式确立。但"宰相"只是对最高行政长官的一种泛称，

历史上除了辽曾有过"宰相"这个官职名称外，其他朝代的宰相职位都采用的是其他称呼。秦汉时期行使宰相权力的官职是丞相、相国、三公（大司马、大司徒、大司空）；隋唐以及后来的宋朝，实行三省六部制，宰相职位由中书省、门下省、尚书省三个部门的长官共同担任，官职名称、权力、人数经常有变动，但不出"三省"。具体名称则有内史令、纳言、尚书令、尚书左仆射、参知政事、同平章事等；元代设左右丞相；明太祖朱元璋废宰相制度，内阁首辅成为事实上的宰相；清代行政实权掌握在军机处，军机大臣分满、汉两班，两班首领成为事实上的宰相。可以看出，从人选上来讲，宰相是国家政权的一个组织部门，并不一定由一个人担任，其人数经常是有变动的；从功用上来讲，皇帝是作为国家政权的象征，集军政大权于一身，宰相是具体主管全国行政的人，对于任何一个政权都是不可缺少的（即使名义上没有宰相的政权也往往有事实上的宰相）。因此宰相的地位相当高，是区别于一般大臣的。宋代之前的宰相上朝时是唯一可以坐在朝堂上的大臣。只是宋太祖赵匡胤不断扩大皇权，削弱相权之后，宰相地位开始下降，上朝时也没椅子坐了。历史上，皇帝和宰相职权的划分一直都是历代政治的大题目，一般而言，皇权和相权划分得合理时，政权都能运转得很好。划分不合理的，要么皇帝好大喜功，大权独揽，将国家推向战事（如汉武帝），或者出现宦官专政（往往出现于皇权很大皇帝却无能的情况

下）；要么宰相专权，架空皇帝（如西汉王莽、东汉曹操、明朝张居正），甚至出现篡权。

太尉与大司马

太尉曾是我国古代掌管全国军事的最高武官。秦朝时，太尉、丞相、御史大夫并称三公。对应于丞相掌管全国行政，太尉则掌管全国军事，地位与丞相相同。汉代基本上沿用了秦制，太尉一职也继承下来。汉武帝继位后，为加强对军队的控制，不再像过去那样封军功卓著的武将担任太尉，而是任命贵戚担任此职。此后太尉便只是个虚职，并无实权。后来汉武帝干脆废太尉一职，以大司马代之。大司马只是一种用于加封的荣誉称号，更无实权。汉大将军卫青、骠骑将军霍去病均因征匈奴的军功被加封为大司马。到东汉，光武帝又将大司马改为太尉。司徒、司空、太尉成为新的三公，太尉重新成为全国军事统领，并参与政事，权位极重。东汉末，曹操自任丞相，废三公。此后魏晋南北朝期间，太尉与大司马均或置或废，比较随意。隋朝后，太尉与大司马均成为虚衔。宋代时，太尉还一度成为对于高级武官的泛称。元代后，太尉与大司马均不再设置。另外，大司马常被当作兵部尚书的别称。

御史大夫

　　御史大夫是秦朝设立的官职，与丞相、太尉合称为三公。御史大夫主要有两个职能，一是作为丞相副手处理政事，因此有副丞相之称；二是作为监察机构御史台之长，负责监督百官，尤其是丞相。因为秦国实权曾一度被丞相吕不韦掌控，秦王政直到 22 岁除去吕不韦之后才得以掌握实权，他非常担心丞相再度架空自己，于是设置御史大夫来牵制丞相。并且秦汉时期，丞相空缺后，一般由御史大夫补缺，这就使丞相更加忌惮御史大夫，从而得到制衡。汉哀帝时，御史大夫更名为大司空，东汉时改为司空。大司空和司空仍为三公之一，但均已不再是最高的检察长官，最高的检察官由御史中丞担任。魏晋南北朝时，御史大夫官职又偶有恢复。隋唐之后的御史大夫，除宋代为虚衔外，均为最高的检察官，但不再有秦汉三公的权位。明代改御史台为都察院，御史大夫一职遂废。

郡守和县令

　　郡守与县令为古代官职名称，均是在战国时期随着郡、县的设立而开始存在的。战国时的郡都设在边远地带，边防任务很重，因此其最高长官称为"守"，一般由武人担任。

后来这些郡开发成熟，郡守逐渐成为地方最高行政长官。秦统一全国后，实行全面的郡县制，每个郡都设一名郡守，为一郡的最高长官。后来汉景帝将郡守更名为太守，但也习称郡守，之后太守又一度更名为州牧。南北朝时，太守权力逐渐为州刺史所夺，太守一职逐渐为刺史所代替。唐中后期，刺史又逐渐为节度使、观察使代替。到宋、明、清之际，知府、

安禄山像

安禄山兼任平卢、范阳、河东三镇节度史，并在范阳做部署，暗地准备叛乱。天宝十四载（755年），安禄山从范阳起兵造反。

知州则相当于原来的郡守。值得一提的是，因宋代之前的郡守（刺史、州牧、节度使、观察使）经常集行政、军事、人事大权于一身，一旦中央控制力变弱，郡往往成为地方割据的基本单位。

县令是一个县的行政长官，刚开始与郡守是平级关系，战国末期，县令正式成为郡守下属。秦汉法令以户口多少为标准，大县长官称县令，小县长官称县长。至南朝宋时，不再区分户口多少，一县长官皆称县令。至宋代，县令称为知

县，元代称县尹，明清又称知县。因为朝廷委派官职只派到县令一级，其下则实行乡绅自治，县令是政府与百姓接触的枢纽。因此县令一职在整个政权机器中的地位是至关重要的，中国自古有"县宁国安，县治国治，下乱，始于县"的说法。

刺　史

刺史是古代官职。刺，检核问事之意，刺史的本义是负责监督类的官员。秦时，每郡设监察御史，负责监督郡守。汉代时，监察御史往往与郡守勾结起来欺骗朝廷，丞相于是又派出一套人马出刺各地，检查郡守和监察御史。这样重叠监督，显然成本高而效率低。

汉武帝时，废除原来的两套监察官员，将全国分为13个州，每州设立一名刺史，正式建立刺史制度。这套新制度的特点是，充任刺史者均为俸禄六百石的低级官员，其检查对象郡守的俸禄却是两千石。因其官职卑微，故顾虑不多，勇于言事；另外，一旦官职低，也就急于立功，会更加恪尽职守。同时，为防止刺史滥用权力干扰地方政治，朝廷对他所调查监督的内容明确列明条目，其外不得多管。这套制度刚实行时是比较好的一套检查制度，但一项制度时间一久，便难免出现弊端。到东汉时，刺史权力逐渐扩大，成为实际的地方长官。汉灵帝时将部分资深刺史改为州牧，使之成为郡守（太守）的上级，这便在郡、县的基础上又多出了州一

级。到隋文帝时，鉴于刺史权力基本替代了郡守，干脆废郡，实行州、县两级，如此，刺史即相当于原来的太守。唐代中期，出于屯田与守边的需要，设立新的地方军政长官节度使、观察使，逐渐侵蚀刺史之权，或者兼任刺史。尤其"安史之乱"后，节度使更是遍布全国，刺史职任渐轻。宋代郡守称为知州，刺史成为武臣虚衔，元代以后消失。

三省六部制

　　三省六部制是中国古代继三公九卿制之后的另一套中央政府机构组织形式。三省分别是中书省、门下省、尚书省，六部则是吏部、户部、礼部、兵部、刑部、工部。三省六部制的出现是皇权侵蚀相权的结果。汉武帝时，设尚书台。三国时期，魏文帝曹丕又设另一个秘书机构中书省，以削弱尚书台的权力。至晋，皇帝的侍从机构门下省也开始处理政务。至此，由皇帝的小臣组成的"三省"开始成为全国政务中枢。到隋朝，朝廷明令确立三省制度，三省成为正式的政府机构，三省长官共议国政，执宰相之职。至于六部，则是尚书省下设的六个具体部门。汉光武帝时，尚书台已开始分为三公曹、吏部曹、民曹、客曹、二千石曹、中都官曹等六曹尚书分曹办事。后六曹经魏晋南北朝发展演变，至隋唐时期形成吏、户、礼、兵、刑、工六部。后世将三省六部制视作隋朝除科举制度之外的另一个重要制

度贡献。三省六部制结束了自汉光武帝以来的皇帝与政府（以宰相为代表）权限不分的混乱局面，可以说是中国政治史上的绝大进步。三省六部制虽然在唐代以后多有变化，但其基本骨架为后世历代中央政府所采用，尤其六部制度直至清末连名称都未曾变动。

中书令

中书令是古代一度相当于宰相的官职。汉武帝时，始置中书令，由宦官担任，后来逐渐由皇帝信赖的士人担任。其职责是帮助皇帝在宫中处理政务，并负责直接向皇帝递交大臣密奏。因其为皇帝近臣，一度凌驾于丞相之上，司马迁就曾以太史公的身份担任过此职。东汉光武帝时，尚书台成为全国政务中枢，与尚书工作性质有些相似的中书被冷落。魏晋时期，魏文帝曹丕为牵制尚书台，另外成立中书省，以中书令为其长官。之后中书省日益架空尚书台，成为全国最机要机关，中书令则成为事实上的宰相。其时中书令一般由社会名望与才能俱高者担任，谢安就曾以中书令之职执政东晋。南北朝时，门下省逐渐取代了中书省的政务中心地位，中书令的宰相位被门下省长官侍中取代。到隋唐之际，三省六部制确立，中书令与门下省长官侍中、尚书省长官尚书仆射共同执掌宰相之权。其中，因中书省是政令的决策机构，而门下省则对政令有审核权，故中书令和侍中被唐人尊为真宰相。

唐肃宗后，包括宋代在内，中书令逐渐成为大臣的虚衔，无实权。元代中书令又掌相权，明代朱元璋不设宰相，"三省"俱废，中书令自此不复存在。

侍　郎

侍郎在西汉时曾是郎官之一，是皇帝外出时的随从，不是正式官职。东汉尚书权力变大时，侍郎成为尚书下属。当时每曹设 6 名侍郎，六曹共 36 人。魏晋以后尚书曹数增多，一尚书辖数曹，郎官遂成一曹头目。隋朝三省六部制既定，侍郎随尚书一起成为朝廷正式要职，初时官阶不高，却是实权官员。明侍郎升至正三品，清侍郎升至正二品。另外，门下省和中书省也曾设立侍郎官职，一般为一个部门的二把手。

御史台

御史台是我国古代监察长官的官署名，同时也指古代的监察机构，其属即为言官。秦代，建立御史制度，设众多监察御史监督政府，并以三公之一的御史大夫为众御史之长。汉代，御史大夫更名为大司空（后改为司空），不再负责监察事宜，其副手御史中丞成为御史之长。因御史中丞一直驻

扎在宫中兰台办公，因此其官署便被称为御史台。御史台在后来历代均存在，只是名称偶有变化，另有宪台、兰台、肃政台等称呼。御史台下设三院，一曰台院，其属为侍御史，即监督皇帝的御史，御史中丞初时便是专门驻扎在皇宫里监督皇帝的官员；二曰殿院，其属为殿中侍御史，负责监督皇宫内礼仪等事；三曰察院，其属为监察御史，主要是监督中央政府和地方官员。总体而言，御史台设立的主要目的是监督百官，即"为天子耳目"。御史的品阶一般都不高，多由具清望之人担任，往往不怕得罪官员，越得罪人，名声越大。派往地方的监察官员往往都是由御史台派出，但历代都经常发生监察官员到了地方之后取代原来的地方长官，成为事实上的地方长官的事情，比如汉代的刺史，唐代的节度使、观察使都属于这种情况。明代时，太祖朱元璋改御史台为都察院，御史台之名遂废。

谏 官

谏官是古代言官的一种。言官即是专门负责监督并提意见的官员。古代言官分两种，御史负责监督政府，谏官则职在监督皇帝。谏官并非正式官职名，而是对监督皇帝的官员的泛称。其最早在春秋时期设立，当时齐国的大谏、晋国的中大夫、楚国的左徒等都属于谏官性质。秦朝时，设谏议大夫为谏官，同时，御史类官职中的御史中丞也有些谏官性质。

魏徵犯颜直谏，凡是他认为正确的，必定当面直谏，决不背后议论。唐太宗胸怀宽广，虚心纳谏。

谏官制度得以正式化是在汉代，当时的光禄大夫、太中大夫、谏大夫、中散大夫、议郎等官职，都属谏官，统一归汉九卿之一的光禄勋管。谏官最活跃的时期是在唐代，当时的谏官机构不断扩大，所设谏官有左右谏议大夫、左右拾遗、左右补阙、左右散骑常侍等。另外，当时中书、门下两省的官员也都有兼职进谏的职责。唐代著名谏官甚多，例如魏徵、褚遂良、孙伏伽、萧钧等。著名诗人杜甫、陈子昂、元稹等都任过谏官之职。因唐太宗开纳谏之风，唐代皇帝都比较重视谏官。宋朝皇帝起初也很重视谏官，曾专门将谏官从门下省中独立出来，成立专门的谏院，以左右谏议大夫为长官。但谏院独立后，谏官不再由宰相裁定，而是由皇帝任命，并且

可以兼任御史，逐渐由监督皇帝变成了监督宰相和百官。后来，朝廷不再重视谏官，又开始出现蔡京、秦桧等权相。宋代之后，谏官或名存实亡，或名实俱亡。

知府与知州

　　知府与知州均是出现于宋代的官职。唐代只称建都之地为府，宋代由于城市的快速发展，许多比较繁荣的州都升级为府。宋代统治者鉴于唐代地方长官坐大割据的教训，不给州府长官刺史以实权，而是以中央朝臣充任各府长官，称为"权知某府事"。"权"是暂时之意，意即暂时代理该府政事，简称知府。知州与知府的来源相同，同样是宋朝廷派朝臣临时充任各州长官，称"权知某军州事"，简称知州。军乃指军事，州乃指民政。如此，宋代原本以唐制而设的府州长官——刺史便被架空了，而事实上的地方长官又只是临时充任，这便加强了中央集权，避免了藩镇割据的局面。但这也导致了地方力量的弱小，以至于金攻破宋首都开封，北宋政权便轰然垮掉。知府与知州在元代成为地方的正式长官，只是其上设置有由蒙古人或色目人担任的达鲁花赤（蒙古官名，为所在地方、军队或官衙的最大监治长官）；明清时期，知府与知州成为正式的地方行政长官。其中知州有直隶州、散州之别，前者直隶于省，可以辖县；后者隶属于府、道，相当于知县。

尚 书

官名。始置于战国，或称掌书，"尚"是执掌的意思。秦代是少府的属官，掌殿内文书，地位很低。汉武帝时设尚书五人，开始分曹治事。东汉时正式成为协助皇帝处理政务的官员，从此三公权力大为削弱。魏、晋以后，尚书事务愈来愈繁杂。隋代设置尚书省，分为六部，唐代确定六部为吏、户、礼、兵、刑、工，以左右仆射分管六部。宋代以后，三省分立之制渐成空名，行政全归尚书省。明代初期，尚存此制，后来废去中书省，直接以六部尚书分管政务，六部尚书等于国务大臣。清代相沿，清代末期改官制合并六部，改尚书为大臣。

丞 相

始于战国，为百官之长。到了秦代，在皇帝以下，主要由两府一寺组成中枢机构，两府指丞相府、太尉府，一寺指御史大夫寺。丞相府的首长是丞相，基本职责是辅助皇帝治国理政，丞相被尊称为相国，通称宰相，在大臣中，权力最大、官职最高。西汉初期，称相国，后来改称丞相，与太尉、御史大夫合称三公。西汉末年，改称大司徒；东汉末年，复称丞相。三国、晋、南北朝时，或称丞相，或称司徒，或称

大丞相，或称相国。

大　夫

殷周时期，有大夫、乡大夫、遂大夫、朝大夫、冢大夫等。春秋时期，晋有公族大夫。秦、汉两代，有御史大夫、谏议大夫、光禄大夫、太中大夫等。品秩自六百石至二千石不等。多系中央要职和顾问。唐、宋两代，有御史大夫、谏议大夫等。明、清两代不设置。

太　守

太守这一职位原来是战国时郡守的尊称。西汉景帝时，郡守改称太守。太守是一郡最高的行政长官。到了南北朝时期，新的州、县增加了很多，而各郡之间所管辖区域相对地缩小了，州、郡之间的地域区别也不大了。到了隋初，留州废郡，州刺史代替了太守的官职，太守则成为刺史或知府的别称，而不再是正式官名了。到了明清时期，太守则专门用来称呼知府了。

县 官

我国古代县一级长官的称呼，历代都有所不同。

春秋时代，地方一级的行政单位有邑县，邑县长官的称呼，各国不一，晋国称作大夫，楚国称作令尹，鲁国、卫国称作宰。

战国时，行政单位有县、郡。郡的长官的主要职责是掌管军事，被称为守；县的长官的主要职责是掌管民政，被称为令。发展到后来，郡在上，县在下，郡比县大出一级，地方行政系统随之发生改变。

秦汉时，超过一万户人家的县，其长官称作令；一万户人家以下的县，其长官称作长。

隋唐时，称佐官代理县令为"知县事"，县的长官的称呼，都是令。

宋代时，县的长官称作知县事，简称为知县。元代把知县改称为县尹。明代和清代沿袭了宋代的称呼，也称知县。

博 士

"博士"，如今是中国高等教育的最高学位。其实早在战国时期就已经有这个称谓了。

据《汉书·百官公卿表（上）》记载："博士，秦官，

掌通古今。"此时的"博士"是一种官职，职责主要是掌管图书，保管朝廷文献档案，并随时准备向帝王讲解知识，有一些"顾问"的意味。因为工作性质与职责所在，当时的"博士"学问相当渊博。如秦国博士伏生，学问相当高深，尤其精通《尚书》，到汉文帝时，90多岁的他仍然能够背诵此书。秦始皇"焚书坑儒"毁灭诗书，西汉兴文教，正是靠他的记忆，《尚书》才得以再传。汉武帝时，设立五经博士，专门负责儒家五经的研究、讲解传授；唐代则设有国子、四门等博士，负责教授学术，属于文化类官职；宋代的国子博士，官职五品；明、清两代，同样有国子博士，官职不高。

另外，在古代，政府还设置了一些专精一艺的"博士"官职。西晋设律学博士，北魏增设医学博士，唐朝则又增置算学博士、书学博士等。这种"博士"，除去官职的意味，非常接近于现代意义上的教授。宋代时，这些专业"博士"被废止。

进入现代，"博士"一词成为一个纯学术性的称谓，并且更加专业化。应该说，这是一种社会的进步。在中国古代社会，社会结构简单，学术没有自己发展的空间与动力，只能依附于政治权力。而随着现代社会的发展，学术可以脱离政治而独立存在，取得自己的文化价值，并促进社会发展。

古今"博士"相比，古代的"博士"要比现在的"博士"地位更高，他们一般充任教育长官、担任教职，享受国家俸

禄；现在的"博士"仅仅是一级学位，从事某种学术的专门研究，没有正式的职位，也不享受国家俸禄。

学　士

在现代，世界通用的高等教育学位以博士最高、硕士次之、学士最低。但在中国古代，并非如此。

"博士""学士"以及"硕士"三个词，并非舶来品。在中国古代，这些名称都已存在，但其意思，与现在有所不同。"硕士"一词，在古代指品德高尚、学问渊博的人，但相对来说，这个词出现较少，不是正式的称谓。而"博士"一词，则比较正规了，在战国时代就已经出现，秦朝时发展成政府正式官职。

"学士"一词最早出现在周朝，原指在学校读书的贵族子弟，后来成为文人学者的泛指。南北朝时，"学士"正式成为负责文学撰述之官。唐玄宗时，建翰林学士院，供职者称翰林学士，简称学士，负责为皇帝起草诏书。但这种"学士"并非固定职位，而是一种临时工作，由其他官员兼任。宋代因宰相权力变小，翰林学士的地位得到提高，相当于皇帝的私人幕僚，而宰相由翰林学士中提拔也成了不成文的规定，翰林学士逐渐成为固定的官职，官阶三品。到明清，学士不再单独存在于翰林院，逐渐渗透到内阁，大学士也成了文官的最高官职。和珅、纪晓岚、刘墉均为内阁大学士。

大学士纪晓岚任《四库全书》总纂官，组织官员编撰《四库全书》。

总体而言，"博士"最初比"学士"有地位，但逐渐下降；而"学士"的地位职衔则步步高升。唐宋之时，"学士"的职位超越"博士"。宋代的国子、五经博士仅为正五品，而翰林学士则是正三品；到清代，大学士位列正一品，远非"博士"所能比。

衙 门

衙门本作"牙门"。在古代，常常用猛兽锋利的牙齿象征武力，军营门外常常放有猛兽的爪、牙。后来为了方便，就用木刻的大型兽牙代替真的猛兽牙齿，还在营中的旗杆顶

端装饰兽牙，悬挂的也是齿形的牙旗。由此，营门也就被称为"牙门"了。大约到了唐代，"牙门"逐渐被移用于官府，"牙门"也被误传为"衙门"。正如唐人封演在《封氏闻见记》中所说："近俗尚武，是以通呼公府为'公牙'，府门为'牙门'。字称讹变，转而为'衙'也。""衙门"一词广泛流行开来。宋以后，"衙门"就彻底取代"牙门"，成为官署的代称。

行省制度

行省是行尚书省（后改为行中书省）的简称，本是尚书省派出的一个临时机构，后来演变成为地方最高行政机关。元朝总共分为12个大的行政区，除了大都（今北京）为中书省直辖区外，另有11个行省。元代行省置丞相、平章、左右丞、参知政事，其行政机构名称和官吏品秩与中央同，全省军事、行政、财政权力集中，由蒙古贵族总领。从行省的划分方法来说，元代行省是从军事角度进行的划分。元代统治者害怕地方反叛，于是使各省边界均犬牙交错，无山川险阻可依，北向门户洞开，形成以北制南的军事控制局面；另外，各省重镇的拱卫之城也都被划分到另一省。一旦一省叛乱，其重镇就很容易被攻下。正因为如此，后来的明、清继承了元代行省制度。元代的行省在后来数量

增加不少，名称也有所变化，但就其实质而言可以说是一直沿用的。

内 阁

内阁是明清时期的最高官署。明洪武十三年（1380年），朱元璋为加强皇权，以谋反罪杀宰相胡惟庸，从此废去宰相一职，并明令后世子孙不得设宰相。这样，全国政务全都汇集到皇帝这里。朱元璋行伍出身，精力充沛，后来又仿宋制设置了一些殿阁大学士作为自己的顾问，还勉强能够应付。到永乐皇帝，因经常外出征伐，对于政务他便有些顾不过来，于是正式建立内阁，以大学士充任阁员，参与机务。内阁刚开始并无实权，但自仁宗起，明朝的皇帝们都只是成长于深宫的娇贵皇子，不具备一个人掌控全国政务的精力和耐性，内阁权力渐重。到成化、弘治之际，内阁已经相当于宰相府。尤其到万历年间，由于万历幼年登基，政务完全由内阁处理，内阁首辅张居正的权力甚至已经超越了以前的宰相。明朝晚期，宦官权力上升，内阁权力开始下降。崇祯时，内阁权力被虚化，明内阁制度名存实亡。

清代刚开始时沿用明朝内阁制度，以满、汉同比例的方式设置内阁大学士，行使相权。但因清帝基本都比较勤政，内阁差不多只是个执行机构，权力远不如明朝内阁大。到雍正时，设立军机处作为最高决策机关，内阁基本上成了一个

类似于秘书处的文书机构。但在清代，内阁一直都是名义上的最高官署。

都察院

　　都察院是明清两代最高监察机关。明洪武十五年（1382年），朱元璋改前代所设御史台为都察院，设左、右都御史为最高长官，其职权总的是"纠劾百官，辨明冤枉，辑督各道，为天子耳目风纪之司"；都御史下设副都御史、佥都御史，为都察院各级长官；又按照十三道，分设监察御史。监察御史是都察院官员的主体，负责巡按州县，专事官吏的考察、举劾。大体而言，都察院的官僚体系与汉、唐的御史台差不多，御史台的职能都包含在都察院之内。但相比于御史台，都察院还另外具有很强的司法功能，其与大理寺、刑部合称为三法司，遇到重大案件均由三法司共同会审。到清代，都察院制度基本沿袭明制。因清代统治者担心地方官员和军队对抗中央，经常派都察院御史以巡抚、提督、总督等临时官衔到地方上监督行政长官和武官。久而久之，巡抚、提督、总督等这些本是特派员性质的都察院官员便成为地方行政长官或军政首脑。

军机处

　　军机处是清代最高权力机构。清代不设宰相，初时沿明制设内阁作为权力中枢。雍正七年（1729年），因西北用兵，而内阁在太和门外，恐商议时泄露军机，便在隆宗门内设军机房，选内阁中稳重者入内值班，以随时处理紧急军务。雍正十年（1732年），军机房改称"办理军机处"，后简称"军机处"，并逐渐取代内阁成为清最高决策机构。军机处任职者没有定数，少则三四人，多则六七人，一般由皇帝从满、汉大学士，尚书，侍郎等官员以及亲王中特选，称军机大臣。其属僚称为军机章京，俗称小军机。晚清时，汉族官员中仅有左宗棠、张之洞、袁世凯短时间担任过军机大臣。不过虽

军机大臣张之洞行事圆中有方。

然军机处总揽军政大权，却并非一个正式的国家机关，而只相当于皇帝的一个临时性的秘书处。军机处办公的地方不称衙署，仅称"值房"。军机大臣虽然每日出入宫廷，随从皇帝左右，但既无品级，也无俸禄，其任命只听凭皇帝一人决定。其职责也没有任何制度上的规定，只是随时奉皇帝旨意临时办差。军机处的存在标志着清代的皇帝和政府之间完全失去了平衡，皇权完全凌驾于政府之上。

巡　抚

　　巡抚是明清时期的省级地方军政大员，以"巡行天下，抚军安民"而名，又称抚台。明代宣德、正统以后，三司之间互不统属的局面使地方行政的运转极为不灵，行政效率低下。于是，中央政府开始设置总督、巡抚这样的临时官员到各地方代表中央统一协调地方行政，同时也对权势日大的地方文官集团形成一种制约。巡抚刚开始为临时职务，后来逐渐长期驻扎地方，一年回中央汇报一次。在职权上，巡抚刚开始仅负责督理税粮、总理河道、抚治流民、整饬边关，后来逐渐偏重军事，并逐渐成为事实上的地方行政长官。

　　清袭明制设立巡抚，并使之成为制度化的正式官职，具有处理全省民政、司法、监察及指挥军事大权。巡抚均兼右副都御史，官职从二品，加兵部右侍郎衔则为正二品。总体而言，巡抚和总督非常相似，刚开始都只是中央派下来的临

时官员，后来侵蚀地方权力，成了地方最高首脑，是一种中央集权策略在制度上的体现。就清代而言，其地方大员中，以总督为最大，一般为两三个省的首脑，其次便是巡抚，是一省首脑，有的总督则兼职下辖省的巡抚。

总理衙门

总理衙门相当于清朝的外交部。鸦片战争前，中国没有多少外交事务，与清政府打交道较多的只有俄国，另外朝鲜等国是清王朝的附属国，并不被视为严格意义上的外国。与这些国家的外交事务一般都由清政府设立的本是处理少数民族事务的理藩院一并处理。鸦片战争后，中国与欧洲国家事务日繁，除理藩院外，清政府又委派两广总督专门负责与欧美国家的交涉，并特加钦差大臣头衔，称"五口通商大臣"。但欧洲各国不满足以"蛮夷"身份与效率低下的理藩院打交道，同时又认为地方大臣负责外交于制不合，要求清政府成立专门的外交机构。咸丰十年（1860年）《北京条约》签订后，在恭亲王奕䜣等人的奏请下，清政府于同治元年（1862年）成立总理各国事务衙门，简称总理衙门。总理衙门头目称为首席大臣，由亲王担任。另外，按照一满一汉的原则下设大臣、大臣上行走、大臣学习上行走以及总办章京、帮办章京、章京等官职。其中，有权的是大臣，人数初为3人，后为几人到十几人不等，其首席大臣，先是恭亲王奕䜣做了28年，

其后庆亲王奕劻做了 12 年。总理衙门下属机构有同文馆、海关总税务司署，名义上，南、北洋通商大臣也归其统属。在职责上，总理衙门最初主持外交与通商事务，后来还负责办工厂、修铁路、开矿山、办学校、派留学生等事，权力越来越大，凡外交及与外国有关的财政、军事、教育、矿务、交通等，全归其管辖，成为清政府的重要决策机构之一。总体而言，总理衙门的设立是中国重新直面世界、同时也是半殖民化的标志。光绪二十七年（1901 年），清政府施行宪政改革，总理衙门改为外务部，居于六部之首。

钦差大臣

　　钦差大臣又简称钦差，是明清时一种临时官职。钦，意为皇帝亲自，钦差即是皇帝差遣之意，因此钦差大臣是由皇帝专门派出办理某事的官员。因为代表了皇帝本人，所以其地位十分了得。担任该官职往往都是皇帝信得过的高官，能得此职事本身也是一种荣誉。一般事毕复命后，该官职便取消。其实，皇帝派遣大臣外出办事在我国古代一直都有，但从明代开始，担任这种职事的官员才有了"钦差大臣"这种固定的称谓，其地位也高出以往历代此类大臣，这也与明代实行高度的中央集权制有关。清代更是实行空前的中央集权，派遣钦差更加频繁。清代钦差又称钦使，统兵者则称钦帅，驻外使节称钦差出使某国大臣。比如，当年林则徐到广州禁

烟即是以钦差身份前往。总体而言，明、清两代，钦差大臣的流行，与此两代均不设宰相、皇帝权力空前强大有关。

国子监

国子监最早由隋炀帝改太学而成，当时主要负责全国的教育行政管理，其职能大致相当于现在的教育部。其后历代均在都城设有国子监，其职能也有所变化。

唐代先后在长安、洛阳设立国子监，下设国子、太学、四门、律、算、书等六学，国子监本身依旧主要承担教育行政管理职能。至宋代，国子监开始具有贵族学校的功能，招收七品以上官员子弟为学生，并一度成为全国最高学府。后因这些官员子弟往往只是挂名，并不上课，学校不成气候，其最高学府职能被太学代替，国子监只负责全国教育行政，掌管全国学校。另外，宋代之前的国子监，除了教育管理职能之外，还附有监督功能，可以弹劾官员和参议国家政策。宋代之后，此职能逐渐淡化。

元朝以后，国子监同时作为国家的最高教育行政机构和最高学府，隶属礼部。在国子监读书的学生称为"贡生"或"监生"。明代因永乐皇帝迁都北京，国子监分为北京的"北监"和南京的"南监"，也称"北雍"和"南雍"。至清代中期，国子监变为只管考试，不管教育的考试机构。清末，国子监沦落成为卖官机构，凡依照规定缴纳一定数额的钱给

雍正帝临辟雍讲学图　清

朝廷，即可成为"例监生"。慈禧太后的父亲便是一个"例监生"。

清光绪三十一年（1905 年），清政府废除科举制度，国子监也被取消，新设的学部成为教育行政机构，后来学部在民国初年变身为教育部。

"祭酒"一职，是古代对掌管教育的官员的固定称谓。早在国子监之前的汉代，太学就已经设立"博士祭酒"，为太学最高官员；西晋设有"国子祭酒"；隋唐模仿晋制设置"国子监祭酒"，官职为从三品，为国子监最高领导，此制度沿用至清代末期。至于"祭酒"一词的来源，据说古代人宴会或祭祀时，推选一个德高望重的人先举杯子为祭，称之为"祭酒"。古代社会一向尊崇老人，也重视祭祀，因此将"祭酒"作为负责教育长官的称谓，也是古人重视教育的一种表示。

举官制度

春秋战国的养士

养士是春秋战国时期一种比较独特的选官途径。国君和贵族公子把才德兼备或者有某方面特殊才能的人才招揽来，养在自己身边，时机适合时，就从中挑选人才，选派官职。齐国的孟尝君、魏国的信陵君、楚国的春申君、赵国的平原君，就是当时以养士著名的四大公子。

士的崛起

战国时期，养士之风盛行，著名的"战国四公子"都养士千人。养士与主人之间建立起一种新型的隶属关系。

察举制度

　　察举制度是流行于汉代的一种人才选拔制度。秦朝建立后，商周时期的官员世袭制彻底终结，秦还未建立起系统的人才选拔制度便二世而亡。汉代时，建立了察举制。察举，即由诸侯王、公卿、郡守推荐人才给朝廷，作为官员来源。察举对象既可以是平民，也可以是官吏。具体分为两科，一为常科，即定时定人数举荐；二为特科，并不定期，由皇帝根据需要下诏举行。其中，常科是由各地郡守每年向朝廷举荐孝者、廉者各一名，后来统一称为孝廉；特科则具体包括贤良文学、明经、有道、贤良方正、敦厚、明法、阴阳灾异等名目繁多的诸科。另外，秀才刚开始为特科，后来也成为常科，并逐渐形成了州举秀才、郡举孝廉的体制。这些被察举的人才到朝廷后，还要经过考试，通过后才算过关。察举制度基本保证了王朝对行政人才的需求。察举制度在西汉时比较严格，但到东汉后期，政治腐败，权贵豪门请托舞弊，察举制度失去原本的效用。后来鉴于察举制的弊端，三国时期的曹魏政权建立新的人才选拔制度——九品中正制。但整个魏晋南北朝，察举制度虽不再是选拔人才的主渠道，但一直存在，直到隋朝科举制度建立，才宣告终结。

举孝廉

举孝廉可以说是汉代在继承战国及秦朝的人才选拔制度的基础上，进一步摸索出来的一套人才选拔方式。汉武帝时，鉴于郎官制度的人才选择面过窄和早期察举制的不定时，采用董仲舒的建议设置了举孝廉制度。举孝廉事实上是察举制度的一种，因为汉代推崇儒家的孝道，它规定各地郡守每年要向朝廷推荐孝者、廉者各一人，作为国家人才，后来统称为孝廉。

孝廉举至中央后，并不立即授以实职，而是入郎署为郎官，作为皇帝的侍从。其目的一方面在于考察其能力，另一方面也是使之熟悉行政事务。孝廉在宫里待几年后，一般便能被任命到地方上做官或者留在中央任职。举孝廉后来成为汉代人才选拔的最重要途径，"名公巨卿多出之"，是政府官员的重要来源。西汉的举孝廉比较严格，被举者如被发现不合标准，举者要承担责任，被贬秩、免官。但到东汉后期，由于政治腐败，孝廉名额基本被各郡里的门第之家所垄断，举孝廉制度名存实亡，时有童谣讽刺："举秀才，不知书；举孝廉，父别居。"魏晋之际，九品中正制代替了举孝廉，但明清时期的举人仍俗称孝廉。

九品中正制

九品中正制是魏晋南北朝时期的一种官吏选拔制度，最早由三国时期的曹魏政权所创。三国时期，一方面由于乱世之中的士人大多流离失所，主要凭借宗族乡党举荐的汉代举孝廉制度在操作上已经不太现实；另一方面，曹操为加强政府对人才选拔的控制力，采取了下派专门官员到各处评定选拔人才的方法。后来曹丕为拉拢士族，将这种办法定为制度，即九品中正制。其具体操作方法是由政府在各州郡派驻名为中正的官员，中正依据家世、道德、才能三个角度评议各州郡中人物，具体分为九品，分别是：上上、上中、上下、中上、中中、中下、下上、下中、下下。中正将评议结果汇报中央，中央则根据中正的评议结果来对这些人才分别委以官职。九品中正制初行时非常有效，为曹魏政权有效地遴选了大量的人才，当初曹操帐下之所以人才济济与此制度不无关系，这也是魏国最终得以统一三国的重要制度保障。但到魏国晚期及晋朝，由于门阀政治的兴起，中正们评议人才逐渐忽略才德，而仅以家世为标准，所选人才基本为世家大族子弟，以至于出现"上品无寒门，下品无士族"的局面，九品中正制仅是士族统治的工具。到南北朝之际，由于北方政权多为少数民族建立，九品中正制更趋衰微。到隋朝科举制度建立，九品中正制遂废。

科举制

在 1300 多年的时间里，总体而言，科举制度经历了一个发端、完善到僵化的历程。隋朝是科举制度的初建时期，当时的隋文帝鉴于魏晋南北朝的九品中正制已不再适用，为加强中央集权，将选官权力收到中央手中，首开科举制度。但科举制度尚未建立完善，隋朝便亡；至唐代，科举制度才得到了进一步的完善，根据朝廷需要的不同人才类型被分为众多科目，武则天时还添加了武举；到宋代，科举进一步规范化，正式形成三年一次、分三个等级（乡试、会试、殿试）的考试制度；明代由于朝廷的重视，科举考试到了繁盛期；清代在科举繁盛的同时，由于满、汉不平等以及晚清卖官现象的泛滥，也成了科举制度的衰败乃至灭亡期。就不同时期科举制的优劣而言，大体上，科举制在唐代时比较健康，当时的科举氛围比较宽松，不唯考试论人。考官往往在考前已经大体知晓哪些考生比较有才华而准备录取，也允许考生经别人推荐或自荐在考前向考官"推销"自己。至宋代，试卷实行糊名制，开始产生仅以一考定终身的弊端。至明清两朝，科举繁盛的表象之下，八股文的考试内容彻底使其僵化，逐渐弊大于利，终至废止。

总体而言，科举制度可以说是一项相当高明的官员选拔制度，不仅为历代政权源源不断地输送了总体上质量说得过去的官员，而且不以出身、门第、财富，而以学问作为官员

科举考试图

选拔标准的做法使得中国长期以来存在尊重学问和读书人的风尚。可以说这是中国文化得以长期维系并不断创新的重要原因。另外，儒家思想之所以长期以来得以传承，科举考试可以说是其载体。

武 科

科举考试一开始并无武举，武则天时期，为选拔册封武将，培养为自己的势力，首开武举。其后武举成为科举考试的重要部分，考试的侧重点历代有所变化。唐代武举主要考

骑射、步射、举重、马枪等技术，此外对考生外貌也做了要求，要"躯干雄伟、可以为将帅者"。宋代，因宋太祖赵匡胤定下"以文立国"的国策，武举考试除考武力外，还要"副之策略"。武艺考"步射""骑射"两场，合格后再参加文化考试，考一些诸如兵法、布局类的知识等。总体上以武艺为主，以策略为辅。元朝科举制度兴废不常，没有武举制度。到了明代，则更进一步，武举考试以考察谋略的笔试为主，而以武艺为辅了。并且先进行谋略考试，如果不及格，就直接淘汰，武艺再高也不予录用。清朝，尚武的统治者则将个人武艺考试放在了前面，首先考骑射、力气、武艺等，合格者再参加笔试。

历史上武举一共进行过约500次，宋神宗时，设立武状元。历史上有案可稽的武状元有282名。总体而言，相比于文科考试，武举一直是受到歧视的。首先，历朝的武举制度时而设置，时而废弃，取士人数远远少于文举。并且武人考中武举后，只授出身，并不马上授官职。因此，武举人的地位也低于文举人，以至于一些武举状元还有再考取文举人的念头。

八股文取士

明清时期是中国科举考试的嬗变期。所谓八股文，又称制义、制艺、时文，是一种说理的韵体赋文，有严苛的程式

要求。在格式上，要求考生严格遵循所谓破题、承题、起讲、入手、起股、中股、后股、束股这种死板的结构模式，并且要求句与句之间要讲究对偶，整篇文章的字数有严格限定，不得增减一字。另外，其命题陈旧不堪，明清 500 多年间，命题不离"四书五经"内陈陈相因的古旧话题，援引事例也必须出自遥远的古代，不涉时事，考生毫无抒发己见的空间。简而言之，八股文是严重形式主义并脱离现实的一种陈腐文体。八股文最早出现于宋代，但其时并没有形成程式。明代时，朱元璋将八股文推向全国，虽然仍考一些诗赋、策问、经义等，但已不重要，八股文才是关键的取士标准。后来清承明制，将八股文更推向死板严苛。

关于八股文的危害，清人徐大椿在讥刺士人的《道情》中说得很透彻："读书人，最不济。烂时文，烂如泥。国家本为求才计，谁知道变作了欺人技。三句承题，两句破题，摆尾摇头，便道是圣门高地。可知道，'三通''四史'是何等文章，汉祖、唐宗是哪一朝皇帝？案头放高头讲章，店里买新科利器。读得来肩背高低，口角嘘唏。甘蔗渣儿，嚼了又嚼，有何滋味？辜负光阴，白白昏迷一世。就教他骗得高官，也是百姓、朝廷的晦气。"明末清初学者顾炎武则称"八股之害，甚于焚书"。八股文的死板程式使得明、清两代知识分子钻入八股这种无实用价值的文字游戏中，既疏于时事，又疏于学问，甚至疏于经义，思想严重被束缚，缺乏创新。

童试与乡试

童试并非正式的科举考试，而是取得参加科举考试资格的考试。其在唐宋时称县试，明清时称郡试。清代的童试3年举行2次。童试总共分3个阶段，分别为县试、府试和院试。其中，县试一般由本县知县主持，考试内容为八股文、诗赋、策论等，考试合格方可参加府试。府试由知府或知州主持，考试内容与县试差不多，合格者参加院试。院试由主管一省教育的学政主持，院试合格，就是秀才了，也叫"生员"，秀才便具有了到政府公立学校学习和参加科举考试的资格。

乡试是正式科举考试的第一关，在各省省城和京城举行，每3年举行一次，遇皇家有喜事则加恩科。考试通常在八月举行，因此又名"秋闱"。由皇帝钦命正副考官主持，凡秀才、贡生（生员中成绩优秀者）、监生（国子监学生）均可参加，考试内容分3场，分别考四书五经、策问、诗赋，每场考3天。在乡试中，每个考生只是和本省内的考生展开竞争，类似于现在的高考。乡试考中，称为举人，第一名举人称为解元。举人便具有了做官的资格，并且还可以进一步到京城参加会试，考取进士。因此，考中举人，古人读书做官的梦想就算基本实现了。但因举人名额有限，乡试这一关是相当不容易过的，不知有多少读书人将一生耗费在了这场考试上。

会 试

　　会试是科举考试中第一场国家级的考试，考生们的对手不再局限于本省之内，而是和全国范围内的才俊们展开角逐。因为会试之后的殿试基本上只是排定名次，不再淘汰，因此会试可以说是一场选拔进士的考试。明清时期的会试每3年在京城举行一次，在乡试次年举行。如遇乡试开恩科，则会试同样随着在次年开恩科。会试只有各省举人和国子监监生才有资格参加，主、副考官均由皇帝钦点。因为由礼部负责主持，又在春天举行，因此又称"礼闱"或"春闱"。会试考3场，每场3天。考中者称为贡士，第一名称为会元。考中了贡士，基本上就是未来的进士了。明初只按排名录取，仁宗时规定会试按地域分配名额。因南方富庶，文气盛于北方，按照南六北四的比例录取进士。后来比例偶有调整，但按地域分配名额的制度一直沿用至清末。这种制度保障了文化相对落后的边远省份在科考中有一定数量的进士，进入国家政治中心地带，这有利于保持落后地区的发展和对朝廷的向心力。

殿 试

殿试是古代科举考试中的最后一级，由皇帝亲自主持。殿试最早由武则天设置，但并没有形成制度。后来宋太祖赵匡胤鉴于唐末出现科考官员结派的"牛李党争"的教训，在原来两级考试的基础上又加了一级由自己亲自主持的殿试。这样，取士的最终决定权便转移到了皇帝手中，新科进士都变成了"天子门生"。这便有效地防止了官员尤其是宰相利用科举考试认门生，进而结党营私的事情。自此，殿试制度确定下来，为后世历代所沿用。

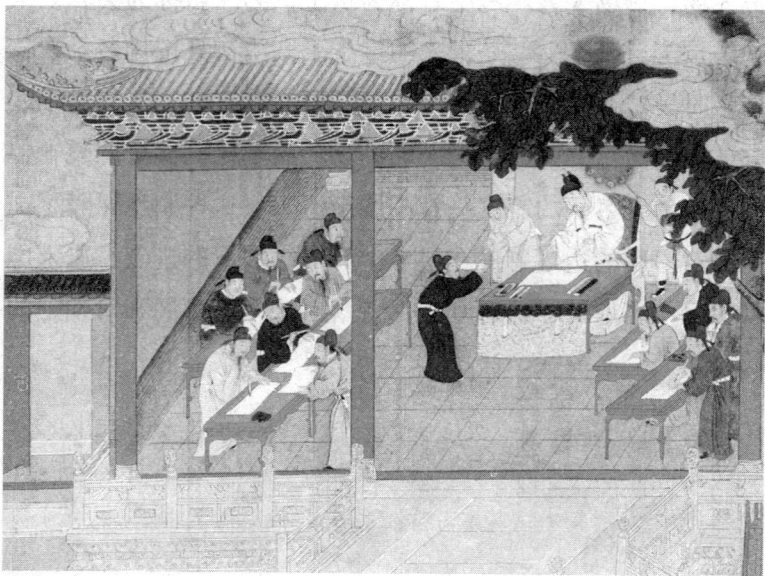

殿试图

殿试是科举考试的最后一级，由皇帝亲自主持和出题，并定出名次。参加殿试的是通过了会试的贡士。殿试只考一题，考的是对策，为期一天。相比于前面的考试，殿试的内容是相对轻松和简单的，并且殿试一般都不再淘汰人，能参加者基本上都已是进士，殿试只是将所有人排出次序。至于排名如何，除才华学识外，给皇帝一个好印象则是至关重要的。殿试结果的录取名单称为"甲榜"，又称"金榜"，所谓"金榜题名"即指此。具体分为三甲，一甲只取3人，第一名为"状元"，第二名为"榜眼"，第三名为"探花"，剩下的分在二甲和三甲。

状元及第

状元及第，即中状元，意思是在科举考试中考得进士第一名，是古代读书人的最高荣誉。

科举考试开始于隋朝，其时进士排名不分先后，没有状元一说。到唐朝，科举考试开始正式化，士子先在地方考中贡生（相当于后来的举人）后，才有资格参加在京城举行的考试，进一步考取进士，进士第一名称为"状元"。之所以称为"状元"，据说是因为进京考试的贡生先要到礼部填写包括自己的身世和近况的个人资料，名曰"书状"或者"投状"。因此后来考得进士第一名的就是这些"投状"中的第一名，故称之为"状元"或者"状头"。唐代的状元并没有

太多的象征意义。到宋代，状元不再指进士第一名，而是对于殿试三甲中一甲的统称，即进士前三名均可称为状元。明清之际，殿试一、二、三名，分别称为状元、榜眼、探花。自此，状元成为名副其实的第一名，其地位也日益特殊，自古有"天上麒麟子，人间状元郎"的说法。中状元也有了"独占鳌头""大魁天下"等听上去霸气十足、睥睨天下的说法，并成为中国读书人"一朝成名天下知"的象征。因此在古代许多文艺作品中，往往都以书生考中了状元作为剧情发展的高潮。另外在民间，传统的吉祥图案中也有大量"状元及第"类的图案，反映了人们对于状元及第这种事情的崇拜。

据史书记载，从唐代科举考试开始，至清光绪三十年（1904年）最后一次科考，其间历代王朝有名有姓的文状元654名、武状元185名。其中历史上比较有名的有唐代的贺知章、王维，宋代的文天祥，明代的杨慎，清代的翁同龢、张謇等，而历史上最后一名状元，是清光绪三十年（1904年）的刘春霖。

榜眼、探花

"榜眼"是古时人们对科举考试中第二名进士的称呼。

在北宋之前，第一名称状元，第二名、第三名都称为榜眼。原因是填进士榜时，状元的姓名居上端正中，第二名、第三名分列左右，如其两眼。到北宋末年，只以第二名为榜

眼，第三名则称探花。

　　"探花"一词则比"榜眼"出现得早，在唐代便有，但其时并非进士第三名的意思。唐代中进士者会游园庆祝，并举行"探花宴"。由进士中的年龄最小者作为"探花使"，到各名园采摘鲜花，迎接状元，这本是一种娱乐。至北宋末年，"探花"成为进士第三名的专门称呼。

　　"状元""榜眼""探花"都只是一种俗称，在正式发放的金榜之上，只会称进士一甲第一名、一甲第二名、一甲第三名。

进　士

　　进士是中国古代科举考试最高一级的功名。隋唐时期，设有诸多科目，其中进士科最为人们所重视，视为入仕正途。宋代，科举的三级考试制度正式形成，乡试中榜者称举人，会试中榜者称贡士，殿试中榜者则称进士。之后历代，进士功名成为古代读书人科考金字塔的塔顶部分，同时也最难考，得中进士是古代无数读书人的终极梦想。其中，进士分为三甲，一甲3人，赐进士及第，分别俗称状元、榜眼、探花；二甲、三甲，分赐进士出身、同进士出身。得中进士者一般都前途光明，一甲立刻可授官职，二甲、三甲则参加翰林院考试，学习三年再授官职。明清时期的官吏主要由举人和进士充任，其中举人基本上充任了县级官吏；而进士则一般都

是备做中央官员，即使发放到地方上做小官，也都只是历练一下，将来自有比较好的升迁前景。

每次科考进士录取人数，各朝不一，唐代较少，一次仅录取二三十人乃至几人；宋代较多，一般几百人，多时上千人（当时举人无做官资格）；明清时期，因举人有了做官资格，进士录取人数下降到100人左右，且为平衡各地发展，往往按地域分配名额。

自隋唐至清，在我国1300多年的科举制度史上，考中进士的总数大约有10万人。总体而言，这是一个才能卓著的群体，古代许多大政治家、文学家、学者都是进士出身，如唐代的王勃、王昌龄、王维、岑参、韩愈、刘禹锡、白居易、柳宗元、杜牧等，宋代的范仲淹、欧阳修、司马光、王安石、苏轼兄弟等，明代的张居正、徐光启等。

举 人

"举人"一词最早得名于汉代的察举制度，被举荐者称为举人。唐代时，报考进士科的考生均称举人。宋代，举人方才成为乡试考中者的称呼。但宋代的举人只是具有了参加京城会试的机会，并无做官的机会。并且，举人的资格仅是一次性的，如果在接下来的会试中没有被录取，则参加下次科举时，还要重新参加乡试，再次取得举人资格方可参加会试。而到了明清时期，举人的含金量才高起来，进退都比较

从容。进，可参加京城会试，乃至殿试，向进士出身冲刺，且举人资格终身有效，这次不中，下次科举可直接参加会试；退，举人则已经具备了做官的资格，一旦朝廷有相应官职出缺，举人便可顶上。一般举人所任官职都是知县、候补知县，或者教谕、训导等县级教育长官，也有个别任知府的。

因此，明清时期的读书人一旦中举，便是基本上实现了读书做官的愿望。总体上，举人构成了明、清两代低级官员的主流来源。

秀 才

"秀才"一词最早出现于春秋时期，原本并非属于科举功名的范畴，也不特指读书人，而是相当于现在的"俊才""英才"。汉武帝时期，朝廷推行官员选拔制度改革，"秀才"与"孝廉"一起成为地方官员举荐的两种优秀人才。东汉光武帝时期，为避光武帝刘秀名讳，"秀才"改称为"茂才"，三国曹魏时期，又改回"秀才"。至隋朝科举制度开科取士，最初也称为"取秀才"，这时的"秀才"成了考中功名者的指称。唐初，科举考试中设立秀才科，刚开始时秀才科第最高，因要求非常高，很少有人敢于问津。后来秀才科被废除，"秀才"一度成为读书人的统称。宋代时，凡是参加科举府试的人，无论考中与否，都称为"秀才"。

明清之际，秀才的意思逐渐固定下来。这时的秀才有一

定门槛，参加科举考试的读书人，经过院试，取得入学资格的"生员"才可称为秀才。考中秀才之后，可以说是十年寒窗初步获得成果。进，可以去考取举人，一旦考中，便正式进入为官的士大夫阶层；退，则可以开设私塾。秀才虽然没有国家俸禄，但可以获得一定的特权，比如免除赋税、徭役，可以直接找县官提建议等。于是秀才这个最低功名成了明清两代出身贫困的读书人科举考试的"歇脚所"。他们往往一边通过教书获得经济来源，一边继续考取功名。但因为竞争激烈，许多人一辈子也就待在这个"歇脚所"了。

荫 生

明清时期凭借上代余荫取得监生资格的被称为荫生。按入监缘由的不同，荫生又可具体分为多种名目：明代按其先代的品秩入监者称为官生，不按先代官品而因皇帝特恩入监者称为恩生；清代因皇家有喜事开恩得以入监者称为恩荫，由于先代因公殉职而入监者称为难荫。清代的一些荫生的科举试卷经常单独改卷，称之为官卷。总体而言，荫生与汉代的"任子"制度类似，乃是皇家对于官员子弟的一种仕途直通车政策，这种政策基本上历代都有。

监 生

　　监生是明清时期人们对于在国家最高级学府国子监读书者的称呼。明代的监生分为 4 类，会试不第的举人，可入国子监深造，称为"举监"；以贡士身份入监者称为"贡监"；有功官员子弟被朝廷特批入监者称为"荫监"；捐钱进来的叫作"例监"。清代监生主要有恩监、荫监、优监、例监 4 种，其中不同于明代的"恩监"是因皇家有喜事特开恩招来的，优监则与贡监类似。另外，清代监生中还有一些其他的来源，比如七品以上官员子弟中聪慧好学者、因公殉职官员子弟、圣贤后裔等均可入监读书。监生不同于一般的生员，可以和大家一起参加科举考试，同时，即使科举不第仍然是有官做的，可以说前途是有保障的。因此，古代学子能成为监生，是相当轰动的大事，与中举差不多。乾隆之前的监生都还比较正规，入监门槛的执行和对监生学业的督促都比较严格。但乾隆之后，国子监逐渐沦为卖官机构，监生基本上成了花钱买官者的代名词，这些监生只是在国子监挂名，并不真去读书。因此，监生出身的官员是被人瞧不起的。

贡 生

科举时代，朝廷会在各府、州、县的生员（秀才）中挑选成绩优异者，使之入京城的国子监读书，称为贡生。"贡生"之意，即是向皇帝贡献的人才。贡生制度开始于元代，明清时期逐渐完善，贡生来源也逐渐扩大。明代贡生有4种，即"岁贡"（由府、州、县学每年或每两年选送1至2名）、"选贡"（由府、州、县学每3年或5年选拔1名）、"恩贡"（因朝廷有喜事而开恩被选入）、"纳贡"（即花钱买来的贡生资格）。清代贡生有6种："岁贡""恩贡"和明代一样，"优贡""例贡"分别相当于明代的选贡、纳贡；另外还有"拔贡"和"副贡"，"拔贡"从各省科试的一、二等生员中选拔，"副贡"是从乡试落榜生中的优秀者中选拔，相当于一个举人榜的副榜，故曰"副贡"。清代贡生也称"明经"。贡生相比于一般秀才的好处在于其既可以像普通秀才一样参加科举考试，考取举人、进士，同时即使是科举不中，最后总有官做，但一般不大，为知县、县丞、教谕等官职。比如清代小说家蒲松龄屡试不中，最后凭贡生身份得了个"儒学训导"的官职，其实是个虚衔，负责督导县学的校风。总的来说，贡生制度扩大了由进士、举人进升仕途的范围，是对于科举制度的一种不错的补充。

科举四宴

科举四宴指的是古代科举考试结束后，朝廷为中榜者进行庆祝的 4 个例行宴会，其中文、武科举各有 2 个。

鹿鸣宴。此是为文科举乡试后的新科举人们举行的宴会。此宴起于唐代，后世一直沿用。该宴由地方官吏主持，除邀请新科举子外，考场工作人员都会被邀请。之所以取名为"鹿鸣宴"，是因据说宴会上要吟唱《诗经·小雅》中的"鹿鸣"之诗。

琼林宴。此是为文科举殿试后的新科进士们举行的宴会。此宴始于宋代，当初宋太祖赵匡胤首开殿试制度，并规定殿试后为新科进士们设宴庆贺。因为宴会在当时都城开封城西

鹿鸣宴

的皇家花园琼林苑里举行,故名。琼林宴后来改名"闻喜宴",元、明、清时,称为"恩荣宴"。

鹰扬宴。此是为武科举乡试中榜的武举人举行的宴会。一般在发榜第二天举行,参加者为主考官和新科武举人。鹰扬,意为威武如鹰击长空,与文举子的"鹿鸣"相照应。

会武宴。此是武科举殿试发榜后为新科武进士们举行的庆祝宴,该宴自唐代产生武举之后便有,一般在兵部举行,规模浩大,比鹰扬宴的排场大得多。

礼仪

分封制

分封制是我国古代国君或皇帝分封诸侯的制度。商周时期，普遍推行这种制度。商代分封的诸侯有侯、伯等称号。西周灭商和东征胜利后，为了控制幅员辽阔的疆土和统治商代的后裔，在"迁殷顽民"的同时，把周天子的兄弟叔侄及某些有战功的异姓贵族分封到各地为诸侯，以世袭的形式统治一个地区。古代宗法制是分封制的基础，在家庭范围内是宗法制，在国家范围内是分封制。这种"封邦建国"的做法，是为了达到"以藩屏周"的目的。各地诸侯要服从周天子的命令，要承担镇守疆土、捍卫王室、缴纳贡物、朝觐述职等义务。分封制有利于稳定当时的政治秩序，但后来诸侯国之间出现了强国兼并弱国的情形，使周天子的权威逐渐削弱。通过分封制，周的文化因此覆盖了整个黄河中下游地区。春秋战国以后，历代均存在不同程度的分封。

五 礼

五礼是形成于周代的五大类礼仪，分别是：吉礼、凶礼、军礼、宾礼、嘉礼，其最早记载于《周礼》。五礼并非由周

人所创立，其中的诸多礼仪是在夏、商、周1000多年的时间里逐渐形成的，到西周时期，周人对三代的礼制做了总结并将其归纳为此五类。

其中，吉礼是五礼之冠，主要是对天神、地祇、人鬼的祭祀典礼；凶礼是哀悯吊唁忧患之礼，用以礼哀死亡、灾祸、寇乱等；军礼是与军事有关的礼仪，用以战前动员，鼓舞士气；宾礼是对于来访的宾客所实施的礼仪，以示尊重；嘉礼比较琐碎，用于国家或人民日常生活中对于比较高兴的事情的庆祝。五礼在西周形成之后，在春秋战国时期曾一度遭到破坏，即所谓"礼崩乐坏"。

孔子所创立的儒家学派对周代礼制进行了继承和发扬，汉代时，儒士叔孙通以五礼为参考所设计的礼仪，被汉高祖采纳为宫廷礼仪。自此，五礼成为后世历代帝王乃至民间礼仪的基本骨架，为后世国家政治的稳定和社会运转的有序提供了保障。

五礼在后世历代都有所发展，其所涉及的范围不断扩大，内容日渐增多。以宋为例，各类吉礼43种、嘉礼27种、宾礼24种、军礼6种、凶礼12种，加起来有112种。这些礼仪有形或无形地存在于国家政治和人们日常生活的各个方面，并深入人心，每个人都自觉不自觉地以其为行为规范，中国被称为礼仪之邦正源于此。

斋　戒

　　中国古人的斋戒在佛教传入中国之前就已经存在，是参加祭祀前所做的一些清洁身心的准备。所谓斋，指的是主动意义上的沐浴更衣、凝聚神思；戒，则是防范意义上的杜绝欲望和欢娱，如禁止饮酒食辛、性行为以及各种娱乐活动等。

　　中国早期有"三日斋，七日戒"的规定，其目的在于表示对于所祭祀的鬼神的虔诚，同时也是使人通过几天在身心方面的准备，最终能够心无杂虑，澄明清澈，以与鬼神进行精神交流。需要指出的是，早期的斋戒中并不禁食鱼肉膻腥，而只是禁食葱、蒜、韭菜等辛辣食物。事实上，人们在斋戒时往往还专门吃鱼肉膻腥。因为古代祭祀程式复杂，时间很长，有时一连几天，对人的体力要求很高，因此古人专门食肉以补充体力。只是在南北朝后受佛教影响，斋戒才逐渐与素食联系起来。后来，"斋戒"一词又被用以表示出家人必须遵守的清规戒律。即八关斋戒：一不杀生，二不偷盗，三不淫邪，四不妄语，五不饮酒，六不坐高广大床，七不涂饰香及歌舞观听，八过午不食。

丧礼

　　丧礼是安葬并悼念死者的礼仪，属于"五礼"之中的凶礼。在古代诸多礼仪之中，丧礼产生得最早。周朝时，丧礼已经形成了一系列繁复而严格的规定，孔子将丧礼说成是孝的一部分，主张对父母"生，事之以礼；死，葬之以礼"。因此古人十分重视丧礼，由专门以此为职业的人主持。其具体过程大体上可分为报丧、入殓、出殡、守丧几个步骤。亲人去世后，亲属先要将亲人去世的消息告诸亲戚、朋友、同事等，叫作"报丧"。这些被报丧的人则会陆续前来吊唁。然后是对死者举行"殓"的仪式。其中，给死者穿上专门的衣裘称为"小殓"；尸体入棺，称为"大殓"。"殓"之后，棺材放在家中等待下葬，叫作"殡"。"殡"者，意为将暂时未曾离家的死者当作宾客。殡的日期不固定，几天到几十天不等，待选定吉日和墓地便可下葬。下葬事宜称为出殡送葬，亲人、朋友、故旧等往往要一路随棺木到墓地，为死者送行。送葬时，根据与死者关系的亲疏，送葬者的孝服也可分为5种，称为"五服"。安葬之后，亲属根据孝服的不同有不同的守孝期。最短的3个月，最长的3年是死者儿子的守孝期。其间，守孝者在饮食、衣着、起居等方面受到一系列约束。其实，这只是丧礼的大致程序，具体过程中还有很多琐碎的规定，比如对于哭就有诸多规定。

在历史发展的过程中，丧礼产生了不少演变，比如佛、道兴起后，水陆道场一度成为丧礼的一部分；不同地区的丧礼逐渐形成了一定的地方色彩。总体上，中国的丧礼比较讲排场、爱热闹、好攀比。另外，死者只要寿终正寝，而非夭亡，在古人看来这是值得高兴的事情。因此，相对于婚姻庆典的"红喜事"，丧事又叫作"白喜事"。现代，中国在大部分古代礼仪已经丧失的情况下，丧礼应该是保存最完备的一种礼仪了。

葬 仪

葬仪指安葬死者的方式。因中国是多民族国家，不同民族的安葬方式往往各具特色，因此中国存在土葬、火葬、水葬、鸟葬等诸多葬仪。就汉民族来说，早期人们一般实行土葬。这与汉民族作为农耕民族，重视土地有关。在古人眼里，人是由土地所养育的，因此死后回归土地相当于回家。《礼记·祭义》中说："众生必死，死必归土。"与汉族不同，早期的一些少数民族则实行火葬。如《墨子·节葬》中记载，在秦国西边的一个西羌人建立的义渠国中，"其亲戚死，聚柴薪而焚之"，称之为"登遐"（升天）。佛教传入中国后，由于佛教高僧死后，一般都实行火葬，因此火葬一度在汉族佛教徒中流行，以至于宋太祖曾明令禁止。南宋时，由于偏于一隅，人多地狭，火葬一度盛行。其后的明清时期依然如

此。水葬一般是聚居于河流湖畔或海边的民族流行的习俗，他们一般将死者放于木筏上，任其漂流，这是因为他们以水族为食物，往往视水为自己的归宿。此外，还有鸟葬、悬棺葬、树葬、玉敛葬等。

避 讳

避讳是中国古代特有的现象，指的是在口头或书面提到某个人的名字中含有的字时，避开此字。关于避讳的原则，《公羊传·闵公元年》中有："春秋为尊者讳，为亲者讳，为贤者讳。"这是古代避讳的一条总原则。其中的尊者，主要是指古代皇帝，有时也指贵族和官员；亲者指自己的长辈；贤者则指孔孟等圣贤。而避讳的方法，主要可分为3种：其一，改字法，即将所避讳的字改作另一字，比如东汉时，秀才因避光武帝刘秀的名讳而改称茂才。又如苏洵的祖父名序，苏洵将文章中的序改称为引，至今沿用。其二，空字法，即遇到避讳的字时，空着不写，读者也往往心领神会。其三，缺笔法，即在写到这个字时，故意少写一笔。除此之外，古代还有其他的一些避讳法。例如，当年吕后当权时，因其名雉，人们遇到雉时都改称野鸡；清乾隆时，为避顺治帝福临名，天下百姓不得贴"五福临门"；陆游的《老学庵笔记》记载，宋代田登做州官时，自避名讳，州中都将"灯"字称为"火"字。元宵节时，官府发布告曰："本州依例放火三

日。"以至于百姓有"只许州官放火，不许百姓点灯"的讽刺。到后来，甚至连皇帝的属相也要避讳。比如因宋徽宗属狗，当时曾一度禁止民间杀狗。至于古人的圣讳，各朝略有不同，一般有孔子、孟子、老子、黄帝、周公等。圣讳相对不那么严格，一般是读书人自觉避讳以示尊重。

宾 礼

宾，客也；宾礼即是一种针对客人的礼仪，这个客人可以是个人，也可以代表一个国家。宾礼在各个时期的种类和形式都有所变化。上古时期的宾礼主要包括朝、聘、会、遇、锡命等一系列的礼仪制度。朝，即是诸侯按固定日期朝见天子时的一系列礼仪；聘，是指诸侯国之间互遣使者访问的礼仪；会，指诸侯对天子不定期的朝见，或是诸侯之间无定制的会面；遇，指诸侯或官吏间偶然的邂逅，通常礼节比较简单；锡命，指的是天子或诸侯对下属封赐爵位、服饰、土地等时的礼仪。《通典》记载了唐代的宾礼："三曰宾礼，其仪有六：一、番国主来朝；二、戒番国主见；三、番主奉见；四、受番使表及币；五、宴番国主；六、宴番国使。"番，指的是唐周边的少数民族政权以及朝鲜半岛地区的新罗、日本等国。《清史稿》记载了清代的宾礼："宾礼：藩国通礼，山海诸国朝贡礼，敕封藩服礼，外国公使觐见礼，内外王公相见礼，京官相见礼，直省官相见礼，士庶相见礼。"

相见礼

　　相见礼是古人日常相见时的礼仪，属于"五礼"中的宾礼。春秋之前，因"礼不下庶人"，因此相见礼只是贵族之间通行的礼仪。《礼仪·士相见礼》记载了当时秦国士大夫相见的礼仪，其规定士用野鸡，下大夫用雁，上大夫用羔。

孔子见老子

这里说的是对于上门拜访时的见面礼的规定。另外，其对贵族之间说话时的眼神也有所规定。如士与大夫面谈时眼睛要先看着其面部，然后看其肩膀，最后再看其面部。春秋之后的历代都对相见礼有相应的明文规定，其适用范围也不再局限于贵族，而是扩展到全社会。就内容而言，其中一个重要方面是规定官员之间的见面礼仪，总体上是以官大者为尊，而大的程度不同则须施以不同的礼仪；另一方面，对于庶人之间的礼仪有相应规定，基本原则是以年长者为尊；此外，则是比较具体地规定了诸如主宾、师生等之间的礼仪，也是相当具体，以清朝的《士庶相见礼》对主客之间的礼仪规定为例，其对于主人如何迎接、安排座次、饮茶、送客等，都做出了一系列详细规定。

冠 礼

冠礼是中国古代在男子 20 岁时对其施行的成年礼，属于嘉礼的一种。古人认为一个男子在 20 岁时，正式摆脱童稚，进入成年人行列。对其进行冠礼，是提醒他以后便要担负起一个成年人的责任，言谈举止也要遵循社会的种种规范。同时，周围的人也开始把他当作一个成年人来看待，对其表示尊重。先秦的冠礼仪式要烦琐一些，后来有所简化。其大致流程是：在加冠礼之前，通过巫卜的方式选定加冠的日期，并联系好加冠的大宾和协助加冠的"赞冠"。行礼那天，主

人（一般是受冠者之父）、大宾及受冠者都穿礼服。授予其冠后，大宾要读一些祝词，诸如"从今天起，你就告别你的童稚，步入成年了，以后你要担负起责任，保持良好的道德情操，为社会多做贡献，祝你前途无量"之类。另外，还有一个重要项目便是要给受礼者取字，之后，除父母与老师可以称呼其名外，其他人都要称呼其字。加冠仪式后，受冠者还要到处拜访亲友、当地长官和有名望者。别人也对其表示祝贺和勉励。

追溯起源，成年礼仪式源自原始社会，至先秦时形成这种冠礼的形式，并成为六礼（冠、婚、丧、祭、飨、相见）之首。需要指出的是，冠礼有时也会在20岁之前举行。因行冠礼后才可以成亲，古代有些贵族子弟成婚较早，因此冠礼也经常提前举行，大体上在15岁到20岁。

婚 礼

婚礼是古人关于结婚的礼仪，属于嘉礼的一种。婚姻自古乃人生大事，因此婚礼在古代便是相当重要的礼仪，一点儿都马虎不得。周代时，中国便已经形成了一整套完备的婚礼仪式，在《仪礼》中有详细规制。简而言之，可称为"三书六礼"。

三书，指聘书、礼书和迎亲书。

六礼，则指从提亲到完婚的六个大体步骤。具体为：一

是纳彩。此是男方家长托人向女方家长提出联姻的意愿，即"说媒"。纳彩不是空口说白话，而是要送礼的。先秦时，以雁为纳彩礼。后世则经常用羊、鹿、阿胶、蒲苇等。二是问名。如果纳彩时，女方收下礼物，就表示应允了。问名便是详细问女子的姓名、年龄、生辰及其家族情况。三是纳吉。此是男方家长请人测算男女双方生辰八字是否相合。因古人相信天命，因此这对婚姻的成败也起相当大的作用。四是纳征。就是下聘礼，这就不是一只雁或者一只羊能打发了的，而是要真金白银的，并且历代都不断在增加。五是请期。此为定下迎亲日期，一般是男方象征性地征求一下女方意见，其实是自己决定后告诉女方，因此也叫告期。六是亲迎。这是男子娶媳妇的梦最后实现的步骤了。该步骤主要就是迎亲和拜堂，但其具体步骤则相当烦琐。在迎亲前一天，女家要为女儿"开脸""上头"，这两个步骤主要是使女子在发型上开始区别于未婚少女。拜堂第二天，新娘要拜见公婆等，此时婚礼才算基本结束。而严格算的话，婚后第三天，新妇归宁结束，婚礼才完全结束。

古代军队与刑罚

兵 制

兵制指古代的军事制度，包括武装力量体制、军事领导体制和兵役制度等方面的内容。据《周礼·夏官》记载，早期以军为基本编制单位，一军有 1.25 万人。周王室有六军，诸侯则大国三军，次国二军，小国一军；在领导体制上，一般由卿大夫等贵族担任各级军官；而在兵役制度上，当时实行的是全民皆兵制。自秦汉时期起，中国的兵制开始形成了新的模式。在武装力量上，常规军体制各代不一，一般都分为中央军和地方军，且各代都采取强化中央军、弱化地方军的强干弱枝策略，以防止地方割据。在领导体制上，不再以贵族统兵，而是以各级武将统兵。除个别镇守边关的武将之外，朝廷武将往往实行战时领兵、战完罢权的制度。在兵役制度上，因中国地广人多，因此自秦汉起便废除了全民皆兵的制度，而是实行征兵制、募兵制或世兵制等。如汉代实行每个成年男子都服三年兵役的"寓兵于农"的征兵制；隋唐时期则采用"寓农于兵"的府兵制；宋代是募兵制；元明是世兵制；清先是世兵制，后又改为招募。

三 军

　　三军的说法最早可追溯到周代。周代以"军"作为最大的军队建制，《周礼·夏官司马》记载："凡制军，万有二千五百人为军。王六军，大国三军，次国二军，小国一军。"因此，三军合 3.75 万人。不过，这只是制度所规定的天子及各诸侯国的常备武装人数。事实上，到春秋时期，各国的军队数量已经远远不止规定的数目，更遑论动辄出动几十万军队的战国时期了。不过虽然一军的人数已经大大超过规定，但各国军队依旧习惯上将部队编为 3 个军，只是各国名称有所不同。如楚国分别设中军、左军、右军；晋国设中军、上军、下军；魏国称前军、中军、后军。三军各设将、佐等军衔。其中，中军将是三军统帅。后来三军不再是军队建制，凡出征打仗，军队往往分作前军、中军、后军，分别担任先锋、主力、掩护警戒的职能。另外，三军也常指古代步、车、骑 3 个兵种。现在，三军则成了对于海、陆、空 3 个兵种的泛称。

战 阵

　　所谓战阵，是在军队投入战斗时根据地形、敌我力量对比等情况所组成的战斗队形。在古代冷兵器时代，军队组成训练有素、纪律严明的战阵之后，可以极大地增强军

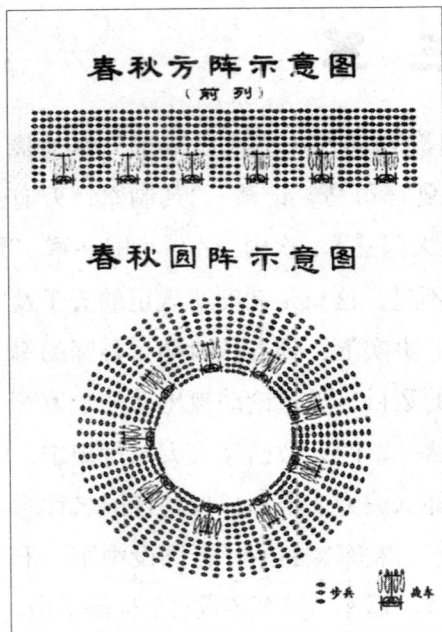

春秋战阵

队的战斗力。《六韬·犬韬·均兵篇》指出，在平坦地形上作战，如果单个战斗，则一名骑兵抵挡不了一名步兵，但若列队成阵，则骑兵可与8倍于己的步卒作战，因此古代军队作战往往要组成各种战阵。就战阵的起源来说，最早的战阵乃是模仿原始社会的围猎模式而成的。到商周时期，

尤其是春秋战国时期，由于常年大规模的战争，形成了一些以车兵和步兵相配合的战阵，常见的有以中军为主力，两翼相配合的三阵，以及在三阵基础上形成的五阵，军事家孙膑则发明了著名的以步兵为主体的八阵。汉代对匈奴作战之后，骑兵的作用日渐重要，战争更强调各兵种间的协调。诸葛亮根据战争军器的发展创造了使步、弩、骑、车等兵种有机协调的新八阵，即著名的八阵图。唐代重视骑兵的作用，打仗讲究灵活的奇袭战术，战阵不多，著名的有名将李靖的六花阵及用于撤退的撤退阵。宋代因缺少

马匹，打仗靠步兵，创造了常阵、平戎万全阵、本朝八阵等诸多战阵，但效果一般，败多胜少。明清之际，火器的使用使得军队不适合再组成密集的战阵，军队战斗编制向小而疏散的方向发展，战阵逐渐淡化。

将　军

　　将军的称呼产生于春秋时期。军是古代最大的军队建制，共有 1.25 万人；将，则是统领之意。卿大夫一般担任一个军的首领，因此卿大夫往往被称为将军，但并非一种正式官职。战国时期，将军逐渐成为正式官名，并根据三军的设置分别出现了上将军、中将军、下将军、前将军、后将军、左将军、右将军等官名。秦代因之，设上将军为出征打仗时的军事统领，其次置前将军、后将军、左将军、右将军。汉置大将军、骠骑将军，位次丞相；车骑将军、卫将军、前将军、后将军、左将军、右将军，位次上卿。晋朝设骠骑、车骑、卫将军，又有伏波、抚军、都护、镇军、中军、四征等大将军。南北朝时，武人逐鹿，将军名号更多。唐代时，各种制度开始规范，设有上将军、大将军、将军等名号，作为一些禁卫军军官和武散官（有官无职的官员）的称号。宋、元、明时期，将军多为武散官，另外将军还是对廷尉武士的尊称。清人尚武，将军常被作为宗室爵号，另外也是对地方军事长官的泛称。

军队编制

军队的编制就是军队组编士兵的方式。在古代，因士兵往往都不是职业军人，因此其编制在平时与战时往往有所不同。因五进位以及十进位制是人类普遍采用的计数方法，因此先秦军队基层编制就是一五一十点数的"什伍"之制。五人为伍，五伍为两，四两为卒，五卒为旅，五旅为师，五师为军，一军有 1.25 万人。又往往按照具体职责分为三军。秦汉时期，军队乃是民兵制，兵士平时按照居住地点就近编伍，由各郡的郡尉、各县的县尉负责训练，并负责地方治安；参加战争时，再进行统一编制。一般是按照地域编制后，分配到各将军的战斗集群中去。隋唐时期，平时编制实行府兵制，各地每个折冲府管辖兵员 800 至 1200 人，以折冲都尉为长官；战斗时则同样再进行临时编制。宋代军队是招募而成的职业军队，战时平时编制差别不大。以十人为火，五火为队，十队为营（总 500 人），若干个营组编为将，将是独立的战斗单位。明代军队接近于职业兵，其编制为卫所形式。每卫编制 5600 人，设置指挥；卫下辖 5 个千户所，每所 1112 人，设千户；千户下辖 10 个百户所，每所 112 人，设百户；百户下辖 2 个总旗；总旗下辖 5 个小旗。清代八旗军则以旗为最大单位，绿营兵则以营为基本单位。

征兵制

　　征兵制是强制符合条件的男子入伍的兵役制度，与以自愿应征性质的募兵制相对应。在我国唐代之前，基本上实行的都是征兵制，将入伍作为一项义务分派到各家各户。春秋战国时期，战事频繁，各国的兵役都十分繁重，正是强制性的征兵制才得以保证士兵的来源。秦代男子满 17 岁便要开始为国家服兵役，至少 3 年。汉代基本继承了秦制，只是将年龄推迟到 23 岁。其后的魏晋南北朝，乱世之中，强制性征兵也是主要的招兵手段。北魏的花木兰替父从军，便是在征兵制的背景下发生的。征兵制的特点一是军费开支小；二是兵士服完役便离开，不会成为将领私人势力，造成武人自雄。其缺点则是军队战斗力不如招募的职业兵。隋唐及以后各代，实行的是府兵制、世兵制或募兵制等，征兵制逐渐废弃。

府兵制

　　府兵制是隋唐时期的一种兵制。府兵制起源于北魏时期，历北周、隋至唐代趋于完善，是唐代前期的主要兵制。其具体形式是在全国各地按照战略位置和防御需要建立军府，充当府兵者可携带家属聚居于军府内，政府分给一定土地。府兵农忙时务农，农闲时接受专门的军事训练机构折冲府的训

练，战时则随将出征。府兵家可免除各项赋税徭役，但其军服、武器、马匹等军用物资以及到京师宿卫时路上用度则需自己置办。这种制度在朝廷来说，省了军费开支；在府兵来说，也自觉划算，加上唐代尚武，年轻人都乐于充当府兵。因此充当府兵者多是家庭殷实子弟乃至官僚子弟，贫贱子弟还当不上。府兵有两个职责，平时须轮番到京师宿卫；战时府兵随将出征，战毕兵归于府，将归于朝，避免了武将拥兵自重。到唐玄宗时期，因为战事频繁、防御线延长，原来防戍的休假制度取消，加上后来到京师宿卫的府兵往往被贵族官僚借为私家役使，导致社会上以充当府兵为耻辱，故府兵大量逃亡，府兵制名存实亡。朝廷不得已允许将领私自募兵，这便导致了"安史之乱"的爆发和之后的武人割据局面。

都护府

都护府是汉、唐两代在边疆地区所设的特殊官署。"都"意为全部，"护"意为带兵监护，"都护"即"总监护"之意。西汉宣帝时，在乌垒（今新疆轮台县东北）设西域都护府，统一管理大宛及其以东诸国，兼督察乌孙、康居等国之事。魏晋时，设有西域长史府，类似于西域都护府。唐代的都护府影响最大。由于强盛的唐王朝先后打败突厥、薛延陀等部，周边少数民族纷纷表示归顺。唐朝在这些少数民族地区设立州县，任其自治，只在一个大区域内设都护府，作为

最高军政机关。都护府长官都护为一地最高军政长官，其职责在于"抚慰诸藩，辑宁外寇"，凡对周边民族之"抚慰、征讨、叙功、罚过事宜"，皆其所统。自唐太宗至武后，在北、西、南面少数民族地带设安东、东夷、安北、单于、安西、北庭、昆陵、蒙池、安南九个都护府。到唐玄宗时，只剩下安东、安北、单于、安西、北庭、安南都护府，这就是著名的唐代六都护府。唐中后期，唐王朝不复昔日强盛，周边民族不服，各都护府逐渐废弃。

节度使

节度使是唐代中后期出现的地方军政长官。唐代时，驻守各道的武将称为都督，其中带使持节者称为节度使。唐睿宗景云二年（711年），贺拔延嗣被任命为凉州都督充河西节度使，之后节度使成为正式的官职。唐玄宗开元年间，又设立了陇右、平卢、碛西、河西、朔方、河东、范阳、岭南、剑南9个节度使。因唐朝强盛，对少数民族失去警惕，此时的节度使多由少数民族将领担任，且往往封郡王。节度使刚开始只有军权，并无权干涉地方行政。后逐渐总揽一区的军、民、财、政，辖区内地方行政长官各州刺史均受其节制，有的干脆兼任所驻州之刺史。755年，平卢、范阳、河东三镇节度使安禄山伙同史思明发动"安史之乱"。"安史之乱"平定后，全国节度使遍布，多为"安史之乱"中叛乱或平叛

的武人。其不受中央节制，军政人事，皆得自专，父死子继，形成藩镇割据的局面。五代时期，各地节度使摇身变为乱世军阀，中央政权的拥立与废弃都取决于节度使，后梁、后唐、后晋、后汉、后周的建立者均为节度使。宋代赵匡胤以文治国，节度使逐渐成为虚衔。元代废弃。

枢密院

枢密院是唐、五代、宋、辽、元时代的官署名称。唐永泰年间，以宦官任枢密使，帮皇帝处理机要。五代后梁改枢密使为崇政使，由士人充任，并设崇政院。后唐又改崇政院为枢密院，崇政使为枢密使，与宰相分执朝政，宰相掌文，枢密使掌武。宋代沿设枢密院并进一步完善，与中书省合称"两府"，并为宋代最高政务机关。庆历年间因对西夏用兵，宰相一度兼任枢密使。南宋宁宗后，宰相始例兼枢密使。辽曾分别设南、北枢密院，北院掌管军事，南院掌管官吏升降，分别相当于兵部和吏部。元代，枢密院为军政枢纽，并掌管禁卫军以及边防事务。战时，则在作战区域设行枢密院作为枢密院派出机构总领军政。明代，枢密院废置，其职权由大都督府代替。

总体而言，枢密院与尚书、中书、门下三省的演变过程类似，先是作为内廷性质，后成为正式的政府中枢机关，与

宰相分权，是皇权侵蚀相权的产物。

八旗制度

八旗制度是清代一种全民皆兵的制度，由清太祖努尔哈赤在女真人牛录制的基础上建立。八旗分别是正黄、正白、正红、正蓝、镶黄、镶白、镶红、镶蓝。努尔哈赤将所有满人都编入八旗之内，每300人为一牛录；5牛录为一甲喇；5甲喇为一旗。八旗既是社会生产组织，又是军事组织，旗内男子平时牧猎，战时从伍。

满洲入关后，八旗兵成为职业兵。后清太宗又在满洲八旗的基础上建立蒙古八旗和汉军八旗。清中期后，汉军八旗逐渐式微，因此人们所说的八旗通常只指满洲八旗。八旗之中，由皇帝控制的镶黄、正黄、正白三旗，称为上三旗，负责驻守京师；由诸王、贝勒统辖的正红、镶红、正蓝、镶蓝、镶白五旗，称为下五旗，负责驻守全国重镇。

八旗制度是清朝统一中国的经济与军事基础，并对清初的平定三藩、戍守西藏、抗击沙俄等起到了关键作用。清中后期，八旗军失去了战斗力，清朝的军事主力逐渐由汉人组成的绿营兵担任，八旗制度已失去原本作用，但一直存在至清亡。

绿营兵

　　绿营兵是清政府招募汉人组成的军队,因其旗帜为绿色,并以营为主要的基层编制,故名。绿营兵受兵部管辖,主要兵种是步兵,此外还有少量骑兵和水师。其少部分配合八旗兵守卫京师,大部分驻守在全国各省。绿营兵建立之初,是因清八旗兵武装力量不足,以其作为八旗兵的辅助,帮忙驻

平定准噶尔图卷(局部) 清

守京师尤其是各地方，并受到八旗兵的严密监视和控制。清中叶以后，由于八旗军的战斗力下降，绿营兵逐渐成为军队主力，其人数也不断增加，最多时达60万人。至清晚期，由于吏治的腐败，军事力量进一步下降，绿营兵的战斗力也大大下降。以至于清政府靠汉族地主武装湘军、淮军才得以镇压了太平天国运动。

大理寺

　　大理寺是我国古代的司法审判机构。秦代时，掌管狱讼的人称为廷尉，汉代一度改廷尉为大理，后改回。北齐时，确定以大理寺为官署名，作为中央审判机关，以大理寺卿为长官，正三品（隋之后各代均为从三品），少卿为其副职。后除元代外，历代因之。

　　大理寺虽名义上为历代的中央审判机关，但在各代的具体职权时有变化。唐代，大理寺主要负责审理中央百官及京城徒刑以上的案件，与刑部共同行使审判权；宋代，大理寺与刑部、御史台共同行使审判权；明代的大理寺与刑部、都察院合称"三法司"，共同行使审判权，其中，大理寺侧重于对冤案、错案的驳正、平反；清代承袭明代三法司体制，但此时三机关的职权划分与明代大不相同。其中刑部权力比较大，而大理寺的地位则远不如前代，其职责只是复核刑部拟判死刑的案件。清光绪三十二年（1906年），仿西方司

法独立，大理寺改为大理院，其职权为解释法律，监督各级审判，并作为最高级的审判机关。

刑 部

　　刑部是中国古代最高的司法机关。刑部最早设立于隋朝，为"三省六部制"中的六部之一，其长官为刑部尚书，品秩正三品；其副职为侍郎，正四品下。隋唐时期，刑部与大理寺一同行使最高审判权力。宋代，刑部、大理寺、御史台共同行使审判权。元代，刑部与大宗正府、宣政院共同行使审判权，刑部还兼有司法行政方面的职责。明、清两代，刑部与大理寺、都察院合称"三法司"，共同行使审判权。其中刑部的职责是审核修订各种法律，复核各地送部的刑名案件，会同九卿审理"监候"的死刑案件，并负责直接审理京畿地区的待罪以上案件。在组织机构上，刑部除在中央设有官署外，在各省都设有派驻机构，负责各省的刑名案件以及司法政务。清代的刑部各司还设有减等处（负责各案的赦减等事）、秋审处（掌核秋审、朝审各案）、督捕司（督捕旗人逃亡事件）、提牢厅（掌管狱卒，稽查监狱罪犯，发放因犯日常用品等）等基层机构，职责相当宽泛。光绪三十二年（1906 年），清政府宣布"仿行宪政"，刑部被改为法部。

成文法

　　所谓成文法，指的是以国家名义制定成文字并公之于众的法律。与成文法对应的是以习惯、惯例等作为法律准绳的不成文法，比如我国夏、商、西周时期的法律便属于不成文法。需要指出的是，成文法的内涵不仅在其书面性，更在于其公开性。因此虽然春秋时期的楚文王时期、晋国、宋国都设有文字形式的法律，但因其并未公之于众，后世法学界一般认为略迟些的郑国政治家子产铸在鼎上并公布于全社会的郑国法律条文，才是我国最早的成文法，史称《铸刑书》。战国时期，魏国改革家李悝总结春秋法律编撰成我国第一本法典《法经》，可算作是我国第一部完备的成文法。之后，自秦开始，历代统治者都必然要在开国之初建立自己的成文法。如《秦律》《汉律》《唐律疏议》《宋刑统》《大明律》《大清律》等。总体而言，相比于不成文法，成文法是一种法制上的进步。其明确具体、稳定（严格的修改废止程序）、较好的预防作用更有利于社会的有序发展。但往往因时间的推移而导致法令条文过时，须经常修改，也是相当麻烦，并且有时会产生文字上的歧义。

三法司会审

　　三法司会审，简称三司会审，是我国古代三法司（三个司法机关）共同审理重大案件的制度。《商君书·定分》："天子置三法官，殿中置一法官，御史置一法官及吏，丞相置一法官。"后世的"三法司"之称即源于此。汉代时，以廷尉、御史中丞和司隶校尉为三法司；唐代以刑部、大理寺和御史台为三法司；明、清两代以刑部和大理寺及都察院为三法司。遇有重大疑难案件，由三法司共同审理。比如清代时，凡涉及死罪的重大案件，在京城的由三法司会审，在外省的则须经三法司复核。会审时，先由俗称"小三法司"的都察院御史、大理寺官到刑部与司员一起会审录问，俗称"会小法"。之后，小三法司各自回去向其堂官汇报情况。大理寺堂官（卿或少卿）、都察院堂官（左都御史或左副都御史）再到刑部，与刑部堂官（尚书或侍郎）一起会审犯人，此为"会大法"。如果三法司意见一致，则将结果汇报皇帝；如果意见不一致，则将各自意见汇报皇帝，由皇帝裁夺。各省上报来的案件，三法司复核时，如意见统一，则结案；意见不统一时，同样上奏由皇帝定夺。总体而言，三法司会审制度是古人为避免司法案件中的专权舞弊行为，维持司法审判的公正性而设计的一种制度。就制度本身来说，是相当高明的。

賦役

井 田

井田是中国商周时期的一种土地分配方式。有说井田始于夏朝。其具体方式是将每方圆一里内的九百亩土地划分为"井"字状的9块，周围8块作为私田，分予私人耕种；中间一块，其中二十亩作为宅基地，供8家盖房住人，剩下的八十亩作为公田，由8家共同负责耕种。法律规定，各家公田忙完，方可忙私田。这里的私田，归国家所有，私人只有使用权，而无买卖权，其使用权则父死传子。

事实上，井田制是一种土地国有并平均分配的制度，避免了土地兼并，在某种意义上实现了耕者有其田的理想。但这仅仅是针对大大小小的奴隶主阶层而言，当时的奴隶阶层

废井田开阡陌

只有无偿劳动的份儿。到春秋晚期，以铁器的使用和牛耕的推广为标志的农业技术得到提高，不再需要这种奴隶在大面积土地上集体劳作的模式，小户劳作开始流行，井田制逐渐瓦解。但井田制作为一种"平均分配"土地的制度，成了后世许多人心目中的理想土地制度。比如战国时的孟子便力主恢复古代井田制。王莽建立新朝后，鉴于土地兼并之风的流行，曾试图恢复西周井田制，但以失败告终。尽管如此，后世历代帝王制定土地政策时，井田制的"耕者有其田"的制度内涵都成为他们重要的参考。

户　籍

　　户籍是登记户口的簿册。户口包含两个概念；以家为户，以人为口。中国最早的户籍制度建立于战国时期，当时的秦国曾实行五家为一保，十保相连，一人犯罪，十保连坐的制度。这就是后来的保甲制度的雏形。其他诸侯国也采取了类似的制度。秦统一六国后，在全国范围内推行户籍制度。汉承秦制，将户籍制度进一步完善。汉代每年八月都要进行一次全国人口普查，以作为征税、派役、征兵的依据。唐代，户籍制度得到进一步完善。当时朝廷规定，每3年修订一次户籍，各县户籍一式3份，州、县、中央的尚书省各保存一份。唐代的户籍登记已经相当详细，一家之中的男女人口、年龄、土地、财产情况都一一登记造册。后来历代基本上都

沿用唐代的户籍制度。

古代的户籍制度只有一种统计学意义，用以作为政府自上而下收税派役的依据，而没有作为身份证明的意义。

均　输

均输是西汉的一项财政制度。西汉时，郡国各地每年要向朝廷上贡本地物产。但因路途遥远，往往运费超过物产价值，并且物产经长时间放置并颠簸后也往往遭到损毁。汉武帝时，大农丞桑弘羊创设均输制度。即在大司农下面设均输官，派驻全国各地，将各地上贡的物产直接在当地或运往邻地高价地区出售；然后按朝廷需要或市场行情酌情购买一些货物运回朝廷，或者将这些商品交由平准官再次出售，变成现金交给朝廷。这种将各地贡物变成现金乃至再用这些现金投资商业的做法与朝廷平抑物价的平准制度相配合，极大地增加了政府的收入。北宋王安石变法时，为增加政府财政收入，也曾采用均输制度。

常平仓

常平仓是古代政府用于储备粮食以调节粮价和应对荒年的一种粮仓。我国古代一直有"谷贱伤农，谷贵伤民"的说

法，因此粮食的价格一直是朝廷关注的重要问题。西汉孝宣帝时，大司农中丞耿寿昌奏请在边郡设置粮仓，在谷贱时买入以利农，谷贵时卖出以利民。后来该制度为全国各郡县所采用，成为政府调节粮价并备荒赈恤的重要手段。但该政策实施既久，弊端便产生，常平仓不仅起不到原有作用，而且经常反过来做，在谷贱时更加压价欺农，谷贵时则抬价伤民。汉元帝时，常平仓取消。其后各代，常平仓设置数量有所不同，但基本上都有设立，由地方长官负责。虽仍利弊兼存，但总是起到了一些利民惠民的作用。明代时，明太祖命州县皆置预备仓，出官钞籴粮贮之以备赈济，荒年借贷于民，秋成偿还。清大致沿明制，这种具有更多赈灾性质的预备仓遂取代了常平仓。

三十税一

三十税一是汉代的田租税率，即征收土地收获总量的1/30。秦代时，统治者对人民实行横征暴敛，其赋税达到了2/3之高。汉初，刘邦收拾起经秦国暴政和秦末战乱的烂摊子之后，为巩固统治，采取了恢复生产、轻徭薄赋、与民休息的政策。将赋税征收额度定为"什五税一"，即1/15。比孟子所提倡的仁政税制"什税一"（1/10）还要优越。到汉文帝时期，经济虽然得到恢复，但人民生活仍不富裕，国库也没存什么钱。汉文帝接受大臣晁错的建议，以薄赋敛的方

式鼓励人们开荒种田，宣布税收额度只收一半。由此，汉代税收变为三十税一，并成为定制。东汉初，因战争的影响，支出浩繁，田赋改行十税一的征收额度，后又在建武六年（30年）改回三十税一，直至东汉献帝初，循而未改。三十税一可以说是相当轻的一种赋税，除了高于唐代一度实行的四十税一的赋税之外，均低于其他各代。不过，虽然汉代土地税很低，但其各种人头税却远高于土地税。

均田制

均田制是中国北魏至唐代官田分配的一种方式。北魏时，由于之前长时期的乱世造成北方大量的户口迁徙，土地荒芜，国家财政收入受到严重影响。为保证国家赋税来源，北魏孝文帝于太和九年（485年）下诏计口分配国有荒芜土地。其中，15岁以上男子可分用于种植农作物的露田四十亩，女子二十亩。奴婢同样授田。露田不得买卖，年老或死亡后，须归还官府。另外，男子还授桑田二十亩，用于种树，不须归还，死后下传子孙，但同样不得买卖。种田者则每年须向政府交纳一定粟谷和帛。这种制度使得社会经济得到恢复，政府财政收入也有了保证。其后的北齐、北周、隋、唐都沿用均田制，只具体实施细则有所变更。但由于当初分田时的国有土地本来就不足，加上后来禁止土地买卖的法令时紧时松，唐中叶以后，大量的土地逐渐被一些豪强大户兼并。唐

德宗建中元年（780 年），实行两税制，在税制上承认了土地兼并的现实，均田制宣告废止。

租庸调制

  租庸调制是唐代实行的一种赋役制度。唐代继承自北魏至隋的均田制，并在此基础上实行了租庸调制。其基本思路是政府按人丁分配土地，确保"耕者有其田"，然后再按人丁收取赋役，确保国家财政收入。此制规定，凡均田人户，不论其家授田多少，均按丁交纳定额的赋税并服一定的徭役。具体为：每丁每年要向国家交纳粟二石，称为租；交纳绢二丈、棉三两或布二丈五尺、麻三斤，称为调；服徭役 20 天，是为正役，国家若不需要其服役，则换算为一定数额的绢布交纳，这称为庸，也叫"输庸代役"。可以看出，租庸调制是以"人丁为本"的赋税制度，其课税对象一是田、二是户、三是身，而其基础则是丁。唐代陆贽将之总结为："有田则有租，有家则有调，有身则有庸。"这种制度的优点在于，既给底层民众提供了生活保障，同时又保证了国家财政收入的稳定，唐代借此不仅国库充裕，人民也安居乐业。但唐中叶以后，由于土地兼并的加剧造成了均田制的消亡，盛世之中人们的麻痹又造成了户籍登记的疏懒。均田制和准确的户籍登记这两个租庸调制的基础不复存在，租庸调制遂为两税制所代替。

两税制

两税制是唐代中后期采用的一种赋税制度。唐中叶，尤其是安史之乱之后，由于土地兼并和户籍混乱，原来的以"人丁为本"的租庸调制赋税制度不再合理。唐德宗年间，宰相杨炎实施了两税制。所谓两税，既指在时间上每年在春、秋各收一次，也指两种税收名称：户税和地税。户税和地税原本只是与租庸调制搭配的两项无足轻重的小税，在新的两税制下，则成了朝廷主要的两个税种。具体办法是，朝廷一改原来的"量入为出"的财政原则，而是实行"量出为入"的原则，先核算好一年要花的钱，然后分摊到各地的户税和地税里去。户税以家庭为单位，不分当地外地，"以见居为簿"，按财产多少征收；地税按占有土地多少征收。两税制按照财产与土地数量征收的方式使国家的财政负担很大程度上从穷人身上转移到了富人身上，同时也抑制了土地的进一步兼并，大大缓和了社会矛盾。唐朝之所以能在"安史之乱"后苟延残喘了100多年，两税制功不可没。另外，从税制的角度来说，两税制是我国税制的重大变化，此制度是朝廷首次放弃对土地的分配权，而是在承认土地私有的基础上，设置相应税制来征收税赋。其后宋代的"二税"、明代的"一条鞭法"、清代的"摊丁入亩"，都是对唐代两税制的继续和发展。

市舶司

市舶司是我国古代在沿海城市设立的负责外贸事宜的官署，相当于现在的海关。我国汉代时，在开通丝绸之路的同时，也以广州为口岸，进行海上对外贸易。经魏晋南北朝及隋到唐代时，我国的海上对外贸易已相当繁荣。朝廷于是在广州、扬州等口岸设专职官员市舶使，负责检查出入口市舶（商船），并征收商税，同时对于一些珍贵商品则实行政府垄断。宋代，市舶使发展成为一个专门官署市舶司，朝廷在广州、密州（今山东胶县）、秀州（今上海松江区）、杭州等地均设此官署。个体商户须经市舶司颁发许可证方可出海。

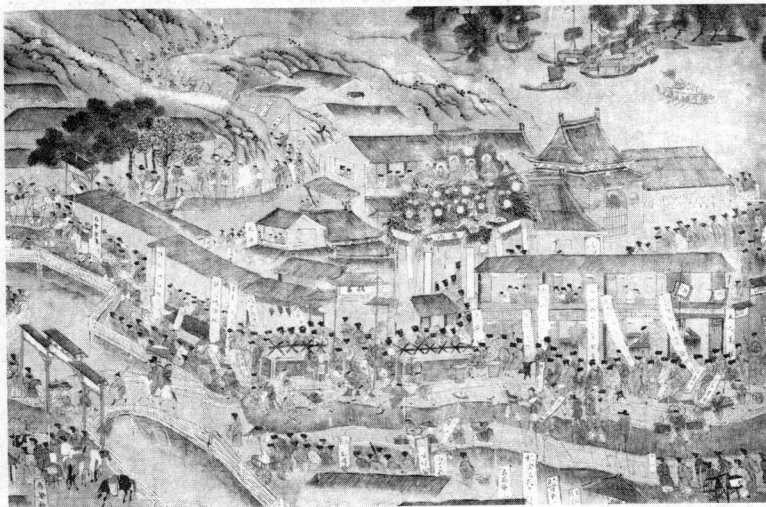

南都繁会图　明
此图描绘了明中叶南京都市繁华的景象。

115

元朝统治者本身的外向性使海上贸易空前发展，明代商人更是沿着郑和开辟的新航线将生意越做越大，因此元明时期市舶司一直存在。清初一度实行禁海政策，康熙时解禁，在广州、宁波、漳州、云台山（连云港）四处设口岸通商，并配套设立粤、闽、浙、江四海关，行使原来的市舶司职能。乾隆时仅留广州一口通商。鸦片战争后，设税务司、总税务司管理海关诸事，大权却落入洋人之手。

徭　役

　　徭役是古代政府强制性向人民派遣的军役、劳役等，与赋税共同构成了中国古代人民的赋役负担。徭役在先秦时已经存在，《诗经》中便有不少以此为题材的诗歌。秦汉之际，形成比较正式的徭役制度。秦时男子满17岁，汉时满23岁，须在地方和京师各服兵役一年，是为正卒；每个男子一生必须戍边一年，是为戍卒；另外还须再为地方政府服劳役一月，是为更卒。官富人家则可以银抵役。其后历代徭役制度不一。总体上，就形式来说，古代徭役制度沿着一条逐渐货币化的路线演进。唐代中期之后，百姓交役钱，国家购买劳力或兵士的形式普遍流行。宋代出现了募役（雇人服役）、助役（津贴应役者）、义役（买田以供役者）等形式。明清之际，因一条鞭法及摊丁入亩政策的实施，百姓基本不再出役，完全由银钱代替。另外，元代曾将大部分徭役专业分拨给一部分

人户世代担负，如站户（负担驿站铺马）、猎户、盐户、窑户、矿冶户、运粮船户等。就轻重来说，唐之前徭役比较繁重，唐之后徭役负担相对减轻，尤其明清之际，因徭役货币化，且国家的财政收入重心由人丁转向土地，徭役负担以银钱的方式大部分转移到了富户身上，中下层百姓徭役负担大大减轻。

一条鞭法

一条鞭法是明代中后期实行的一种赋税制度,初名条编,后因谐音而得此名。明朝中期，由于土地兼并严重，被兼并者交不起赋税，大量逃亡；同时，作为兼并者的官僚地主阶层则瞒报土地，逃避赋税，加上官僚阶层的免役政策，明朝政府的赋税收入逐年下降，出现严重的财政危机。鉴于此，万历朝的内阁首辅张居正改革税制，施行一条鞭法。其内容总体上是将一县的田赋、种类繁多的徭役、杂税合并为一，折成银两，分摊到该县农地上，最后按照拥有农地的亩数来向土地主人收取赋税。这样，国家的财税负担便从中下层百姓转移到了官僚地主阶层，国家的财政收入得以增加，社会矛盾也得到缓和，因此此法被后世认为是挽救了晚明王朝。另外，从税制本身来说，首先，一条鞭法大大简化了赋税征收程序，改良了行政效率；其次，限制了官吏巧立名目加征赋役，减轻了农民负担；最后，首次实行赋税折银的办法，

客观上促进了商品经济的发展。并且，以银抵役的做法使农民具有了较大的人身自由，从此，他们可以离开土地，为城市手工业的发展提供劳动力。总体而言，一条鞭法上承唐代"两税制"，下接清雍正的"摊丁入亩"，是我国税制的重大进步。不过一条鞭法以银代粮的做法也带来了农户争相种植经济类作物，导致粮食产量不足的弊端，成为农民起义的诱因。

黄册和鱼鳞册

黄册和鱼鳞册是明、清两代分别用于登记全国人口和田地的档案。明初，由于元末战争中土地文书散佚，致使地籍混乱，田赋无准。朱元璋于洪武二十二年（1389年），派官员到各州县查核丈量田地，然后绘制成册，因状如鱼鳞，故名鱼鳞图册。鱼鳞册相当详细，对每块田地都画了形状图，并登记其面积、编号、主人及佃户姓名；此外还有土田纳税等级、买卖情况、分家等引起的土地变化等。鱼鳞册通过对土地的严密控制，有效地防止了隐瞒土地逃避赋税的情况，保证了国家的土地税收。黄册则是与鱼鳞册配套而行的人口登记册，10年编订一次，与鱼鳞册互相印证，一起构成了征收田赋的依据。另外，黄册还用来作为朝廷征收人丁税、定徭役、征兵的重要依据。黄册和鱼鳞册在清

初均得到沿用。康熙七年（1668 年）改为每年造送"丁口增减册"，黄册不再修订。鱼鳞册则沿用至清末。

摊丁入亩

摊丁入亩是清雍正时实行的一种税制改革。其具体做法是一改之前丁银（包括"人头税"、徭役等）和地银（即田赋）分别收取赋税的办法，将丁银摊入地银之中一并收取。这样地多者便需要承担较多的赋税，地少者则赋税较轻。其实质是明代张居正实行的一条鞭法的深化（一条鞭法只是将部分丁银摊入地亩）。摊丁入亩实施的背景是清军入关后，贵族官僚阶层大量兼并土地，出现大量无地或少地农民。如此，广大贫民地少人多，丁役负担基本上压在他们身上。鉴于这种情况，康熙晚年时，便在广东实施了摊丁入亩试验，到雍正时，则正式向全国推广。此办法一方面减轻了无地农民的负担；另一方面，田地税赋增重也很大程度上抑制了土地兼并，为清政府保存了一定数目的自耕农，有利于政府财政收入和社会的稳定。值得一提的是，由于摊丁入亩政策取消了"人头税"，广大底层农民生养后代数量快速增长。整个 2000 多年的封建时代，中国人口数量一直徘徊在 2000 万到 6000 万，乾隆初年突破 1 亿，道光时则达到 4 亿。

少年 学国学

文学常识拾贝

周韵 主编

北京燕山出版社

图书在版编目（CIP）数据

　　文学常识拾贝 / 周韵主编 . — 北京：北京燕山出
版社，2024.2
　　（少年学国学）
　　ISBN 978-7-5402-6749-0

　　Ⅰ . ①文⋯ Ⅱ . ①周⋯ Ⅲ . ①中国文学 – 古典文学 –
文学欣赏 – 少年读物 Ⅳ . ① I206.2-49

　　中国版本图书馆 CIP 数据核字（2022）第 216269 号

少年学国学·文学常识拾贝

主　　编　周　韵
责任编辑　王长民
文字编辑　赵满仓
封面设计　凡　人
出版发行　北京燕山出版社有限公司
社　　址　北京市西城区椿树街道琉璃厂西街 20 号
邮　　编　100052
电话传真　86-10-65240430（总编室）
印　　刷　三河市华成印务有限公司
开　　本　880mm×1230mm　1/32
总 字 数　460 千字
总 印 张　24
版　　次　2024 年 2 月第 1 版
印　　次　2024 年 2 月第 1 次印刷
定　　价　118.00 元（全 6 册）
发 行 部　010-58815874
传　　真　010-58815857

如果发现印装质量问题，影响阅读，请与印刷厂联系调换。

目录

·古代文体·

·文学流派·

· 文 论 ·

·杰出文学家·

· 小令长调 ·

· 奇诗妙文 ·

古代文体

神话传说

神话传说是在人类探索世界以及人类来源的过程中形成的一种文学式样。它题材广泛、内容丰富、形式多样，是人类关于文学最早的艺术创作。最初，人类将很多没有办法解释的现象归结为神灵掌控。一些笃信神话传说的人便将神话传说演变为一种信仰，并在此基础上，形成了一种特殊的文化形式。神话故事大都采取真实与虚构相结合的手法，以神、鬼、仙、妖、龙、凤等形象为故事主角，结合客观存在的人、事、物，加以丰富绮丽的想象，看似荒诞离奇，却或多或少与客观存在有着千丝万缕的联系。

对中国文明影响较为深远的神话传说有盘古开天、女娲造人等天地神创、人类神造式样，这类神话传说体现了人类对未知奥秘的探索与自由幻想。在民间，较流行的神话传说有八仙过海、牛郎织女等修炼成仙的神话式样，这种神话是以社会现实为底本，借助人仙角色的转变，寄予人类渴望摆脱现实枷锁的愿望。神话传说是人类在不自觉的过程中，加工创作出来的，具有很高的美学价值以及历史文化价值，对于后世研究早期的人类社会具有重要的意义。这种文学式样的存在，直接推动了文化创作的产生，

其虚构的艺术手法、浪漫主义的创作方法都对后世的文学创作有深远的影响。

诗

　　诗是我国古代文学的大宗，也是正统。最早的诗歌是与音乐舞蹈一体的，所以《尚书·舜典》说"诗言志，歌永言"。《国语》也说"诗所以合意，歌所以咏诗也"。

　　作为一种有韵律的文体，诗会随着节奏韵律的变化而生成不同的诗体，而诗体通常会与诗句的字数和句式相关，所以，就有了四言诗、五言诗、七言诗以及包含各种句式的杂言诗。先秦时期，我国主要的诗歌形式是以《诗经》为代表的四言诗。两汉时期，五言诗和七言诗发展起来，并成为魏晋以后的主要流行体式。南朝时期，人们发现了四声，诗歌创作开始按照音调来遣词造句，以求读来铿锵悦耳。于是，格式严整的近体诗发展起来，到隋唐时期逐渐成熟，并推动诗歌创作进入黄金时代。

　　作为独特的文学样式，诗歌的主要特征有 4 个，一是饱含丰富的想象力和情感，这是诗歌最基本、最显著的特征；二是集中反映社会生活；三是节奏鲜明、语言凝练、音调和谐，这是诗歌形式上最大的特征；四是不以句子为单位，而以行为单位。

楚　辞

　　楚辞出现于战国时期的楚国，具有浓郁的地域文化色彩，是继《诗经》之后出现的另一种韵文形式，古称南风、南音。

　　它是在楚国民歌的基础上经过加工、提炼而发展起来的，既是楚文化自身发展的产物，又是楚文化与中原文化融合的产物。由于楚国地处南方，所以楚文化始终保持着强烈的自身特征，充满了奇异瑰丽的浪漫色彩。楚辞多用长短句，章法多变，充满了奇异的想象，常常取材于楚国的神话、传说、鬼神、山水等，充满了浪漫色彩。楚辞是用楚国方言来吟唱的，隋唐以后楚音失传。

　　楚辞的代表诗人是屈原，他的代表作是《离骚》，同时也是我国古代最长的一首抒情诗，所以楚辞又被称为"骚"或"骚体"。除了屈原外，楚辞的代表人物还有宋玉、景差等。

　　楚辞在中国诗史上占有重要的地位，开创了我国诗歌的浪漫主义流派。它打破了《诗经》以后两三个世纪的沉寂，因此后人将《诗经》与楚辞并称为风、骚。

乐府诗

　　乐府诗是指汉朝的音乐管理部门——乐府搜集整理的汉朝诗歌。汉武帝时，乐府除了组织文人创作朝廷所用的诗歌

外，还广泛搜集各地的民歌。据《汉书·艺文志》记载，西汉时乐府采集的民歌共有138篇，但流传至今的只有三四十篇，加上东汉民歌和文人的作品，现存汉乐府有一百多篇。当时没有一部专门收集乐府的书籍，乐府诗散见于《汉书》《后汉书》《文选》和南朝的《玉台新咏》等书。宋朝时，郭茂倩编的《乐府诗集》将其全部收录。

汉代的乐府诗，最大的特色是可以配乐演唱。后来，由于乐府音乐失传，乐府诗便演化为一种独立的诗体。魏晋以后的乐府诗，除了题名之外，已经和汉代乐府没有什么关系了。另外，乐府诗的句式多样，四言、五言、六言、七言、八言乃至杂言，种类繁多。有时，即便是同一题目，句式也不相同。

《乐府诗集》是根据音乐类别将汉乐府分为四类，其中《郊庙歌辞》是西汉文人为宗庙祭祀作的乐歌；《鼓吹曲辞》《相和歌辞》和《杂曲歌辞》基本上都是西汉民歌。《杂曲歌辞》收录的文人作品中有一些出自东汉。从内容上看，乐府诗包罗万象，有的反映富贵人家奢侈豪华的生活，如《鸡鸣》《相逢行》《长安有狭斜行》等；也有反映底层人民饥寒交迫的悲惨生活，如《东门行》《妇病行》《孤儿行》等；以爱情为题材的乐府诗占很大比重，代表作有《上邪》《有所思》等。乐府诗受《诗经》和《楚辞》的影响很深，并对后世的诗歌创作有深刻影响，在文学史上占有重要地位。

少年学国学

南北朝民歌

木兰巡营

《木兰诗》是北朝民歌中的杰作。

民歌是一种活泼自由的诗体。我国南北朝时期，不论是南方还是北方，民歌都走向繁荣，并对后世的诗歌创作产生深远影响。

南朝的民歌大部分保存在宋朝郭茂倩所编的《乐府诗集·清商曲辞》里，主要分为吴歌与西曲两类。吴歌共 326 首，产生的地点以建业（今江苏南京）一带为中心，时间是东晋与刘宋两代。西曲共 142 首，产生于荆州（今湖北江陵）一带，时代约为宋、齐、梁三代。

南朝民歌绝大部分都是情歌，反映青年男女之间坚贞的爱情，倾诉了婚姻不自由、男女不平等所

造成的不幸。它的主要特点是：形式短小，大多是五言四句；抒怀深情宛曲，多用双关隐语；语言清新、自然、朴素，语言不雕琢；多采用对歌形式。代表作有《子夜歌》《拔蒲》《西洲曲》等。

北朝民歌主要保存在《乐府诗集·横吹曲辞》和《梁鼓角横吹曲》中，大约有70首。北朝民歌原来大部分是北方少数民族的歌曲，后来翻译成汉语，也有一部分是直接用汉语创作的。北朝民歌反映了北方社会生活的各个方面，或书写混战给人民带来的沉重灾难，或反映了残酷的阶级剥削和贫富悬殊，或赞美北方民族的尚武精神和壮丽的北国风光，也有一些反映羁旅之思和爱情婚姻的作品。北朝民歌五言四句的形式较多，但也有七言四句。语言平实，质朴无华，粗犷率直，直抒胸臆，刚健豪放。代表作有《木兰诗》。

古体诗

古体诗也叫古风，是区别于唐代以后兴起的格律诗的一种古典诗体。古体诗从形式上分，有四言古体、五言古体、六言古体、七言古体、乐府体（也叫杂体）等。四言古体的特点是通篇以四言为主（一句4个字），五言古体通篇以五言为主（一句5个字）、六言古体和七言古体以此类推，乐府体则每一句的字数不限。

与格律诗比起来，古体诗不讲究平仄，对押韵的要求也很宽松。在一首古体诗中，作者可以根据自己的需要随意转韵，因此通常在一首古体诗中可能会有不同的韵脚，很少出现一个韵脚贯穿到底的情况。此外，古体诗不但每一句字数没有限定，就是整篇的句数也不限定。古体诗不像格律诗那样对仗工整，但更讲求立意。

虽然古体诗对押韵没有限制，但还是有一些规律可循：在意思转折处转韵。当叙述的内容有所变化时，往往会转为其他韵部来押韵，这样一来便使得整篇诗的层次更加分明，语气也得到了加强。作者在叙述中要表示令人兴奋的感情时，往往会使用平声韵；当要表达悲怨、愤怒的感情时，往往使用仄声韵。与格律诗（格律诗除了首句入韵以外，奇数句是不能押韵的）比起来，古体诗不但偶数句可以押韵，奇数句也可以押韵。

近体诗

隋唐时期，人们将周、秦、汉、魏时期形式比较自由、不受格律束缚的诗体称为"古体诗"。近体诗是与古体诗相对，流行于齐梁以后的一种诗体，又称今体诗或格律诗。它根据汉语一字一音，音讲声调的特点和诗歌对音乐美、形式美、精炼美的特殊要求而产生，分为绝句（五言四句、七言四句）和律诗（五言八句、七言八句）。其中律诗还包括排

律，即十句以上的律诗。它以律诗的格律为基准，讲究平仄、对仗和押韵。其基本要求主要包含三点：除首尾两联外，中间两联一定要对仗，一般绝句不受这个要求束缚；必须讲究平仄，其平仄分布规律可以总结为"句内相间，联内相对，联间相粘"；律诗是平起还是仄起，是平收还是仄收，都要看第一句第二字和该句末一字，其特点通常是一韵到底。近体诗在中国诗歌史上有着重要的地位，是唐代以后最主要的一种诗体。

唐代是近体诗发展的黄金时代，唐代以诗歌成就彪炳千古。其发展可以分为几个阶段：初唐是唐诗繁荣的准备阶段，诗歌的内容从宫廷台阁开始转向关山大漠，诗人也从帝王贵族的文学侍从扩大到一般的文人。初唐的代表诗人是"初唐四杰"——王勃、杨炯、卢照邻和骆宾王。盛唐时期，诗歌出现了全盛局面，出现了以王维、孟浩然为代表的山水田园派诗人，以高适、岑参、王昌龄、王之涣为代表的边塞诗人，其中最著名的是李白。中唐时期，社会矛盾激化，盛唐气象不再，这一时期的代表诗人是杜甫和大历十才子。杜甫的诗表现了战乱给人民带来的苦难，被称为"诗史"。大历十才子的诗歌华美雅丽，偏重技巧，风格柔靡。晚唐时期，人们的生活走向平庸，感情趋于细腻，诗歌创作又出现了一个新高潮。代表人物有李商隐和杜牧。宋朝以后，近体诗继续发展，但成就已经无法与唐朝相比。

词

  词是曲子词的简称，也称"长短句""填词"等，是承袭汉、魏乐府遗风，并受少数民族音乐影响而形成的一种文学体裁，盛行于北宋和南宋。

  按字数分，词可以分为3类：58字及以下的为小令，91字及以上的为长调，介于两者之间的为中调。按阕分类，词可以分为单调（一阕），如李清照的《如梦令》；双调（二阕）；三叠（三阕），如《兰陵王》；四叠（四阕），如吴文英的《莺啼序》。最初的词都是配合音乐来歌唱的，有的按照词来制定曲调，有的依照旧有的曲调来填词，每个曲调都有一个名称叫调牌，调牌一般按照词的内容而定。后来人们依据固有的曲调来填词，这些用来填词的曲调叫作词

"无可奈何花落去，似曾相识燕归来"词意图　明　尤求

牌，词的内容和曲调、词牌并没有必然的联系。现存词牌有400多种，有的词牌有好几个不同的称谓，用得较多的词牌名如"西江月""菩萨蛮""浣溪沙""沁园春""水调歌头"等。

和诗不同，词在句式和声韵上有许多突破和特点。首先在句式上有如下特点：第一，词的句式从一字句到十一字句不等，所以又称"长短句"，使用频率最高的是四、五、六、七字句。第二，词的开头一般都有领字，一字领的有"任、待、乍、莫、怕……"，二字领的有"恰似、谁料、只今、那堪、试问……"，三字领的有"最无端、君莫问、君不见……"。第三，词句中常常有叠字和叠句，叠字如"错错错，莫莫莫""寻寻觅觅、冷冷清清"等，叠句如"归去，归去""罗衣宽一半，罗衣宽一半"等。第四，词句中常用到虚词，如"耳、矣、也……"第五，除了只在文中最紧要处（如转折和结尾处等）比较讲究押韵外，一般情况下，词对平仄押韵没有严格的要求。第六，词虽然也有对仗，但没有具体的规定，相连两个句子只要字数相同就可以构成对仗，而且对仗不讲究平仄，也不避同字。

曲

金朝和元朝时期，中国产生一种带有曲调、可以演唱的抒情诗体，叫作曲。其中，在北方流行的叫北曲，在南方流

行的叫南曲。曲是南曲和北曲的统称，我们这里所说的曲，主要是指散曲。

　　散曲包括小令和套数两种基本类型：小令又叫"叶儿"，主要是指独立的一支曲子，字数比较少。除了单支曲子这种形式外，散曲还包括重头小令。重头小令是一种联章体（即组曲），通常由同题同调的数支小令组成，最多可达百支，用来合咏同一个事物或分别吟咏数件联系紧密的事物，以此来加强艺术感染力。例如，张可久的【中吕·卖花声】《四时乐兴》，以四支同题同调的小令分别吟咏春、夏、秋、冬，构成一支内容相连的组曲。联章体中的小令虽然都同题同调，首尾句法相同，内容相连，但每首小令可以单独成韵，仍然是完整独立的小令形态。

　　套数又叫"散套""套曲""大令"，它由同一宫调的若干支曲子相连而成，每个曲子同押一部韵，在结尾处还有尾声。套曲的字数比较多，篇幅较长，适合表达比较复杂的内容，表现手法既可以叙事，也可以抒情，还可以叙事和抒情兼而有之。

　　散曲虽然是继诗、词之后出现的新诗体，但作为一种独立的体裁，它具有不同于传统诗、词的独特的艺术个性和表现手法，主要表现在3个方面。1. 它大量运用衬字，使得句式更加灵活多变，艺术感染力更强。例如，关汉卿的套数《一枝花·不伏老》中，"我是一粒铜豌豆"一句，因增加了衬字而变成了"我是个蒸不烂煮不熟捶不匾炒不爆响珰珰一粒

铜豌豆"，这样一来，就将"铜豌豆"泼辣豪放的性格表现得淋漓尽致。2.大量运用口语，使语言通俗化。散曲中虽然也不乏典雅的一面，但更倾向于以俗为美。它大量运用俗语、少数民族的语言、戏谑调侃的语言、唠叨琐屑的语言、方言、谜语等，生活气息非常浓厚。3.感情表达更加酣畅淋漓，含义更加坦率直白。

文

　　诗与文是中国古代文学中的两大基本类别，都是文学之正宗。南北朝时期，《文选》和《文心雕龙》中，把一切文体都视为"文"，这里的"文"是广义的概念。但是后来，人们逐步将诗歌类文体从"文"中独立出来，形成"诗文"并立的分类方法，这里的"文"便是狭义的概念。故而，除去诗、词、曲之外的所有文章形式，都是"文"，其中最有价值的是先秦诸子之文，以及隋唐以后的"古文"。

　　从最早的《尚书》《周易》等书可知，文可以有韵，也可以无韵；可以讲平仄，也可以不讲平仄。隋唐以后，文学界通常把有韵的叫作"骈文"，无韵的叫作"古文"。古文另一种分类方法是按功能划分，其中最具代表性的是清代文学家姚鼐在《古文辞类纂》中的划分，其中说："其类十三，曰：论辩类、序跋类、奏议类、书说类、赠序类、诏令类、传状类、碑志类、杂记类、箴铭类、颂赞类、辞赋类、

哀祭类。"显然，这种文体划分标准便是古人所说的"为用"，即按文章的功能划分。

赋

赋是在汉代兴盛的一种兼有韵文和散文的重要文体，有大赋和小赋之分。大赋多写宫廷的盛况和帝王的生活，小赋多数是抒情作品。

赋这种文体出现在战国时期，儒学大师荀子曾作《赋篇》，这意味着"赋"作为独立文体开始出现。此后，屈原、宋玉等人以这样的文体进行文学创作，后人把他们的作品称为"屈原赋"或"宋玉赋"。

赋的繁荣是在汉朝。汉赋的发展经历了四个时期。一是创始期，这时期枚乘的《七发》既奠定了汉代大赋的基础，也开创了辞赋中的"七"体，基本上形成了汉赋的体制。二是全盛期，重要的代表作家是司马相如，其主要代表作有《子虚赋》《上林赋》。此外，东方朔、枚皋等人的成就也突出，这时期汉赋的基本形式和格调已经确立。三是摹拟期，重要的代表作家有班固，其代表作《京都赋》，此外还有扬雄等，这一时期的体制和风格有所变化，反映社会黑暗、讥讽时事、抒情咏物的短篇小赋开始兴起。四是转变期，小赋盛行，内容已由描写宫殿和游猎盛况转为抒发个人情怀，表现手法由叙述转为以议论说理为主，篇幅上由长篇转为短篇。这一时

期最重要的代表作家是张衡，其代表作《二京赋》成为汉代散体大赋的绝响。

汉赋的特点是：内容多写京都的繁华和帝王的游乐，以此来粉饰太平，歌功颂德；文章前有序言，正文韵、散结合，其中韵文用于描写，散文用于记叙，韵脚根据需要经常转换，语言多用四六字句，且极力铺陈，喜欢堆砌生僻字词和形容词，篇幅较长，情节通常由假设的两个人以一问一答的方式来展开。汉赋，尤其是大赋，尽管在内容和形式上有着许多缺点，但仍然在文学史上有着一定的地位。它丰富了文学词汇，在锤炼词句和描写技巧等方面都取得了一定的成就，此外，它促进了文学观念的形成。

骈 文

骈文是魏晋以后产生的一种文体，又称"骈体文""骈俪文""骈偶文"。因常用四字、六字句，也称"四六文"或"骈四俪六"。

它是与散文相对而言的，特点是以四六句式为主，讲究对仗，句式两两相对，好像两匹马并驾齐驱，所以被称为骈体。在声韵上，讲究对仗的工整和声律的铿锵；在修辞上，注重形式，喜欢用华丽的辞藻和用典。骈文因为形式，常常束缚内容的表达，但如果运用得好，能增强文章的艺术效果。

南北朝是骈文发展的全盛时期，其中有很多骈文内容深

刻。如鲍照的《芜城赋》，通过广陵昔盛今衰的对比，揭露和谴责了统治阶级的骄奢淫逸，抒发了世间万物和人生变化无常的感慨。孔稚的《北山移文》辛辣地讽刺了人在江湖、心在庙堂的假隐士们的表面清高、内心功利的心理。流亡北方的庾信在《哀江南赋》中描写了自己的身世，谴责了梁朝君臣的昏庸无能给人民带来的沉重灾难，表达了对故国的怀念。

唐朝以后，骈文的形式日益完善，出现了通篇四、六句式的骈文。直至清末，骈文仍很流行。

古 文

古文是与骈文相对而言的一种文体，其奇句单行、不讲对偶声律，是一种散本文。

先秦两汉的散文，以散行单句为主，不受格式拘束，质朴自由，有利于反映现实生活、表达思想。而魏晋南北朝以来，骈文盛行，堆砌辞藻，言之无物，从而流于浮华。早在北朝时期，苏绰便站出来反对骈文，倡导学习先秦文章，仿《尚书》文体作《大诰》，被当时的人称为"古文"。到中唐时期，这种变革文风的努力经韩愈、柳宗元等人的大力提倡，形成一场声势浩大的古文运动。

这场漫长的古文运动，结束了骈文的统治，使古文成为唐朝以后各朝的主流文体。韩愈、柳宗元主张恢复先秦散文

内容充实、长短自由、朴质流畅的传统，提倡"文以载道"，反对六朝空洞浮荡的文风。他们既是理论的倡导者，也是实践者，韩、柳二人创作出大量清新流畅、形式自由、思想充实的散文，引领时代风潮，吸引了大批追随者。这种名为复古，实际包含革新精神的变革，为宋朝的大文学家欧阳修、苏轼、王安石等人继承和发扬，并最终扭转了古文的发展方向，对后世产生了深远的影响。

八股文

八股文又叫制艺、制义、时艺、时文（相对于古文而言）、八比文等，是明清科举考试所采用的一种专门文体。它要求文章必须有四段对偶排比的文字，共有八股，所以称为八股文。"股"是对偶的意思。

它的特点主要有：1.题目必须用"五经""四书"中的原文。2.内容必须以程朱学派的注释为准。3.体裁结构有固定的格式，全文分为破题、承题、起讲、入手、起股、中股、后股、束股（大结）八部分。另外，八股文的字数也有规定。明初制度：乡试、会试，要求用"五经"义一道，字数500，"四书"义一道，字数300。清朝康熙时要求550字，乾隆时要求700字。八股文通常禁用诗赋中夸张华丽的词语，不许引证古史，不许比喻。在明、清两代，八股文成为所有官私学校的必修课。不会写八股文，就无法通过科举考试，也就无

法做官。明清时期许多有识之士对八股文深恶痛绝，所以八股文最终被废弃，也是历史的必然。

明代小品文

　　小品文是一种寓有抒情意味和讽刺性的短小散文。它起源于秦汉，盛行于晚明。明朝万历年间，以三袁为首的"公安派"反对当时文坛上的复古运动，提倡"性灵说"，主张书写身边事，心中情，短小隽奇，活泼自由的散文，这类散文被称为小品文。

　　小品文题材广泛，有的描写风景，有的杂记琐事，"并非全是吟风弄月。其中有不平，有讽刺，有攻击，有破坏"。小品文的兴盛，不仅是散文发展的结果，也是"公安""竟陵"等文学流派进行文学革新的产物。它的主要作家有三袁（袁宗道、袁宏道、袁中道）、张岱、徐宏祖、王思任、祁彪佳等。

　　晚明小品文作家中取得成就最高的是张岱。他的作品吸取了"公安"和"竟陵"两派之长，语言清新简洁，形象生动，描写细致，风格自然清丽，题材广泛，内容包括风景名胜、戏曲杂技、世情风俗等，堪称晚明社会生活的画卷。他的散文集有《陶庵梦忆》《琅嬛文集》《西湖梦寻》等。明朝小品文和唐诗、宋词、元曲一样，成为一代文学成就的标志。

小 说

小说是一种文体名称，追溯小说的历史渊源，应该是先秦的"说"。战国时期的"说"，具有一定的故事性，而西汉刘向所辑的《说苑》，可以视为中国最早的小说集。

在汉代，小说作为一种文体得到社会认可，并且也存在"小说家"这一职业。汉代著名学者桓谭说："若其小说家，合丛残小语，近取譬论，以作短书，治身理家，有可观之辞。"班固不仅把"小说家"列为九流十家之一，还认为小说是"盖出于稗官，街谈巷语、道听途说者之所造"，认为小说乃是小知、小道，也就是说，小说的形式短小，内容贴近生活。与现代人的小说观念不同，古代的小说作者和读者，都把小说当成实录，而非虚构的故事。即便是荒诞不经的志怪小说，古人也是把其中内容当真的。

古代的小说，种类驳杂，很难用现在的小说概念来概括。关于小说的归类，古人有把它列为史部的，也有把它列入子部的，但基本上都把它视为"稗官为史之支流"，把它看作历史的附庸。明代胡应麟在《少室山房笔丛》中将小说分为"志怪、传奇、杂录、丛谈、辨订、箴规"6大类。前三类勉强可以称得上小说，后三类则乖离甚远。

总之，古代的小说重在记述故事，这些故事有虚构的，也有真实的；篇幅或长或短，结构不甚讲究；目的在于传奇、感化或警世。

唐传奇

　　唐传奇指的是唐代流行的文言小说，唐传奇的出现标志着中国文言小说进入成熟阶段。唐传奇的发展经历了3个阶段：

　　第一阶段是初唐、盛唐时期的发展期。这一时期还处于从六朝志怪小说向传奇转变时期，不仅数量少，而且艺术成就也不高，但已经有了一些新的发展迹象。这一时期的代表作是《梁四公记》和《游仙窟》。

　　第二阶段是中唐兴盛期。这一时期许多文人都投身于传奇的创作，借用诗歌、散文、辞赋等其他文学题材的艺术表现技巧，极大提高了传奇的地位，扩大了传奇的影响。这一时期曾参与创作传奇的有元稹、白居易、白行简、陈鸿、李绅、

风尘三侠　年画

韩愈、柳宗元，代表作家有元稹、白行简、蒋防，代表作分别为《莺莺传》《李娃传》《霍小玉传》。现存的中唐时期的传奇有近40种，涉及爱情、历史、政治、神仙、豪侠等方面，历史题材的有《长恨歌传》，还有一些借梦幻、寓言讽刺社会的作品，如《枕中记》《南柯太守传》等。其中以爱情为题材的作品成就最高，代表作有《离魂记》《任氏传》《柳毅传》等。

第三阶段是晚唐衰退期。这一时期传奇虽然衰退，但仍出现了很多优秀的作家和作品，如袁郊的《甘泽谣》、皇甫枚的《三水小牍》、薛用弱的《集异记》、李复言的《续玄怪录》等。这一时期传奇最主要的特点就是以豪侠为内容的作品大量涌现，代表作有《聂隐娘传》《昆仑奴传》《虬髯客传》等。

唐传奇的篇幅一般都不长，短的只有几百字，长的也不超过一万字，大部分保存在宋朝所编的《太平广记》中。

笔记小说

笔记小说是一种带有散文化倾向的小说创作形式，它兼有"笔记"和"小说"的特征。它起源很早，在先秦时期就已经出现了一些片段，中间又经过汉、晋、唐、宋，到了明清时期开始繁荣。魏晋时期的笔记小说有干宝的《搜神记》、刘义庆的《世说新语》，唐宋时期的笔记小说有李昉的《太

平广记》，明清时期的笔记小说有蒲松龄的《聊斋志异》和纪晓岚的《阅微草堂笔记》。最早提到"笔记小说"之名的是宋朝史绳祖的《学斋占毕》。

从内容上分，笔记小说可以分为志怪小说和逸事小说两大类型。志怪小说有《搜神记》《聊斋志异》《阅微草堂笔记》；逸事小说有《世说新语》等。

笔记小说吸取了民间文学的丰富营养，故事情节、人物都是虚构、夸张、变形的，却从整体和宏观上高度反映了生活的本质。现今保存下来的笔记小说大约有 3000 种，是我国一笔巨大的文化遗产。

六朝志怪和志人小说

六朝时期的小说主要分为志怪和志人两大类。志怪写的是神仙方术、妖魔鬼怪等，志人则记录的是一些名人的闲闻逸事。

志怪小说盛行的根本原因是当时各类宗教思想盛行，由此产生了许多神仙方术、佛法灵异的故事，成为志怪小说的素材，甚至有些志怪小说的作者就是佛教徒。志怪小说主要可以分为三类：1. 地理博物，如《神异经》《博物志》。2. 鬼神怪异，如《列异传》《搜神记》。3. 佛法灵异，如《冥祥记》《冤魂志》。

魏晋南北朝志怪小说的代表作是干宝的《搜神记》、张

华的《博物志》、王嘉的《拾遗记》、吴均的《续齐谐记》等，其中名篇有《三王墓》《韩凭妻》《弘氏》《董永》等。

志人小说的兴盛和当时士人之间崇尚清谈和品评人物的风气有很大关系。志人小说可以分为三类：1. 笑话。代表作有邯郸淳的《笑林》。2. 野史。东晋的道士葛洪委托刘歆所著的《西京杂记》，记述西汉的人物逸事，带有怪异色彩。3. 逸闻逸事。这是志人小说的主要部分，作品最多，有裴启《语林》、郭澄子《郭子》、沈约《俗说》、殷芸《小说》、刘义庆《世说新语》等，其中刘义庆的《世说新语》成就最大、影响最广，是志人小说的代表作。

六朝小说的篇幅都非常短小，叙事也很简单，一般只有故事梗概，没有想象、描写等艺术加工，还不是成熟的小说。但它为后世的小说提供了丰富的写作经验和素材，是中国小说史上不可缺少的一环。

话本小说

宋元话本小说是在说唱文学的基础上发展起来的。宋代都市繁荣，经济发达，市民阶层不断发展壮大，市井文化兴旺。其中有一种叫"说话"（即说书）的技艺，深受人们喜爱。说话人讲故事的底本就叫"话本"，下层文人将话本润色加工，刻印出版，就成了话本小说。

话本小说的内容主要有"小说""讲史""合生"和"讲

经"4种，在这4种中，以"小说"和"讲史"最受欢迎。"小说"就是短篇白话小说，其中爱情故事和公案故事最受欢迎。爱情故事往往突出女性对爱情的主动追求，如《碾玉观音》《闹樊楼多情周胜仙》。在礼法森严的封建社会，男女之间自由恋爱是一种对礼法的挑战、追求自由的大胆行动，这些故事有反封建的积极意义。宋元时期，政治黑暗，官吏腐败，产生了大量的公案故事，表现了人民对现状的强烈不满、对保护自身生存权利的深切渴望和对清明政治的期盼。其中的代表作有《错斩崔宁》《简帖和尚》《三现身包龙图断冤》等。讲史又称评话，主要讲的是前朝的盛衰灭亡。代表作有《三国志平话》《武王伐纣平话》《五代史平话》等。

宋元话本小说有一定的体制，大体由入话（头回）、正话、结尾三部分构成。入话常以一首或几首诗词"起兴"，与故事的发生地点或故事的主人公相联系，以吸引听众。正话，是话本的主体，故事情节曲折，人物形象鲜明，细节丰富。正话之后，常常以一首诗或以"话本说彻，权作散场"之类套话做结。

宋元话本小说的语言是口语化的语言，与文言文形成了显著区别，中间夹杂着大量的俚语和市井口语，生动明快，深受人民欢迎。

宋元话本小说对后代的通俗小说、戏剧、曲艺等都产生了很大的影响。《水浒传》《金瓶梅》《西游记》等都是沿着这个方向演进的。

章回小说

　　章回小说是中国古典小说的重要形式，它是在宋元话本的基础上发展起来的。从话本到章回小说，这个过程经历了从萌芽到成熟的漫长时期。话本中有一类讲述历代兴亡和战争的故事，由于历史故事通常篇幅很长，说书人不能从头到尾一次讲完，必须连续讲许多次，每讲一次就相当于章回小说中的"一回"。每次讲之前，说书人必须要

《西游记》图册　清

用一个概括性的题目向听众揭示主要内容，这就是章回小说中"回目"的起源。

元末明初时，出现了一批章回小说，如《三国志通俗演义》《水浒传》等。这些小说比起话本中的讲史故事有了很大的发展，其中的人物和故事的核心虽然还是历史的，但内容更多是由后人虚构的。而且篇幅更长，分成若干卷，每卷又分成若干节，每节前面还有一个目录。明代中叶以后，章回小说的发展已经趋于成熟，出现了《西游记》《金瓶梅》等伟大著作。其故事情节更加复杂，描写更加细腻，内容已经脱离了"讲史"，只是体裁上还保留着"讲史"的痕迹。这时章回小说已经不分节了，而是分成许多回。进入清朝以来，章回小说达于繁盛，题材除了明朝的讲史、神魔、人情三大类以外，还加入讽刺、武侠、谴责、狭邪等题材。此时最著名的章回力作有：《红楼梦》《儒林外史》《三侠五义》《儿女英雄传》《官场现形记》《二十年目睹之怪现状》《老残游记》《镜花缘》等。

比起现代的小说来，章回小说具有独特的形式和特点。1.它继承了话本的形式：正文前面都有一个"楔子"来引入正文；文中经常使用"话说""且说""看官"等字眼；文中经常穿插一些诗词和韵文。2.分回目。章回小说根据故事情节的发展分成若干回，每回有一个标题，每回的正文只围绕一个中心内容讲述。3.制造悬念气氛。每回开头以及故事之间的衔接处，总是使用"话说""且说"做过渡，

每回结尾处，往往以"欲知后事如何，且听下回分解"做结语，以此勾起读者的阅读欲望。

公案小说

公案小说的主要内容就是狱讼，它是中国近代小说的一个流派。清末，产生了大量的公案小说，风靡一时，比较著名的有《施公案》《彭公案》等。后来公案小说又与侠义小说合流，形成侠义公案小说。

先秦两汉法律文献中的案例与史书中的清官循吏的传记以及魏晋南北朝志怪小说中的神鬼与狱讼故事，可以看作是公案小说的萌芽。晚唐五代的笔记（传奇）小说中的公案故事，表明公案小说已经成形。宋朝时期，公案作品便大量产生，艺术上也日趋完美，标志着公案小说已经成熟。在众多的公案小说中，最为脍炙人口的，首推《龙图公案》（《包公案》），其次是《施公案》《彭公案》。《龙图公案》主要讲的是清官包拯，辅以众侠士；《施公案》以施世纶为主，辅以黄天霸；《彭公案》以彭朋（彭玉麟）为主，辅以杨香武、欧阳德。

公案小说的主要思想倾向是：赞扬忠臣清官，铲除奸恶，匡扶社稷，宣扬"尽忠"思想，鼓吹"奴才"哲学和变节行为。

诗话与词话

诗话和词话指的是对诗词的评论，是一种文学理论。我国古代对文学的评论出现得很早。如《西京杂记》中记载的关于司马相如论作赋，扬雄评论司马相如的赋《世说新语·文学》中关于谢安评论《诗经》的诗句、《南齐书·文学传论》中对王粲、曹植、鲍照等人的诗歌的评论，都可以看作是早期的文学评论和诗话。

唐朝时期的诗人写了大量的论诗诗，如杜甫的《戏为六绝句》等，李白、白居易等人的论诗诗，以及当时的《诗式》《诗格》，都是诗话的雏形。诗话正式出现是在宋朝，第一部诗话是欧阳修的《六一诗话》。现存的宋人诗话共有130多种。早期诗话的内容多为谈论诗人诗作的一些琐事，很少触及诗歌的创作或理论问题。直到张戒的《岁寒堂诗话》等，才开始讨论诗歌创作和理论问题，对后世产生了重大影响。明清时期，诗话数量更多、成就更高。

在诗话出现的同时，词话也随之出现，并逐渐发展起来。比较著名的词话有况周颐的《蕙风词话》、陈廷焯的《白雨斋词话》、王国维的《人间词话》等。

谴责小说

谴责小说是中国旧小说的一个流派。晚清时期，经过中日甲午战争失败、戊戌变法失败、八国联军入侵等一系列巨大的变故，内忧外患日益严重，社会更加黑暗，政治更加腐败，一些小说家们对社会现状深为不满，口诛笔伐，写了大量讽刺社会黑暗面和抨击时政的小说。鲁迅在《中国小说史略》中将这类小说的特点概括为"揭发伏藏，显其弊恶，而于时政，严加纠弹，或更扩充，并及风俗"，将它们称为"谴责小说"。

比较著名的谴责小说有李宝嘉的《官场现形记》、吴趼人的《二十年目睹之怪现状》、刘鹗的《老残游记》和曾朴的《孽海花》。这类小说的题材和内容，涉及社会生活的各个方面，如官场、商界、华工、女界、战争等，其中写官场最为普遍。

为了适应报刊连载的需要，谴责小说缺乏完整的构思和写作时间，因此结构不够严密，没有贯穿始终的中心人物，多是许多短篇联缀成的长篇。在表现手法上，作者有时为了迎合读者求一时之快的心理，往往描写得言过其实，缺乏含蓄，它所反映出的只是一种变形的社会形态。

评 点

　　评点是古人研读文章的一种重要方法，也是中国古代文学批评的常用形式。评点时，评论者在阅读文本，把握文本整体与局部关系的基础上，对文章的内容以及写作方法等方面，进行评论分析。作为阅读者的阅读笔录，评点通常具有一定的对话性，这种对话是读者与文本、与作者、与文本的其他读者之间的对话。评点被标注在不同的位置，其称呼也不同。一般，标注在书眉上的评点被称为"眉批"；在内文中下评语的叫"行批"；在文末下评语的叫"总批"。

文学流派

建安风骨

　　建安是东汉汉献帝的年号。建安时期的文学作品以风骨遒劲、刚健有力、鲜明爽朗著称，被称为"建安风骨"。建安文学的作家有三曹（曹操、曹丕、曹植）和"建安七子"（王粲、孔融、陈琳、徐干、应玚、阮瑀、刘桢）等。三曹是当时的文坛领袖，成就最高。

　　建安诗人经过汉末的大动乱，他们的诗歌特点是因事而发，具有鲜明的时代特征，悲壮慷慨，或感伤离乱，或悲悯人民，或慨叹人生，或强烈希望建功立业。曹植是曹操的第三子，是建安文学的集大成者。他的诗将抒情和叙事有机结

建安七子图

合起来，既描写了复杂的事件，又描写了曲折的心理变化，代表作有《白马篇》《赠白马王彪》《洛神赋》等。王粲是"建安七子"中成就最高的诗人，他的《七哀诗》以亲身体验的事实为题材，具体描写了汉末战乱给国家、人民造成的深重苦难。

建安文学是文学史上的一个辉煌时代，它独特的文学风格成为后世文学所推崇和效法的典范。

玄言诗

玄言诗是一种以玄学为旨趣的诗歌。魏晋之际，因政治黑暗，名士动辄遭戮，文人多脱儒入道，寄情于老庄玄学。流风所及，在诗坛也形成了玄言诗派，其特点便是以诗的形式来演绎老庄的人生哲理。如竹林七贤之一的嵇康的"目送归鸿，手挥五弦。俯仰自得，游心太玄"，可以说是玄言诗的雏形。典型的玄言诗形成于西晋末年，并盛行于东晋，其代表诗人为孙绰、许询、谢安、王羲之等人。其中孙绰的《秋月》乃是玄言诗中的佳作："疏林积凉风，虚岫结凝霄。湛露洒庭林，密叶辞荣条。抚叶悲先落，攀松羡后凋。"当年王羲之等人在兰亭举行一次千古盛会，除了留下那篇千古传诵的《兰亭序》外，还留下了一组典型的玄言诗。如王羲之的次子王凝之诗曰："庄浪濠津，巢步颍湄。冥心真寄，千载同归。"另外，谢安、许询等也当场作有玄言诗作。总体

上，除少数玄言诗能够熔情景于一炉，别有一番玄趣之外，大部分玄言诗往往"理过其辞，淡乎寡味"（《诗品序》），艺术成就不高。东晋后期，玄言诗便逐渐消失，不过在其后的山水、田园诗中仍留有余韵。

田园诗

田园诗是以描绘田园风光，反映农村生活，展示隐逸情怀为风格的诗歌流派。中国田园诗派的鼻祖是东晋诗人陶渊明。

陶渊明出身贵族，但到他这一代，已经家道中落。出身高贵的他，再加上当时道家玄学的熏陶，不能容忍官场黑暗与庸俗，于是辞官归隐。归隐之时，他创作《归去来兮辞》，后又创作了《归园田居》《移居》《怀古田舍》等一批田园诗。诸如"采菊东篱下，悠然见南山"之类的诗句，充分表现了诗人对功名利禄的鄙视，对黑暗官场的极端憎恶和与之彻底决裂的决心，表达了诗人对淳朴的田园生活的热爱，对劳动人民的友好感情和对理想世界的追求与向往，从而开创田园诗派。

陶渊明的诗，诗风平淡自然，备受后人推崇，影响深远。到了唐朝，陶渊明的诗风为孟浩然、王维等人继承，并形成田园诗派。比如，孟浩然《过故人庄》中，"绿树村边合，青山郭外斜。开轩面场圃，把酒话桑麻"，质朴无华，浑然天成，清淡优美，清晰地体现了陶诗风格。由于士大夫与农

民的天然疏离，反映隐逸志趣的诗作不少，但像陶诗这么亲切的并不多。发展到宋代，范成大的诗作成为田园诗的旗帜，把田园诗推向又一个高峰。

山水诗

在《诗经》和《楚辞》中就已经出现了许多描写山水景物的诗句，但那只是作为衬托或比兴的媒介，不是一种独立的题材。中国文学史上第一首山水诗是曹操的《观沧海》。到了魏晋南北朝时期，山水诗开始繁荣起来。

魏晋时期，尤其是南渡之后，社会动荡，政治黑暗，玄学盛行。很多士大夫逃避现实，以山水为乐土，在山水间过着优哉游哉的生活，从中寻找人生的哲理与乐趣。在山水诗产生和发展的过程中，谢灵运对当时和后世影响最大。

谢灵运出身南朝士族，才华横溢，但仕途坎坷。为了摆脱烦恼，谢灵运常常四处游览，寄情于山水。他的山水诗一般先写出游，再写见闻，最后谈玄或发感慨，犹如一篇游记。他的诗句工整精练，意境清新自然，其中不少佳句都经过一番苦心琢磨和精心雕琢，每首诗犹如一幅赏心悦目的山水画。谢灵运的山水诗极大地开拓了诗的境界，确立了山水诗的地位，从此山水诗成为中国诗歌的一个重要流派。

南北朝时期的谢朓、何逊也是有名的山水诗人，他们与谢灵运一道，把山水诗推向成熟。到了唐朝，山水诗蔚为大

观，李白、王维、孟浩然、杜甫等都是山水诗高手，他们以卓越的诗才，为后人留下大量的山水诗佳作。

宫体诗

宫体诗产生于南朝梁陈之际，影响直到初唐。这种以描写女性美和宫廷生活为主要内容的诗歌，是当时统治阶级荒淫腐朽生活在文学上的反映，情调流于轻艳，诗风比较柔靡。

自古以来，中国不乏描绘女性美的诗歌，但是，到了齐梁时期，部分作家对男女之情开始进行露骨的描绘，出现了"艳情诗"。梁简文帝萧纲酷爱文学，做太子的时候，在东宫聚集一大批文士诗人，专写男女之情，极力吟咏女人的体态、睡态、肌肤或女人的衣着用具等，还有假托女子的口吻写伤春、杜撰思妇对塞外征人的相思之情。这些诗作刻画精细，韵律流畅，缠绵婉转，形成一个鲜明的诗歌流派。不仅如此，萧纲更是命文士徐陵收集古今艳诗，汇编成《玉台新咏》，引导宫体诗的创作。他本人更是宣称，"立身先须谨慎，文章且须放荡"，公然鼓吹"轻靡绮艳"的诗风，极大促进了宫体诗的发展。宫体诗虽然还有一些咏物诗，但都有宫廷、宫女的影子，无法跳出宫廷范围。

宫体诗的主要诗人有萧纲、萧绎，以及他们的侍从文人徐摛、庾肩吾、徐陵等，另外还有陈后主及其侍从文人。代表作有萧纲的《咏内人昼眠》《美人晨妆》等。

在宫体诗中,五言八句和五言四句的形式逐渐得到确认,对仗日益工稳,声韵更加和谐,它在艺术形式方面的积累,对于唐诗的发展起到了很大的推动作用。

边塞诗

边塞诗指的是唐代以描绘边塞风光、反映戍边将士生活的诗歌。它起源于汉魏六朝,到盛唐全面成熟,形成了边塞

王昌龄《出塞》诗意图

诗派。该派代表诗人有高适、岑参、王昌龄、李颀等。比较著名的边塞诗有高适的《燕歌行》、岑参的《走马川行奉送出师西征》、王昌龄的《出塞》等。唐代的边塞诗可以分为初、盛、中、晚4个时期。由于国力强弱和对外战争中的胜负不同，初、盛唐边塞诗中多抒发昂扬奋发、立功边塞的情怀，中唐前期尚有盛唐余响，中唐后期和晚唐只有对昔日盛况的追慕和对现实凄凉的哀叹。边塞诗不仅描绘了壮阔苍凉、绚丽多彩的边塞风光，而且抒写了投笔从戎的豪情壮志以及征人离妇的思想感情。对战争的态度，有歌颂、有批评，也有诅咒和谴责，思想上往往达到一定高度。边塞诗情辞慷慨、意境雄浑，多采用七言歌行和七言绝句的形式。

边塞诗人主要分为两类：有边塞生活经历和军旅生活体验的诗人和利用间接的材料，翻新一些乐府旧题进行新创作的诗人。前者的诗作中更贴近边塞生活，艺术特色也更鲜明，成就也较高。

新乐府运动

新乐府运动是出现于中唐时期的新诗潮。西汉设置乐府，掌宫廷和朝会音乐。由乐府采集和创作的诗歌称为"乐府"。起初乐府诗大部分采自民间，具有通俗易懂、反映现实和可以入乐几个特点。不过六朝之际及唐初，乐府诗基本上成了文人"嘲风雪，弄花草"的诗体。鉴于此，杜甫参照乐府诗

的格式，写了《兵车行》《哀江头》等针砭现实的名篇，此为新乐府诗的发端。其后，元结、韦应物、戴叔伦等人也有新乐府创作。到唐宪宗时期，张籍、王建、元稹、白居易等人彼此唱和，将新乐府运动推向了高潮。尤其元稹、白居易作为当时的才子，有大量新乐府诗作，影响巨大。白居易还提出了"文章合为时而著，歌诗合为事而作"的一整套理论，并首次使用了"新乐府"一词，故被视为新乐府运动的代表人物。新乐府诗作不再像前人那样借助乐府旧题，而是自创新题，按照乐府诗格式创作反映现实的诗作，所以又称"新题乐府"。如李绅的《悯农》诗："春种一粒粟，秋收万颗子。四海无闲田，农夫犹饿死。"便是典型的新乐府诗作。新乐府对当时政治及后世诗歌艺术均产生重大影响。

简单地说，新乐府诗使文学担负起了新闻媒介的作用，某种程度上也是对文学本身的损伤，但在当时来说意义是积极的。

花间派

花间派是晚唐五代时期的一个词派。五代十国时期，中原成了群雄逐鹿的猎场，而蜀中地区却相对稳定，经济繁荣，许多文人纷纷避难于此。前后偏安于西蜀的两个小政权自度无力量统一天下，便干脆沉湎于独立王国的安闲之中，歌舞升平，自得其乐。在这种背景下，以娱乐为主的词便流行起来。

后蜀宫廷文人赵崇祚选录唐末五代词人18家作品500首编成《花间集》，其中除温庭筠、皇甫松、和凝、孙光宪外，其余全部是蜀中文人。这些人的词风大体相近，多写男女艳情、离愁别恨，婉转低回，香艳柔软，类似于六朝时期的"艳诗"。后世将集中所选词人及其他有类似词风的词人称为"花间派"。

花间派的代表作家是温庭筠和韦庄，其中，温词香艳华美，韦词则疏淡明秀，两人也代表了花间派的两种主要风格。总体上，花间派词作的文字富艳精工，艺术成就较高，但在思想上格调不高，尤其是一些笔触描写男女燕私时十分露骨，极不符合孔老夫子的"诗言志"的诗教，被后世骂作是"桑间濮上之音"（即黄色歌曲）。正因为此，对于北宋的欧阳修、晏殊等正统文人偶有的一些花间词作，后世读者竟不相信是出于他们之手，而猜测是别人的伪作。

西昆体

西昆体是中国北宋初年一个追求辞藻华美、对仗工整的诗歌流派。宋真宗景德二年（1055年），杨亿、刘筠、钱惟演等人奉诏在宫廷藏书的秘阁内编纂《册府元龟》。他们于修书之余，往来唱和，最后杨亿将这些诗编成一集，定名为《西昆酬唱集》。该集子出来后，在当时产生很大影响，学子纷纷效仿，称之为西昆体。

西昆体主要是宗法晚唐李商隐的艺术风格，崇尚精巧繁缛的诗风，追求巧妙的用典、对仗的工整、音节的和婉，以及像李商隐无题诗那样的隐约朦胧感。西昆体的出现，应该说是对宋初几十年乃至晚唐白体诗流于浅近、粗鄙化的一种反对，重新重视起诗的格律、修辞、寓意，增强了诗歌语言的凝练和诗意的深幽，具有一定的艺术价值。不过，因西昆体作家大多社会地位较高，生活优越，多是宫廷宴游之作，内容狭窄，且脱离真情实感，过于着力于模仿，故而遭人非议。欧阳修、梅尧臣等开创新诗风后，西昆体乃告衰歇。总体上，其对宋代诗歌有着深刻的影响，是宋诗形成自身特色的第一步。

江西诗派

江西诗派是基本代表宋诗艺术特征的诗派。北宋后期，"苏门四学士"之一的黄庭坚在诗坛上独树一帜，追随与效法者颇多，逐渐形成了一个以黄庭坚为中心的诗歌流派。宋徽宗时，吕本中撰《江西诗社宗派图》，中列陈师道、潘大临、杨符等25人，认为这些人的诗风与黄庭坚一脉相承。因黄庭坚为江西人，故称之为江西诗派。虽然这些人的诗各有风格，但在创作方法和诗歌见解方面有共同之处。黄庭坚因推崇杜诗韩文"无一字无来处"的创作方法，提倡化用前人词语、典故的"点铁成金"法和师承前人构思

和意境的"脱胎换骨"法。他不仅提出理论,并且写有大量优秀作品。这种诗作,对文化功底要求很高,才学便成了写诗的基础。这也是有宋一代诗歌的基本特点,比如黄庭坚、欧阳修、王安石、苏轼等诗坛领袖均为大学者。到南宋时期,江西诗派影响更大,杨万里、姜夔、陆游等大诗人都深受其影响。又因此派诗人多学习杜甫,故宋末方回提出了"一祖三宗"的说法,即尊杜甫为"祖",黄庭坚、陈师道和陈与义为"宗"。

不过这种将诗歌学问化的做法,导致许多记忆力不佳的诗人往往靠翻书来拼凑典故,而过多的典故也使读者读起来异常费神。因此有不少人对此表示不满,南宋的严羽曾言:"诗有别材,非关书也;诗有别趣,非关理也。"虽如此,这种写者费劲、读者费神的诗歌在古代文人中一直都比较盛行,尤其以博学相矜的清代诗人,更是推崇这种"无一字无来处"的作诗法。

婉约派

婉约派为宋词风格流派之一。婉约一词最早见于《国语·吴语》:"故婉约其辞,以从逸王志。"先秦、魏晋六朝时期,婉约常被人们用来形容文学辞章。词,本是合乐演唱的,最初是为了达到娱宾遣兴的目的,其内容不外乎离别愁绪、闺情绮怨等。因而,词逐渐形成了香软、柔媚等婉转

柔美的风调。而婉约派作为词的一种风格流派，被明确提出来，一般认为始于明人张綖。清人王士禛在《花草蒙拾》中写道："张南湖论词派有二：一曰婉约，二曰豪放。"婉约词的主要特点是：内容注重儿女风情，结构深思缜密，韵律婉转和谐，语言清丽圆润。婉约派的代表人物有李煜、柳永、晏殊、欧阳修、秦观、周邦彦、李清照等人，其中，李煜、柳永、晏殊、李清照被并称为婉约派四大旗帜，他们的词分别以愁宗、情长、别恨、闺语见长。

豪放派

豪放派与婉约派并称为宋词两大流派。它是与婉约派文风相对的一个文学流派，代表人物有苏轼、辛弃疾。豪放派词题材广泛、视角鲜明、语言旷达、气势雄浑，思想豪放不羁，词文不拘音律格调。

豪放派从形成到鼎盛共经历了3个阶段：初步形成，以范仲淹的《渔家傲·塞下秋来风景异》为开端。它引导了豪放派词风的主体方向；发展成形，是以苏轼词的豪壮为基调，逐渐在词坛形成一股劲风；鼎盛，继苏轼之后，辛弃疾等词人将鸿鹄之志以及边塞慨叹融入词中，雄浑激荡的词风统霸文坛。

在此之后，豪放派继承者因慨叹国衰、情难却等原因，词中渐渐融合了沉郁、典雅等古朴诗风，逐渐形成了豪放、

清秀隽永的温婉手法相结合的刚柔相济的词风，其代表人物主要有刘克庄、黄机、戴复古、刘辰翁等。

公安派和竟陵派

公安派和竟陵派是一前一后出现于明末的两个反传统的诗文流派。其中，公安派因其代表人物袁宗道、袁宏道和袁中道三兄弟籍贯为湖北公安而得名。

明代自弘治（即明孝宗）以来，文坛为"前后七子"所把持，他们倡言"文必秦汉，诗必盛唐""大历以后书勿读"的复古论调。万历时，"异端"思想家李贽质疑复古论调，提出"童心"说，震动极大，但其最后被迫害致死。与李贽有过交往的袁氏三兄弟则变"童心"说为"独抒性灵，不拘格套"，推行类似的文学主张。并写下了不少随性而灵巧的诗作，不过许多诗作也流于浅显俚俗。

值得称道的是其所做的一系列短小、轻灵、隽永的小品文，开创了我国散文写作的新领域。但在复古主义占上风的清代，公安派作品未受到青睐。直到近代，因周作人、林语堂的提倡，公安派作品才在读书界热起来。

竟陵派的出现稍晚于公安派，因其代表人物钟惺、谭元春为竟陵人而得名。竟陵派同样抨击"前后七子"的复古论调，并继承了公安派的"性灵"说，但同时鉴于公安派诗作俚俗、肤浅的缺陷，而倡导"幽深孤峭"，刻意追求字意深

奥，求新求奇，最终形成了艰涩隐晦的风格。竟陵派较有成就的代表人物是刘侗，他的《帝京景物略》成为竟陵体语言风格代表作品之一。

唐诗派

唐诗派是对明清时期推崇唐诗的诗派的称谓。中国古典诗歌至唐代达到极盛，至宋，风格一变，成另一番韵致。南宋严羽在其诗歌品评著作《沧浪诗话》中推崇唐诗，认为唐诗妙处在于"气象"和"情趣"，而宋"以文字为诗，以才学为诗，以议论为诗"，去唐诗甚远。宋元人虽然推崇唐诗，但唐诗真正被奉为典范，则是在明代。明中期，以李梦阳、何景明、王世贞、李攀龙为首的"前后七子"，提出"诗必盛唐"的说法，认为"诗自中唐以后，皆不足观"。

"前后七子"皆是当时负有盛名的文人，尤其李梦阳、何景明、王世贞、李攀龙四人作为当时的文坛领袖，其影响非比寻常。清代时，又有以王士祯、沈德潜为代表的唐诗派。不过，虽然唐诗派崇拜唐诗，其作品也有不少佳作，但总体上还是与唐诗有一定距离。其主要的贡献在于通过对唐诗进行分析、鉴赏和宣扬，使得唐诗不再局限于文坛，而是家喻户晓、妇孺皆知。

岑参《白雪歌送武判官归京》诗意图

宋诗派

宋诗派为清代一个推崇宋诗的诗派。鲁迅曾言："一切好诗，到唐已被做完。"但宋人却将诗风一转，又开辟出一个崭新的天地。南宋后期尊崇唐诗的严羽在《沧浪诗话》中对比唐诗优越于宋诗之时，曾分析："本朝人尚理，唐人尚意兴。"他认为宋朝人利用诗歌议论，乃是呈露才学，为诗作的末路。其后便形成了一个以唐诗为尊的唐诗派，清代的唐诗派人物著名代表沈德潜甚至认为"宋诗近腐"。在唐诗派将宋诗的特点作为一种缺点进行评点的同时，有读者，尤其是那些饱学之士却认为宋诗的特点并非缺点，而是一种风格。认为唐诗胜在意趣，而宋诗则自有一种理趣。尤其到清代时，因崇尚博学，延及诗坛，形成了推崇宋诗的宋诗派。直至近代，宋诗派仍然在诗坛占有优势地位，著名的"同光体"诗人便是宋诗派的中坚。另外，钱锺书认为，虽然"诗分唐宋"，但并非严格以朝代为界限，而是指两种风格。如唐人也有做讲究理趣的宋诗，宋人也做讲究情趣的唐诗。

常州词派

常州词派，清代最有影响的词派之一，因其创立者为常州人张惠言，故名。词作为诗的一种变体，发端于唐代，两

宋时达到极盛，元明时期，跌入低谷。直到明末清初，词坛再度热闹，出现了推崇姜夔、张炎清空淳雅的浙西派和推崇辛弃疾、苏轼奔放豪迈的阳羡派。不过因清初文网严密，文人噤若寒蝉，豪放不起来，浙西派称霸词坛。后浙西派逐渐枯寂，沦为专务雕琢章句、恪守声律的"小道"。嘉庆后，文网渐开，继承豪放一脉的常州词派崛起。张惠言作为常州词派的发起者，其首先致力于在理论上给予词以与诗并列的尊崇地位，而非仅仅是"诗余"。其次，他强调词并非仅仅是文人"言情"的小玩意，而是与诗同样具有"言志"功能的"大道"。为证明此，他还特地编撰了一本《词选》，以证明自己的观点。

在《词选》中，张惠言对诸多词作进行挖掘，其微言大义的解读，有些说得通，有些则牵强附会。如他曾将温庭筠的著名"艳词"《菩萨蛮》解释为"感士不遇"之意。后来的王国维曾对此类穿凿附会表示了自己的讥讽。不过在当时，响应者却甚多，并形成常州词派。稍晚的常州词派的另一位代表人物周济进一步发挥张惠言的观点，并提出"词史"一说，以与"诗史"并尊。常州词派对清词发展影响甚大，近代谭献、王鹏运、朱孝臧、况周颐这四大词家，也是常州词派的后劲。

桐城派

桐城派是清代影响最大的古文流派,因其代表人物方苞、刘大櫆、姚鼐均系安徽桐城人而得名。明中期以后,因反对复古论调的公安派、竟陵派的出现,"文以载道"的文学传统遭到极大挑战。清初,先是名满天下的朝廷重臣方苞,对古文写作进行了新的思考,提出将"文""道"统一的"义法"说,被认为是桐城派的始祖。此后,刘大櫆又提出"神气""音节""字句"理论,进一步补充了方苞的"义法"说。乾隆时的姚鼐则提出"义理、考据、辞章"合一的完整理论,乃是桐城派的集大成者。方苞、刘大櫆、姚鼐三人被尊为"桐城三祖"。桐城派文章以文学的眼光看,没什么文采,其特点在于词句精练,简明达意,条理清晰,只求"清真雅正",不求文采飞扬,偏重于文章的实用性。其代表作有方苞的《狱中杂记》、姚鼐的《登泰山记》等。

桐城派影响极其深远,在地域上早就超出桐城,遍及全国。身为湖南人的曾国藩便是桐城派领袖,西方小说翻译家林纾也曾是桐城派中坚。时间上则自康熙直延至清末,甚至在新文化运动前夕,北京大学国文系还为桐城派所称霸。直到新文化运动开始,白话文兴起,桐城派才宣告消亡。其作家之多、播布地域之广、绵延时间之久,文学史所罕见。

诗界革命

诗界革命是清朝戊戌变法前后资产阶级倡导的诗歌改良运动。早期的倡导者是夏曾佑、谭嗣同、梁启超3人。他们力图开辟诗歌语言的新源泉，目的是表现资产阶级新思想。戊戌维新运动失败后，梁启超逃亡国外，把主要精力用在文化宣传和推进文学改良上。1899年，梁启超正式提出"诗界革命"的口号，倡导"新意境""新语句"和"以古人风格入之"的新诗写作风格。

在"诗界革命"中，黄遵宪取得的成就最大，被称为"诗界革命"的一面旗帜。黄遵宪（1848—1905年），字公度，别号人境庐主人，广东嘉应州（今梅州）人。他曾在日本和欧美做过20多年的外交官，是戊戌维新运动的积极参加者。在诗歌创作方面，他提出"我手写我口"的创作原则，强调写诗要反映现实生活，能表达自己的真情实感。黄遵宪的诗作题材非常广泛，包括政治、战争、异乡风俗等，用艺术手段生动地展现了中国近代社会的变迁。他的代表作有《冯将军歌》《台湾行》《哀旅顺》等。

"诗界革命"冲击了长期统治诗坛的拟古主义、形式主义倾向，反映了当时的诗人咏唱新时代和新思想的强烈要求。

文论

诗言志

诗言志是中国传统诗学的基本观念。最早在《尚书·尧典》中有："诗言志，歌永言。"上古时期，诗、歌一体，"诗言志"的意思便是歌词传达意义，这是其本义。后来孔子将上古时期的诗歌汇编成《诗经》，认为"《诗》三百，一言以蔽之，思无邪"。这使得诗歌"纯洁"化。司马迁又言："《诗》三百篇，大抵贤圣发愤之所为作也。"这又使得诗歌"崇高"化。如此，便在道德方向、写作目的上为诗歌做了一个模糊的界定。汉代，随着儒家思想正统地位的确立，孔子的观点被进一步发挥而具体化，如汉儒所做的《诗大化》言："诗者，志之所之也，在心为志，发言为诗。"又说："先王以是经夫妇，成孝敬，厚人伦，美教化，移风俗。"

如此，诗歌的政治和伦理内涵便进一步明确了，即诗应该用于表达政治抱负和道德情怀，这也成为历代诗论"开山的纲领"。魏晋时期，陆机又提出"诗缘情"的主张，认为诗歌同时还应该表达个人情感，虽然也得到不少人的认同，并且许多诗歌事实上也是表达情感的，但在人们心目中，"诗言志"一直是处于一种正统地位的。

诗缘情

诗缘情是传统诗学的基本观念。魏晋时，陆机在《文赋》中言："诗缘情而绮靡，赋体物而浏亮。"其本义在于对比诗与赋的区别，认为诗重在抒情，而赋重在状物。但后来却有人将陆机的"诗缘情"单独提出来，作为对抗"诗言志"的另一种诗论，认为诗歌的重点不在"言志"，而在表达个人情感。

"诗缘情"提出后，成为中国诗学的重要理论之一。不过，现代学者周作人等人则认为"言志"与"缘情"本是一回事，只是有人错误地将其割裂了，他还举《毛诗序》中的"在心为志，发言为诗，情动于中而形于言"为例。

事实上，不管"诗缘情"是包含在了"诗言志"之内，还是在其外独立存在，都不是问题的关键。关键是，诗歌作为一种文学样式，必然是既能表达治国平天下的远大抱负，又可表达诗人个人的七情六欲。历史上众多的诗人的写作实践都证明了这一点。

诗可以观

诗可以观，是儒家关于诗歌功能的一种表述。此语最早是孔子在《论语·阳货》中所言："小子何莫学夫诗，诗，

《诗经》来源于民间歌谣。

可以兴，可以观，可以群，可以怨。"这里，孔子就诗的功能做了一系列的表述。其中，"诗可以观"意为"观风俗之盛衰"，即王者通过诗歌来了解民间情况与政治得失，其强调的是诗反映社会现实的功能。

事实上，上古时期的诗歌与后来的诗歌有所不同，后世的诗歌更强调"美"，而上古时期的诗歌更强调"真"，因此诗人创作时，常常是纪实，而非虚构。其类似于现在的"报告文学"，新闻性很强，《诗经》中的许多作品都证明了这一点。

为了使诗更好地起到"观"的目的，早期设置有专门的"采诗之官"，平时在民间走街串巷地"采风"，目的便是供"王者所以观风俗，知得失，自考正也"。孔子的这种诗观得到了后来的儒家人士的继承，不过随着社会的发展，诗

歌的艺术性逐渐增强，其"可以观"的功能受到一定削弱，但仍然是诗歌的一个大的传统。如杜甫的"三吏""三别"便是这种传统的反映，而白居易还专门发起过恢复诗歌"可以观"功能的"新乐府运动"。

赋、比、兴

赋、比、兴是《诗经》中的三种主要表现手法。关于赋、比、兴的意思，主要有两种解释。一种是以汉代郑玄为代表，其将赋、比、兴与政治教化、美刺讽谏联系起来，该种解释因脱离艺术形象本身而去刻意寻求诗歌的微言大义而追随者甚少。另一种解释则是将赋、比、兴释为单纯的艺术手法，其中以朱熹的解释流传度最广，其认为："赋者，敷陈其事而直言之也"；"比者，以彼物比此物也"；"兴者，先言他物以引起所咏之词也"。

通过"赋"，往往能够通过语言的铺陈造成一种气势，起到强调、渲染的作用；而"比"，则是将本体事物比作更生动具体的物体而便于人们想象和理解；"兴"，则强调的是一种隐喻和象征，其因为能够增强诗文的深刻性而成为我国诗歌表现手法的基本准则，对后代的诗歌发展影响深远。总体上，赋、比、兴手法是我国诗歌创作过程中基本的艺术思维与表现手法。对其的研究则是我国诗歌理论的一个重要命题。

美 刺

美刺是汉代经学家关于诗歌社会功能的一种说法。"美"意为歌颂，"刺"意为讽刺。最典型的持这种观点的是《毛诗序》，其认为"美"即"美盛德之形容，以其成功告于神明者也"；"刺"即"下以风刺上"。汉儒对于《诗经》的解释基本上以此为标准，清人程廷祚曾在《诗论》中指出："汉儒言诗，不过美刺二端。"如《大雅·云汉》则是"美周宣王也"；《卫风·木瓜》被认为是"美齐桓公也"；《小雅·鸳鸯》是"刺幽王也"；《邶风·雄雉》是"刺卫宣公也"。其中，一些明明是男女之间的情歌的诗篇也被汉儒们牵强附会地认为是暗含了"美刺"。

汉儒将《诗经》解释为赞美和讽刺的两大主题的做法，有利于统治者控制言论，故在相当长的时间里，"美刺"都被认为是诗歌创作的正统原则。直到南宋，朱熹才首次在理论上明确反对将《诗经》简单化为"美刺"的观点，认为古人作诗与今人一样，也是出于抒发性情的需要而已。不过，在实践上，诗人们早已摆脱了"美刺"的镣铐，不然，光彩夺目的唐诗也就不会出现了。

温柔敦厚

　　"温柔敦厚"本为儒家的传统诗教，语出《礼记·经解》："入其国，其教可知也。其为人也，温柔敦厚，《诗》教也。"这本来说的是《诗经》对人的教化作用。据汉儒分析，之所以能有此教化作用，正是因为《诗经》本身的风格乃是"哀而不伤，怨而不怒"，即使讽刺君王，也是"发乎情，止乎礼义"，故而不失其温柔敦厚，后来被引申为诗歌创作的一个原则。如白居易发起的"新乐府运动"所提倡的诗歌创作，便是这样一种"怨而不怒"的风格。白居易本人所写的讽喻诗，正是"本之于温柔敦厚"，"上以补察时政，下以泄导人情"，虽然直刺统治者，却得到统治者的认可。在封建时代，因温柔敦厚的风格既能为统治者起到"谏言"的作用，同时又不过于尖锐，这种折中主义的做法因使统治者和文人之间找到了一个妥协点，所以长期影响着古代诗人的创作。同时，温柔敦厚也被用来指一种含蓄、委婉的艺术风格。

文以载道

　　文以载道，中国古典文学创作的基本观念之一。最早提出这种说法的乃是北宋理学家周敦颐，其在《通书·文辞》中称："文所以载道也，轮辕饰而人弗庸，徒饰也，况虚车

乎？"这里将作文而不承载一定的道，比作没有任何目的的空车。其字面意思是写文章应该表达一定的思想，而实质的意思则是写文章应该表达儒家之道，即儒家的传统伦理道德。

事实上，周敦颐并非最早提出这种观点的人，在宋代之前，便有人提出了"明道""宗经""征圣"等主张，只是周敦颐提出了"文以载道"这个更明确而响亮的口号。此后，随着理学成为宋代官学，"文以载道"便成了文章写作的普遍原则。人们认为，写文章时，"道"才是目的，文只是手段，作文的目的便是"载道"。人们一度将这个"道"理解得很狭隘，甚至排斥文章的艺术追求，视之为"玩文丧志"。不过大多数时候，人们对于"道"的理解还是比较宽泛的，并非一定要局限于孔孟之道。总体上，"文以载道"与"诗言志"共同构成了古代文人诗文创作的基本观念。

文　气

文气，传统文论的基本概念和术语。此概念来自先秦哲学概念"气"，当时人们认为，宇宙之间存在一种构成万物的本源的"自然之气"。这种"气"是生命活力的原动力，是一种体现精神的抽象物，其无形而无所不在。曹丕后来首次运用这种"气"论来论述文章。他在《典论·论文》中说："文以气为主，气之清浊有体，不可力强而致。"曹丕所说的"文气"实际上指的是作文的天赋个性和才能，其不可强

求，且不能传授。此后，"文气"便成了传统文论的一个常见术语，并进一步派生"逸气""骨气""灵气""神气"等说法。历代作家对"文气"都十分重视，唐代韩愈言："气盛则言之短长与声之高下者皆宜。"北宋苏辙言："文者，气之所形。"明代归有光言："文章，天地之元气。得之者，其气直与天地同流。"清曾国藩则言："为文全在气盛。"正是因为"文气"的重要作用，古代还普遍存在一种"养气"说，刘勰在《文心雕龙》中专门写有《养气》一篇，认为作者应该"调畅其气"。苏辙认为"文不可以学而能，气可以养而致"。至于其具体培养方法，韩愈、"三苏"、公安派文人等均有独特见解。

文 质

　　文质，中国传统文论的基本概念和术语。最早使用这个概念的是孔子，其在《论语·雍也》中言："质胜文则野，文胜质则史。文质彬彬，然后君子。"孔子在这里论述的是人，而非文章。"文"指的是一个人的外在举止言谈，"质"指的是一个人的内在涵养。孔子认为，一个人应该外在举止和内在涵养相统一才能称得上是君子。魏晋之际，"文质"的概念被文人们运用到文论中，一种说法以其形容语言风格的华美或质朴，并在此基础上形成了"尚文""尚质"观点间的对立；另一种说法则以"文""质"分别指代文章的形

孔子讲学图

式和内容。

在古代，"质"一直居于主导地位，而"文"则居于从属地位。《文心雕龙》言："文附质，质待文。"唐宋以后，人们普遍以"文""道"替代了"文""质"的概念。而其观点基本上没变，虽然一度有人提出"文道合一"的概念，但总体上，主流的观点仍将"道"视为本，而将"文"视为末，甚至北宋的程颐提出了"玩文丧志""作文害道"的极端说法。

风骨

风骨，传统文论的基本概念和术语。"风骨"一词最早出现于汉末，流行于魏晋，本是用来品评人物。如《宋书·武

帝纪》称刘裕"风骨奇特"，《南史·蔡撙传》称蔡撙"风骨鲠正"等。后来南朝文人将"风骨"引入文论中用以指文章的风力劲骨，刘勰在《文心雕龙》中作《风骨》一篇，对其进行了专门的论述。刘勰认为，所谓"风"，指文章的情志，要有感动人的力量，写得鲜明而有生气，骏快爽朗；"骨"，则指文章要文辞精练，辞义相称，有条理，挺拔有力。"风骨"便是整体上要求文章有气有劲，气韵生动，风格俊朗。而与刘勰同一时代的谢赫则将"风骨"引入画论，其在《古画品录》中认为"风骨"在画作具体体现为"气韵生动"与"骨法用笔"，认为画得生动而有气韵，笔力雄健，线条挺拔，便可谓有"风骨"。另外，对于"风骨"还存在其他一些不同的解释。总体上，"风骨"指的是一种鲜明、生动、凝练、雄健有力的艺术风格。

意 境

意境，传统诗学的基本概念与术语。"意"指诗人的主观意志，"境"则指自然景物，"意境"指抒情性诗作中呈现的那种情景交融、虚实相生、活跃着生命律动的韵味无穷的诗意空间。"意境"作为诗论术语，最早出现于唐代王昌龄所写的诗论《诗格》中。王昌龄在文中提出"诗有三境"，分别为物境、情境、意境。这里的意境事实上偏重于"意"，意思是"意"的境界，而非强调"意""境"之间的关系。

中唐以后，"意境"则开始强调"意""境"之间的契合关系。如权德舆所说的"意与境合"、司空图提出的"思与境偕"，均指的是诗人的主观之"意"与自然之"境"之间的某种契合。经南宋的姜夔，明清之际的朱存爵、叶燮、王夫之等人的进一步发挥，到近代学者王国维，对"意境"提出了更为系统的说法。其在《人间词话》中更提出"境界"一说，将"意"与"境"一元化为一种"情景合一"的艺术"境界"。其认为"一切景语皆情语"，将"意境"表述为情景浑然一体的一种美学意蕴。王国维在《宋元戏曲史》中言："文章之妙，亦一言以蔽之，曰：有意境而已矣。"对于何为意境，其进一步解释："写情则沁人心脾，写景则在人耳目，述事则如其口出。"

杰出文学家

屈 原

屈原生于约公元前 340 年，是中国文学史上第一位爱国主义诗人，是楚辞文体的开创者，也是浪漫主义诗人的杰出代表。刘勰在《文心雕龙·辨骚》中，曾给予屈原"衣被词人，非一代也"的评价，旨在说明屈原在中国文学史上的突出贡献。其流传下来的作品共有 23 篇，其中《九歌》11 篇，《九章》9 篇，《离骚》《天问》《招魂》各 1 篇。屈原是战国末期著名的政治家、文学家。他一生深思高举，却换来潦倒流放，投汨罗江而死的悲惨命运。在其代表作《离骚》中，屈原将自己为国尽忠、流放潦倒、品志高洁、亡国苦痛等情感融汇挥洒在字里行间，不仅创造了"香草美人"的文

临李龙眠九歌图（局部）

学传统，还彰显了屈原文学创作中的个性光辉。屈原是个注重现实的诗人，但是他的很多作品又和神话有密切联系，在现实与神话相结合的形式中，通过自由奔放的语言，将现实社会中的种种矛盾凸显出来，从而揭露当时楚国政治上的黑暗面。在政治上，他是爱国爱民、坚持真理的；在精神人格上，他是宁死不屈、品质高尚的；在文学上，他是不拘一格、开拓创新的。就屈原的文学影响来说，他的很多作品都是后世作家汲取养料、提高水平的参考范本。尤其是楚辞文体的创立，直接影响了汉赋的形成，它与《诗经》被称为浪漫主义与现实主义两大优良流派的源头。

贾 谊

贾谊（公元前 200—前 168 年），西汉初年著名政论家、文学家。洛阳人，世称贾生。贾谊自小博览群书，18 岁即名闻郡里。21 岁时被汉文帝召为博士，乃当时最年轻的博士。汉文帝对其十分赏识，欲拜其为公卿，但因大臣们的嫉妒和反对而作罢。后贾谊因遭朝臣诋毁，被贬为长沙王太傅。后被召回长安，任文帝子梁怀王太傅。梁怀王坠马而死后，贾谊深感歉疚，忧伤而死，年仅 33 岁。

贾谊的思想以儒家为主，也杂有法家及黄老成分。早年曾为《左传》做过注释，但失传。另外，其对道家思想有一定研究，青年时写过《道德论》《道术》等论著。贾谊见诸

后世的成就主要在文学方面，散文和辞赋非常有名。众所周知的便是政论文《过秦论》，以高度概括的笔墨铺陈史实，并以夸张的手法进行渲染，文章雄辩滔滔，极富气势，具有战国纵横家的遗风。另外，其政论文《论积贮疏》《陈政事疏》及辞赋《吊屈原赋》《鵩鸟赋》都非常著名。贾谊的作品被刘向辑为《新书》，又名《贾子》。

司马相如

　　司马相如（约公元前179—前127年），西汉大辞赋家。字长卿，蜀郡成都人，本名司马长卿，因崇敬战国蔺相如，改名相如。少好读书、击剑，曾为景帝武骑常侍，因景帝不好辞赋，辞官，游于梁孝王门下。后回蜀，其间与才女卓文君私奔，留下千古美谈。汉武帝后来看到司马相如的《子虚赋》，大为赞赏，召其入宫，司马相如由此成为宫廷辞赋家。

　　汉代，赋这种文体大盛，涌现出了枚乘、扬雄等一批善于写赋的作家，而司马相如则是最典型的代表。除《子虚赋》外，司马相如还作有《上林赋》《美人赋》《长门赋》等。其中，《子虚赋》《上林赋》内容相连，以子虚和乌有先生争相夸耀本国的故事为基本构架，极尽铺叙、夸张、想象、排比之能事，气势恢宏，典故堆砌，文字华彩，从各个方面体现了散体大赋的特点，奠定了散体大赋的体制，在我国文学史上占有重要地位。以《长门赋》为代表的骚体赋对我国

宫怨文学有不小的影响。因其文学影响，司马相如被认为是与司马迁齐名的重要作家。鲁迅在《汉文学史纲要》中言："武帝时文人，赋莫若司马相如，文莫若司马迁。"

扬 雄

扬雄（公元前53—18年），汉赋代表作家，与司马相如并称"扬马"。字子云，西汉蜀郡成都（今四川成都）人。扬雄少时口吃，不善言谈，默而好深湛之思。其家贫而好学，博览群书，不慕富贵。扬雄早年酷爱辞赋，尤其仰慕同乡作家司马相如，曾模仿其作品著有《甘泉赋》《羽猎赋》等。扬雄40多岁时，被推荐成为汉成帝的文学侍从，其间写了一系列描写天子祭祀、田猎的赋作。扬雄的辞赋在当时颇负盛名，但其后来却认为这是"童子雕虫篆刻"，"壮夫不为"，并不再写赋，而埋头于撰写时人并不懂的学术著作，以求传之后世。扬雄仿《易经》写《太玄》一书，阐发了自己的哲学思想；仿《论语》写《法言》一书，在书中他主张文学应当宗经、征圣，以儒家著作为典范，这对刘勰的《文心雕龙》颇有影响。扬雄还著有语言学著作《方言》，是研究西汉语言的重要资料。因扬雄的重要影响，《三字经》中将其与老子、庄子、荀子、文中子（王通）并列为"五子"。

陶渊明

陶渊明（约 365—427 年），我国第一位田园诗人。生于浔阳柴桑（今江西九江），字元亮，号五柳先生，入刘宋后改名潜。陶渊明出身没落名门，其曾祖父陶侃乃是东晋开国元勋，至陶渊明而没落。陶渊明喜欢读书，性嗜酒，却因家贫不能常得。思想上，陶渊明深受道家人生观的影响，生性洒脱，以逍遥自在为乐。30 岁时，为生活所迫，陶渊明出仕做了几年小官，后因不肯"为五斗米，折腰向乡里小儿"辞官隐去。

在文学成就上，陶渊明被认为是魏晋南北朝最负盛名的作家，而且是屈原之后、李白之前对中国文学影响最大的诗人。其所作诗歌现存 120 首、辞赋 3 篇、散文 8 篇，其中以诗歌成就最高。陶渊明的诗歌题材较丰富，其中最能代表其创作成就的是田园诗。在诗中，陶渊明将田园自然生活描写成一个与现实黑暗世界对立的理想世界，寄寓了作者美好的人生理想。另外，其散文《桃花源记》更鲜明地寄托了作者的这种理想。陶渊明的这种"世外桃源"思想为文人们在政治官场之外，营造出一个虽不存在却令人神往的精神乌托邦，对后世文人产生了深远影响。

初唐四杰

初唐时期文学家代表是"初唐四杰"：王勃、杨炯、卢照邻和骆宾王。

王勃（约650—676年），字子安，绛州龙门（今山西河津）人。当时流行以风花雪月为题材的宫体诗，注重形式主义。王勃首先反对诗坛上的这种不正之风，得到了卢照邻等人的支持。王勃现存诗80多首，多为五言律诗和绝句，代表作有《送杜少府之任蜀州》，著有《王子安集》。

杨炯（653—693年），华阴（今属陕西）人，武后时为盈川令，所以世称杨盈川。他以边塞诗著名，代表作有《从

杨炯《从军行》诗意图

69

军行》《出塞》《战城南》等，气势轩昂，风格豪迈，感情饱满，意象醒目。今存诗33首，其中以五律居多，有《杨盈川集》。

卢照邻（约632—695年），字升之，自号幽忧子，幽州范阳（今河北涿州）人。他的诗意境清迥，以韵致取胜。代表作《长安古意》词句清丽，委婉顿挫，借古讽今，意味悠长，是初唐长篇歌行的名篇。今存《卢升之集》《幽忧子》。

骆宾王（约619—687年），字观光，义乌（今浙江义乌）人。早年有神童之称，他的诗题材较为广泛，擅长七言歌行，笔力雄健，代表作《帝京篇》，当时的人们认为是"绝唱"。徐敬业发兵反对武后时，他曾作檄文《代徐敬业传檄天下文》，义正词严，气势磅礴，连武后都夸他的文采。有《骆宾王集》存世。

孟浩然

孟浩然（689—740年），唐代著名山水田园诗人。字浩然，号孟山人，湖北襄阳人，故世称孟襄阳。孟浩然是古代归隐得比较彻底的一个文人，40岁之前一直在家种菜养竹，闭门读书。开元十六年（728年），到长安应进士，但未能登第。后张九龄任宰相时，孟浩然曾入其幕府，不久即归隐鹿门。不过，虽归隐山林，孟浩然却名声在外，李白、王维、杜甫、王昌龄等人都与其关系甚好。

在文学上，孟浩然的主要成就在山水田园诗方面。其中，以山水诗数量最多。内容一则是孟浩然游历南北各地时对于当地山水的描写，一则是隐居期间对于襄阳的自然风光所做的描绘。在艺术特色上，其山水诗着力追求一个"清"字，往往以清淡平和的语言描绘清幽绝俗的意境，语言洒脱，风格平易，韵致高远。而田园诗数量相对少一些，但因特色鲜明而颇受称道，最脍炙人口的便是《过故人庄》。总体上，孟浩然继承了陶渊明、谢灵运的山水田园诗传统，乃是唐代的第一位山水田园诗人，被誉为"盛唐之音"的第一声。孟浩然与略晚的王维乃是唐代山水田园诗人的代表，因其一生经历简单，其诗不如王诗境界广阔，故虽年长却排王后，世称"王孟"。

王 维

王维（701—761 年），盛唐时期著名诗人。字摩诘，祖籍山西祁县，因崇敬并精通佛学，有"诗佛"的外号。王维少有才名，15 岁至京城应试，即受到王公贵族青睐，21岁即中进士，官至尚书右丞，故世称"王右丞"。张九龄任宰相时，王维受到器重，后张九龄遭贬，李林甫出任宰相，唐朝进入由盛而衰的转折点，王维在京城南蓝田山麓的别墅里，过起了半官半隐的生活。

在诗歌成就上，在唐朝的诗人排行榜中，除李白、杜甫

稳占前两把交椅外，第三名的人选人们往往是在王维与白居易间争论，无有定论。王维在诗歌上的成就是多方面的，无论边塞、山水诗、律诗，还是绝句等都有脍炙人口的佳作，而其成就最高的乃是山水田园诗。陶渊明、谢灵运开创山水田园诗派后，唐代诗人多有继承此派的，而以王维和孟浩然成就最高，并称"王孟"。王维继承和发展了谢灵运的山水诗传统，并对陶渊明田园诗的清新自然也有所借鉴，使山水田园诗的成就达到了一个高峰，在中国诗歌史上占有重要的位置。另外，王维还擅长音律与绘画，享有"诗中有画，画中有诗"的美誉。

李 白

李白（701—762年），字太白，号青莲居士，绵州昌隆（今四川江油）人，祖籍陇西成纪（今甘肃天水市秦安县），出生于唐朝安西都护府碎叶城（今吉尔吉斯斯坦托克马克城），5岁时随父亲迁到四川绵州青莲乡。

李白"一生好入名山游"，20岁时游遍了巴蜀的名山胜水，25岁时开始漫游全国，足迹遍及山东、山西、河南、河北、湖南、江苏、浙江、安徽等地，写下了大量的优秀诗篇。742年，受唐玄宗的赏识被召入宫，供奉翰林。但李白不愿向权贵低头，两年后辞官离京，又开始了长达十多年的漫游生活。"安史之乱"爆发后，李白应邀进入永王李璘幕

府。永王不久即败北，李白因此受牵连而下狱，后被流放到夜郎，中途遇赦。762 年，病逝于安徽当涂。

李白是继屈原之后我国古代最杰出的浪漫主义诗人，被誉为"诗仙"，与杜甫并称"李杜"，今存诗 900 多首。李白一生关心国事，不满黑暗现实，希望能建功立业，同时他又受老庄和道教的影响，又有"出世""求仙"的思想。他的诗歌豪迈瑰丽，既有丰富奇特的想象，又有对当时政治黑暗的抨击，还有对民生疾苦的反映和同情。

李白的诗受屈原和汉魏六朝的乐府民歌影响最深，擅长形式自由的古诗和绝句。他的诗语言浑然天成，不屑雕饰，清新隽永。写景则气势磅礴，想象奇特，抒情则感情奔放，变化多端。代表作有《黄鹤楼送孟浩然之广陵》《望庐山瀑布》《望天门山》《早发白帝城》等。著有《李太白集》。

杜 甫

杜甫（712—770 年），字子美，襄阳（今属湖北）人，生于河南巩县（今巩义市）。因在长安城南少陵居住过，曾任检校工部员外郎，后世称之为杜少陵、杜工部。

杜甫出生于官宦世家，祖父是诗人杜审言。他从小受过良好的教育，深受儒家思想的影响，渴望报效国家，建功立业。731 至 745 年，杜甫开始在全国漫游，北到燕赵，南到吴越，其间曾与李白相遇，两人结为好友。杜甫曾两次考科举，但

均不第，困居长安 10 年。后经过多次奔走，才得到右卫率府参军的小官。"安史之乱"后，杜甫只身投奔唐肃宗，被任命为左拾遗、工部员外郎，后被贬为华州司功参军。不久他弃官而去，全家定居成都。杜甫晚年漂泊在四川、湖南、湖北一带。770 年，杜甫病死于一只破船上。

杜甫的诗现存 1400 多首，他的诗被称为"诗史"，很多重大的历史事件在他的诗中都有反映。另外，他的诗还可弥补史书记载的不足。杜甫多年游历和长期生活在社会底层，再加上仕途坎坷，他对社会的黑暗、政治的腐朽、人民的困苦生活有着深刻的了解，对人民深切同情，大胆地揭露了当时尖锐的社会矛盾。他的诗歌沉郁顿挫、忧思悲慨，语言精练，形象生动，抒情诗多寄情于景，情景交融。杜甫的代表作有《兵车行》《丽人行》《前出塞》《后出塞》《自京赴奉先县咏怀五百字》以及"三吏""三别"等。他的《忆昔》一诗，常被史学家用来说明开元盛世的社会风貌。有《杜工部集》。

韩 愈

韩愈（768—824 年），中唐著名文学家。字退之，邓州南阳（今河南孟州）人，因祖籍在昌黎（今属河北），世称"韩昌黎"。其年少时孤贫而发愤，25 岁中进士，29 岁正式登上仕途。早年仕途比较坎坷，屡遭贬黜，晚年历任吏部侍郎等高职，政治上较有作为。韩愈在文学上的成就主要

是在散文方面，苏轼称其"文起八代之衰"。

韩愈与自己的政敌柳宗元一起倡导"古文"，形成了声势浩大的古文运动。最后"古文"逐渐替代了"今文"（骈文），并流传千年之久。在提出理论的同时，韩愈本人用古文写了大量的哲学、政治、文学论文和一些杂文。在语言上，韩愈"惟陈言之务去"，善于活用前人成语，创造了一种适时通用的文学语言。在风格上，其文雄健豪放，波澜壮阔，读来令人酣畅淋漓。

韩愈的散文对后世产生了深远影响，后人将其列为"唐宋八大家"之首，又将他与杜甫并提，有"杜诗韩文"之称。除散文外，韩愈作为诗人也被认为是中唐诗人中的翘楚，他还开创了"说理诗派"的诗风，对宋代诗歌风格的转变起到了先导作用。

白居易

白居易（772—846年），字乐天，号香山居士，生于郑州新郑，出身官宦家庭。29岁中进士及第，与元稹并称"元白"。810年，任京兆府户曹参军，负责草拟诏书，后遭排挤，被贬为江州司马。822年后，先后任杭州刺史、苏州刺史。在职期间，为官清廉，关心人民疾苦，深得民心。58岁时定居洛阳，常与刘禹锡唱和，时称"刘白"。

白居易是中唐最杰出的现实主义诗人之一，现存近

3000 首诗歌，主要可以分成讽喻、闲适、感伤和杂律四大类，其中讽喻诗成就最高，主要有《新乐府》50 首、《秦中吟》10 首。这些诗叙事完整，情节生动，人物传神，广泛反映了中唐时期社会生活的各个方面，着重描写了社会的黑暗、政治的腐败和人民的苦难，言辞激烈，毫无顾忌。如《卖炭翁》中揭露了宦官对人民巧取豪夺的罪恶行径——"宫市"；《买花》揭示了当时巨大的贫富差距。

白居易的感伤诗以《长恨歌》和《琵琶行》最具代表性。《长恨歌》写的是唐玄宗和杨贵妃的婚姻爱情故事，诗中既有对唐玄宗重色误国的讽刺，又有对他和杨贵妃之间的爱情的感伤和同情。《琵琶行》则借琵琶女的不幸身世来抒发自己怀才不遇和"同是天涯沦落人"的遭际之感。这两首诗叙事曲折，写情入微，声韵流畅，流传很广。

白居易《长恨歌》诗意图

另外，白居易和元稹、张籍、李绅等人一起，掀起了"新乐府运动"，在中国文学史上影响很大。有《白氏长庆集》。

刘禹锡

刘禹锡（772—842年），中唐著名诗人。字梦得，洛阳人，出身书香门第，自称是中山靖王之后。其少有才学，21岁即擢进士第，官至监察御史。刘禹锡在政治上提倡革新，曾是王叔文派政治革新活动的中心人物之一。后来永贞革新失败，被贬，之后政治上一直不怎么得志，以诗作自娱。现存800余首，其中以咏史怀古的作品成就最高。其咏史怀古诗往往语言平易简洁，意象精当新颖，并恰切自然地注入诗人阅尽沧桑变化之后的沉思与感慨，具有一种深远的历史与人生沧桑感，耐人回味。如《石头城》："山围故国周遭在，潮打空城寂寞回。淮水东边旧时月，夜深还过女墙来。"另外，《西塞山怀古》《乌衣巷》《蜀先主庙》等都是千古名篇。刘禹锡的诗既不同于元、白的平易浅俗，也异于韩、孟的深刻奇崛，而是在两大诗派之外别开新局。其诗格调奇高，风情俊爽，骨力刚劲，往往溢出一股豪迈之气，故作者有"诗豪"之誉。

柳宗元

柳宗元（773—819 年），中唐著名文学家。字子厚，祖籍河东解县（今山西永济），故称柳河东。柳宗元入仕后，积极参与王叔文集团进行政治革新。后革新派被宦官和藩镇势力所挫败，柳宗元被贬到南方边远地区，最后死于柳州（今属广西）刺史任上。柳宗元在文学上是个多面手，在诗歌、辞赋、散文、游记、寓言、小说、杂文以及文学理论诸方面，都做出了突出的贡献。尤其在散文方面成就最高，其与韩愈共同发起"古文运动"，并身体力行用古文写作。《封建论》等政论文，论说性强，笔锋犀利，讽刺辛辣；《永州八记》《小石潭记》等山水游记独具一格，是我国古代山水游记名作；另外，《黔之驴》《永某氏之鼠》等寓言小说，立意奇特，现已成成语。柳宗元凭其散文成就与韩愈并称"韩柳"。而在诗作上，柳宗元也以简淡深远的风格受到推崇，苏轼称其诗"外枯而中膏，似淡而实美"。柳宗元在诗文上与刘禹锡并称"刘柳"，与王维、孟浩然、韦应物并称"王孟韦柳"。

郊寒岛瘦

郊寒岛瘦指中唐两位著名诗人孟郊和贾岛。二人同以苦吟著称，平生遭际大体相当，诗风也相似，先是苏轼评其二

人为"郊寒岛瘦"，后人遂沿用此说。另外，"郊寒岛瘦"也指二人诗作中所体现出来的狭隘的格局，穷愁的情绪和苦吟的精神。

孟郊（751—814年），字东野，湖州武康（今浙江德清）人。其屡试不第，直到46岁方才得中进士，50岁始做官。虽一生穷困潦倒，但生性孤傲，不同流合污，张籍私谥其为贞曜先生。孟郊的诗作不管在内容上还是在艺术态度上，均以"苦吟"著称。他的作品多为"瘦坐形欲折，腹饥心将崩""借车载家具，家具少于车"等表现生活穷困和不幸遭遇以及自己从中所获得的体验的类型。而在艺术上，刻意追求奇险超俗的字句，乃至强令自己不出门以求好的字句，故有"诗囚"之称。

贾岛（779—843年），字浪（阆）仙，幽州范阳（今北京附近）人。早年因科举落第而出家，法名无本，自号"碣石山人"。后在韩愈的劝说下，还俗并考中进士。其在政治上没有什么作为，在诗歌上颇有成就。贾岛与孟郊一样是喜欢"苦吟"的诗人，喜欢刻意锤炼字句，曾自言"两句三年得，一吟双泪流"。故多有佳句，如"秋风生渭水，落叶满长安""长江人钓月，狂野火烧风"等。其诗作与韩愈、孟郊注重古体诗不同，而是致力于创作近体诗，多以五律抒写清苦生活和荒凉冷僻的景物，并以瘦硬苦涩的风格取胜。其诗在晚唐形成流派，影响颇大。

李商隐

李商隐（约812—858年），晚唐杰出诗人。字义山，号玉溪生、樊南生，原籍怀州河内（今河南沁阳），自祖父起迁居郑州荥阳。李商隐远祖乃是唐开国功臣，并被赐姓李，至李商隐已经没落。李商隐18岁时已具才名，被郑州节度使令狐楚所赏识，召为幕僚。26岁时中进士，因令狐楚已病逝，又被在今甘肃任节度使的王茂元所看重，召为幕僚兼女婿。无奈令狐楚与王茂元乃是唐末"牛李党争"中的政敌，宣宗时，令狐楚子令狐绹任宰相，李商隐遭其排挤，辗转于各藩镇充当幕僚，潦倒终生。

在文学上，李商隐被视为晚唐最杰出的诗人之一。晚唐时，诗歌在前辈的光芒照耀下有大不如前的趋势，而李商隐却将唐诗推向了又一个高峰，与杜牧齐名，两人并称"小李杜"。李商隐的诗歌对杜甫七律的沉郁顿挫、齐梁诗的华丽浓艳及李贺诗的诡异幻想均有所借鉴，并融会贯通，形成了深情、缠绵、绮丽、精巧的风格。在其留下的近600首诗作中，最有特色也最受后人推崇的是凄迷朦胧难以理解却又充满美感的无题诗。如著名的《锦瑟》："锦瑟无端五十弦，一弦一柱思华年。庄生晓梦迷蝴蝶，望帝春心托杜鹃。沧海月明珠有泪，蓝田日暖玉生烟。此情可待成追忆，只是当时已惘然。"后人或猜以爱情，或猜以友情，或认为别有寄托，千百年众说纷纭。而这巨大的想象空间也正是其魅力所在。

李 煜

　　李煜（937—978 年），初名从嘉，字重光，号钟隐，徐州人，南唐后主。北宋建隆二年（961 年）在金陵（今南京）即位，在位 15 年，在政治上无所作为。北宋开宝八年（975 年），宋兵攻克金陵，李煜成为亡国之君，被押到汴京，过了 3 年屈辱的囚徒生活。北宋太平兴国三年（978 年），宋太宗恼恨他写"故国不堪回首月明中"之句，将他毒死，葬在洛阳邙山。

　　李煜虽然政治无能，却多才多艺，工书法，善绘画，精音律，今存词 30 多首，是晚唐五代词人中有所成就的词人之一。李煜的词的主要艺术风格是多用口语和白描，不加修饰，不追求辞藻，感情纯真而缺少节制，艺术感染力很强。他的词可以分为前期和后期两种风格。前期的词描写了自己沉醉于纸醉金迷的宫廷享乐生活和男女之间的情爱之中，题材狭窄，主要是南朝宫体诗和花间词的继续，但已显示出了他的非凡才华。这一时期的代表作有《玉楼春》《喜迁莺》《一斛珠》《长相思》《清平乐》等。后期的词写于亡国之后，地位的巨大落差，给他带来了无穷的屈辱和痛苦，使李煜的思想产生了巨大的转变与升华。他的词开始写亡国之痛和对故国的深切怀念，以及对昔日帝王生活的眷恋，感情至深，充满了伤感和绝望，凄凉悲惨，意境深远，格调低沉。这一时期的代表作有《虞美人》《浪淘沙》《乌夜啼》。

唐宋八大家

　　唐宋八大家指的是唐代和北宋的八位著名散文作家：唐代的韩愈、柳宗元，北宋的欧阳修、苏洵、苏轼、苏辙、王安石和曾巩。唐宋八大家的文章不但震撼了当时的文坛，而且成为后世散文的楷模。明代古文家茅坤将他们8个人的作品合编为《唐宋八大家文钞》。由于这8位作家文学观点接近，而且都在散文创作上取得了很高的成就，因而"唐宋八大家"一提出，就被人们普遍接受，成为文学史上的专有名词。

柳宗元《捕蛇者说》

南北朝以后，对仗工整，辞藻华丽，但内容空洞的骈文开始流行。许多有识之士呼吁改革文风，但成效不大。到了唐朝中期，韩愈、柳宗元等人发起了声势浩大的"古文运动"。所谓"古文"，是针对骈文说的，指的是先秦两汉的散文。韩愈和柳宗元提出了一整套的古文写作理论，并创作了很多优秀的文章，如韩愈的《师说》《进学解》《杂说》等，柳宗元的《捕蛇者说》《小石潭记》等。韩、柳二人的古文运动直接影响了他们的朋友和学生，得到了他们的响应和追随，散文创作被推到一个新的高度，沉重打击了骈文。

但到了北宋初期，骈文又开始泛滥。欧阳修继承韩愈、柳宗元古文运动的精神，联合同辈的苏洵，学生苏辙、苏轼、王安石、曾巩，再次大力倡导古文运动。他们也创作了一大批优秀的散文，如欧阳修的《醉翁亭记》、王安石的《读孟尝君传》和《游褒禅山记》、苏洵的《六国论》、苏轼的《石钟山记》等。唐宋八大家发起的古文运动，是中国古代散文发展史上一座重要的里程碑。

柳 永

柳永（约987—约1053年），北宋婉约派代表词作家。字耆卿，原名三变，崇安（今属福建）人。其出身仕宦世家，幼时聪慧，擅长音律歌词。青年时到京城参加科举，却迷恋于烟花之地，因未被录取，愤而作《鹤冲天》，称"忍把浮名，

换了浅斟低唱"，认为自己为青楼写词，也不失为"白衣卿相"。本来只是一时气话，谁知被宋仁宗得知，第二年科举时文章本已过关，宋仁宗却将他黜落，并批示："且去浅斟低唱，何要浮名？"柳永听说，愤而自称"奉旨填词柳三变"，辗转于各地青楼，靠给妓女写词过活。51岁，柳永得中进士，做了两年官，又干起老行当。柳永死后，一众妓女凑钱将其安葬，并每年上坟，成为千古佳话。

柳永凭其词作在文学史上占有一席之地。今存词200多首，其对于都市繁华、男女艳情、羁旅之怀等题材均有涉及。风格上，柳词清新婉约，细腻独到，与李清照、晏殊、李煜共同被称为婉约派四大旗帜。代表作有《雨霖铃》。柳永改制、创作了许多新词调，并极大地扩大了词的题材范围，突破了晚唐至宋初以来词的狭隘，为苏轼词的"无意不可入，无事不可言"奠定了基础。另外，柳永对于词的表现手法也多有贡献，并且用民间口语写作大量"俚词"。

晏殊、晏几道

晏殊（991—1055年）、晏几道（1030—1106年）父子二人，北宋初年词人，抚州临川（今属江西）人，其词作相映生辉，闻名于当世，后世词话家称之为"二晏"，或"大小晏"。二人词作，均承南唐传统，但在"赡丽"之中有沉着的内容，并不流于轻情、浮浅。

晏殊，字同叔，是北宋前期婉约派词人之一。自幼以神童闻名，14岁时就因才华横溢而被朝廷赐为进士，仕途顺畅，官至宰相，故其词作多表达出一种悠闲雍容的气度，于平静之中给人留下余韵。如《浣溪沙》："一曲新词酒一杯，去年天气旧亭台。夕阳西下几时回？无可奈何花落去，似曾相识燕归来。小园香径独徘徊。"

晏几道，字叔原，号小山。其父亲去世后，家道中落，故他的词一改父亲的雍容闲适，而是形成哀感缠绵的风格，多怀往事，抒写哀愁，笔调饱含感伤，感情深沉真挚，词风接近李煜。甚至有人认为其成就超过其父，现存其词集《小山词》。

欧阳修

欧阳修（1007—1072年），北宋中期文坛领袖。字永叔，号醉翁，晚年号六一居士，吉安永丰（今属江西）人。欧阳修幼年丧父，由寡母亲自课读。家贫，但读书刻苦，23岁即中进士，30岁已以文章名闻天下。早年欧阳修因支持范仲淹的"庆历新政"被两次贬到地方上做官，47岁方奉诏回京，官至宰相。神宗时，王安石任宰相，推行变法，欧阳修与其政见不和，辞官还乡。

欧阳修在经学、史学、诗文等方面均有突出成就。曾参与《新唐书》的撰写工作，并独自撰写《新五代史》。其诗

歌对李白、杜甫均有借鉴，成就斐然，并写有我国第一本正规的诗话《六一诗话》。欧阳修最大的成就在于散文方面。宋初文坛沿五代余风，崇尚骈偶雕琢之文。欧阳修力主古文，并通过嘉祐二年（1057 年）主持科举的机会，录取以古文写作的苏轼、苏辙、曾巩等人，一举扭转北宋文风，成为领导文坛新潮流的盟主。其一生写散文 500 余篇，政论、史论、记事、抒情文各体兼备，大都内容充实，气势旺盛，深入浅出，精练流畅。后人论文，多以韩、柳、欧、苏为典范，其中的"欧"，就是欧阳修。"论大道似韩愈，论事似陆贽，记事似司马迁，诗赋似李白"，这是苏轼对欧阳修的评价。

王安石

王安石（1021—1086 年），北宋文学家。字介甫，号半山，封荆国公，世称王荆公。王安石生于江西临川一个地方官家庭，自幼聪慧，据说读书能够过目不忘。22 岁中进士，在江南各地任地方官。神宗继位后，面对宋王朝积贫积弱的烂摊子，任用王安石为宰相，进行变法。王安石主要在增加政府财政与整顿军事方面进行了变革，但因变法宣传力度不够，推行不彻底，利弊兼有，在当时乃至后世一直褒贬不一。神宗去世后，王安石隐居江宁，司马光为相，尽废新法，王安石在复杂的心情中逝世。

王安石在诗文方面均有卓越成就。其文学创作多和政治

活动密切联系起来，所作文多为书、表、记、序等体式的论说文，以阐述政治见解与主张。其文结构严谨，条理清晰，说理透彻，语言朴素精练，具有较强的概括性。这对于巩固由欧阳修等人发起的北宋诗文革新运动的成果起了积极的作用。王安石也因此被列为"唐宋八大家"之一。另外，在诗歌创作上，王安石诗作情感充沛，想象丰富，用字工稳，对当代和后世都有影响，被称为"王荆公体"。

苏　轼

　　苏轼（1037—1101年），字子瞻，一字和仲，号东坡居士，北宋眉州眉山（今属四川）人，文学家苏洵之子。

　　苏轼受父亲苏洵的影响，自幼勤奋好学，21岁中进士，曾担任主簿、通判等地方官。在政治上，他属于旧党，反对王安石变法，结果遭到贬斥。旧党上台后，他被召回京任职，但他又反对旧党全盘否定变法内容，自请外调，先后担任过杭州等地的地方官。在担任地方官期间，苏轼勤政爱民，为人民做了不少好事。1101年，苏轼病死在常州，追谥文忠。

　　在苏轼以前，词的题材非常狭窄，主要是描写男女情爱和离愁别绪之类。苏轼对词进行了全面改革，扩大了词的表现功能，开拓了词的意境，将传统上表现女性化的柔情之词、爱情之词变为表现男性化的豪情之词、性情之词。在他的词里，既有对"故垒西边，人道是、三国周郎赤壁"的古战场

苏轼《江城子·密州出猎》

的描写，又有"雄姿英发""羽扇纶巾"等对古代英雄的描写，还有"会挽雕弓如满月，西北望，射天狼"的壮志豪情，有"笔头千字，胸中万卷，致君尧舜"的书生意气，也有"不知天上宫阙，今昔是何年"的神思异想。苏轼开创了词的豪放一派，他的词意境深远，豪迈奔放，与辛弃疾并称"苏辛"，对后世影响很大。

苏轼的散文与欧阳修并称"欧苏"，他的诗与黄庭坚并称"苏黄"。他还开创了湖州画派，并且是北宋四大书法家之一。苏轼是中国文化史上罕见的全才，有《东坡七集》《东坡乐府》等。

李清照

李清照（1084—约1155年），号易安居士，齐州章丘（今山东济南市章丘）人，出身官僚学者家庭。18岁时，与情投意合的赵明诚结婚。婚后夫妇二人经常诗词酬唱，收集金石古玩，生活美满幸福。金兵南侵后，李清照南渡，经历了国破、家亡、夫死等一系列悲惨遭遇，孤独一人在南方过着颠沛流离的生活。

李清照多才多艺，尤其擅长写词。她的词以南渡为界限，可以分为两个阶段。在前期，闺房绣户和对丈夫的思念是李清照生活的全部，美满的婚姻是李清照的人生理想。她这一时期的词主要描写的是少女少妇的悠闲生活和对丈夫的爱，还有一些对自然风光的描写。这一时期的代表作有《如梦令·昨夜雨疏风骤》《凤凰台上忆吹箫》《一剪梅》《醉花阴》。词作语言活泼清新，格调明快，情思悠长，情感真切，言辞浅显但意味悠长。后期的词比前期更加愁思深重，多是一些哀叹身世、孤苦无依之作，同时也流露出对中原的思念之情。语言低沉忧伤，词境灰冷凝重。这一时期的代表作有《武陵春》《声声慢》等。

除了词，李清照还写了一些感时的咏史诗，如《浯溪中兴颂诗和张文潜》，借古讽今，主张吸取唐朝"安史之乱"的教训。《夏日绝句》中的"至今思项羽，不肯过江东"，

表达了李清照对南宋君臣苟安东南、不思收复中原表示强烈的愤慨。

陆 游

陆游（1125—1210年），南宋诗人。字务观，号放翁，越州山阴（今浙江绍兴）人，陆游自幼好学，青年时代曾向曾几学诗，他的诗受屈原、陶渊明、李白、杜甫等人的影响很大。29岁时，赴南宋都城临安（今杭州）考试，名列第一。但因为他"喜论恢复"，结果被除名。直到秦桧死后，才被起用。先后任夔州、蜀州、嘉州、荣州通判或知州等小官。因上书谏劝朝廷减轻赋税而被罢免，此后长期居住在农村。1210年病逝。

他的诗现存9000多首，内容非常丰富，几乎涵盖了当时社会生活的各个方面。他的诗歌创作可以分为3个时期：1. 中年入蜀以前。这一时期存诗最少，约200首。2. 入蜀以后到罢官东归，将近20年。这一时期存诗2400多首，是他诗歌创作的成熟期，奠定了他在中国文学史上的地位。3. 东归以后到去世，时间为20年，存诗6500多首。在陆游诗歌创作的3个时期中，爱国主义精神贯穿始终，第二时期尤为强烈，他的诗或抒发收复失地的壮志豪情，或深切同情沦于外族统治的中原父老，或表示对南宋朝廷投降主义政策的强烈不满和壮志难酬的悲哀。直到临死前，他

还留下了一首《示儿》，表达自己因山河破碎、国土沦陷而死不瞑目，感人至深。陆游的代表作有《关山月》《书愤》《金错刀行》《农家叹》《黄州》《长歌行》等。陆游的词纤丽、雄快，代表作有《诉衷情·当年万里觅封侯》《卜算子·咏梅》等。

辛弃疾

辛弃疾（1140—1207年），字幼安，号稼轩，历城（今山东济南）人，曾任江阴军签判。辛弃疾在担任地方官期间，重视农业生产，积极训练军队，表现了非凡的政治才能和军事才能。他屡次上书要求南宋政府北伐抗金，结果遭到南宋统治阶级投降派的排斥和忌恨，辛弃疾为此被罢职闲居20年之久。晚年时曾被短暂起用，但不久又遭贬斥，最后含恨而终。

辛弃疾是南宋伟大的爱国词人，他把满腔爱国激情和南渡以来的无限义愤，全部融入词中。他继承和发展了苏轼的豪放词风，他的词慷慨激昂，纵横驰骋，既善于用典，也善于白描，提高了词的表现力，开拓了词的意境，成为南宋杰出的词人之一。人称他的词"色笑如花，肝肠似火"。辛词多方面反映了当时尖锐的社会矛盾和南宋统治阶级的内部矛盾，描写了错综复杂、动荡不安的社会现实，表现了非凡的英雄气概和积极主张抗金，收复失地，统一全国的热忱。除

此以外，辛弃疾还写了很多描写农村田园生活和隐逸情趣的词，如《西江月·夜行黄沙道中》《浣溪沙·常山道中即事》等，语言朴实清新。他的代表作有《永遇乐·京口北固亭怀古》《水龙吟·登建康赏心亭》《破阵子·为陈同甫赋壮词以寄之》《菩萨蛮·书江西造口壁》等。今存词 600 多首，有《稼轩长短句》。

元曲四大家

元曲四大家包括关汉卿、马致远、郑光祖和白朴。

关汉卿，生卒年不详。号已斋叟，大都（今北京）人，或说祁州（在今河北）、解州（在今山西）人。关汉卿一生编写了 67 部杂剧，现存 18 部，代表作有《窦娥冤》《救风尘》《望江亭》《拜月亭》《鲁斋郎》《单刀会》《调风月》等。关汉卿的杂剧充满着浓郁的时代气息，具有强烈的现实性和昂扬的战斗精神，反映的生活面十分广阔，被后人列为四大家之首。

马致远（约 1250—约 1324 年），号东篱（一说千里），大都（今北京）人。曾任江浙行省官吏，后归隐山林。一生著有杂剧 15 部，今仅存《破幽梦孤雁汉宫秋》《江州司马青衫泪》《西华山陈抟高卧》《吕洞宾三醉岳阳楼》《马丹阳三度任风子》《半夜雷轰荐福碑》和《邯郸道省悟黄粱梦》（合著）7 部。代表作为《汉宫秋》。

郑光祖，生卒年不详，字德辉，平阳襄陵（今山西临汾）人。曾任杭州路吏。他的杂剧著作很多，但流传至今的只有8部，代表作为《倩女离魂》。他的剧作词曲优美，贴切自然，备受后世剧作家的推崇。

白朴（1226—1306年），字太素，号兰谷，今山西河曲人。一生创作杂剧16部，今仅存《唐明皇秋夜梧桐雨》《裴少俊墙头马上》和《董秀英花月东墙记》3部。代表作为《梧桐雨》。

前后七子

"前后七子"，指明朝中叶的诗文流派。"前七子"指李梦阳、何景明、王九思、徐祯卿、康海、边贡、王廷相7人，其中以李、何为首，活跃于弘治、正德年间。该说法最早见于《明史·李梦阳传》，为区别后来出现的"后七子"，故名。7人皆为进士，多负气节，不满明中叶腐败的政治和庸弱的士气，强烈反对当时流行的台阁体诗文和"缓冗沓，千篇一律"的八股习气。其文学主张是"文必秦汉、诗必盛唐"，旨在通过复古拯救萎靡不振的诗风。"前七子"在文坛崛起后，其复古主张迅速流行，成为文学思潮的主流。"后七子"指李攀龙、王世贞、谢榛、宗臣、梁有誉、徐中行、吴国伦，其中以李、王为首，活跃于嘉靖、隆庆年间。"后七子"继承了"前七子"的复古主张，并且更加绝对，"谓

文自西京、诗自天宝而下，俱无足观"，"无一语作汉以后，亦无一字不出汉以前"。"后七子"称霸文坛的时间更长，影响也更大，将复古运动推向了高潮。总体而言，"前后七子"称霸了自弘治以后的明朝文坛，甚至影响直抵清代。其作品对改变明朝过于萎靡的文风起到了重要作用，但创造性显得不足，不过也有少数好作品，如李梦阳的《秋望》、宗臣的《报刘一丈书》等。

汤显祖

汤显祖（1550—1616年），明末戏曲家。字义仍，号海若、清远道人，江西临川人。其出身书香门第，少有才名，14岁中秀才，21岁中举，却因拒绝权相张居正的延揽而屡次举进士不第。直到张居正死后，他才得中进士，其时已34岁。汤显祖在政治上一直不得志，历任南京教育和祭祀的主管官员。明朝以北京为京师，以南京为留都，虽然两京机构设置相同，但南京官员实际上没什么权力。后汤显祖因上书弹劾先后执政的张居正和申时行而被贬，成了从九品的小官，后又当了几年知县。48岁时，对政治倦怠的汤显祖辞官回家进行创作。

汤显祖在明代文坛名声并不显赫，《明史·文苑传》中并没有他的名字。其主要才气都用在了传奇（南曲）的创作上，传世之作有《牡丹亭》《邯郸记》《紫钗记》《南柯记》。

《牡丹亭》年画 清

因 4 部戏剧都与"梦"有关，故世称"临川四梦"。

南洪北孔

　　南洪指的是洪昇，北孔指的是孔尚任。洪昇（1645—1704 年），中国清代戏曲作家、诗人。字昉思，号稗畦、稗村，又号南屏樵者。浙江杭州人，生于官宦家庭。从小聪明好学，18 岁时开始创作《沉香亭》，后改名《舞霓裳》，23 岁时将《舞霓裳》改为《长生殿》。27 岁时《长生殿》问世，上演后引起轰动。后因违禁演出《长生殿》，被捕下狱，后被逐出北京。从此洪昇过着郁郁寡欢的生活，终因酒后溺水而死。

洪昇一生创作了《长生殿》《回文锦》等9部传奇和杂剧《四婵娟》。诗集有《啸月楼集》《稗畦集》《稗畦续集》。词集有《昉思词》和《啸月词》（均佚）。

孔尚任（1648—1718年），清代著名戏曲家。字聘之，又字季重，号东塘，别号岸堂，自称云亭山人。兖州曲阜（今山东曲阜）人，孔子六十四代孙。青年时在石门山隐居读书。康熙二十三年（1684年），康熙经过曲阜，孔尚任被荐去讲《论语》，受到康熙的赏识，被任命为国子监博士。他曾先后到过扬州等地治河。在此期间，他凭吊南明的历史遗迹，结识明朝遗民。回到北京后，孔尚任用了十年时间写成了反映南明亡国的戏剧《桃花扇》，上演后大受欢迎。但由于戏剧的内容触犯了清廷的忌讳，结果被罢官回乡。孔尚任除了代表作《桃花扇》之外，还有《石门山集》《湖海集》《岸堂集》《出山异数记》等。

蒲松龄

蒲松龄（1640—1715年），清代小说家。字留仙，又字剑臣，号柳泉居士，世称聊斋先生。出身于山东淄博一个中小地主兼商人家庭，19岁应童子试，接连考取县、府、道三个第一，名震一时。但之后再也未能"晋级"，直到71岁才获荣誉性的岁贡生头衔。一生除做过几年幕僚外，大部分时间设帐教书。

　　蒲松龄的不朽名声主要来自其短篇小说集《聊斋志异》。据说蒲松龄曾设茶烟于道旁，"见行者过，必强执与语，搜奇说异"。他在《聊斋志异》自序中言："才非干宝，雅爱搜神；情类黄州，喜人谈鬼。闻则命笔，遂以成篇。"中国本来就有记录怪异的传统，如晋人干宝的《搜神记》、宋代的《太平广记》等。但多只记录故事的梗概，蒲松龄则首次以写传奇的方式记录志怪，极尽渲染之能事，将那些鬼怪狐仙的故事讲得细微曲折，引人入胜，故《聊斋志异》被当作一本千古奇书。

曹雪芹

　　曹雪芹（1715—1763年），名霑，字梦阮，号雪芹、芹圃、芹溪。先祖是汉族，后被编入满族正白旗。其高祖曹振彦因"从龙入关"，立下军功，成为内务府官员，曹家发达起来。后曹雪芹的曾祖母当了康熙的奶妈，祖父曹寅则做了康熙的伴读。康熙登基后，曹雪芹的曾祖父曹玺被任命为江宁织造，父死传子。江宁织造虽官职不高，实际上却是皇帝派驻江南的特使，康熙6次南巡，4次住在曹府，其恩宠可见一斑。《红楼梦》中所说的"江南的甄家"4次接驾便影射此事。后来康熙驾崩，新继位的雍正皇帝便以"亏空甚多"等理由将曹雪芹的父亲曹𫖯革职，并抄没家产，曹家搬回北京。曹雪芹的后半生居住在北京西郊，过着"举家食粥"的艰难日子。

正是在这种前半生的富贵与后半生的凄凉的巨大反差之下，曹雪芹看破人间世态炎凉，产生了创作冲动。其"披阅十载，增删五次"，创作出优秀的古典小说《红楼梦》。

《红楼梦》一问世便受到广泛关注，并且后来还非常罕见地发展出一门专门研究《红楼梦》的"红学"。但在古代，小说是不入流的，故《红楼梦》虽然有名，但曹雪芹在生前和死后相当长时间内都是寂寞的，《清史稿·文苑传》中并没有他的名字。故此，曹雪芹的身世相当程度上是一个谜。据说曹雪芹生性豪放不羁，崇拜阮籍，故取字梦阮（籍）。曹雪芹还是一位诗人，其诗立意新奇，风格近于唐代诗人李贺。另因自胡适以来，"红学界"已经达成共识，《红楼梦》乃是曹雪芹的"自序传"，故读《红楼梦》，或许才是了解曹雪芹的最佳途径。

念奴娇

念奴是唐天宝年间的著名歌女，"善歌唱……声出于朝霞之上，虽钟鼓笙竽，嘈杂而莫能遏"，音调高亢悦耳，据说唐玄宗很喜欢听她演唱。这个词牌是为了纪念她而创立的。相传，唐玄宗曾亲自填词，命念奴歌唱，果然娇滴滴如夜莺啼鸣，婉转似百灵歌唱，活泼似鸳鸯戏水。唐玄宗龙颜大悦，就将此曲命名为"念奴娇"。

雨霖铃

雨霖铃，词牌名，也可写作"雨淋铃"。唐玄宗为避安禄山之乱出逃，在马嵬坡将杨贵妃赐死。后入蜀，一路凄雨沥沥，风雨吹打在皇鸾的金铃上，使他更加思念杨贵妃。正如《明皇杂录》里写道："明皇既幸蜀，西南行，初入斜谷，霖雨涉旬，于栈道雨中闻铃，音与山相应。上既悼念贵妃，采其声为《雨霖铃》曲，以寄恨焉。"这就是词牌"雨霖铃"的来历。曲调自身就具有哀伤的成分。宋代柳永的《雨霖铃》最为有名，而其中的"多情自古伤离别"一句更成为千古名句。

踏莎行

踏莎行，原指春天于郊外踏青。据说，寇准在初春的一天和朋友们去郊外踏青，忽然就想起了唐代诗人韩翃"踏莎行草过春溪"这句诗，于是就作了一首新词，名为《踏莎行》。"踏莎行"的"莎"字是指莎草，也叫"香附子"，是一种多年生的草本植物。

菩萨蛮

"菩萨蛮"不是指观音菩萨。《菩萨蛮》，是唐教坊曲，后用为词牌。亦作《菩萨鬘》，又名《子夜歌》《重叠金》等。唐宣宗（李忱）大中年间，女蛮国派遣使者进贡，她们身上披挂着珠宝，头上戴着金冠，梳着高高的发髻，号称菩萨蛮队，当时教坊就因此制成《菩萨蛮曲》，于是后来"菩萨蛮"成了词牌名。唐苏鹗《杜阳杂编》："大中（847—859年）初，女蛮国贡双龙犀，明霞锦，其国人危髻金冠，璎络被体，故谓之'菩萨蛮'。当时倡优，遂制《菩萨蛮曲》，文士亦往往效其词。"许多文人骚客都写过以"菩萨蛮"为词牌（曲牌）的诗词，其中以温庭筠《菩萨蛮》十四首最有名。

虞美人

"虞美人"是著名词牌之一，此调原为唐教坊曲，初咏项羽宠姬虞美人，因以为名。楚汉相争，西楚霸王兵败乌江，四面楚歌，知道不能突围，就劝虞姬另谋生路。但是虞姬哪肯同意，她执意追随项羽，拔剑自刎。虞姬血染之地，长出了一种颜色鲜艳的花，这种花被后人称为"虞美人"。后来，大家为表达对虞姬的忠贞节烈的钦佩，就创作了词曲，以"虞美人"为曲名，倾诉衷肠。后来，"虞美人"渐渐演化为词牌名。

贺新郎

"贺新郎"与婚宴无关。"贺新郎"最初的名字是"贺新凉"，又名"金缕曲""乳燕飞""貂裘换酒"。清代的《古今词话》中记载了这个词牌的来历："东坡守杭州，湖中宴会，有官妓秀兰后至，问其故，以结发沐浴忽觉困倦对，座客颇恚恨。"秀兰受责怪后，于是在酒席上摘石榴花献给在座宾客，未曾想更激怒了宾客。苏轼为此赋《贺新凉》，即"乳燕飞华屋"也。秀兰演唱之后，大家才止住愤怒，继而高兴起来。以"贺新郎"为词牌名的词作大多感伤或悲愤，和婚宴气氛不合。

张元幹《贺新郎·梦绕神州路》意境图

鹊桥仙

　　关于"鹊桥仙"这一词牌的来历，一说是欧阳修有词"鹊迎桥路接天津"一句，词牌名由此而来。还有一种说法是，此调因咏牛郎织女鹊桥相会而得名。以上两种说法都说明这一词牌与"鹊桥相会"的神话有关。古时候，关于"鹊桥"的神话，以东汉的《风俗通》中"织女七夕当渡河，使鹊为桥"的记载为最早。到唐代时，民间的传说更加普遍，很多诗人都曾吟咏。此调也是这段时间产生的。

青玉案

"青玉案"出自东汉张衡的《四愁诗》："美人赠我锦绣段，何以报之青玉案。""锦绣段"就是"锦缎"，丝织品，表面有彩色花纹。"案"指放食物的小几，形状如有脚的托盘。

钗头凤

红酥手，黄滕酒，满城春色宫墙柳。东风恶，欢情薄，一怀愁绪，几年离索。错，错，错！

春如旧，人空瘦，泪痕红浥鲛绡透。桃花落，闲池阁，山盟虽在，锦书难托。莫，莫，莫！

陆游的《钗头凤》，是一篇流传千古的佳作，它描述了一个动人的爱情悲剧。据《历代诗余》载，陆游年轻时娶表妹唐琬为妻，感情深厚。但因陆母不喜唐琬，最终两人被迫分开。后唐琬嫁与他人，陆游则另娶。十年之后的一天，陆游沈园春游，与唐琬不期而遇。此情此景，陆游"怅然久之，为赋《钗头凤》一词，题园壁间"。这便是这首词的来历。

"钗头凤"是根据五代时的《撷芳词》改成的。不过，是在陆游之后，这个词牌才被文人广泛采用。

沁园春

　　"沁园春"是中国古代文苑中一枝常开不败的奇葩。其词调取名于东汉沁水公主园。据《后汉书》卷二十三《窦宪传》记载："宪恃宫掖声势，遂以贱直请夺沁水公主园田，主逼畏，不敢计。后肃宗驾出过园，指以问宪，宪阴喝不得对。后发觉，帝大怒，召宪切责……宪大震惧。皇后为毁服深谢，良久乃得解，使以田还主。"后人感叹其事，多咏叹之。

　　沁园因汉明帝对沁水公主的宠爱，成为有史以来中国第一个皇家园林，又以窦宪夺园、和帝罢免的故事传唱至今。后人作诗来吟咏这件事，此调因而得名"沁园春"。

水调歌头

　　相传，隋炀帝在开凿大运河的时候，曾作了一首《水调歌》，唐代的时候发展成大型的舞曲。因为凡是大曲都有几个乐章组成，"歌头"就是开头第一段。《水调歌》由散序、中序、入破三部分组成。"歌头"为中序的第一章，又叫"元会曲""凯歌""台城游"。

　　例如，北宋文学家苏轼的《水调歌头》：

　　丙辰中秋，欢饮达旦，大醉，作此篇，兼怀子由。

　　明月几时有？把酒问青天。不知天上宫阙，今夕是何年。

我欲乘风归去，又恐琼楼玉宇，高处不胜寒。起舞弄清影，何似在人间。

转朱阁，低绮户，照无眠。不应有恨，何事长向别时圆？人有悲欢离合，月有阴晴圆缺，此事古难全。但愿人长久，千里共婵娟。

浣溪沙

浣溪沙，别名"浣溪纱"，词牌典出"西施浣纱"。西施是春秋末期越国的女子。她在河边浣纱的时候，清澈的河水映照着她俊俏的身影，连鱼儿看见倒影都忘记了游水，渐渐沉到河底。相传，西施浣纱的地方处于今天浙江绍兴的若耶溪，该溪因此得名"浣纱溪"。

奇诗妙文

回文诗

回文是一种使用词序回环往复的修辞方法，而回文诗是一种按一定法则将字词排列成文，回环往复都能诵读的诗。这种诗能上下颠倒读，能顺读倒读，能斜读，能交互读。

回文诗的格式有两种：一是全诗可以倒读成另一首诗，一般都只写出正读的那首，倒读的由读者自己体会；另一种是诗中后一联诗句为前一联诗句的倒读，或每联的对句均为出句的倒读。例如：

南朝梁元帝《后园作回文诗》正读："斜峰绕径曲，耸石带山连。花余拂戏鸟，树密隐鸣蝉。"倒读："蝉鸣隐密树，鸟戏拂余花。连山带石耸，曲径绕峰斜。"

明代唐伯虎所作《十字回文诗》中十个字："悠云白雁过南楼半色秋。"可以有规律地重叠读成："悠云白雁过南楼，雁过南楼半色秋。秋色半楼南过雁，楼南过雁白云悠。"

盘中诗

盘中诗是杂体诗名。全诗共 168 个字，49 句，二十七韵，篇中多伤离怨别之辞。读时从中央以周四角，宛转回环，当

属回文诗体一类。

明代文学家冯梦龙《古今小说》里搜集了一首南宋熊元素所写的一首回文诗。该诗描写了景色优美的江南之春。诗中的每一句都可以颠倒，而且全诗首尾倒转。这首诗的流传时间很长、范围也特别广。

这首诗是这样的："融融日暖乍晴天，骏马雕鞍绣辔联。风细落花红衬地，雨微垂柳绿拖烟。茸铺草色春江曲，雪剪花梢玉砌前。同恨此时良会罕，空飞巧燕舞翩翩。"

倒读为："翩翩舞燕巧飞空，罕会良时此恨同。前砌玉梢花剪雪，曲江春色草铺茸。烟拖绿柳垂微雨，地衬红花落细风。联辔绣鞍雕马骏，天晴乍暖日融融。"

集句诗

集句诗是诗的体裁之一。集，集合的意思。句，即古诗句、文句。集句诗，又称集锦诗，就是从现成的诗篇中，选取现成的诗句，再巧妙集合而成的新诗。集句诗，要求有完整的内容和崭新的主旨，要求符合诗词格律，要求上下一气，浑然天成。

"集句"一名，出自宋代陈师道的《后山诗话》，但它的创作，由来已久，现存最早的集句诗，为西晋傅咸的《七经诗》。下边列举一个集句诗的例子：

南乡子

（北宋）苏轼

怅望送春杯（杜牧），渐老逢春能几回（杜甫）？花满楚城愁远别（许浑），伤怀，何况清丝急管催（刘禹锡）？

吟断望乡台（李商隐），万里归心独上来（许浑）。景物登临闲始见（杜牧），徘徊，一寸相思一寸灰（李商隐）。

倒句诗

倒句诗与回文诗十分近似。不同点是回文诗通篇可以倒诵，而倒句诗或倒句词、曲，仅是每句能倒读。虽然不如回文诗流畅，却也颇见诗人功力。

（一）倒句诗

处处飞花飞处处，潺潺碧水碧潺潺。
树中云接云中树，山外楼遮楼外山。

（二）倒句词

菩萨蛮·春

（北宋）苏轼

翠环斜漫云垂耳，耳垂云漫斜环翠。春晚睡昏昏，昏昏睡晚春。　细花梨雪坠，坠雪梨花细。颦浅念谁人，人谁念浅颦？

苏轼《南乡子》意境图

菩萨蛮·夏

（北宋）苏轼

柳庭风静人眠昼，昼眠人静风庭柳。香汗薄衫凉，凉衫薄汗香。　　手红冰碗藕，藕碗冰红手。郎笑藕丝长，长丝藕笑郎。

（三）倒句曲

普天乐

画麒麟，麒麟画。荣华富贵，富贵荣华。在金门下玉马嘶，玉马嘶在金门下。

宰相人家规模大，大规模宰相人家。莫不是王侯驸马？簪花御酒，御酒簪花。

同旁诗

同旁诗是每句都以同旁字排列的诗，又叫联边诗。汉字的偏旁部首，除了表示意义，有些还能使人联想到相应的形象。因而同偏旁的字的集中使用，每每使字句排列与内容相映成趣，给人以"见字如面"的感觉。同旁诗有三种，一种是全诗只用一种同旁字，一种是一句用一种同旁字，还有一种是每句部分字使用同旁字。如果只有部分句子使用同旁字，其他句子不用同旁字的诗，只能说运用了同旁字的方法，却

不能说是同旁诗。

同旁诗最早为南朝（陈）沈炯所做的《和蔡黄门口字咏绝句》，下边这首《戏题》是宋朝的黄庭坚所作：

逍遥近边道，憩息慰惫懑。

晴晖时晦明，谑语谐谈论。

草莱荒蒙茏，室屋壅尘坌。

僮仆侍偪侧，泾渭清浊混。

藏头诗

藏头诗，又名"藏头格"，是杂体诗的一种。藏头诗有三种形式：一种是首联与中二联六句皆言所寓之景，而不点破题意，直到结联才点出主题；二是将诗头句一字暗藏于末一字中；三是将所说之事分藏于诗句之首。现在常见的是第三种，每句的第一个字连起来读，可以传达作者的某种特有的思想。

明朝大文学家徐渭（字文长）游西湖时，面对平湖秋月胜景，写下了一首七绝，其中就藏头"平湖秋月"四个字：

平湖一色万顷秋，湖光渺渺水长流。

秋月圆圆世间少，月好四时最宜秋。

宝塔诗

宝塔诗，杂体诗的一种，是一种摹状而吟、风格独特的诗体。宝塔诗是我国民族文化独有的艺术形式，也是我国文学画廊中的一朵耀眼的奇葩，虽有文字游戏之嫌，但是只要赋予它深刻的思想内涵，将诗歌的"形"与"神"紧密地交融在一起，就一定能够创造出无穷的艺术魅力。

顾名思义，它形如宝塔。宝塔诗从一言起句，依次增加字数，从一字到七字句逐句成韵，叠成两句为一韵。直至从一至七字，对仗工整，读起来朗朗上口，声韵和谐，节奏明快。起始的字，既为诗题，又为诗韵。如唐代张南史的《花》：

花，花

深浅，芬葩

凝为雪，错为霞

莺和蝶到，苑占宫遮

已迷金谷路，频驻玉人车

芳草欲陵芳树，东家半落西家

愿待春风相伴去，一攀一折向天涯。

又如白居易的《诗》：

诗，诗

绮美，瑰奇

明月夜，落花时

能助欢笑，亦伤别离

调清金石怨，吟苦鬼神悲

天下只应我爱，世间唯有君知

自从都尉别苏句，便到司空送白辞。

歇后诗

歇后诗是杂体诗的一种，其与歇后语稍有不同。歇后诗的构成形式与歇后语一样，也可以这么说，歇后语是从歇后诗演变而来的。两者的区别是，歇后语在应用中没有把谜底隐藏起来，事实上没有"歇后"。歇后诗则真正实行"歇后"，需要读者在品读时思考、领会。

冯梦龙的《古今笑史》中有一首歇后诗：

赠时少湾

少湾主人吉日良（时），束修且是爷多娘（少）。

身材好像夜叉小（鬼），心地犹如短剑长（枪）。

三杯晚酌金生丽（水），两碗晨餐周发商（汤）。

年终算账索筵席（赖），劈啪之声一顿相（打）。

括号内的字是被隐藏的，是每句诗的"谜底"。这首诗是写时少湾招待家里的私塾老师，不但报酬给的少，伙食极差，而且年底还要要赖，和老师厮打。后人为私塾老师抱不平，作诗来讽刺他。

拆字诗

汉字往往可以拆成两个或多个单独的字。拆字诗，是根据汉字这一特点，将合体字拆成独体字，组成诗作。文字若拆得恰当，就会有珠联璧合的效果，让人过目不忘。

宋朝的刘一止所作《山居作拆字诗一首寄江子我郎中比尝以拆字语为戏然未有以为诗者请自今始》：

> 日月明朝昏，山风岚自起。
>
> 石皮破仍坚，古木枯不死。
>
> 可人何当来，意若重千里。
>
> 永言咏黄鹤，志士心未已。

还有一首苏轼作的拆字诗。相传，苏轼做官时，一次微服出访，遇到当地几个称霸的乡绅设宴祝寿，就去凑个热闹。宾客中有两个恶霸，一个叫杨贵，一个叫王笔。他们两人虽才疏学浅，但是竟在席间旁若无人地赋起诗来。

王笔先说：

> 一个朋字两个月，一样颜色霜和雪。
> 不知哪个月下霜，不知哪个月下雪？

杨贵接着道：

> 一个吕字两个口，一样颜色茶和酒。
> 不知哪张口喝茶，不知哪张口喝酒？

苏轼听罢，笑了笑，说道：

> 一个二字两个一，一样颜色龟和鳖。
> 不知哪一个是龟，不知哪一个是鳖？

诗中：龟，谐音杨贵的"贵"；鳖，谐音王笔的"笔"。

八音诗

古代称金、石、丝、竹、匏、土、革、木为八音，代表八种乐器。八音诗就是将八音的名称，依序冠于每句之首或每联之首。据《诗苑类格》记载，南朝沈炯的五古《八音诗》是最早的。

八音诗

（南朝陈）沈炯

金屋贮阿娇，楼阁起迢迢。

石头足年少，大道跨河桥。

丝桐无缓节，罗绮自飘飘。

竹烟生薄晚，花色乱春朝。

匏瓜讵无匹，神女嫁苏韶。

土地多妍冶，乡里足尘嚣。

革年未相识，声论动风飙。

木桃堪底用，寄以答琼瑶。

数字诗

数字诗有两个概念：一是以数为题，此类诗可称为数名诗；二是将数字嵌入诗中。诗中的数字可以从一至十按顺序排列，也可以从十到一倒排；有时数字也可打乱顺序置于诗中；数字也可一个或两个乃至多个巧妙运用在诗中，其变化可说多种多样。

数字，单纯来看是枯燥乏味的，如果巧妙地运用它，进行艺术加工，嵌入诗歌，结构精巧，能使诗歌形式奇异，读起来朗朗上口，趣味横生，有独特的风格。例如：

山村咏怀

（北宋）邵雍

一去二三里，烟村四五家。
亭台六七座，八九十枝花。

顶真诗

顶真诗，又叫顶针诗，即用前一句的结尾来做后一句的起头，使全诗头尾相连、上递下接。

小桃红

（元）乔吉

落花飞絮隔珠帘，帘静重门掩，掩镜羞看脸儿嫐，嫐眉尖，眉尖指屈将归期念，念他抛闪，闪咱少欠，欠你病恹恹。

少年学国学

诸子百家寻踪

周韵 主编

北京燕山出版社

图书在版编目（CIP）数据

　　诸子百家寻踪 / 周韵主编 . — 北京：北京燕山出
版社，2024.2
　　（少年学国学）
　　ISBN 978-7-5402-6749-0

　　Ⅰ . ①诸… Ⅱ . ①周… Ⅲ . ①先秦哲学 – 少年读物
Ⅳ . ① B22-49

　　中国版本图书馆 CIP 数据核字（2022）第 216277 号

少年学国学・诸子百家寻踪

主　　编　周　韵
责任编辑　王长民
文字编辑　赵满仓
封面设计　凡　人
出版发行　北京燕山出版社有限公司
社　　址　北京市西城区椿树街道琉璃厂西街 20 号
邮　　编　100052
电话传真　86-10-65240430（总编室）
印　　刷　三河市华成印务有限公司
开　　本　880mm×1230mm　1/32
总 字 数　460 千字
总 印 张　24
版　　次　2024 年 2 月第 1 版
印　　次　2024 年 2 月第 1 次印刷
定　　价　118.00 元（全 6 册）
发 行 部　010-58815874
传　　真　010-58815857

目录

·儒家·

·道　家·

·法　家·

儒家

大 同

　　"大同"，是儒家所提出的最高范畴的社会理想，《礼记·礼运》中记载孔子对大同世界的描绘："大道之行也，天下为公。选贤与能，讲信修睦，故人不独亲其亲，不独子其子，使老有所终，壮有所用，幼有所长，鳏寡孤独废疾者，皆有所养。男有分，女有归。货恶其弃于地也，不必藏于己；力恶其不出于身也，不必为己。是故谋闭而不兴，盗窃乱贼而不作，故外户而不闭，是谓大同。"清末康有为为宣传变法改制而将孔子的大同理想与西方的近代社会制度相比附，并亲著数十万字的《大同书》来表述自己的政治理想。孙中山对大同世界的理想描述也是十分推崇，并将"天下为公"作为自己的政治格言。"大同"是孔子对人类理想社会的构想，表达了自己对"天下为公"的大同世界的向往，只是没有同时指出人类走向大同社会的可由之径。

小 康

　　"小康"，是儒家所描述的一种社会状态，《礼记·礼运》中记载孔子在讲述"大同"之后接着说道："今大道既

隐，天下为家。各亲其亲，各子其子，货力为己。大人世及以为礼，城郭沟池以为固，礼义以为纪，以正君臣，以笃父子，以睦兄弟，以和夫妇，以设制度，以立田里，以贤勇知，以功为己。故谋用是作，而兵由此起，禹汤文武成王周公，由此其选也。此六君子者，未有不谨于礼者也，以著其义，以考其信。著有过，刑仁讲让，示民有常。如有不由此者，在势者去，众以为殃，是谓小康。"在孔子看来，禹、汤、文、武、成王、周公之时的社会可以称为"小康"，"小康"虽不及"大同"，却也是一种比较好的社会风貌。康有为根据《春秋公羊传》的"三世"说，将"小康"比作"升平世"，将"大同"比作"太平世"，社会的发展规律是由"据乱世"走向"升平世"，再进入"太平世"。

天命无常，敬德保民

"天命无常，敬德保民"，是周朝所秉持的政治思想。夏、商两代的灭亡使周朝的统治者开始怀疑天命，并且认识到人民力量的重要性。《诗经·大雅·文王》中有"天命靡常"这样的句子，周朝的统治者多次强调"天命无常，唯德是辅"的政治观念，这与《尚书·汤誓》中所说的"先王有服，恪谨天命"所表达的思想是大为不同的。在"天命无常"的认识基础上，周朝统治者提出"天视自我民视，天听自我民听"的思想理念，认为"民之所欲，天必从之"，

由此形成了"敬德保民"的政治主张，这也成为后来民本思想的先导。

尊尊与亲亲

"尊尊"与"亲亲"，是周朝的基本政治思想，其意是尊重应当尊重的人，亲近应当亲近的人。"尊尊"与"亲亲"所体现的是一种严密的尊卑与亲疏的等级关系。周朝统治者认真地总结了商朝灭亡的教训，认为商朝在纣王时覆灭的一个基本原因就是众叛亲离，在国都遭受危险的时候，没有地方上的势力进行有效的支援。因此，周朝建立了以分封制和宗法制为基础的政治制度，周王将自己的家族成员分封到各地，成为诸侯，诸侯之下再有大夫，权力层层传递，都选择关系亲近者来担任，同时，这种受封的爵位又是世袭的。这就是"尊尊"与"亲亲"的思想在政治制度上的具体呈现。"尊尊"与"亲亲"的观念落实到最后，其目的就是要任何人都遵守由这种原则所确定的制度，各安其位，不存妄想，百姓做顺民，百官做顺臣，这样国家就会长治久安。到了春秋特别是战国时期，"尊尊"与"亲亲"的原则在相当大的程度上被打破了，官吏的任用不再唯亲是举，秦朝建立之后，世袭制也被废除，而以任命制代之。

穷则变，变则通

　　"穷则变，变则通"，语出《易经·系辞传下》："神农氏没，黄帝、尧、舜氏作，通其变，使民不倦，神而化之，使民宜之。《易》穷则变，变则通，通则久。"其意为事理到了窘困穷境的时候就应当有所变动，变动之后即可于事通达，通达之后即可行于长久。清末梁启超在倡导维新时在《变法通议》中引用这段话说："《易》曰：'穷则变，变则通，通则久。'伊尹曰：'用其新，去其陈，病乃不存。夜不秉烛则昧，冬不御裘则寒，渡河而乘陆车者危，易证而尝旧方者死。'""穷则变，变则通"强调的是不可拘泥于成法，行事的法则当因时而异，与时俱进，这才是成功之法。

得民心者得天下

　　"得民心者得天下"，体现的是中国古代的一种重视人民的政治理念，周朝的时候统治者就已经形成了"敬德保民"的思想，认识到人民的支持与否是关系到国家兴衰的决定性因素。战国时期，孟子明确地提出民贵君轻的思想，《荀子·王制》中也有这样的话："庶人安政，然后君子安位。传曰：'君者，舟也；庶人者，水也；水则载舟，水则覆

舟'。""君舟民水"的思想特别被唐太宗看重,《贞观政要·论政体》记载魏徵的话:"臣又闻古语云:'君,舟也;人,水也。水能载舟,亦能覆舟。'陛下以为可畏,诚如圣旨。""得民心者得天下"的思想虽然是统治者为了维护自身利益而提出的,但是这种思想注意到民心向背是统治者能否安坐江山的关键,对于统治者制定有益于民生的政策是有着重要作用的,是具有历史进步性的思想理念。

礼 治

礼治,是一种以礼仪制度作为国家的基本政治秩序的执政理念。"礼治"的基本确立是在西周初年,周公旦在确定礼制的过程中起到了重要的作用。周初的"礼治"是以"亲亲"和"尊尊"观念为基础的,"亲亲",就是按照血缘关系的远近来区分亲疏,再由亲疏来确定贵贱;"尊尊",就是地位低的人要尊重地位高的人,不得有所僭越。由此,君、臣、父、子各具其名,尊卑、亲疏、高低、贵贱各有其分,依此而行,整个社会便会建立起一套严明的秩序,国家的政治生活也不会出现纷乱,这就是"礼治"的核心含义。与"礼治"的思想内涵相配合,统治者创立了一套繁复而精微的礼仪制度,令"礼治"的形式与内容相呼应,以起到良好的实践效果。但是,"礼治"未能使国家的运行长治久安,统治者并不能借此而高枕无忧,延

递至东周时期，"礼治"的规则便为礼崩乐坏的乱世局面所打破。

中　和

　　"中和"，原为中正、平和之义，后来引申为中庸之道的思想内涵，成为一个哲学概念。《礼记·中庸》言："喜怒哀乐之未发，谓之中，发而皆中节，谓之和；中也者，天下之大本也；和也者，天下之达道也。致中和，天地位焉，万物育焉。"这段话的意思是，喜怒哀乐没有发作失控，叫作"中"；各种情绪表现出来而又都恰到好处，叫作"和"。"中"，是天下最大的根本；做到"和"，天下才能归于道。君子如果能将中和做到完美的程度，天地万物都会各得其所，世间万物都会生机勃勃。可见，"中和"是儒家所提倡的一种最为高尚的理想追求。

君君，臣臣，父父，子子

　　"君君，臣臣，父父，子子"，语出《论语·颜渊第十二》："齐景公问政于孔子。孔子对曰：'君君，臣臣，父父，子子。'公曰：'善哉！信如君不君，臣不臣，父不父，子不子，虽有粟，吾得而食诸？'"这段话表达的意思是，齐景公向孔子询问治理国家的方略，孔子回答的对策是，

臣子拜见皇帝图

要令做君主的像个君主的样子,为臣的要像个臣子的样子,当父亲的要像个父亲的样子,而做儿子的要像个儿子的样子,也就是说,要各自都按照自己的身份行事,各就其位,名副其实。齐景公对孔子的论述非常地肯定,并且说如果不这样的话,即使国家有很多的粮食,自己都会吃不上的,非这样做不可,否则国家就会大乱的。孔子的这种关于君臣父子的表述被后世演化为"君为臣纲,父为子纲,夫为妻纲"的伦理准则,而其实这与孔子的原意是相去甚远的,孔子强调的是,每个人都应当依照礼法来做符合自己身份的事情,而"三纲"强调的是君对臣、父对子、夫对妻的

统领，两者的目的都是实现国家与社会的安定有序，但办法却是不同的。

名不正则言不顺

　　"名不正则言不顺"，语出《论语·子路第十三》："名不正，则言不顺；言不顺，则事不成；事不成，则礼乐不兴；礼乐不兴，则刑罚不中；刑罚不中，则民无所措手足。"孔子说这段话所要表达的是，做任何事情，都要名义正当，如果名义不正当，讲话就不能通顺，事情就做不成，礼乐制度就无法兴起，刑罚也就不会得当，如此一来，老百姓也就会不知所措。孔子是极为重视名分的，在这里从名之不正的负面影响的角度讲述了正名的重要意义。孔子所讲的名正，是实至而名归的"名"，通过正名所要强调的是事理的端正，正名是行事有方的端始。前面的话从正面来讲就是，名正而可言顺，言顺而可事成，事成而礼乐可兴，礼乐兴则刑罚为中，刑罚为中则民可有所循，如此则天下治。

为政以德

　　"为政以德"，是儒家所倡导的治国理念，语出《论语·为政第二》："子曰：'为政以德，譬如北辰，居其所而众

星共之。'"孔子说，如果君主用道德教化来治理国家，那么就会像北极星那样，自己居于一定的方位，而众星都环绕着它。"为政以德"表现的是孔子所提倡的德治思想，这与法家所主张的法治思想是相对立的。孔子的观点是君主如果凭借道德的力量治理国家，就可以得到臣民的拥护；而法家的观点是，君主应当依靠严酷的法治来实现对臣民的统驭和震慑，从而获得臣民对自己的服从。

宽政安民为上

"宽政安民为上"，是儒家所提倡的政治方略，指的是遵奉为政宽大、使人民安定的治国理念。《左传·庄公二十二年》记载："羁旅之臣，幸若获宥，及于宽政，赦其不闲于教训而免于罪戾，弛于负担，君之惠也。"这段话所表达的意思就是劝勉君主施行宽大的政治，并且认为这是君主的一种恩惠。《后汉书·王龚传》记载："畅深纳敞谏，更崇宽政，慎刑简罚，教化遂行。"说的也是对于宽政的提倡。周武王灭商之后，周公曾向武王进谏执行"使各居其宅，田其田，无变旧新，惟仁是亲"的安民政策，武王欣然采纳。宽政与安民是紧密地联系在一起的，可以说，唯有宽政，方可安民，宽政是安民的必要条件之一，而安民则是宽政的一项基本内容。

上行下效

　　"上行下效"，语出班固《白虎通义·三教》："教者，效也，上为之，下效之。"意思是上面的人怎么做，下面的人也跟着怎么做，一般指不好的事情，用以告诫地位高的人特别是最高的领导人物要注意自身的言行，以免给社会造成不良的影响。《战国策》中记载了莫敖子华对楚威王说的一段话："昔者楚灵王好士细腰，故灵王之臣皆以一饭为节，胁息然后带，扶墙然后起。比期年，朝有黧黑之色。"这个典故后来被概括为"楚王好细腰"。《墨子·兼爱》中也记载了这一典故，并且明确指出："君说之，故臣能之也。"臣下之所以能够那样做，是因为国君喜欢那样的事情。"楚王好细腰"，后来比喻当权者的爱好引导着社会的潮流，东汉马廖在《上长乐宫以劝成德政疏》里也引用了这样的句子："吴王好剑客，百姓多创瘢；楚王好细腰，宫中多饿死。"这就是"上行下效"的典型案例。

民为贵，君为轻

　　"民为贵，君为轻"，这是孟子提出的思想观念，语出《孟子·尽心下》："民为贵，社稷次之，君为轻。"孟子接着说了这样的话："是故得乎丘民而为天子，得乎天子为诸侯，

得乎诸侯为大夫。诸侯危社稷，则变置。牺牲既成，粢盛既洁，祭祀以时，然而旱干水溢，则变置社稷。"意思是，所以得到民众的拥护就能做天子，得到天子的信任就能做诸侯，得到诸侯的信任就能做大夫。诸侯危害了土谷之神，那就改立诸侯。祭祀用的牲畜是肥壮的，谷物是清洁的，又是按时祭祀的，然而还是干旱水涝，那就改立土谷之神。孟子"民贵君轻"的思想内涵是，人民是天下的根本，国家（社稷）是为了给人民谋求福利才建立的，而君主则是为了治理国家才设立的，归根结底，也是为了给人们带来更多的福利才会有君主这个位置的，也就是说，君主以国家为基础，而国家又以人民为基础，所以说，"民为贵，社稷次之，君为轻"。

王道与仁政

"王道"与"仁政"，是儒家所主张的政治理念。"王道"，就是圣王之道，是符合仁义准则的治国之道，而"仁政"，是将仁义作为基本的政治观念治理国家，"仁政"是"王道"在政治措施上的具体实现，而"王道"则是"仁政"的思想内涵。"王道"的概念发端于孔子的仁的思想，孟子进行了明确的阐述。孟子说："仁也者，人也。合而言之，道也。"这句话言简意赅，指出仁与道的基本关系。孟子在谒见梁惠王的时候，具体地阐述了自己的"王道"理想："谷与鱼鳖不可胜食，材木不可胜用，是使民养生丧死无憾也。

养生丧死无憾，王道之始也。五亩之宅，树之以桑，五十者可以衣帛矣；鸡豚狗彘之畜，无失其时，七十者可以食肉矣；百亩之田，勿夺其时，数口之家可以无饥矣；谨庠序之教，申之以孝悌之义，颁白者不负戴于道路矣。七十者衣帛食肉，黎民不饥不寒，然而不王者，未之有也。""王道"是孟子极力提倡的以仁义治天下的政治主张，可是在孟子所生活的时代，通行于世的却是与"王道"截然相反的"霸道"。"霸道"，也就是凭借武力、刑法和权势对外征伐和对内管理的政治思想，这是法家积极主张的施政理念。战国中后期，各国政治是沿着"霸道"的方向前进的，《史记·孟子荀卿列

周武王征伐商纣王，于牧野之战前誓师。

传》说："当时之时，秦用商君，富国强兵；楚、魏用吴起，战胜弱敌；齐威王、宣王用孙子、田忌之徒，而诸侯东面朝齐。天下方务于合从连横，以攻伐为贤；而孟轲乃述唐虞三代之德，是以所如者不合。"《史记·十二诸侯年表》记载："孔子明王道，干七十余君，莫能用。"这都表明当时孔孟所主张的"王道"与"仁政"的理想是屡屡碰壁，不被当时的统治者采纳。

劳心者治人，劳力者治于人

"劳心者治人，劳力者治于人"，是孟子提出的思想观念，语出《孟子·滕文公上》："然则治天下独可耕且为与？有大人之事，有小人之事。且一人之身而百工之所为备，如必自为而后用之，是率天下而路也。故曰：或劳心，或劳力。劳心者治人，劳力者治于人；治于人者食人，治人者食于人。天下之通义也。"这一段话是孟子为驳斥陈相所转述的许行的"贤者与民并耕"的观点而说的。意思是，既然是这样的道理，那么治理天下的事就能一边耕种一边来做的吗？有官吏们的事，有小民们的事。再说一个人身上（所需的用品）要靠各种工匠来替他制备，如果一定要自己制作而后使用，就会导致天下的人都疲于奔走。所以说，有些人动用智力，有些人动用体力。动用智力的人治理别人，动用体力的人被别人治理；被人治理的人养活别人，治理

人的人靠别人养活。这是天下通行的道理。"劳心者治人，劳力者治于人"，因为其中体现了一种治与被治的等级观念而遭到人们的批评，其实孟子说的这句话，其本身含义是指社会上因为人们所从事的职业和岗位不同而有所分工，这是很自然的事情，强调的是"劳心"与"劳力"的职业之分，并不在强调"治人"与"治于人"的等级之分上。

使民不饥不寒

"使民不饥不寒"，是孟子的"仁政"理想中的一项基本内容，《孟子·梁惠王上》说："七十者衣帛食肉，黎民不饥不寒，然而不王者，未之有也。"孟子的观点是，如果能够做到使人民免于饥寒之苦，而同时申之以孝悌之义，进行良好的道德教化，那么这个国家还不称王于天下是不可能的。"使民不饥不寒"，现在看起来似乎是一个比较低级的社会发展标准，但是在孟子所生活的时代，农业生产力非常低下，加之频繁的战乱又对人民正常的生活和生产秩序有着相当严重的破坏，能够做到使一个国家的人民不饥不寒已经是一件很不容易的事情了，而"黎民不饥不寒"又是"申之以孝悌之义"的基础，用现代的话来讲，孟子所阐述的政治理想就是物质文明与精神文明两手抓，这是一个国家实现富强的根本途径，也是必由之路。

心之四端

"心之四端"，是孟子提出的人性观念，"恻隐之心，仁之端也；羞恶之心，义之端也；辞让之心，礼之端也；是非之心，智之端也。"孟子讲："人之有是四端也，犹其有四体也。有是四端而自谓不能者，自贼者也；谓其君不能者，贼其君者也。凡有四端于我者，知皆扩而充之矣，若火之始然，泉之始达。苟能充之，足以保四海；苟不充之，不足以事父母。""心之四端"，是孟子的性善论的基本立足点，在孟子看来，恻隐、羞恶、辞让、是非这4种情性，与仁、义、礼、智这4种美德，是人与生俱来的，人只要努力地将这心之四端进行扩充，就能够达到一种完善的人生修养境界，这是人能够实现自我完善的前提。

君子重义，小人重利

"君子重义，小人重利"，这是孔子所讲的君子与小人之间的区别之一，也可以说是孔子的义利观，孔子的原话是："君子喻于义，小人喻于利。"也就是说，君子所看重的是义，而小人看重的则是利。由此而引发，君子做事，是以义为标准的，如孔子所言："不义而富且贵，于我如浮云。"君子非义毋得，而唯义是取，为了对义的保持和维护，甚至

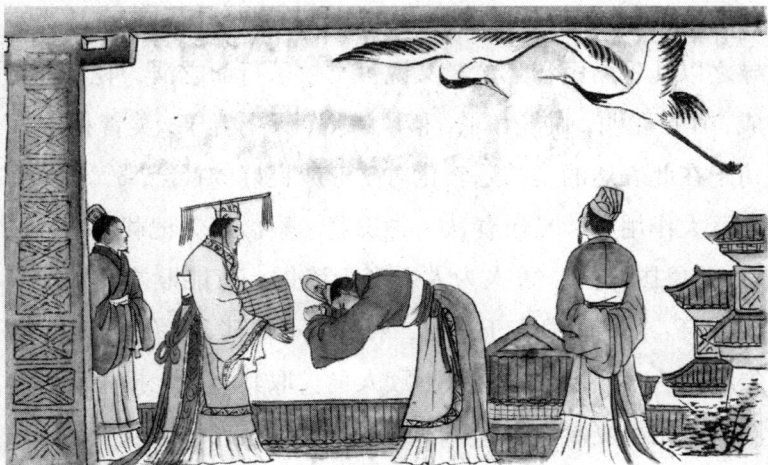

董仲舒受到汉武帝的重用。

不惜牺牲自己的生命，也就是孟子所言的"舍生取义"。而小人则不然，小人行事取舍的标准是利，非利不为，唯利是图。一个人一旦达到了唯利是图的地步，便会为所欲为，无所不为，置仁义道德于枉顾，这种理念和行为给社会所造成的危害是可想而知的。长久来看，这对其本人也是没有好处的，《左传·隐公元年》有云："多行不义必自毙，子姑待之。"自毙，就是不义的可耻下场。

移风易俗

移风易俗，指的是某种行为所具有的扭转社会风气和改变人民习俗的教化作用。《荀子·乐论》说："乐者，圣人

之所乐也，而可以善民心。其感人深，其移风易俗，故先王
导之以礼乐而民和睦。"又说："故乐行而志清，礼修而行
成，耳目聪明，血气和平，移风易俗，天下皆宁，美善相乐。"
荀子在此表达的是礼乐教化对于形成良好的社会风气所具有
的巨大作用。《吕氏春秋·先识览·察微篇》记载了这样的
事："鲁国之法，鲁人为人臣妾于诸侯，有能赎之者，取其
金于府。子贡赎鲁人于诸侯，来而让不取其金。孔子曰：'赐
失之矣。自今以往，鲁人不赎人矣。取其金则无损于行，不
取其金则不复赎人矣。'子路拯溺者，其人拜之以牛，子路
受之。孔子曰：'鲁人必拯溺者矣。'"这段话的意思是，
鲁国有一条法律，鲁国人在国外沦为奴隶，有人能把他们赎
出来的，可以到国库中报销赎金。有一次，孔子的弟子子贡
（端木赐）在诸侯国赎了一个鲁国人，回国后拒绝收下国家
的赔偿金。孔子说："赐呀，你采取的不是好办法。圣人所
做的事，可以改变风俗习惯，影响老百姓的行为，并非个人
的事情。现今，鲁国富人少而穷人多，你收取国家的补偿金，
并不会损害你的行为的价值；而你不肯拿回你抵付的钱，从
今以后，鲁国人就不肯再替沦为奴隶的本国同胞赎身了。"
子路救起一名落水者，那人感谢他，送了一头牛，子路收下
了。孔子说："这样一来，鲁国人一定会勇于搭救落水的人
了。"孔子强调"圣人之举事，可以移风易俗"，是告诫人
们在做事的时候不要只考虑一己的范畴，而应当更广阔地想
一想，自己采取这种选择的后果是什么，会给他人、社会带

来什么样的影响，是对"移风易俗"作用的看重。

罢黜百家，独尊儒术

"罢黜百家，独尊儒术"，是董仲舒所提出的主张，汉武帝元光元年（公元前134年），召集各地贤良求问治理天下的策略，董仲舒在进策中提出："《春秋》大一统者，天地之常经，古今之通谊也。"他认为当时执政者的理念无法统一，而百姓也莫知所从的原因是"师异道，人异论，百家殊方，指意不同"，于是他倡导进行文化上的统一，尊崇孔子的学说，而罢黜其他各家的思想观点，也就是独尊儒术。董仲舒的这一建议为汉武帝所采纳，儒学自此取得中国官方正统学术的地位，并且绵续两千余年，对中国古代的意识形态和社会生活都有着极大的影响。"罢黜百家，独尊儒术"为汉武帝政治上的大一统创造了思想基础，这一方面加强了君主专制制度，另一方面对统一的民族国家的形成和巩固也产生了巨大的积极作用。

变道和改制

变道和改制，就是改变治国之道和变革政治制度，这是中国古代政治生活中的重要命题。董仲舒在《天人三策》中

提出："道之大原出于天，天不变，道亦不变。""天"，是自然界与人类社会的最高主宰，而"道"，则是依据天的旨意而运行的人类社会所应当遵守的基本原理。"天"是恒定不变的，那么"道"也就不应当改变，可以改变的是"制"。"道"是国家政治的根本准则，"制"则是政治生活中的一些具体的制度和措施，"制"可改，而"道"不可变，董仲舒在《春秋繁露》中说："今所谓新王必改制者，非改其道，非变其理，受命于天，易姓更王，非继前王而王也。若一因前制，修故业，而无有所改，是与继前王而王者无以别。受命之君，天之所大显也。事父者承意，事君者仪志，事天亦然。今天大显已，物袭所代而率与同，则不显不明，非天志。故必徙居处，更称号，改正朔，易服色者，无他焉，不敢不顺天志而明自显也。若夫大纲、人伦、道理、政治、教化、习俗、文义尽如故，亦何改哉？故王者有改制之名，无易道之实。"董仲舒的这段话详细地阐明了新王有改制之名而无易道之实的政治理念，表达了自己"天不变，道亦不变"的思想观点。

大一统

　　"大一统"，也就是尊崇一统的观念。孔子在作《春秋》的时候，开篇说："隐公元年，春，王正月。"意思是说，鲁隐公元年的春天，就是周王的正月。《公羊传》解释说：

"何言乎'王正月'？大一统也。"唐代徐彦注疏："王者受命，制正月以统天下，令万物无不一一皆奉之以为始，故言大一统也。"《汉书·董仲舒传》说："《春秋》大一统者，天地之常经，古今之通谊也。"《汉书·王吉传》说："《春秋》所以大一统者，六合同风，九州共贯也。"可见，在春秋时期，大一统已经成为一种被社会所崇尚的观念，孔子说："天下有道，则礼乐征伐自天子出。""礼乐征伐自天子出"，就是大一统的表现，这意味着"天下有道"。周王东迁，天下诸侯各立，呈现出分崩离析的局面，但是大一统作为一种深入人心的观念并没有因此而抹去，思想界虽有"百家争鸣"，在政治理念上有"王道"和"霸道"之别，但大一统这一点是各家共同秉持的观念。孟子在回答梁襄王所提出的"天下恶乎定"的问题时回答说："定于一。"荀子所提出的"四海之内若一家"的理想，还有墨子"尚同"的主张，等等，这些都是春秋战国时期大一统思想的体现。到秦始皇统一六国，实现"书同文，车同轨"，再至汉武帝"罢黜百家，独尊儒术"，中国最终在文化与政治两大领域都确立了大一统的秩序。

正始之音与清谈

"清谈"，指的是魏晋之际名士之间所崇尚的一种讨论方式，因为兴起于魏正始年间（240—249 年），所以这

种清谈的风气又被称为"正始之音"。清谈，又称为"清言"，之所以叫作"清谈"，是相对于俗事之谈而言的，因为清谈的内容不涉及国事与民生这样的社会实际问题，而是讨论关于本与末、有与无、动与静、一与多、体与用、言与意、自然与名教等形而上的话题。清谈的进行有一套习惯的程式，一般都有交谈的对手，借以引起争辩。通常情况下，辩论的双方分为主客，人数不限，可两人、三人或者更多。在清谈的过程中，一方表达自己对主题内容的见解，树立自己的论点，另一方则对此进行问难，推翻对方的结论，同时提出自己的观点。在相互论难的过程中，其他人也可以就讨论的主题发表赞成或反对的意见。到讨论结束时，主客双方或者协调一致，握手言和，或者虽各执一词，互不相让，但经过他人的调停，暂时结束谈论，这称为"一番"，以后还可能会有"两番""三番"等。清谈之风承袭东汉后期的"清议"，又借魏晋之际崇尚老庄的玄学的出现而兴起，作为当时上流社会所普遍喜好的风尚，既有着思想文化方面的原因，也有着社会经济方面的因素。严重脱离社会实际的清谈风气的兴起与魏晋之际士族门阀所拥有的政治与经济特权及其因此而享有的优越的社会地位有着密切的关系。魏晋之后，随着士族政治的衰微和社会环境的转变，清谈的风气也就随之消泯了。

魏晋风度

魏晋风度，指的是魏晋时期的名士们所具有的那种率真任诞、清峻通脱的行为风格。饮酒、服药、清谈和纵情山水是魏晋名士所普遍崇尚的生活方式，一部《世说新语》，可以说是魏晋风度的集中记录。魏晋风度的出现是与汉末延至魏晋之际的政治局面的混乱有着密切关系的，当时的许多名士或为当权者所杀或被杀于乱军之中，士人们没有一个安定有序的生存环境可以依托，因而转向放诞，将精神寄之于老庄，流连山水，肆意酒乡，一方面是为了全身避害，另一方面是为了麻痹自己的思想。这种不得已而为之的行为方式，因为其展现出人生中艺术的一面，又演变为一种社会所共同偏好的普遍风气。

道统论

"道统"，指的是儒家传道的脉络和系统。孟子认为孔子的学说是承接尧、舜、禹、汤、周文王等先代圣王的，并且自命继承了孔子思想的正统。唐代韩愈作《原道》，正式提出了所谓"尧、舜、禹、汤、文、武、周公、孔、孟"关于道的传授系统的论说，称自己继承了真正的孔孟之道，是儒学的正宗。程颐在为程颢所作的《墓表》中谈到道统

时认为，孟子以后，儒家的道统就失传了，直到程颢才接过这个道统。南宋朱熹将道统论进一步发展完善，他认为儒家的道统是周敦颐和程氏兄弟上接孟子的，而自己又继承了周敦颐和程氏兄弟的儒家道统。程朱理学的道统论是一个精致的理论体系，有着作为经典依据的儒学典籍、独立的历史传承谱系以及作为理论核心的哲学问题。

复性论

复性论，是唐代思想家李翱所提出的人性论，李翱曾写作《复性书》来阐明自己的这一理论观念。"复性"，就是恢复人本来的善性，使之"至于圣人"。李翱的复性论认为，性和情既相区别，又相联系。"性者，天之命也"，"情者，性之动也"。"性"指仁、义、礼、智、信，"情"指喜、怒、哀、惧、爱、恶、欲。性藏于内，情显于外。"情由性而生"，"（性）由情以明"，"情有善有不善，而性无不善"，但是"情本邪也，妄也"。人人皆具善性，"圣人得之而不惑者也"，百姓则溺于情"而不能知其本者也"，只有灭情才能复性。李翱指出，复性的准则是"诚"。"诚者，圣人之性也。寂然不动，广大清明，照乎天地，感而遂通天下之故，行止语默，无不处于极也。"所谓"诚"，说的就是一种超然于动静之上的绝对守静的灵明透彻的精神境界。复性的步骤有两个：首先是"弗虑弗思"，使思维处于相对

静止的状态，即所谓"正思"；其次是"动静皆离，寂然不动"，放弃主观对虚静的追求，处于无所感知的状态，即所谓"知本无有思"。李翱认为，进入这种境界，就可以做到"虽有情，未尝有情也"，从而实现完全的复性。

太极图说

太极图说，是周敦颐对太极图所作的说明，太极图形象地表达了阴阳轮转、相反相成的万物生成变化的根本原理。周敦颐精研易学，为了更好地传达太极图所蕴含的哲学理念而创作了《太极图说》。这篇文章非常简短，全文仅249字，但是十分精到地阐释了玄妙的太极理论，文中说道："无极而太极。太极动而生阳，动极而静，静而生阴，静极复动。一动一静，互为其根。分阴分阳，两仪立焉。阳变阴合，而生水火木金土。五气顺布，四时行焉。五行一阴阳也，阴阳一太极也，太极本无极也。"其要义是讲，太极是宇宙的本原，人和万物都是由于阴阳二气和水火木金土五行相互作用而产生的，五行统一于阴阳，阴阳统一于太极。《太极图说》突出强调了人的崇高价值，指出："惟人也，得其秀而最灵。"而在人中，又特别地突出了圣人的尊贵地位，认为"圣人定之以中正仁义，而主静，立人极焉"，还指出"立天之道，曰阴与阳；立地之道，曰柔与刚；立人之道，曰仁与义"的兼具哲学与伦理意涵的思想理念。

民胞物与

"民胞物与",语出张载《正蒙·乾称》:"民,吾同胞;物,吾与也。"意即世人都是我的同胞,万物都是我的朋友。张载说:"乾称父,坤称母;予兹藐焉,乃混然中处。故天地之塞,吾其体;天地之帅,吾其性。"这段话所体现的思想就是,人和万物都是天地所生,性同一源,本无阻隔,由此张载得出"民胞物与"的观点,主张爱一切人和一切物,认为"凡天下疲癃残疾,惸独鳏寡,皆吾兄弟之颠连而无告者也",强调"立必俱立,知必周知,爱必兼爱,成不独成"。张载"民胞物与"的思想后来为程氏兄弟和朱熹所继承和发挥,成为宋明理学思想的重要组成部分。

万物皆是一个天理

"万物皆是一个天理",是程颢、程颐兄弟所提出的理学观念,他们认为,"理"或"天理"是一个例外的存在,不是从事物中抽象出来的,这唯一的"理"是永恒存在的,而且是先验地存在于一切事物之中的。"所以谓万物一体者,皆有此理",世界必先有一个普照万物的理,然后才有被照的万物存在。天理之照物,犹如"月印万川",也就是说,千万条河流中都映照着月亮,可是这许多条河流中的月

亮却全都是那同一个月亮。这就是程氏兄弟的"天下只有一个理""万物皆是一个天理"的理学思想。

存天理，灭人欲

"存天理，灭人欲"，这一说法的提出习惯上被归于朱熹的名下，实际上，类似的提法早有渊源，《礼记·乐记》中说："人化物也者，灭天理而穷人欲者也。于是有悖逆诈伪之心，有淫佚作乱之事。"意思是说，人为外物所诱惑而丧失了天理、纵容人的欲望，于是有了各种邪恶的想法和恶劣的行为。这里已将"天理"和"人欲"相对立，"天理"，也就是孟子所说的人的与生俱来的仁、义、礼、智等良知，而"人欲"则是对"天理"的违背，是为所欲为的不善之举。程颐说："人心私欲，故危殆。道心天理，故精微。灭私欲则天理明矣。"这是将"人欲"和"天理"相对立的表述，说的就是"存天理，灭人欲"。朱熹传承了这种思想，说道："孔子所谓'克己复礼'，《中庸》所谓'致中和'，'尊德性'，'道问学'，《大学》所谓'明明德'，《书》曰'人心惟危，道心惟微，惟精惟一，允执厥中'，圣贤千言万语，只是教人明天理，灭人欲。"朱熹实际上并非"存天理，灭人欲"的首倡者，但是他将此看作是儒家思想的精髓之所在，并且对其进行了详细的阐发，极大地提高了这一观念的影响力。值得注意的是，朱熹并非一概反对人的任何欲

望，他所说的"人欲"是指那些超出了正当要求以及违反了社会规范的欲望，是属于"非分之想"一类的欲求，只是后来人们脱离了具体的语境对字面的含义发生了误解，因而严厉地抨击朱熹对于人欲的否定。事实上，朱熹的这种倡导之于纷杂混乱的社会实际乃及乱世之中人的行为操守也并非毫无积极意义的。但不可否认的是，朱熹的这种表述对后来的社会思想产生了较为不良的影响，以致出现了"以理杀人"的现象。"存天理，灭人欲"的错谬的根本之处不在于对"人欲"的否定，而在于将"天理"和"人欲"相对立，使"理"和"欲"之间不是相和谐的关系，而是此生彼灭的相冲突的关系。

知行合一

"知行合一"是王守仁的哲学观念。明武宗正德三年（1508 年），王守仁在贵阳文明书院讲学时首次提出"知行合一"的说法。王守仁所讲的"知行合一"，指的并不是实践与认识相符合的含义，这里的"知"，是一种良知，也就是指人的道德意识和思想理念，而"行"，是指人的道德践履。王守仁指出，"知"与"行"二者之间，互为表里，不可分离，知必然要表现为行，不行不能算真知。而良知，无不行，自觉的行，也就是知。在王守仁看来，知决定着行，道德意识是人之行为的指导思想，按照道德的要求去行动

"知行合一"是王守仁学术的核心思想，也是其成功不可或缺的准则。

就是达到良知的工夫，在道德指导下产生的良知是行为的开始，符合道德要求的行为则是良知的完成。

经世致用思潮

经世致用思潮，是清代初年由顾炎武、王夫之、黄宗羲等知名学者的提倡而掀起的一股思想潮流。经世致用，就是说要将学术理论同社会实践结合起来，运用自身所掌握的理论知识积极地致力于解决现实社会中的各种问题。

南宋时期，吕祖谦、叶适、陈亮等思想家就提倡经世致用，反对当时的理学家奢谈心性命理的空疏之学。

清朝初年，由于明朝灭亡、清军入关的沉重打击，理学的统治地位被强烈地撼动，一批有识之士深切地感受到明朝空疏不实的学风对国家所造成的巨大灾难，因而积极提倡经世致用的真学问和以实为宗的新学风。他们以社会问题为中心，在救世济时的思想指导下，提出了解决当时社会问题的各种方案：在政治上，猛烈地批判封建专制制度，揭露专制君主的罪恶，提出了一些带有初步民主启蒙因素的主张，如黄宗羲的"公其非是于学校"、顾炎武的"庶民干政"的主张等；在经济上，针对封建的土地兼并，提出了解决土地问题的各种办法，这些办法都贯穿着"均田"的精神，表现出对农民问题的关心和同情；在教育上，激烈地批判束缚思想的科举制度和八股文，要求注重学校教育，从而培养出真正有学问有实际能力的有用人才……由于这些杰出思想家的积极号召和清朝初年特殊的社会与政治环境，一股经世致用的思想潮流应时而起。

道家

老子之道

"道"，是老子思想理论体系的基础，是一个本原性的最高的哲学范畴，既是世界的本体，又是万物运行的根本规律。《老子》第二十五章讲："有物混成，先天地生。寂兮寥兮，独立而不改，周行而不殆，可以为天地母。吾不知其名，强字之曰'道'，强为之名曰'大'。"这段话是说，有一个浑然一体的东西，它先于天地而存在，又独一无二；它永远不依靠外在的力量，周流运行，永不停歇，因此，它可以看作是天地产生的根本。由于不知道它应该叫作什么名字，姑且给它起个名字叫作"道"，勉强再给它起个名字叫作"大"。老子又说，它统率着一切，主导着万事万物的发展，可是它做的这些又看不见，所以称之为"逝"；它运行不息，而无所不及，又须臾不离开万物，因此称之为"远"；而它运行不息，伸展遥远又返回本原，因而称之为"反"。"大""逝""远""反"，是老子对"道"所具有的各种品性的表述。"大"，说的是"道"涵盖一切，至高至上；"逝"，说的是"道"神妙莫测，不可见其形；"远"，说的是"道"运行不息，无时不存，亦无处不在；"反"，说的是"道"所具有的万物归宗的本原性。

孔子向老子请教学问

道生一，一生二，二生三，三生万物

　　"道生一，一生二，二生三，三生万物"，语出《老子》第四十二章。"天下万物生于有，有生于无"，语出《老子》第四十章，意思是，天下万物来源于有，有则来源于无，这就是"无中生有"的道理。根据这个道理，最早的那个"有"必定是从"无"中而来的，而这个原初的"无"，也就是"道"，所以说"道生一"；而一旦有了第一个"有"，那么这第一个"有"就会产生第二个"有"，这就叫作"一生二"；接着，有了第一个"有"和第二个"有"的出现，第三个"有"也就会产生出来，即"二生三"；以此类推，继之以无穷，则万物化生，也就是"三生万物"。老子这段话讲的是"道"的本源性和万物由来的原理。

柔弱胜刚强

　　"柔弱胜刚强"，是老子所持的思想观念，语出《老子》第三十六章："将欲歙之，必固张之；将欲弱之，必固强之；将欲废之，必固兴之；将欲夺之，必固与之。是谓微明。柔

弱胜刚强。"老子讲的歙、张，弱、强，废、兴，夺、与，等等，都是从反面取之的策略，也就是欲擒而故纵，体现出鲜明的辩证色彩，而"柔弱胜刚强"可以说是老子的这一思想的集中代表。《老子》第七十八章说："天下莫柔弱于水，而攻坚强者莫之能胜，其无以易之。弱之胜强，柔之胜刚，天下莫不知，莫能行。"老子所提出的"处下""不争""不敢为天下先"等主张，体现的思想内涵都是柔弱胜刚强。以弱胜强，以柔克刚，可以说是老子思想中最为独到和深刻的。

无为而治

"无为而治"，是道家的基本思想，首先是由老子提出来的。老子认为天地万物都是由道化生的，而且天地万物的运动变化也都遵循着道的规律，而道所遵循的又是自然的规律，也就是"道法自然"。既然道以自然为本，那么对待事物就应该顺其自然，无为而治，让事物按照自身的必然性自由地发展，使其处于符合道的自然状态，不对它横加干涉，不以有为影响事物的自然进程，只有这样，事物才能正常地存在和健康地发展。老子说："是以圣人处无为之事，行不言之教。""上德无为而无以为；下德无为而有以为。""为学日益，为道日损。损之又损，以至于无为。无为而无不为。"

这些讲的都是"无为而治"的好处。当然，所谓"无为"，并不是一无所为，不是说什么都不做，而是不妄为，不随意而为，不行违反自然规律之为。

治大国，若烹小鲜

"治大国，若烹小鲜"，语出《老子》第六十章，意思是治理大国就如同烹制美味的小鱼一样，这是老子所崇尚的治国方法。据说上古时期的贤君汤曾向伊尹询问治国的主张，伊尹用这样的比喻来说明："做菜既不能太咸，也不能太淡，要调好作料才行；治国就如同烹饪，既不能操之过急，也不能松弛懈怠，只有恰到好处，才能把事情办好。"老子借用伊尹的这个说法来表达自己的政治方略，强调治理国家要依照规律循序行事，一切有条不紊，长此以往，国家必定和谐而昌盛。

小国寡民

"小国寡民"，出自《老子》第八十章："小国寡民，使有什佰之器而不用，使民重死而不远徙。虽有舟舆，无所乘之；虽有甲兵，无所陈之。使民复结绳而用之。甘其食，美其服，安其居，乐其俗。邻国相望，鸡犬之声相闻，民至

老死，不相往来。""小国寡民"是老子对自己的社会理想
所作的阐述，这种社会生活状态，颇有桃花源式的意境，也
是一种只能形诸书面的空想，无论在既往，还是在未来，都
是不可能出现的情形。有人批判老子的这种思想表现的是一
种倒退的意识，其实这是老子有感于当时社会纷争扰攘的混
乱局面所提出的一种从寡欲思想出发的、人民世代安居乐业
的美好愿望，不宜过分地奢求和妄评。

祸福相倚

"祸福相倚"，语出《老子》第五十八章："祸兮，福
之所倚；福兮，祸之所伏。"祸福相倚表达的是祸与福相互

走失的马带回来一匹骏马，人们向塞翁贺喜，塞翁却觉得这匹骏马会带来不好
的事。塞翁的儿子对这匹骏马爱不释手。一天，他不小心从马背上摔了下来，
跌断了一条腿。

依赖、相互转化的辩证关系。《淮南子·人间训》中记载的"塞翁失马，焉知非福"的典故就是对祸福相倚的具体而生动的说明。祸福相倚，告诫的是人们在面对幸福之时，不可盲目乐观，应当敏感地意识到眼下的好景中可能存在的悖反因素；面对灾祸之时，也不要盲目地悲观，应当在不幸之中看到幸运的一面，要在不利之中提取出有利的因素，使事情的发展向着对自己有益的方向转化。居安思危、有备无患等行事的法则，其思想依据也就是祸与福之间的互有依存又相为转变的关系。

上善若水

"上善若水"，语出《老子》第八章："上善若水。水善利万物而不争，处众人之所恶，故几于道。居善地，心善渊，与善仁，言善信，政善治，事善能，动善时。夫唯不争，故无尤。"老子用水的特点来表达至善的人的品性，水具有两大优点，即"善利万物"和"不争"，而这两个方面又是统一的。因其"不争"，才可"善利万物"；而"善利万物"的一种基本的表现就是"不争"。老子指出，正是由于不争，才会没有什么过错，在老子看来，这是一种接近于道的品性。

慎始慎终

"慎始慎终"，指做事情从开始到结束都非常谨慎，语出《老子》第六十四章："慎终如始，则无败事。"这一章对慎始慎终的道理进行了较为完整而详细的表述，老子讲："其安易持，其未兆易谋；其脆易泮，其微易散。为之于未有，治之于未乱。"情况安定时，容易把握；事情尚无迹象时，容易图谋。事物脆弱时容易化解，事物微细时容易消散。要在事情尚未发生时就处理好，要在祸乱尚未出现时就控制住。老子接着说："合抱之木，生于毫末；九层之台，起于累土；千里之行，始于足下。"并且指出："民之从事，常于几成而败之。"

功成身退

"功成身退"，语出《老子》第九章："持而盈之，不如其已；揣而锐之，不可长保。金玉满堂，莫之能守；富贵而骄，自遗其咎。功遂身退，天之道也。""功成身退"说的是大功告成之后，自行隐退，而不再贪恋名位，这是合于天道的做法。《庄子·外篇·天运》中有这样的话："以富为是者，不能让禄；以显为是者，不能让名。亲权者，不能与人柄。操之则栗，舍之则悲，而一无所鉴，以窥其所不休

者，是天之戮民也。"一味贪图而不知休止的人是要遭受上天的刑戮的。"飞鸟尽，良弓藏；狡兔死，走狗烹"，说的就是这个道理。

庄子的齐物论

"齐物论"是庄子的一种哲学思想，也是《庄子》一书中一篇文章的名字。关于"齐物论"的解读，基本上有两种：一种解为"齐物"之论，一种解为"齐"之"物论"。按照前一种理解，"齐物论"讲的是对万物的齐一；而按照后一种理解，"齐物论"讲的就是对于各种看待事物之观点的齐一。其实这两种理解是有着相通的一面的，虽然前一种说法的重点是齐"物"，而后一种说法的重点是齐"论"，但是这种"论"也是"物之论"，可以说是间接地齐"物"。庄子在《齐物论》中提出了"吾丧我"这一著名的表述，"吾丧我"，说的就是自己忘掉了自己，准确地讲，是自己的心神忘却了自己的形体，这是"天地与我并生，而万物与我为一"的物我皆忘的精神状态，也就是一种齐一的超然境界。庄子说："忘年忘义，振于无竟，故寓诸无竟。"意思是忘掉死生，忘掉是非，到达无穷无尽的境界，因此圣人总把自己寄托于无穷无尽的境域之中。这就是对"吾丧我"的一种讲解。庄子还讲述了自己梦蝶的故事，说道："不知周之梦为胡蝶与，胡蝶之梦为周与？周与胡蝶，则必有分矣。此之

谓物化。"物化，也就是物我之间的交合变化，因为这种变化，而万物之间浑然为一，是故"众人役役，圣人愚芚，参万岁而一成纯，万物尽然，而以是相蕴"。意思是，众人总是一心忙于去争辩是非，圣人却好像十分愚昧无所觉察，糅合古往今来多少变异、沉浮，自身却浑然而一不为纷杂错异所困扰，万物全都是这样，而且因为这个缘故相互蕴积于浑朴而又精纯的状态之中。

逍遥游

"逍遥游"，是一种没有任何束缚而自由自在的生命状态，是一种"乘天地之正，而御六气之辩，以游无穷"的高渺境界，是庄子所崇尚的一种绝对自由的精神修养。《逍遥游》一篇集中表现了庄子的这一思想理念。这篇文章一开始就进行了这样的表述："北冥有鱼，其名为鲲。鲲之大，不知其几千里也。化而为鸟，其名为鹏。鹏之背，不知其几千里也。怒而飞，其翼若垂天之云。是鸟也，海运则将徙于南冥。南冥者，天池也。"这是一种恢宏深远的景象和境界。庄子在进行了一番异常生动的形象描绘后，将逍遥游的精神实质归结为："至人无己，神人无功，圣人无名。"这是讲道德修养高尚的"至人"能够达到忘我的境界，精神世界完全超脱物外的"神人"心目中没有事业和功名，思想修养臻于完美的"圣人"从不去追求名誉和地位，只有做到了如此，

才可为逍遥之游。

螳螂捕蝉

　　"螳螂捕蝉"，典出《庄子·山木》："睹一蝉，方得美荫而忘其身；螳螂执翳而搏之，见得而忘其形；异鹊从而利之，见利而忘其真。"另可见于西汉刘向编撰的《说苑》中的《正谏》一篇："园中有树，其上有蝉。蝉高居悲鸣饮露，不知螳螂在其后也；螳螂委身曲附，欲取蝉，而不知黄雀在其傍也；黄雀延颈欲啄螳螂，而不知弹丸在其下也。此三者皆务欲得其前利，而不顾其后之有患也。"这种情形被人概括地称为"螳螂捕蝉，黄雀在后"，常常以"螳螂捕蝉"来简称。比喻只顾眼前的利益而忽略背后的危险的盲目做法，经常被用来劝导人们要有全局观念，处理事情的时候不可只看一面，尤其不可为眼前的利益所迷惑而对潜伏的祸患失去警惕。

材与不材之间

　　"材与不材之间"，语出《庄子·山木》："周将处乎材与不材之间。材与不材之间，似之而非也，故未免乎累。"一次，庄子在山中行走的时候看见一棵大树枝叶十分茂盛，可是伐树的人却停留在旁边而不去砍伐它。庄子问为什么不

去砍这棵大树呢，伐树的人说："这树没有什么用处。"庄子于是感慨地说："这棵树就是因为不成材而能够终享天年啊！"庄子走出山来，留宿在朋友家中。朋友叫童仆杀鹅来款待他。童仆问主人："一只能叫，一只不能叫，请问杀哪一只呢？"主人说："杀那只不能叫的。"第二天，弟子问庄子："昨天遇见山中的大树，因为不成材而能终享天年，可是主人的鹅，却因为不成材而被杀掉，先生你将怎样来对待呢？"庄子说："我庄周将处于成材与不成材之间。"庄子的这种观点表达的是为人处世要把握好分寸，做到应时而顺变，不可拘泥于一方，应当力求达到这样一种境界："与时俱化，而无肯专为；一上一下，以和为量，浮游乎万物之祖，物物而不物于物。"人要通过这种随顺的处世原则来过一种悠然自得的生活，役使外物却不为外物所役。

白驹过隙

"白驹过隙"，语出《庄子·知北游》："人生天地之间，若白驹之过郤（通"隙"），忽然而已。"意思是，人生于天地之间，就像骏马穿过一个狭窄的通道，瞬间而过罢了。"白驹过隙"，后来就被用作形容时间过得极快，而人生极为短暂。庄子在此使用这个比喻是用来讲述人在面对倏忽短暂的生命时所应秉持的达观态度。在庄子看来，世界的万物，自然而然地，全都蓬勃而生；又自然而然地，全都顺

应变化而死。业已变化而生长于世间的，又会变化而死去，还在生活着的为之哀叹，人们为之感到悲悯。可是人的死亡，只是解脱了自然的束缚，毁坏了自然的约束，人的魂魄随死亡而消逝，接下来身形也将随之而去，这就是道的最终归向。不具有形体因变化而为有了形体，具有形体再经变化而形体消失，这是人们都知道的，那么人们为什么不能因此而对生命看得通达呢？

庖丁解牛与养生

　　"庖丁解牛"，典出《庄子·养生主》："庖丁为文惠君解牛，手之所触，肩之所倚，足之所履，膝之所踦，砉然向然，奏刀騞然，莫不中音，合于《桑林》之舞，乃中《经首》之会。"这段话是讲，有一个名叫丁的厨师替梁惠王宰牛，手所接触的地方，肩所靠着的地方，脚所踩着的地方，膝所顶着的地方，都发出皮骨相离声，进刀时发出的响声，这些声音没有不合乎音律的。它合乎《桑林》舞乐的节拍，又合乎《经首》乐曲的节奏。后来，"庖丁解牛"就作为一个成语用来形容经过反复的实践，掌握了事物的客观规律，做事得心应手、运用自如的情形。梁惠王对庖丁精湛的技艺十分惊叹，庖丁却对梁惠王说："臣之所好者道也，进乎技矣。"也就是说，自己所看重的是自然的规律，这已经超过了对宰牛技艺的追求。然后，庖丁向梁惠王讲述了自己多年宰牛的

解牛要按照牛的身体结构动刀。

经历感受，由最初的眼里只有一头牛，到后来对牛的肌体结构十分精通，以至于达到了"彼节者有间，而刀刃者无厚，以无厚入有间，恢恢乎其于游刃必有余地矣"的高超境地。梁惠王听后感慨说自己学习到了养生之道。庖丁讲的是解牛，梁惠王却体悟到了养生，两者看似不相及，但是在对自然规律的认识和运用这一点上却是相通的，也就是庖丁说的"臣之所好者，道也"，"道"这个原理是普适于万事万物的。

只可意会

"只可意会"，语出《庄子·天道》："世之所贵道者，书也。书不过语，语有贵也。语之所贵者意也，意有所随。意之所随者，不可以言传也，而世因贵言传书。""只可意

会"常常与"不可言传"连用，用以形容只能用心去仔细地揣摩体会，而无法用语言具体地传达出来的微妙的道理。这一成语所要阐说的是，意蕴之妙，在乎一心，如果能够用语言来讲述出来的，那就不会是精妙的道理，而精妙的道理一旦用语言表述出来，也一定不是原来的模样了。《庄子·天道》中还讲述了一个轮扁斫轮的故事，轮扁用自己斫轮的实践体会指出，书上所记载的圣人之言，尽是古人之糟粕矣。当然这不是说书不好，也不是说圣人之言毫无意义，而是说一个人内心的那种精微的体验，是无法通过语言来传达，从而令他人也亲切地感知得到的，这并不是否认知识的可传承性，而是讲道理的精髓之处是必须自己通过亲身实践和用心领悟才可以真正有所认识和掌握的，才能真正地领会其中的奥妙，这不是仅靠语言的传达就可以实现的。

外化而内不化

"外化而内不化"，语出《庄子·知北游》："仲尼曰：'古之人外化而内不化，今之人内化而外不化。与物化者，一不化者也。安化安不化？安与之相靡？必与之莫多。'"这段话的意思是，孔子说："古时候的人，外能够适应环境的变化而内却坚持操守；现在的人，内不能够持守而在外又不能适应环境的变化。随外物变化的人，内心必然是纯一坚定而不离散游移。对于变化与不变化都能安然听任，安闲自

得地与外在环境相顺应，必然会与外物一道变化而不有所偏移。"这是庄子假托孔子之口表述的人生理念。所谓"外化"，就是对于外在的社会环境要通达顺应，否则将无法在社会中安身立命；所谓"内不化"，就是不要受变化万千的外部世界的影响，而要在内心有所坚持，否则将被纷繁复杂的外在世界所左右，从而丧失自我。"外化而内不化"是说，生存可以随遇而安，但是生命要有所坚持，既要随顺，又要固我，这是一种超达而坚贞的人生观。

庄周梦蝶

"庄周梦蝶"，典出《庄子·齐物论》："昔者庄周梦为胡蝶，栩栩然胡蝶也。自喻适志与，不知周也。俄然觉，则蘧蘧然周也。不知周之梦为胡蝶与，胡蝶之梦为周与？周与胡蝶，则必有分矣。此之谓物化。"这段话的意思是：有一天，庄周梦见自己变成了蝴蝶，一只翩翩飞舞着的蝴蝶，自己感到非常快乐，悠然得意，而不知道自己是庄周。一会儿梦醒了，惊惶不定之间却发现自己是庄周。不知是庄周做梦变成了蝴蝶呢，还是蝴蝶做梦变成了庄周呢？庄周与蝴蝶必定是有区别的，这就是物与我的交合与变化。《齐物论》是庄子阐述齐物思想的名篇，所谓"齐物"者，说的是世界万物包括人的品性，看起来是千差万别的，然而归根结底却又是齐一的，是相对而同一的。"庄周梦蝶"是庄子提出的

庄生梦蝶图　元　佚名

关于齐物思想的一个重要的哲学观点，这种观点认为人不能够确切地区分真实和虚幻，万物亦真亦幻，相对而互化。在一般人看来，一个人在醒时的所见所感是真实的，梦境是幻觉，是不真实的，庄子却以为不然。醒是一种境界，梦是另一种境界，二者是不相同的；庄周是庄周，蝴蝶是蝴蝶，二者也是不相同的，但是在庄子看来，这些都只是一种现象，是"道"之运动中的一种形态、一个阶段而已，既相分离而又互为交合的。

井底之蛙与东海之鳖

　　"井底之蛙与东海之鳖"，典出《庄子·秋水》："子独不闻夫坎井之蛙乎？谓东海之鳖曰：'吾乐与！出跳梁乎井干之上，入休乎缺甃之崖；赴水则接腋持颐，蹶泥则

没足灭跗；还虾、蟹与科斗，莫吾能若也！且夫擅一壑之水，而跨跱坎井之乐，此亦至矣。夫子奚不时来入观乎？'东海之鳖左足未入，而右膝已絷矣。于是逡巡而却，告之海曰：'夫千里之远，不足以举其大；千仞之高，不足以极其深。禹之时十年九潦，而水弗为加益；汤之时八年七旱，而崖不为加损。夫不为顷久推移，不以多少进退者，此亦东海之大乐也。'于是坎井之蛙闻之，适适然惊，规规然自失也。"

这段话译成白话文是："你不曾听说过那井里的青蛙吗？青蛙对东海里的鳖说：'我真是快乐啊！跳跃玩耍于井口栏杆之上，进到井里便在井壁砖块破损之处休息。跳入水中井水漫入腋下并且托起我的下巴，踏入泥里泥水就盖住了我的脚背，回过头来看看水中的那些赤虫、小蟹和蝌蚪，没有谁能像我这样快乐的！再说我独占一坑之水、盘踞一口井的快乐，这也是极其称心如意的了。你怎么不随时来井里看看呢？'东海之鳖左脚还未能跨入井，右膝就已经被绊住了。于是迟疑了一阵子之后又把脚退了出来，把大海的情况告诉给井里的青蛙，说：'千里的遥远，不足以称述它的大；千仞的高旷，不足以探究它的深。禹的时代十年里有九年水涝，可是海水不会因此而增多；汤的时代八年里有七年大旱，可是岸边的水位不会因此而下降。东海不因为时间的短暂与长久而有所改变，不因为雨量的多少而有所增减，这就是东海最大的快乐。'井里的青蛙听了这番话，一时惊惶不安，茫然不知所措。"

　　这段话是魏牟对公孙龙说的，谈话的背景是，公孙龙自恃才学出众，能够达到"然不然，可不可；困百家之知，穷众口之辩，吾自以为至达已"的水平，可是听到了庄子的言谈，却感到十分茫然，不知道自己是哪里赶不上庄子，于是向魏牟求问。魏牟在解答公孙龙的问题之前先做了一番如此的比喻，意思是说，你公孙龙比起庄子来，那点儿学问和见识就像坎井之蛙所知道的一口井那么小，而庄子的境界却像东海那样恢宏远廓，你怎么能够同庄子相比呢。这就是井底之蛙与东海之鳖的典故，后世常引用此语来比喻那些见识浅狭却不自知、忘乎所以的人。

濠梁观鱼之乐

　　"濠梁观鱼之乐"，典出《庄子·秋水》："庄子与惠子游于濠梁之上。庄子曰：'鲦鱼出游从容，是鱼之乐也！'惠子曰：'子非鱼，安知鱼之乐？'庄子曰：'子非我，安知我不知鱼之乐？'惠子曰：'我非子，固不知子矣；子固非鱼也，子之不知鱼之乐，全矣。'庄子曰：'请循其本。子曰"汝安知鱼乐"云者，既已知吾知之而问我。我知之濠上也。'"这段话的意思是，庄子与惠子在濠水的桥上游览，庄子说："鱼在水里从容自在地游玩，是多么快乐啊！"惠子听了不以为然，说："你又不是鱼，怎么会知道鱼的快乐呢？"庄子反驳说："你又不是我，怎么会知道我不知道

呢？"惠子说："我不是你，当然不知道你；可你也不是鱼啊，这也是完全可以肯定的。"庄子又说："让我们把话从头说起。你说'你怎么会知道鱼的快乐'那样的话，是已经知道我已经知道才问我的。我告诉你我是怎么知道的，我是在濠水之上感知到的啊！"

"濠梁观鱼之乐"的典故体现出两方面的问题，一方面是逻辑之辨的问题，一方面是认识论的问题。在前一方面，惠子认为庄子是不能够感知到鱼的快乐的，也就是说一个主体不能够超越其本身而对另外一个主体进行感知，庄子也就以惠子的这一逻辑前提为出发点，质问惠子与他也不是同一主体，就也不知道他的所知所感，因此不可以否认他不知道鱼的快乐。其实庄子的这一辩驳带有似是而非的色彩，惠子随即也就指出了庄子的谬误之处，说自己当然不知道庄子的感受，可是同样的道理，庄子也就不会知道鱼的感受。从中可以看出，惠子所持的逻辑是一致的，就是主体之间不能够进行跨越性的感受，而庄子的逻辑则是矛盾的，他指出惠子不知道他的感受，是以一个主体不能够感知另外一个主体为前提的，而他又讲自己知道鱼的感受，这就是以一个主体可以感知另外一个主体为前提的了，所以说庄子的逻辑是矛盾的。

那么，庄子接下来是怎样来应付惠子的辩驳的呢？庄子说："让我们把话从头理一下好了。"这等于是将惠子刚才的驳斥给避开了，而另选了一个话题。庄子说，惠子问自己

怎么知道鱼的快乐，其话语内涵的前提是已经承认了自己知道鱼的快乐而问自己的，然后庄子进行了回答。庄子回答的是什么呢？庄子给出的回答为自己是怎么知道鱼之乐的，也就是说讲的是自己知道的方式。那么，惠子最初的问题的本意是什么呢？很显然，惠子所提的问题原本并不是像庄子所讲的那样，是先已经承认了庄子知道鱼之乐，而询问所知的方式，惠子问题的原貌是一个反问句，问庄子怎么知道鱼的快乐呢，实际含义说的是庄子不知道鱼的快乐，是对知鱼之乐进行否定，而不是说先肯定了知鱼之乐，然后询问庄子是如何知鱼之乐的。

当然，就惠子所问的"安知鱼之乐"这句话本身，也可以像庄子所讲的那样来理解，如果那样来理解的话，那么前面庄子最初对这个问题的回答就是答非所问了。庄子对惠子的话进行否定，是因为惠子对庄子的话进行了否定，而庄子再进行反驳，如果说是惠子肯定了庄子的话，而对其中的某一不解之处进行征询，那么庄子也就谈不上进行反驳了。很显然，惠子最初的问题在庄子最后的回辩中被曲解了。

法家

法先王

"法先王"，是儒家所崇尚的政治主张，意为效法上古的圣明君王的言行和制度。"先王"，一般指的是尧、舜、禹、汤、文王等，儒家的经典《尚书》中记载了这些先王的德政，这些先王的做法也成为后世君王的楷模。孔子"祖述尧舜，宪章文武"，孟子"言必称尧舜"，指出："规矩，方圆之至也；圣人，人伦之至也。欲为君尽君道，欲为臣尽臣道，二者皆法尧舜而已矣。不以舜之所以事尧事君，不敬其君者也；不以尧之所以治民，贼其民者也。"当然，儒家所谓的"法先王"，并不是说要拘泥于先王的一言一行，而是"五帝殊时，不相沿乐；三王异世，不相袭礼"。也就是说，所遵法的不是具体的制度，而是其思想精神和政治理念。"法先王"的观点对中国古代的社会思想有着非常深远的影响，形成了中国人"信古"的思想传统。

法 治

法治，即依靠法律来治理国家，是法家的基本政治主张。儒家提倡的是"德治"和"礼治"，孔子说："道之以政，

齐之以刑，民免而无耻；道之以德，齐之以礼，有耻且格。"意思是，对于人民，如果用政法来引导，用刑罚来整顿，人民虽然会免于罪过，但是没有羞耻之心；如果用道德来引导，用礼仪教训来整顿，人民就会有羞耻之心，就会在心理上归服。与其用外在的法令来约束人民，孔子更加看重人民内在的自律的作用，认为通过道德礼教的引导，发挥人民自身的向善的精神，这才是实现政治清明有序的根本所在。法家的思想出发点则是否定人所具有的这种自律向善的品质，认为人与人之间都是依靠利益而联系的，是相互利用的关系，实现天下的治理，只能够靠外在的约束，因而提倡"法治"。

我们应当看到的是，法家所倡导的"法治"，与现代的"法治"精神是有所区别的，法家虽然强调法律在国家政治中的根本作用，但是"法治"的立足点是君主专制，这种"法治"是为君主的统治服务的，制定什么样的法律，最终还是要看君主的心思，而且法律对君主并不具有约束力，所以说，法家所主张的"法治"在君主专制制度之下，只能是一种不彻底的"法治"。

公私之交，存亡之本

"公私之交，存亡之本"，意为公与私的问题是关乎国家存亡的根本，语出《商君书·修权》："公私之分明，则小人不疾贤，而不肖者不妒功。故尧、舜之位天下也，非私

天下之利也，为天下位天下也；论贤举能而传焉，非疏父子亲越人也，明于治乱之道也。故三王以义亲，五霸以法正诸侯，皆非私天下之利也，为天下治天下。是故擅其名而有其功，天下乐其政，而莫之能伤也。今乱世之君臣，区区然皆擅一国之利，而管一官之重，以便其私，此国之所以危也。故公私之交，存亡之本也。"

这段话的意思是：只有公私的界限分明，小人才不嫉妒贤人，无能的人才不嫉妒有功的人。尧舜治理天下，并不是独占天下的利益，乃是为了天下人而治理天下，所以选拔贤能，而且把天下传给他。尧舜并不是疏远自己的儿子，亲近外人，乃是明晓治乱的道理。三王用道义来爱护天下人，五霸用法度来纠正诸侯，都不是独占天下的利益，乃是为了天下人而治理天下。因而才能取得名誉，建立功业，天下人都喜欢他们的政治，没有人能够伤害他们。现在乱世的君臣很渺小地独占一国的利益，或掌握一官的职权，从而追求个人的私利，这就是国家危险的原因。可见公私的分界就是国家存亡的根源。

"公私之交"，之所以为"存亡之本"，是因为统治者如果持政以公，做事以公众的利益为出发点，在行为取向上以国家和人民的利益为重，那么他的统治就是有益于国家和人民的，人民就会因此而得到好处，国家也会因此而富强。反之，统治者做事全是为了满足一己的私欲，一切以自身的利益得失为裁夺，那么结果必将是足一人而寡天下，人民的

利益就会受到侵害，国家也就因此日益削弱。统治者为政的利益出发点的问题，也就是为公还是为私的问题，是关系到国家之兴亡的大事。

法、术、势

"法""术""势"，是韩非所总结的帝王之术。"法"，指的是作为国家政治之根本的法律；"术"，指的是君王统治的手段和策略；"势"，指的是君王所具有的权力和威势。韩非认真地总结了此前法家的思想，成为法家理论的集大成者，形成一套以君王的统治为出发点，以法为本，法、术、势相辅相成的完整的政治理论体系。

在韩非之前，法家人物以商鞅、申不害和慎到为代表，商鞅重视法的作用，申不害崇尚术的长处，慎到则推尊势的威力，韩非将法、术、势三者有机地结合起来。关于法，韩非提出"以法为本""以法为教""立法于君"等具有纲领性的政治主张。韩非还非常强调法的稳定性和平等性，指出："法也者，常者也。""法之所加，智者弗能辞，勇者弗敢争。刑过不避大臣，赏善不遗匹夫。"关于术，韩非指出："术者，因任而授官，循名而责实，操杀生之柄，课群臣之能者也，此人主之所执也。"就是说，要根据每个人的能力给他相应的官职，按照名称来考察实际内容，要求名实相符，用自己手中的生杀大权，考察臣子的才能，

韩非囚于秦，而作《说难》《孤愤》。

这是君主所掌握的。韩非认为，术是应当隐藏起来而不露于外的，这与法不同，他说："人主之大物，非法则术也。法者，编著之图籍，设之于官府，而布之于百姓者也。术者，藏之于胸中，以偶众端而潜御群臣者也。故法莫如显，而术不欲见。"关于势，韩非指出："君执柄以处势，故令行禁止。柄者，杀生之制也；势者，胜众之资也。"就是说，君主掌握了权柄来处理权势，所以下达的命令就能贯彻执行。权柄，是控制臣民生死的一种法定职分；威势，是制服民众的一种资本。在论述势的重要性时，韩非指出，圣人具有尧、舜那样的贤德和伯夷、叔齐那样的懿行，可是如果不依靠势，就会无法立功成名。君王能够统治天下的首要原因并不在于其能力高强、品德出众，而是因为他

拥有势而位尊权重。韩非由此提出"法势合一"的主张，声言"抱法处势则治"。

依照韩非的理论，身为君主，只要将法、术、势三者加以完美地运用，则天下可运于掌。

法后王

"法后王"，是荀子首先提出的政治理念，意为取法于当今圣贤的君王。荀子说："故人道莫不有辨。辨莫大于分，分莫大于礼，礼莫大于圣王；圣王有百，吾孰法焉？故曰：文久而息，节族久而绝，守法数之有司极礼而褫。故曰：欲观圣王之迹，则于其粲然者矣，后王是也。"这段话的意思是，对各种事物的界限加以区别，没有比确定名分更重要的了，确定名分没有比遵循礼法更重要的了，遵循礼法没有比效法圣明的帝王更重要的了。可是圣明的帝王有上百个，我们效法哪一个呢？回答是：礼仪制度因为年代久远而湮没了，音乐的节奏因为年代久远而失传了，掌管礼法条文的官吏也因与制定礼法的年代相距久远而使礼法有所脱节了。所以，要想观察圣明帝王的事迹，就得观察其中清楚明白的人物，而这样的人物就是后代的君王。

"法后王"是与"法先王"相对的提法，荀子并非反对"法先王"，而是批评只知"法先王"而不知"法后王"的观念，并且认为，"法后王"实际上也就是"法先王"，

是在新的时代对先王之道的最为合宜的遵法。荀子所言的
"后王"，指的是那些在时代急剧变化的历史环境中变法
自强的君王，"法后王"就是要取法这些君王所施行的那
些在现实政治中产生了积极有效影响的措施与方略，从而
令儒家的政治理想与切实可行的制度结合起来，把外在制
度的匡正作用与孔孟所倡导的自律和教化的作用结合起
来，进而引导人们走向君子的人格，进而形成安定有序的
社会局面。

法　教

　　法教，即以法为教，是与"礼教"相对的政治理念，是
韩非提出的。"明主之国，无书简之文，以法为教；无先王
之语，以吏为师。"治理国家应当废除礼仪道德等思想教育，
而以当今的法令作为教育的基本内容；要消除以古非今的崇
尚先王的言论，将先王所留下的典籍也一同毁灭，由官吏来
充当教师的职责。

　　韩非的这种主张在秦始皇统一中国后得以付诸实施，秦
始皇三十四年（公元前213年），秦相李斯进谏说："臣请
史官非秦纪皆烧之。非博士官所职，天下敢有藏《诗》《书》
百家语者，悉诣守尉杂烧之。有敢偶语《诗》《书》者，弃
市；以古非今者，族；吏见知不举者，与同罪；令下三十日
不烧，黥为城旦。所不去者，医药、卜筮、种树之书。若欲

有学法令，以吏为师。"秦始皇采纳了李斯的建议，于是有焚书坑儒之举。

"以法为教""以吏为师"的策略，体现出秦朝一统天下之初加强思想控制和强化中央集权的政治需要，从长远来讲，是特定历史时期的一种极端的政治提法，是一种应时而出的权宜之计。

自相矛盾

自相矛盾，指自己说话、做事前后抵触，典出《韩非子·难一》："楚人有鬻盾与矛者，誉之曰：'吾盾之坚，物莫能陷也。'又誉其矛曰：'吾矛之利，于物无不陷也。'或曰：'以子之矛，陷子之盾，何如？'其人弗能应也。夫不可陷之盾与无不陷之矛，不可同世而立。"

"自相矛盾"说的是一个逻辑学问题，即矛盾律的问题，矛盾律是指两个互相矛盾或互相反对的命题不能同时为真，其中至少有一个是假命题，这样，在两个互相矛盾或互相反对的命题中就不能两个都肯定，否则，就会犯"自相矛盾"的逻辑错误。矛盾律所体现的是思维的一致性和相容性。在这个故事中，卖矛和盾的楚人前后说出了两个命题，先说他的盾坚固得没有矛能够攻得破。而后又说他的矛锐利得没有盾不能够攻破，后一个命题是对前一个命题的否定，如果肯定了后者，前者就被否定了；如果肯定了前者，则后者就被

否定了。换一个角度来讲，一个命题本身不可能既是真的又是假的，这个人所说的这两个命题不可能同时为真。也就是说，如果他说的前一个命题是真的，那么后一个命题就不是真的，反之亦然。

墨家和其他

兼相爱，交相利

　　"兼相爱，交相利"，是墨子的基本思想理念。墨子认为，诸如争抢杀伐盗寇劫掠等，社会上的一切不合理的现象，都是因为人与人之间不相爱而引起的，因此提倡"兼爱"，也就是视人如己，"视人之国若视其国，视人之家若视其家，视人之身若视其身"，如此一来，则"天下之人皆相爱，强不执弱，众不劫寡，富不侮贫，贵不敖贱，诈不欺愚"，这

先王有至德要道，以顺天下，民用和睦，上下无怨。

也就实现了"交相利",即人与人之间互惠互利,而绝无损人利己之事的存在。

非 攻

"非攻",是墨子的重要思想主张,墨子从"兼爱"观念出发,极力反对发动战争,《墨子·非攻》有这样的表述:"今攻三里之城、七里之郭……杀人多必数于万,寡必数于千。"战争使百姓生活在"居处之不安,食饭之不时,肌饱之不节"的张皇无措的境地,而战争对人民生活的破坏远不止于此,"入其国家边境,芟刈其禾稼,斩其树木,堕其城郭,以湮其沟池,攘杀其牲牷,燔溃其祖庙,劲杀其万民,覆其老弱,迁其重器,卒进而柱乎斗……"这一切都是战争所带来的罪恶。墨子指出:"此其为不利于人也,天下之厚害矣,而王公大人乐而行之,则此贼灭天下之万民也,岂不悖哉!"这说的是战争为天下最大的祸害,可是统治者们为了各自的利益争夺却乐于战争,不惜发动战争而置万民的生死于不顾。墨子所生活的时代正是诸侯之间的兼并战争愈演愈烈之际,战火所过之处,生灵涂炭,乐土化作废墟,墨子对战争给社会与民生所带来的巨大的破坏性有着极其强烈的心灵触动,因而痛心疾首地倡导"非攻"。这是一种和平主义的理想,但在当时的历史情境下却是不可能实现的。

节用、节葬

　　"节用""节葬"，是墨子所提倡的思想主张。《墨子·节用（上）》曰："圣人为政一国，一国可倍也；大之为政天下，天下可倍也。其倍之非外取地也，因其国家，去其无用之费，足以倍之。圣王为政，其发令兴事，使民用财也，无不加用而为者，是故用财不费，民德不劳，其兴利多矣。"墨子指出："是故古者圣王，制为节用之法曰：'凡天下群百工，轮车、鞼、匏、陶、冶、梓匠，使各从事其所能。'曰：'凡足以奉给民用，则止。'诸加费不加于民利者，圣王弗为。""古者圣王制为节葬之法曰：'衣三领，足以朽肉；棺三寸，足以朽骸，堀穴深不通于泉，流不发泄则止。死者既葬，生者毋久丧用哀。'"这就是墨子对"节用""节葬"观点的具体表述，提倡统治者要节约用度，不过分地消耗民财、民力，兴事当以对人民有利为准。"节葬"是"节用"的一个重要方面，指的是办理丧事不可浪费，当适可而止，生者不必对死者过分地哀悼。

非命论

　　"非命论"是墨子的重要思想，表达的是这样的观念：人自身的祸福是由自己的行为而导致的，并非由天命所决

定的。墨子说："存乎桀纣而天下乱，存乎汤武而天下治。天下之治也，汤武之力也；天下之乱也，桀纣之罪也。若以此观之，夫安危治乱存乎上之为政也，则夫岂可谓有命哉！"墨子进而指出，有一些人不能好好地对待亲戚和君长，嫌恶恭敬俭朴而喜好简慢粗陋，贪于饮食而懒于劳作，所以衣食财物不足，导致自身有饥寒冻馁的忧患，可是他们却不说："因为我疲沓无能，不能努力地劳作，所以才成了现在这样凄惨的景象。"而是说："我命里本来就穷的，这不是我的问题，是命的问题啊。"墨子的表述将"固命"者的荒谬披露无遗，指出其为自己的恶劣习性进行辩解的虚伪本质，指出人要对自身的遭遇负责。

明故、辨类、是非之理

"明故""辨类""是非之理"，是墨子的逻辑学思想的重要体现，在中国古代逻辑学史上也有着重要的意义。"明故"，指的是对原因的明确；"辨类"，指的是对类属的辨别；"是非之理"，指的是对是与非的判断。"类"与"故"，在墨子的论述中是两个具有重要逻辑学意义的概念，"类"的概念把握的是事物的关联性，"故"的概念把握的是事物的因果性。墨子以"明故"出发来"辨类"，又进而定"是非之理"，体现了论说的较强的逻辑性。举一例而言："圣人以治天下为事者也，必知乱之所自起，焉能治之；不知乱之所

自起，则不能治。譬之如医之攻人之疾者然，必知疾之所自起，焉能攻之；不知疾之所自起，则弗能攻……圣人……当察乱何自起……臣子之不孝君父，所谓乱也……此何也？皆起不相爱。"这就是墨子在论辩之中对于"故"这一逻辑概念的出色运用。

慎　战

　　"慎战"，是《孙子兵法》中的一个重要的思想理念，表达的是对战争的谨慎和看重的态度。《孙子兵法·计篇》说："兵者，国之大事，死生之地，存亡之道，不可不察也。"这就将战争摆在了能够决定国家之生死存亡的极为重要的位置上，正因为战争如此重要，所以对于战争不可不察，亦不可不慎。《孙子兵法》还强调"主不可以怒而兴师，将不可以愠而致战"，以及"非利不动，非得不用，非危不战"，"合于利而动，不合于利而止"等，这些都是慎战思想的表达。《孙子兵法》虽然讲的是作战的艺术和战争的规律，但是绝非仅仅从具体的战术层面来考察战争，而是有着战略的高度，坚决地反对在战争问题上轻举妄动，草率而为。

不战而屈人之兵

　　"不战而屈人之兵"，语出《孙子兵法·谋攻篇》："是故百战百胜，非善之善者也；不战而屈人之兵，善之善者也。"屈，指的是使人屈服的意思。"不战而屈人之兵"讲的是不通过兵戎相见的战争而使对方的军队屈服，这才是战争的最高境界。在战争中，迫使对方屈服的直接手段和基本途径就是作战，然而作战则必然要给自己造成损失，虽然可制服对方，也对自身有所伤害，这样的胜利就不能称为完善的结果。而不通过直接的交手，令对方在投入战争之前就先放弃了作战的意志，从而屈服于己，既达到了作战的目的，又没有使自己受到损伤，如此才是最好的选择，是所谓善之善者也。一般而言，欲做到不战而屈人之兵，是要以己方强大的实力为基础的，当双方的实力对比达到了相当程度的反差时，才会有不战而胜的效果。当然，这种强大的实力不一定是完全体现在军事方面，还有着更为丰富的内涵。

五事七计

　　"五事七计"，源出《孙子兵法·计篇》："故经之以五事，校之以计，而索其情：一曰道，二曰天，三曰地，四曰将，五曰法。道者，令民与上同意者也，故可以与之死，

可以与之生，而不畏危；天者，阴阳、寒暑、时制也；地者，远近、险易、广狭、死生也；将者，智、信、仁、勇、严也；法者，曲制、官道、主用也。凡此五者，将莫不闻，知之者胜，不知者不胜。故校之以计，而索其情，曰：主孰有道？将孰有能？天地孰得？法令孰行？兵众孰强？士卒孰练？赏罚孰明？吾以此知胜负矣。将听吾计，用之必胜，留之；将不听吾计，用之必败，去之。"五事"，指的是"道、天、地、将、法"，分别指政治、天时、地利、将帅素质、军事体制这5个决定战争胜负的基本方面。而"七计"是由"五事"演绎而来，是指从双方政治清明、将帅高明、天时地利、法纪严明、武器优良、士卒训练有素、赏罚公正这7个方面的有利条件各自所占的程度来分析敌我双方的对比情况，进而判断战争的胜负局势。"五事七计"较为全面地揭示了军事斗争的内在规律，是《孙子兵法》总体思想的高度概括。

贤者与民并耕

"贤者与民并耕"，是农家许行的观点，语出《孟子·滕文公上》："陈相见孟子，道许行之言曰：'滕君则诚贤君也。虽然，未闻道也。贤者与民并耕而食，饔飧而治。今也滕有仓廪府库，则是厉民而以自养也，恶得贤？'"这段话的意思是，陈相见到了孟子，转述许行的话说："滕文公确实是贤明的君主，虽然如此，他还不懂得贤君治国的道理。

贤君与人民一起耕作养活自己，一面烧火做饭，一面治理天下。现在，滕国有堆满粮食钱财的仓库，这是劳役百姓来供养自己，哪能称得上贤明呢？"许行的主张是国君应当亲自参加生产与生活方面的劳动，与百姓同劳共苦，在工作上彼此不分。孟子听后质问道："许子是自己种了粮食才吃饭的吗？"陈相说："是这样的。"孟子又问："那么许子是自己织了布才穿衣服的吗？"陈相说："不是，但是许子穿的是粗麻编织的衣服。"孟子接着问："许子戴帽子吗？"陈相说："戴。"孟子问："戴什么样的帽子。"陈相说："戴生丝织的帽子。"孟子问："是自己织的吗？"陈相说："是用粮食换的。"孟子紧接着问："为什么不自己织呢？"陈相解释说那样的话会妨碍做农活。孟子接着又问了许子所用的其他的一些器物，结果都不是许子自己造的，而是交换得来的。孟子说："他这样用粮食来交换这些器物难道就不是农夫对于工匠的侵害吗？反过来，工匠用器物从农夫那里换取粮食就不是对农夫的侵害吗？"接下来，孟子说了这样一段著名的话："然则治天下独可耕且为与？有大人之事，有小人之事。且一人之身而百工之所为备，如必自为而后用之，是率天下而路也。故曰：或劳心，或劳力。劳心者治人，劳力者治于人；治于人者食人，治人者食于人。天下之通义也。"孟子提出的观点是，天下之人，各有分工，凡事不可尽行亲力亲为，从而以十分有力地辩驳批判了许行"贤君与民并耕"的落后观念。

白马非马

　　据说，公孙龙有一次骑马过关，但是按照惯例，此种情况下，马是不能过关的，公孙龙却坚称自己骑的是白马，而不是马，经过一番雄辩，官吏无言以对，便放公孙龙与马一同过关了。"白马非马"的论调看似荒谬，但在逻辑学上却有着重要的意义，试看公孙龙是如何展开他的"白马非马"论的。首先，公孙龙指出的是"白马"与"马"的概念内涵不同，"马"是从形体来命名的，而"白（马）"则是从颜色来命名的，因而"白马"与"马"是不相等同的；接着，公孙龙又说明"白马"与"马"的概念外延不同，如果要说"马"的话，那么黄马和黑马都可以；而如果说"白马"的话，那么黄马和黑马则不可以，假使说"白马"就是"马"的话，那样就不会有这种差异了；然后，公孙龙又从物与其属性的角度来辩论，"白马"是马的形体加上马的颜色，因此"白马"与"马"是不同的；公孙龙还采用反证法来论说自己的观点，因为"白马"不等同于"黄马"，也就区分了"黄马"与"马"，这样"黄马"就不是"马"了，那么同理，再说"白马"是"马"不就自相矛盾了吗？最后，公孙龙说，平时人们之所以把"白马"叫作马，是因为人们暂时抛开了"白"这个因素，仅取"马"这种因素来称呼的，有"马"，是仅仅就马的形体而言的，而不能将马的白色也叫作"马"，

这实际上也是围绕着物的本身与其属性来做文章的。当然，不论公孙龙如何能言善辩，"白马非马"是一个错误的逻辑，其关键之处在于混淆了事物的个与类的关系，将事物的个别属性与其总体范畴相割裂，要知道，事物的共性存在是以其个性存在为基础的，抛却了事物的个性存在，那么也就没有了事物的共性存在，如此一来，事物将无以为名，事理也就全部混乱了。"白马非马"论所体现的是一种典型的诡辩逻辑，虽然这个论题本身是错谬的，却可以从某些方面带给人思维上的启发，这也是此论很受人们关注的原因所在。

合纵与连横

"合纵"与"连横"，指的是战国时期列国之间为了配合自己的军事行动和捍卫自身的国家利益而根据随时变化的政治形势所采取的两种不同的外交策略。《韩非子·五蠹》言："纵者，合众弱以攻一强也；横者，事一强以攻众弱也。"到了战国后期，由于秦国独强，实力远远超过其他各国，"合纵"主要指的是东方六国相联合以共同抵御西方强大的秦国，而"连横"则基本上是秦国所采取的外交方略，是对东方各国"合纵"策略的瓦解，令六国之间分崩离析，从而将六国各个击破。这两种策略驰骋匹敌，相互颉颃，造就了一批叱咤风云的纵横家，张仪和苏秦是其中最为杰出的代表。东方

苏秦六国封相　年画

各国之间因为有着明显的利益分歧，面对日益强大的秦国，只图取眼前的一时利益，而缺乏长远的筹算，并不能够真正地联合一心，这使得"合纵"政策始终没有得到良好的执行，结果是秦国的"连横"策略占据上风，最终六国相继覆灭，秦国结束了长达数百年的诸侯纷争，实现了天下的统一。

学术流派

百家争鸣

　　"百家争鸣"，源自东汉班固所著的《汉书·艺文志》：
"凡诸子百八十九家……皆起于王道既微，诸侯力政，时君
世主，好恶殊方，是以九家之术蜂出并作，各引一端，崇其
所善，以此驰说，取合诸侯。"

　　春秋战国时期，正是中国社会激烈动荡的大变革时期，
周朝宗室衰微，无力驾驭诸侯，诸侯之间相互攻伐，天下纷
争四起，同时社会上新的阶层出现，造成社会局面空前复杂，
代表各阶级、各阶层、各派政治力量的具有不同主张的学者
和思想家，都企图按照本集团的利益与要求和本人的思想见
解，对人生、对社会，乃至对宇宙万物做出自成体系的解释
和主张，加之当时尚未进入封建大一统，统治者并不能够对
社会思想进行强力的钳制和约束，人们在思想与言说方面具
有极大的自由，遂有众多思想家发扬己意，任意挥洒，纵谈
天下，广收门徒，著书立说，互相辩难，争雄逞强之势蔚为
大观，即后世所谓的"百家争鸣"。

　　《汉书·艺文志》中将诸子百家著作学说归结为十家，
即儒、道、阴阳、法、名、墨、纵横、农、杂、小说，然称
"其可观者九家而已"，即将小说家排除在外。"百家争鸣"

所阐发的文化思想，奠定了中国整个封建时代文化的基础，尤以儒、道两家流脉广远，对中国古代的文化和社会产生了极为深刻的影响。

儒 学

儒学，春秋时期孔子所开创的学派，据《汉书·艺文志》记载："儒家者流，盖出于司徒之官，助人君顺阴阳明教化者也。游文于六经之中，留意于仁义之际，祖述尧、舜，宪章文、武，宗师仲尼，以重其言，于道最为高。"

儒学主张积极的入世精神，重视自身修养和人际伦理，强调仁、义、礼、智、信的持身准则，以修身齐家治国平天下为理想追求，自汉武帝"罢黜百家，独尊儒术"开始，虽历经朝代更替，但两千年来始终被奉为中国封建文化的正统思想。儒学之所以能够在诸子百家中脱颖而出，成为中国古代社会的主流文化，并且相继不绝，流韵益深，是因为儒学思想植根于中国社会固有文化，形成了一整套有益于人际和谐与社会安定的精微的思想体系，而且儒学随着时代的变迁而出现新的集大成式的人物对儒家学说进行新的阐发，从而适应变化了的新的社会形势，使得儒学能够跟得上新的时代步伐。儒学的思想体系，不仅代表着中国古代的正统观念，而且也是中华民族的文化精华，对于当今中国社会的发展乃至未来国际社会的构建都具有重要

的借鉴价值，近年思想界掀起的"新儒学"热潮，就是儒学对于当代意义的挖掘。

经 学

经学，即注经之学，为阐释儒家经典的学问，是我国古代四大学科门类之一。关于经学产生的年代，有两种说法，一说是创始于孔子，因为孔子曾修订古代典籍为"六经"，并以此来传授弟子，开启了以"传经"的方式来"传道"的儒家学风；另一说是经学始于汉武帝时代，标志是朝廷设立五经博士，以精通儒家典籍作为选拔官员的考察标准，从而使得阐释儒家经典成为专门的学问，也成为一种显学。

孔子时期的注经仅限于私家传授，而并未在社会上形成一种通行的学问，严格来讲，经学的正式形成当在汉代注经之学成为官学之后。自此而始，从汉代历至清代，虽然形式有异，内容有变，但经学始终是中国官方所定的最高学问，在整个封建社会体制运行中发挥着十分重要的作用。经学形成之后，在汉代因所据典籍文本的不同而有今文经学与古文经学之分；魏晋南北朝时期因为政治地理的分割形成了"南学"与"北学"之别；隋唐统一之后兴起了较前更为进步的义疏之学；至宋明而发展为理学化的经学；到清朝时期，经学家继承汉代古文经学的传统，将考据、训诂发扬光大，取得了空前的成就，形成了所谓的"乾

嘉学派"，达到了中国古代经学发展的巅峰。经学的发展本源于儒家经典著作，同时又作为君主政治的御用学说，虽然受到种种的拘泥和约束，但是历代的才智之士仍然在经学的论说中提出了很多极具思想性的创见，展现出其光辉的一面。两千多年里，经学一直延续和发展着中国古代的社会理念和民族思想，一部经学史，同时就是一部中国古代社会的思想史。

古文经学

　　古文经学，指采用以先秦古文写成的儒家经典进行传授的经学派别。古文经是汉景帝末年鲁恭王坏孔子故宅时从壁中得出的《尚书》《论语》《孝经》《周礼》等典籍，这些典籍与当时毛亨在民间传授的《诗经》都是用古文写成的，与今文经相比，就所依据的典籍本身而言，只是书写的字体不同和篇数上的略微差异，但是由于传承方式和学派地位的不同而发展成为与今文经学截然对立的古文经学。较于钦定的今文经学，古文经学并没有进入朝廷，而是流传于民间，这形成了古文经学远离政治的特色，在注释经典上可以不必过多考虑思想上的倾向，而专注于名物训诂的本身，执着于经典文本原初的意义，与今文经学随意性较强的"六经注我"相对，古文经学崇尚的是实事求是的"我注六经"。

玄 学

玄学,指魏晋时期出现的一种崇尚老庄之学的思想潮流。"玄"这一概念出于《老子》第一章:"玄之又玄,众妙之门。"三国时期曹魏王弼在《老子指略》中阐释说:"玄,谓之深者也。"玄学也就是研究幽深玄远问题的学说。两汉四百年间,经学统领着学术的主流,然而由于其自身日益趋向烦琐和陈旧,演递至魏晋之际,经学已经失去往昔的魅力与光环,学者开始寻觅新的学术气息,加之当时士人出于躲避乱世之害的需要而崇尚清远,玄学遂应运而生。玄学着重研究的是《老子》《庄子》和《易经》这三部典籍,称为"三玄"。魏晋玄学的主要代表人物有何晏、王弼、阮籍、嵇康、向秀、郭象等。玄学在思想学说方面寄意于神妙玄奥,而在个人行为方面提倡玄远旷达,挥洒超脱,提出了"越名教而任自然"的著名主张。由于玄学主要谈论的是有与无、生与死、言与意、名教与自然等形而上的问题,脱离社会生活的实际,所以后世有"清谈误国"之说。玄学在西晋时期达到鼎盛,及至南渡之后,玄学的风尚也随之转移到南方。东晋时期的玄学开始集中于对宇宙本性与人的本性及二者之间相互关系的探索,开始与佛学合流。后来,由于政治环境的转变和人们对玄学中不合礼法的因素的抵制,儒学重新得到重视,而玄学也与复兴的儒学合而为一。

程朱理学

程朱理学，是由程颢、程颐兄弟创建，而在朱熹手中集大成的宋代理学的主要派系，因为程朱理学后来成为官方所尊奉的正统学术思想，所以在通常意义上所言的宋明理学指的也就是程朱理学。程氏兄弟把"理"（有时亦称为"天理"，二者表达实则为同一内涵）视作哲学的最高范畴，认为"理"不仅是世界的本原，也是社会生活的最高准则。在穷理的方法上，程颢"主静"，强调"正心诚意"；程颐"主敬"，强调"格物致知"。在人性论上，程氏兄弟主张"去人欲，存天理"，并对这一观点进行了深入的阐释，使之成为体系化的学说。程氏兄弟的出现，标志着宋代理学思想体系的正式形成。程颢和程颐的思想，经过杨时、罗从彦和李侗的几代传承，到南宋时为朱熹发扬光大。在本体论上，朱熹认为，太极是宇宙的根本和本体，太极本身包含了"理"与"气"，而"理"又高于"气"，太极之"理"是一切"理"的综合，"理"超越时空，至善至美，是"万善"的最高道德标准。在人性论上，朱熹认为，人有"天命之性"和"气质之性"，前者源于太极之"理"，是绝对的善，后者则有清浊之分、善恶之别，人们应该通过"居敬""穷理"来变化气质的构成。在认识论上，朱熹倡导"格物致知"，以此来提升修养的境界，以臻至善的人生。朱熹建立了一个完整、精密而庞然的

理学思想体系，这标志着宋代理学发展到了成熟的阶段。南宋之后，程朱理学既是官方的统治思想，也是人们日常言行的是非标准和学习实践的基本准则。应当承认，程朱理学在促进学术、文化和教育的发展与维护社会的稳定等方面，发挥了积极的作用。但是，在科举制度的格局之下，不少人把程朱理学视为猎取功名的敲门砖，他们死抱一字一义的说教，致使理学的发展越来越脱离实际，成为于世无益的空言和束缚人们实践的教条，甚至使其蜕变为"以理杀人"的工具，这是程朱理学对时代与社会所造成的非常严重的负面影响。

道　家

　　道家是对中国文化和思想影响最为深远的一个学说流派。道家的核心思想是以"道"为本，崇尚自然，主张清静无为。道家的创始人是春秋时期的老子，又称老聃，据《史记·老子韩非列传》记载，老子姓李，名耳，字聃。老子曾在周朝王室担任藏室史，藏室史是管理周朝王室藏书的官职，老子因而有机会博览天下典籍，形成极为高深的学养。与孔子的积极入世不同，老子是一个隐逸者，不汲汲于天下的扰攘纷争，自甘清净。老子著有《道德经》一书，习称为《老子》，其书原本分为《道经》和《德经》两个部分。老子这样论述"道"："有物混成，先天地生。寂兮寥兮，独立不改，周行而不殆，可以为天下母。吾不知其名，字之曰'道'，

82

老庄图　清　任颐

强为之名曰'大'。"这表达了道家以"道"为宇宙之源和天地之本的思想理念。老子不满于当时社会中贫富分化、盗乱四起的不堪局面，主张"绝圣弃智""绝仁弃义""绝巧弃利"，一切以素朴为之，遂得天下之清平，于是有这样的社会理想："小国寡民，使有什佰之器而不用，使民重死而不远徙。虽有舟舆，无所乘之；虽有甲兵，无所陈之；使人复结绳而用之。甘其食，美其服，安其居，乐其俗。邻国相望，鸡犬之声相闻，民至老死，不相往来。"战国时期的庄子是道家的另一位最为重要的代表人物，与老子一样，庄子也是一个隐逸者，终身不仕，一生甘于清贫的生活，怡然自得，

不为拘缚。庄子著有《庄子》一书，又称《南华经》（一般认为其中的内篇为庄子本人所写，而外篇是庄子的弟子所写或者庄子与其弟子共同所写，至于杂篇，就较为驳杂，其中的部分篇章与庄子及其学派所持观点大为相异）。庄子丰富和发展了老子所开创的道家思想，主张"天人合一"，摒弃人为，顺从天道，提出了许多具有深远影响的重要命题。庄子对当时混乱的社会局面与丑陋的人世状态看得非常通透，自身极力崇尚和追求着自由，而在人生观中也透露出悲悯的一面。汉武帝之后，虽然朝廷所尊奉的正统思想是儒家学说，但是道家的思想始终占有极为重要的地位，儒、道两家互为表里，时而相合，互依共存，共同构建了华夏民族两千余年的核心文化。

黄老学派

　　黄老学派，是产生于战国中期的齐国稷下学宫的一个道家的学派。"黄"，指的是黄帝；"老"，指的是老子，这一学派因为尊崇黄帝、师法老子而得名为"黄老学派"。黄老学派主张以老子的学说作为治理国家的基本思想，同时崇尚法治，倡导刑名，显示出道、法综合的色彩。战国时期的一些著名的法家人物都曾取学于黄老学派，可以说，黄老学派在当时的政治生活中发挥了积极而重要的作用。西汉初年，有鉴于秦王朝因暴政而迅速倾覆的教训，统治者推行黄老之

术，实行与民休养生息的"无为"政治，这对汉朝初年国力的恢复和强盛产生了非常有益的影响，为汉武帝时期大一统的兴盛局面奠定了基础。但是这一时期的黄老思想也因为时局的不同而发生了一定的变化，呈现出兼采儒、墨、名、法诸家的杂糅特色，而这种与时俱进的黄老思想在新的时期也显现出了新的活力。黄老学派尤其在汉朝法律的制定方面发挥了特殊的作用，乃至奠定了整个中国封建时代的法制基础，在中国古代法律思想史上有着重要的地位。

墨　家

墨家，是墨子所开创的学术流派，在战国时期与儒家同为显学，韩非曾说："世之显学，儒、墨也。"孟子曾说："杨朱、墨翟之言盈天下。"可见，墨学在当时社会是非常流行的。墨家不仅是一个学说流派，而且是一个有着严密组织和严格纪律的团体，有类于现代社会党派的特征，墨家的成员都称为"墨者"，其最高领袖被称为"巨子"，墨者必须服从巨子的指导，听从指挥，可以"赴汤蹈火，死不旋踵"。墨者多来自社会下层，是有知识的劳动者，吃苦耐劳，严于律己，把维护公理与道义看作是义不容辞的责任，有强烈的社会实践精神，以"兴天下之利，除天下之害"为己任，被评价说："摩顶放踵利天下，为之。"墨家思想也是以庶民为本位的，这与儒家思想更多的是从士大夫的角度出发是大

不同的。因此，墨家与儒家在很多观点上都是对立的，墨子在当时就以"非儒"著称。墨家的社会思想以"兼爱"为核心，并由"兼爱"出发导引出"非攻"的基本主张。墨家的"兼爱"是一种没有等差的视人如己的普遍的爱，这不同于儒家所言的有亲疏之别推己及人的爱。而"非攻"，则表达的是墨家对与诸侯之间的相互征战极为反感，认为这种战争是至为不义的。墨家还主张"尚贤"和"尚同"。"尚贤"，简单地说就是任人唯贤；"尚同"，就是选择圣贤之人为天子，再由天子下达一套最为高尚的道德标准来统一天下的思想，从而避免人与人之间的冲突和社会的动乱。墨家还提出了"非乐""节用""节葬"等重要主张，也就是说不行礼乐，倡行朴素，崇尚简约，办理丧事也要从简。此外，墨家的代表思想还有"天志""明鬼""非命"等。《墨子》一书是记录墨家思想和学说的最为重要的典籍。《墨子》中的文章文学性弱而逻辑性强，这与墨家的朴素的思想观念有关。墨家发展到后期分化成二支：一支注重认识论、逻辑学以及几何学、光学、静力学等学科的研究，是谓"后期墨家"（亦称"墨家后学"），另一支则转化为秦汉社会的游侠。后期墨家对前期墨家的社会伦理主张多有继承，除肯定感觉经验在认识中的作用外，也承认理性思维在认识中的作用，对前期墨家的经验主义倾向有所克服，其逻辑思想被称为墨辩逻辑，在中国古代逻辑史上占有重要的地位，也是世界古代三大逻辑体系之一（另两个为古希腊的逻辑体系和佛教中的因

明学）。战国以后，墨家趋于衰微。到了西汉时，汉武帝推行独尊儒术的政策，政治环境和社会心态都已经发生变化，加之墨家本身所要求的严苛的修炼与简苦的生活令许多人望而却步，这使得墨家在西汉之后基本消失，只是墨家的某些精神遗留在民间而暗自传承着。

法 家

　　法家，诸子百家中较为重要的一家，其思想中心是以法治为基本来治理国家。法家思想早期的代表人物是申不害、商鞅和慎到，这三人也代表了法家的三种不同的倾向，申不害重"术"，也就是政治权术；商鞅重"法"，也就是法律制度；慎到重"势"，也就是权力威势。战国后期，出现了法家的集大成者韩非。韩非将申不害、商鞅和慎到三家的学说综合起来，以"法"为中心而"术""势"并重，形成了一套体系化的政治学说。法家力倡变法革新，法家学说也偏于务实，并且与君主的统驭方法密切相关，因而在战国时期儒、法两家的斗争中，法家是胜利者。与儒家的建议屡屡碰壁、不被君主采纳的情形相反，法家的重要人物多为君主所用，这也对一国政治的变化产生了显著的影响。秦孝公任用商鞅进行变法，致使秦国走向强盛的道路，而秦王嬴政取用韩非、李斯之策，终于完成了一统大业。法家治国，以威势强力为本，认为统治者只有依靠强力才能使百姓服从，而君

主也只有依靠强力才能够使臣下服从。法家的这种依靠严刑峻法来治理国家的思想是秦代暴政的直接理论来源，而这种以暴驭民的策略与秦王朝的迅速灭亡有着直接的关系。法家思想有着致用的一面，在很多方面表现出历史的先进性，也较为切合当时政治的实际，这是较他家优越之处，对于中国的统一进程也确曾发挥了重要的积极影响。但是法家以"性恶论"出发的人与人之间均因于利益而联系而相互利用的思想基点也有着严重的弊端，因而不能够为社会的主流思想所认同。秦代之后，法家未能再成为官方的主导学说，而逐渐与儒家融合归流。

兵　家

兵家，是春秋战国时期研究军事理论和从事军事活动的一个学派，《汉书·艺文志》并未将其列为"诸子"之中，而是另有单独的《兵书略》一篇。兵家最早的代表人物为春秋时期的孙武和司马穰苴，战国时期则有孙膑、吴起、尉缭、赵奢、白起等人。春秋战国时期，诸侯之间战事频发，使得军事成为一门显学，一些从事军事活动的智识之士，积极总结军事方面的经验，并且将其提升为作战的规律，创作了一批重要的兵学著作，其中最为著名的首推《孙子兵法》。这是一部至今仍备受关注、为许多人所研究、有着重要应用意义的经典著作，其影响已不仅限于中国，亦不仅限于军事领

域。《汉书·艺文志·兵书略》著录汉以前兵家著作有 53家，790 篇，图 43 卷，分为权谋、形势、阴阳、技巧四家。吕思勉在《先秦学术概论·兵家》中说："阴阳、技巧之书，今已尽亡。权谋、形势之书，亦所存无几。大约兵阴阳家言，当有关天时，亦必涉迷信。兵技巧家言，最切实用。然今古异宜，故不传于后。兵形势之言，亦今古不同。惟其理多相通，故其存在，仍多后人所能解。至兵权谋，则专论用兵之理，凡无今古之异。兵家言之可考见古代学术思想者，断推此家矣。"今存的兵家著作有《黄帝阴符经》《六韬》《三略》《孙子兵法》《司马法》《孙膑兵法》《吴子》《尉缭子》《将苑》《百战奇略》等，这些兵书在阐述军事规律的同时也体现了朴素的辩证法哲学，是中国古代一批宝贵的思想遗产。

农 家

农家，诸子百家之一，是春秋战国乃及西汉时期注重农业生产的一个学派，《汉书·艺文志》曰："农家者流，盖出于农稷之官。播百谷，劝耕桑，以足衣食，故八政一曰食，二曰货。孔子曰'所重民食'，此其所长也。及鄙者为之，以为无所事圣王，欲使君臣并耕，悖上下之序。"农家分为两派，一派不关心政治，而专心于农桑树艺；另一派以许行为代表，有着自己的政治理想，主张贤人治国应该和老百姓

一道耕种，亲自做饭，这是一种取消社会分工的后退的思想。孟子反对许行的这种观点，提出"劳心者治人，劳力者治于人"的著名论说。农家著作有《神农》《野老》《宰氏》《董安国》《尹都尉》《赵氏》等，但均已佚失，农家没有一部完整的著作保存下来，他们的思想和活动散见于诸子的其他著述中。

名 家

名家，诸子百家之一，是春秋战国时期以名实问题为研究中心、善于进行辩论的一个学派。春秋末期的郑国大夫邓析是名辩之学的创始者，有着极其高超的辩术，据说能够达到"以非为是，以是为非，是非无度，而可与不可日变"的程度。而名家的重大发展还在于战国时期的惠施和公孙龙两人。惠施，宋国人，曾在魏国为相，后来魏国改用张仪，惠施被驱逐到楚国，楚国又把惠施送回宋国。不久之后，因为各国的支持，魏国改用公孙衍为相，张仪遭受罢黜，惠施又回到魏国。惠施的著名观点是"合同异"，所谓"合同异"，就是说万物之间的"同"与"异"都是相对的，皆可"合"其"同""异"而一体视之。《庄子·天下》记录有惠施著名的"历物十事"，也就是惠施分析事物的十个命题，诸如"天与地卑，山与泽平""日方中方睨，物方生方死"等。公孙龙，赵国人，生平事迹散见于《吕氏春秋》中，做过赵国平

庄子拜访惠施

原君的门客，曾与燕昭王和赵惠文王讨论过偃兵的问题，显示了杰出的辩才。公孙龙的著名辩题是"白马非马"和"坚白石二"。"白马非马"论将概念的外延与内涵相混淆，将事物的个别性与普遍性相割裂，纯粹是一种"不理之理"。"坚白石二"，又称为"离坚白"，说的是一块石头，用眼只能感觉其"白"而不觉其"坚"，用手只能感觉其"坚"而不觉其"白"，因此，"坚"和"白"是彼此分离的。"合同异"强调事物的统一性，"离坚白"强调事物的差异性。战国末期，后期墨家对二者的片面性有所纠正，提出了"坚白相盈"的观点。名家代表著作有《邓析子》《尹文子》《惠子》《公孙龙子》等，流传下来的只有《公孙龙子》，现今的《邓析子》《尹文子》皆为后人伪作。名家的重要影响不

体现于社会思想方面，而体现于逻辑学方面，虽然名家的言论很多时候具有相当片面的诡辩色彩，但是其中也蕴含了丰富的逻辑学知识，对于启迪人们的思维和智慧具有重要意义。

阴阳家

阴阳家，是先秦时期诸子百家之一，是以阴阳五行理论为思想基础的一个学派。阴阳家的代表人物有公孙发、南公、邹衍等，而以邹衍最为著名。阴阳家在自然观上，利用《易经》的阴阳观念，推演出宇宙演化论；又从《尚书·禹贡》的"九州划分"进而提出"大九州"的学说，认为中国为赤县神州，内有小九州，外则为"大九州"之一；在历史观上，则把《尚书·洪范》的五行观念改造为"五德终始"的学说，认为历代王朝的更替兴衰均由五行所主运；在社会伦理上，赞成儒家仁义学说，同时强调"因阴阳之大顺"。阴阳家的学说虽然普遍地具有敷衍附会的性质，但是其中也包含了天文、历法、气象、地理等方面的一些重要知识，有着一定的科学价值。西汉初期，社会上还存有阴阳家，武帝罢黜百家后，阴阳家的部分学说融入儒学思想体系，部分内容则为原始道教所吸收，而作为独立学派的阴阳家此后已经不复存在了。关于阴阳家的著作，均已散佚，现今仅存有少量残文。

杂　家

　　杂家，诸子百家之一，是战国末期至汉代初期以兼采各家为长的一个学派，杂家的出现代表着百家之间相互吸取、相互融合的演变趋向。杂家的著作以《吕氏春秋》和《淮南子》为代表。《吕氏春秋》为秦相吕不韦召集门客编著，杂出多人之手，思想错综，充分显示出汇合的特色。《淮南子》是西汉时期淮南王刘安召集门客编著，虽然兼采众家，但是呈现出以道家为主的倾向。杂家的著作大多佚失，在前两书之外，还有后人辑佚的《尸子》。

纵横家

　　纵横家，诸子百家之一，是战国时期主要从事政治外交活动的一个学派。纵横，指的是合纵与连横，《韩非子·五蠹》曰："纵者，合众弱以攻一强也；横者，事一强以攻众弱也。"到了战国后期，秦国日益强大，合纵主要指东方六国相联合以共同抵御西方强盛的秦国，而连横则是对合纵的破解，指秦国利用有效的外交手段打破六国的联合，从而将六国各个击破。纵横家的鼻祖是鬼谷子。鬼谷子，姓王名诩，卫国人，因隐居于鬼谷而得号，精通兵法，长于纵横之术，著有《鬼谷子》14篇，其中后两篇已失传。战国中后期，

列国之间的割据纷争进入最后的阶段，国家之间在武力的征伐外，也需要采取对自身有利的外交策略。西方的秦国日益强大，而东方六国实力犹存，但是难以单独与秦国相对抗，需要相互联合，而秦国为了实现一统天下的志向，则需要采取策略来瓦解六国之间的联盟。这两种策略相互颉颃，造成了六国的外交策略变化无常，当时有"朝秦暮楚"的说法，又说，"横则秦帝，纵则楚王"。在这种局势之下，一时之间，纵横家辈出，其中最为杰出也最为著名的是张仪和苏秦。张仪，是连横派的主要代表，为秦国的第一任相国，对秦国后期的强盛和统一进程的加快做出了重要贡献。苏秦是合纵派的主要代表，曾往返奔走于列国之间，广泛游说，挂得六国相印，促成六国之间的联合，声名威赫，但是这种合纵的局面很快为秦国所瓦解，后来苏秦在齐国被人刺杀。纵横家的著作今存有《鬼谷子》《苏子》和《张子》，另外，《战国策》被认为是纵横家的游说之辞的总集，其中记载着大量的纵横家政治和外交活动的事迹。

诸 子

"诸子"，指春秋战国时期众多学术流派的代表人物及其著作，因"子"是一种尊称，当时的众多学者名流一般都以姓氏或姓名被敬称为"某子"。而其流传的著作又多以名号来命名，所以概括得之，谓"诸子"，既指其人，亦指其

书。《汉书·艺文志》对"诸子"有较为详细的录述，并将其归结为十家，即儒、道、阴阳、法、名、墨、纵横、农、杂、小说十家，其中在社会思想方面影响最大的是儒、道、法、墨四家。儒家的创始人是孔子，战国时期儒家最为著名的代表人物是孟子和荀子，儒家学说后来成为中国古代社会的官方主导思想；道家的创始人为老子，老子的思想后来为庄子所继承，后世谈论道家学说，常常老庄并称；阴阳家以阴阳五行理论为思想基础，代表人物有公孙发、南公和邹衍等，其中以邹衍最为著名；法家的产生与君主的统治术密切相关，先期以慎到、申不害、商鞅三人为代表，而韩非则是法家的集大成者；名家以善辩著称，其主要贡献在于逻辑学方面，先驱为春秋末期郑国的大夫邓析，惠施和公孙龙是名家的代表人物；墨家的创始人为墨子，在当时与儒家并列为最受崇尚的显学；纵横家以从事政治外交活动为主，其先祖为鬼谷子，战国中后期列国相互征伐最烈、统一进程步入最后阶段之时，纵横家辈出，其中最为著名的是张仪和苏秦；农家是注重农业生产、着重从事农业研究的学派，许行是农家的重要代表人物；杂家以众家学说兼收并蓄见长，其代表著作为《吕氏春秋》以及后来西汉时期的《淮南子》；小说家指的是记述民间街巷之谈的一类人物，《汉书·艺文志》中虽然将小说家列为十家之一，但是认为十家之中，其可观者为九家，小说家被认为是不入流的，并不在十家之列。

孔 子

孔子（公元前 551—前 479 年），名丘，字仲尼，春秋时鲁国人，鲁襄公二十二年出生于鲁国昌平乡陬邑（今山东曲阜东南），鲁哀公十六年卒，时年 73 岁，葬于曲阜城北泗水之上，即今日孔林所在地。孔子 3 岁的时候，父亲病逝，孔子和母亲过着贫苦的生活。孔子自幼十分好学，通过勤苦的自学掌握了渊博的学识。孔子早年时做过管理粮库和畜牧的差事，曾一度离开鲁国，后来返鲁，步入仕途，做过中都宰、司空和大司寇，并一度代理宰相的职位，但是因为与君主政见不合而辞掉官职，离开鲁国，率领众弟子开始了长达 14 年的周游生涯，69 岁时返回鲁国，其后主要从事教育和文化典籍的整理工作。孔子的言行思想与生平事迹主要记载于孔子弟子编著的《论语》和西汉司马迁所著的《史记·孔子世家》。孔子是儒家学派的开创者，他建立了以"仁"为核心的儒学思想体系，成为两千多年来为中国社会所崇奉的主导文化。孔子首开私家讲学之风，将文化由贵族阶层传播到了民间，弟子有三千之众，杰出者有 72 人，这不仅为儒家思想在后世的流传和发扬奠定了良好的基础，也对我国文化和教育的发展做出了重大的贡献，产生了极为深远的影响。

孟子

　　孟子（公元前 372—前 289 年），名轲，战国时代鲁国邹（今山东邹城东南）人，幼年丧父，家境清贫，但是母亲很重视对孟子的教育，这从广为流传的"孟母三迁"的故事中可以窥知。孟子曾受业于孔子之孙子思的门人，是继孔子之后出现的又一位儒家学派的大思想家，被尊为"亚圣"，其言行思想记录在孟子与其弟子共著的《孟子》一书中。

　　孟子曾效仿孔子，周游列国，游说诸侯，宣扬"民本"思想，广布"仁政"学说，但是未被采纳，备遭冷落，晚年

孟母择邻

退隐著书，卒年 84 岁。孟子继承和发展了孔子的儒家思想，他生活在诸侯兼并战争愈演愈烈的战国时代，对人民饱受战争之苦与剥削之害的凄惨处境感触极深，提出了"民为贵，社稷次之，君为轻"的著名论说，力倡君主实行仁政，与民同乐，由此方可称王于天下。孟子还在人身修养方面提出一系列的重要思想："人皆可以为尧舜""富贵不能淫，贫贱不能移，威武不能屈，此之谓大丈夫""生，我所欲也；义，亦我所欲也。二者不可得兼，舍生而取义者也""吾善养吾浩然之气"……这些都成为对中国历代仁人志士影响甚深的修身和处世的准则。

荀　子

荀子（约公元前313—前238年），名况，战国后期赵国人，时人尊为"荀卿"，西汉时因避汉宣帝刘询名讳，改称"孙卿"。

荀子50岁时游学于齐国临淄稷下学宫，备受齐王礼遇，但因遭受他人的嫉妒并且有人到齐王那里进行诽谤，遂离开齐国，前往楚国。荀子受到楚国令尹春申君的赏识，出任兰陵令。春申君在楚国的内乱中被杀，荀子也被罢官，但是留在兰陵著书，讲学，至其所终。

荀子是先秦时期最后一位儒学大师，但是他的思想较孔子和孟子的思想具有较大的差异，相应于孟子的"性善论"，

荀子针锋相对地提出"性恶论"，在政治上主张礼法兼治，王霸并用，这成为后来法家学说的张本，这从荀子最为知名的两个弟子——韩非和李斯均为法家学派的代表人物可以窥知荀子思想与法家学说的密切关系。实际上，荀子的思想已并非孔孟时期原初的儒家思想，而是具有综合各家的集大成的特点，后来封建王朝统治者所尊崇的儒学实质上更接近荀子的思想，以至于谭嗣同言："二千年来之政，秦政也，皆大盗也；二千年来之学，荀学也，皆乡愿也。惟大盗利用乡愿，惟乡愿工媚于大盗。"这虽是攻击荀学的言论，但也反映出荀子学说对于后世的影响之大。

老 子

老子，春秋时期陈国人（因春秋末年陈国为楚国所吞并，所以有的书籍记载为楚国人），生平资料极为稀少，生卒年亦不详，一般认为比孔子年长约 20 岁。据《史记·老子韩非列传》，老子，姓李，名耳，字聃。按现代学者高亨的观点，老子本姓老，因古代读音"老"与"李"相近，后来讹为李姓。

老子曾在周朝王室担任藏室史（相当于国家图书馆馆长），有机会博览天下典籍，因而形成了高深的学问。后来老子因见到周室衰微，而辞官归隐，途经函谷关，因为受到关令尹喜的挽留和劝说，于是著述五千字，即后世传

为道家经典的《道德经》。出关之后，就再没有人知道老子的下落了。

老子是道家学派的创始人，在后世亦被奉为道教始祖，并且将其仙化为"太上老君"。孔子曾问礼于老子，后来孔子曾对弟子言："鸟，吾知其能飞；鱼，吾知其能游；兽，吾知其能走。走者可以为罔，游者可以为纶，飞者可以为矰。至于龙，吾不能知其乘风云而上天。吾今日见老子，其犹龙邪！"从这番言语中可以见知孔子对老子的高度赞誉和老子的那种大智者的高渺形象。

庄 子

庄子（约公元前369—前286年），名周，《史记》中言"庄子者，蒙人也"，但蒙这个地方究竟在何处，却无法考知，有人说庄子是楚国人，有人说是宋国人，亦有人说是由楚国而迁徙于宋国。庄子做过漆园吏，对于这一官职，也有不同的说法，一种说法认为漆园是地名，另一种说法认为，漆园是漆树之园的意思，但是不管漆园究指何意，漆园吏一定是一个卑微的职位。后来，庄子过着清贫的隐居生活，据说曾以卖草鞋为生。庄子与孟子为同时期的人，两者均是为后世所备为推重的先哲，而《孟子》一书中并没有关于庄子的记录，孟子在当时以好辩著称，其自谓为不得已而为之，因为要为孔子的学说争得言论的空间，而庄子的思想与孔子的思

想是大异其趣的，孟子却没有与庄子相辩论，由此可以推知，庄子的学说在他所生活的年代并未广泛地流传，这是由庄子的人生态度和生活环境所决定的。但在日后庄子的学说大放异彩，庄子也与道家的创始人老子并称为"老庄"。庄子继承和发扬了老子的道家思想，提倡顺应自然，率性而为，主张绝圣弃智和清静无为，崇尚"天地与我并生，万物与我为一"的逍遥自在、至大无极的精神境界。庄子的论著集为《庄子》一书，又称《南华经》，此书分为内篇、外篇和杂篇三部分，一般的看法是内篇为庄子本人所作，而外篇是庄子的弟子所写或者是庄子与弟子合写的，但体现的也是庄子的思想，杂篇则出自后人之手，其中所蕴含的思想也较为驳杂，部分篇章与庄子本人的思想明显有异。《庄子》一书不仅是一部经典的哲学著作，还是一部重要的文学典籍，其语言汪洋恣肆，想象奇特丰富，情致飞扬旷达，洋溢着超凡脱俗的浪漫主义精神，对后世的文学创作产生了极为深远的影响。

韩非子

　　韩非子（公元前 280—前 233 年），即韩非，战国后期韩国人，为韩国宗室成员，是法家最为著名的代表人物，其著作主要辑录于《韩非子》一书中。韩非曾与李斯同时拜学于荀子门下，对于韩非的才能，李斯是自叹弗如的。然而韩非所在的韩国，在当时的战国七雄中，国力是最为

弱小的。韩非痛感于韩国国君治理国家不务法治，不能够以权术来统驭臣下，不能够举贤任能，而是"养非所用""用非所养"，清廉不为奸邪所容，不能够使国家昌盛、军力强大，从而屡屡受辱于他国，于是多次上书劝谏，但他的建议均不被采纳，韩非愤而著书，将自己的政治理想述之于笔下。后来韩非的文章传到秦国，受到秦王嬴政的极大赏识，于是秦王以出兵相威胁，迫使韩国让韩非到秦国效力。韩非来到秦国后虽受重用，却遭到李斯、姚贾的嫉妒和陷害，终因自己是韩国宗室而无法受到秦王信任，以致落入狱中，被逼自杀。韩非以法家思想为本，总结了前期法家的经验，吸收了儒、墨、道诸家的观点，形成了以法为中心的法、术、势相结合的政治思想体系，成为法家思想的集大成者。韩非的全部理论植根于荀子"性恶论"的观念，认为人与人之间的关系都是利害关系，人的心理无不"畏诛罚而利庆赏"，君王的职责就在于利用"刑"与"德"二手，使民众畏威而归利。他把商鞅的"法"、申不害的"术"和慎到的"势"融为一体，认为申、商学说的最大弊端是没有把法与术结合起来，而且"申子未尽于术，商君未尽于法"。韩非详细阐发了术与法的内容以及二者的关系，指出国家若欲强盛，就必要求君主善于使用权术，同时臣下也必须遵守法度。韩非特别强调了"以刑止刑"的思想，倡导"严刑""重罚"。韩非第一次明确提出了"法不阿贵"的思想，主张"刑过不辟大臣，赏善不遗匹夫"。这一点是韩非对

中国法制思想的重大贡献，对于清除贵族特权和维护法律尊严产生了积极的影响。韩非认为，只有法和术还不行，还必须有"势"做保证。"势"，也就是权势。他赞赏慎到所说的"尧为匹夫不能治三人，而桀为天子能乱天下"，提出了"抱法处势则治，背法去势则乱"的观点。韩非还继承了商鞅"治世不一道，便国不法古"的思想传统，提出了"不期修古，不法常可"的观点，主张"世异则事异""事异则备变"，倡导改革图治，变法图强。韩非的法治思想适应了一定历史发展阶段的需要，在中国封建中央集权制度的确立过程中起到了重要的理论指导作用。

墨 子

墨子，名翟，生卒年不详，生活在公元前470年到前380年间，出生于小邾国（又称郳国，位于今山东滕州），是墨家学派的创始人，有《墨子》一书传世。《墨子》一书分两大部分：一部分记述墨子的言行和思想，主要反映了前期墨家的思想；另一部分有《经上》《经下》《经说上》《经说下》《大取》《小取》6篇，一般称为墨辩或墨经，着重阐述墨家的认识论和逻辑思想，还包含了许多自然科学的内容，反映的是后期墨家的思想。《墨子》书中包含的内容十分广博和繁杂，涉及政治、军事、哲学、伦理、逻辑、科技等学术领域，但是由于行文质朴无华，文学性较弱，而且部

墨子破云梯

分文章又未免佶屈聱牙，更加之东周之后墨学后继无人，因此《墨子》一书长期为世人所忽视。直到近代，其中蕴含的丰富而宝贵的知识与思想才被重新发现和重视，特别是其中记载的数学、天文学、物理学等自然科学方面的知识，令世人非常震惊。例如，书中记载的光的直线传播、小孔成像、杠杆定理等，均可谓领世界之先，可惜的是这样宝贵的科学资料长久地被埋没于尘埃之下，无人理会。《墨子》一书中为人所熟知的则是关于社会思想的内容。墨子认为世上一切不合理的事，都是起于人与人之间的不相爱，因此主张"兼爱"。墨子讲的"兼爱"是一种普泛的无等差的爱，是"视人之家若视其家"的视人如己的爱，这与儒家所提倡的由己及人、由亲及众的以亲己为中心而向外扩及的有亲疏差别的爱是不同的。墨子将爱人与利人联系在一起，"兼相爱"意味着"交相利"。从这种"兼爱"的思想出发，墨子主张"非攻"，极力反对诸侯国之间的相互攻战，认为这种战争是"至大不义"的。墨子也反对儒家提倡的礼乐，认为那些繁复的仪式是劳民伤财，是不利于生产与生活的，因此提出"节用""非乐""节葬"等建议。在政治思想方面，墨子主张"尚贤"和"尚同"。"尚贤"，也就是任贤使能，墨子指出："官无常贵，而民无终贱，有能则举之，无能则下之。"墨子的"尚贤"说突破了宗法等级制度，显示出彻底的平等色彩。"尚同"，讲的是统一人们的思想，墨子认为天下之乱是因为人们的思想不同而产生的，解决的办法是："选择天下贤

良、圣知、辩慧之人，立为天子，使从事乎一同天下之义。"在人身修养上，墨子主张吃苦耐劳，要求做到"量腹而食，度身而衣"，秉持一种严格苛刻的修行态度。相较于其他学说流派而言，墨子的思想主要反映的是社会下层人民的利益和愿望。

董仲舒

董仲舒（公元前179—前104年），广川（位于今河北景县）人，西汉时期最为重要的思想家、经学家和教育家。汉景帝时，董仲舒曾在朝任博士，讲授《公羊春秋》。由于秦始皇焚书坑儒，儒学传承遭到了严重破坏，到汉朝初年才又有了复兴迹象，但是"文帝好刑名"，"景帝不任儒"，武帝初年，时为太皇太后的武帝祖母窦氏崇尚黄老，排斥儒学，而且她对朝政有着重要的影响力，所以很长时期，儒学处于受压抑的位置。窦太后去世后，儒学才获得了真正走向振兴的条件。元光元年（公元前134年），汉武帝下诏征求治国方略，董仲舒进献了著名的《天人三策》（又称《举贤良对策》或《贤良对策》），提出"罢黜百家，独尊儒术"等重要主张，为汉武帝所采纳，从而开创了儒学作为官方主导思想的先河。其后，董仲舒担任江都易王刘非的国相10年，元朔四年（公元前125年），转任胶西王刘端的国相，4年后辞官回家，此后居家著书，仍然受到汉武帝的尊重，朝廷

每有大议，则令使者及廷尉到他的家里询问意见。董仲舒是一代硕学鸿儒，对儒学的振兴做出了巨大的贡献。他指出，"《春秋》大一统者，天地之常经，古今之通谊也"，然而当时"师异道，人异论，百家殊方，指意不同"，于是当政者无法实现一统的局面，以致法令频繁变更，臣民不知所从，而政治的一统又是以文化的一统为根基的。当其时也，最为适合社会发展需要的思想首推儒学，所以倡导独尊儒术。董仲舒的这一主张为汉武帝所接纳，于是结束了思想界百家争鸣的局面，这对思想与学术的自由发展造成了消极的影响，但是在巩固国家的统一以及后来民族共同心理的形成方面有着极为重要的积极贡献。董仲舒以《公羊春秋》为依据，将周代以来的宗教天道观和阴阳、五行学说结合起来，吸收了法家、道家和阴阳家的思想，对当时社会所面临的一系列哲学、政治、社会、历史等方面的问题，给予了较为系统的回答，提出了"大一统""罢黜百家，独尊儒术""天人感应""性三品""三纲五常"等一系列对后世的政治思想与社会意识影响极大的学说，由此建立了一个新的儒学思想体系。董仲舒的学说被确立为汉代的统治思想，也奠定了其后中国整个封建时代的官方统治的思想基础。

许 慎

　　许慎（约58—约147年），字叔重，汝南召陵（今河南漯河市召陵区）人，是汉代著名的经学家，有"五经无双许叔重"之誉，也是著名的语言学家和文字学家，是中国文字学的开拓者，被称誉为"字圣"。许慎早年曾在汝南郡担任功曹，协助郡守办理全郡公务，任职期间，勤于政事，廉洁奉公，严以律己，宽以待人，展示出高尚的德操，因此被推举为孝廉。此后许慎被召入京城，分配到太尉府，任职为南阁祭酒，从事文书一类的工作。许慎入京后，师从著名的经学大师贾逵，受读古文经，学业大进，开始精心治学。汉代时对于儒家经典的传承分为今文经学和古文经学，今文经学常常断章取义，曲解文字，任意地引申比附，而古文经学则认为解说经书应该严格根据字的意思，应该重视语言文字之学，树立它在经学上的重要地位。为了驳斥今文经学家们曲解文字、篡改经艺的妄说，提高古文经学的地位，就必须弄懂文字的结构、读音和意义，许慎因此而立志写作一部字书。汉和帝永元十二年（100年），许慎初步完成了这部字书，就是后来举世闻名的《说文解字》。《说文解字》草成数年后，许慎以太尉南阁祭酒校书东观（朝廷的藏书处）。在校书期间，许慎的知识涉猎更广，而且研究更加精深，当时，《说文解字》已经创作完成，为了

令其更加完善，许慎一直都没有定稿，而是不断地将新的发现和收获补充进去。经过反复多次的修改、斟酌、校订，直至汉安帝建光元年（121年），许慎才最后写成定稿，将《说文解字》献与朝廷。此后，许慎就在家乡及附近村庄授经教书。《说文解字》从开始创作，到完成初稿，再到最后定稿，前后花费了许慎半生的心血。但是许慎的心血没有枉费，《说文解字》所蕴含的无可替代的宝贵价值，可以说将永远地惠泽于世。《说文解字》收字9353个，重文（异体字）1163个，共10516字，均按540个部首排列，开创了部首检字的先河，以六书进行字形分析，比较系统地建立了分析文字的理论，同时保存了大部分先秦字体和汉代的文字训诂，反映了上古汉语词汇的面貌。《说文解字》是我国语文学史上第一部分析字形、辨识声读和解说字义的字典，是我们当今研究古代汉语言文字所必不可少的资料，而且在未来的汉语言文字研究中仍将有着巨大的意义。

王　充

　　王充（27—约97年），字仲任，会稽上虞（今属浙江绍兴）人，东汉时期著名的思想家。王充的祖先为魏郡元城（今河北大名）王氏，是西汉望族，王莽改制时期达到鼎盛，而随着王莽新政的失败，王氏家族也走向衰落。王充出生之时，家境已经非常贫微，而且王充约10岁的时候又失去父亲，

家境变得更加不堪。王充非常贤孝，颇受乡人称赞，并且非常好学，后来接受推荐得以赶赴京师进入太学学习。王充因为家贫无资购书，因而常到书肆阅览，有过目成诵之资。后来王充回到家里以教书为业，被会稽郡征聘为功曹，因为在工作中与上司不和而辞官。之后，王充闭门著述。后来，王充出任过州郡的官职，但都是属官，也就是说一直为人下僚，未曾主事。

　　大约在汉章帝元和三年（86 年），王充完成了《论衡》一书的创作。"衡"字的本义是天平，"论衡"就是评定当时言论之价值的天平之意。东汉一朝，具有神秘主义色彩的反科学的谶纬学说盛行，王充创作《论衡》的一个直接的目的就是对谶纬学说进行反驳和批判，以切实而详尽的论说实现"冀悟迷惑之心，使知虚实之分"的意图。王充认为天和地都是无意志的自然的物质实体，宇宙万物的运动变化和事物的生成都是由于物质性的"气"自然运动而生成的结果。王充指出，人有生即有死，人之所以能生，是因为他有精气血脉，"人死血脉竭，竭而精气灭，灭而形体朽，朽而成灰土，何用为鬼"。王充对于人的精神现象给予了唯物的解释，从而否定了鬼的存在，破除了"善恶报应"的迷信。他对此形象地表述，人死犹如火灭，火既灭而何能有光？王充反对"奉天法古"的思想，认为今人和古人相齐，今人与古人气禀相同，没有差异，没有理由颂古非今。与此相反，王充认为汉代比过去的历代都进步，而这是因为汉在"百代"之后。

这种见解与"天不变，道亦不变"的思想是完全对立的。正因为《论衡》一书反叛于汉代的儒家正统思想，所以当时以及后来的历代封建统治阶级都将其视为"异书"，甚至对其进行禁锢，然而《论衡》的伟大之处也正在于这种立足于事理真实的强有力的反叛精神，这种反叛不仅需要科学的思想发现，而更需要极大的理论胆识，王充不拘俗论，力言自己的真知灼见，甚至不惜冒着灭门的危险，这是极为难能可贵的。《论衡》辨析了当时的许多学术问题，对社会上的颓坏现象也进行了有力的针砭，思想深刻而惊人，具有振聋发聩的效果，另外，书中还记述了许多自然科学方面的知识，其中不乏大量的先进研究与重要发现，例如，书中讲述声是由物体振动产生的，而且是需要凭借物质来传播的。

总而言之，《论衡》不仅是中国古代的一部重要的哲学文献，而且是东汉时期的一部百科全书式的学术著作，虽然书中部分内容未免于局限和错谬，但是它产生于一个封建迷信盛行并被统治者所尊奉的时代，它敢于向权威挑战、勇于坚持真理的精神和创立的一个比较完整的古代唯物主义体系，在中国哲学发展史上具有划时代的重大意义。王充的思想对此后的无神论者，诸如魏晋时期的杨泉，南朝的何承天、范缜，唐朝的刘禹锡、柳宗元，明清之际的王夫之等重要的思想家和学者，都产生了不同程度的影响。

竹林七贤

　　"竹林七贤"，指生于魏晋之际的嵇康、阮籍、山涛、向秀、刘伶、王戎和阮咸七人，因他们相为结交，常友集于山阳（今河南修武）竹林之中酣歌纵酒，故世称"竹林七贤"。嵇康对司马氏的统治采取不合作的态度，对司马氏所倡导的名教进行讽刺，提出影响巨大的"越名教而任自然"的知名主张，后来受谮于钟会，被诛于司马昭之手。阮籍（210—263年）与嵇康有所不同，"口不臧否人物"，在政治上执守谨慎避祸的态度，但是在艺术创作中尽显嬉笑怒骂之能事，对那些自命为君子的礼法之士进行刻薄的嘲讽和鞭挞。阮咸是阮籍的侄子，生卒年不详，也是名教的叛逆者，曾在为母亲守丧期间公然与姑姑家的婢女私通，饮酒时颇为放诞，以大盆盛酒而狂酌，甚至会与猪共饮。阮咸精通音律，在乐界享有盛名，民族乐器中的"大阮""小阮"就是阮咸的发明。刘伶（约221—300年）也是一位放情肆志、以酒为命的人，常乘鹿车，携一壶酒，使人荷锸而随之，以方便自己死了可以随时埋掉。向秀（约227—272年）对庄子哲学有精深的研究，并且为《庄子》一书作注，但是没有流传下来，他的注解思想后来为郭象所吸收和继承。山涛（205—283年）在思想上也认为名教与自然互为一体，而在政治上依附司马氏。王戎（234—305年）喜清谈，但是为人庸俗，性情悭吝，热衷名利，献

太行之陽修竹蔭黄鸝語松間
登臨江山杜邁頻在古有清
風傳至今畫人猶遵尚遂續
置禮法胡與王率庸
半字搞宝但王睿庸
甲辰名仲夏至臨二百
若者沈宗騫畫

竹林七贤　清　沈宗骞

113

媚取宠，深为世人所讥。"竹林七贤"是魏晋玄学的代表人物，他们将何晏、王弼所开创的玄学潮流推到一个新的阶段，但是彼此之间的思想差异也显现出玄学思潮中的矛盾与分化。

朱 熹

朱熹（1130—1200年），字元晦，一字仲晦，号晦庵，又号晦翁，徽州婺源（今属江西）人，生于南剑州尤溪（今属福建），绍兴十年（1148年）进士，卒后追谥"文"。朱熹早年受业于理学大师李侗，师承二程学说，兼采周敦颐、张载的思想，集宋代理学之大成，建立了一个庞大的哲学思想体系，是中国封建社会后期影响最大的思想家。朱熹的主要著作有《四书章句集注》《伊洛渊源录》《八朝名臣言行录》《资治通鉴纲目》《楚辞集注》《诗集传》《韩文考异》等，后人编纂有《朱子语类》和《朱文公文集》。朱熹的理学思想体系大体由理气论、心性论和格物致知论3部分构成。朱熹认为，各种事物都具有两个方面，即性和形，而其来源则在于理和气，理是"生物之本"，是超越世间一切事物的绝对本体；气是"生物之具"，是形成万物的质料。理和气浑然一体，从宇宙生成的角度来讲，二者不分先后，而从形而上的观点来看，则是理在气先，理是宇宙的最高实体，即"天理"也。朱熹特别强调"天

理"的普遍绝对的客观存在的伦理意蕴，阐释说："天理只是仁、义、礼、智之总名，仁、义、礼、智便是天理之件数。""天理"是一种最高的道德原理，具有永恒性与绝对性。理气论落实到人生中便表现为心性论。朱熹认为："性只是理，万物之总名。此理亦只是天地间公共之理，禀得来便为我所有。"人性就是天地之性、本然之性，是纯善的，而情是性的发用，朱熹说："有这性，便发出这情；因这情，便见得这性。"因为性是善的，所以情也是善的，但实际上情却常常发为邪恶，朱熹认为这是"情迁之于物"的结果，而心则能够管摄性情，心之全体湛然虚明，通过心可以致知穷理。格物致知论是朱熹的认识论的核心内容，其要领是，物格而知至，则知所止，而所止之处，即至善之境界，也就是《大学》中所言的"止于至善"。朱熹在其身后不断地被追封，他的学说最终确立了在思想界的统领地位，一直延续到清末，前后长达六七百年之久。

陆九渊

陆九渊（1139—1193年），字子静，号象山翁，世称象山先生，抚州金溪（今属江西）人，与理学大师朱熹为同时期的人，但是学术思想与朱熹多有不合，另行开创了理学思想体系中的心学流派。陆九渊亦认为"理"是宇宙的终

极本体，同时也是万事万物的存在秩序，还是社会伦理的秩序。理作为自然与社会的法则，具有普遍性和共通性，贯穿于自然与社会的各方各面。实际上陆九渊的这种理论认同是在为现实的伦理规范寻找一种本体依据，他将伦理规范由社会扩展到自然，再反过来用以证明伦理规范的天然合理性。陆九渊的思想与朱熹的学说相区别的实质之处在于，他融"心"于"理"，一方面肯定"理"之外"吾心"存在的特性，一方面又认为"吾心"与"理"通融为一。陆九渊所讲的"心"是一种伦理性的实存，道德行为是这种实存的本质表现，"心"与"理"相合而相为等同，"心"即"理"，就是宇宙万物的终极本体，道德实践的最后依据在于主观内在的心灵，道德修养的任务就是不断地剔除"心"的不纯然（即不合"理"之处），最终将"心"塑造为纯然天理的道德灵明。陆九渊先肯定"心"即"理"，"心"与"理"相合，然后又说"心"有不尽合"理"之处，这表现出理论逻辑上的矛盾，实际上陆九渊这种论述的用意在于，先肯定"心"的本然的与"理"相通的一面，让人们知道自己具有先天而生的道德之本心，然后告诫人们这种本心会时时为外物所蒙蔽，但是人要获取这种自信，就是通过自我的认真修养涤除蔽障，而还自己以灵明的本心，从而达到劝人向善的目的。

王守仁

王守仁（1472—1529 年），浙江余姚人，字伯安，因曾结庐于贵州龙场驿（今贵州修文境内）阳明洞，遂自号阳明子，世称阳明先生。王守仁 10 岁时随父亲迁居北京，18 岁时考取进士，授兵部主事，35 岁时因反对宦官刘瑾而被贬为贵州龙场驿丞。刘瑾被诛后，王守仁迁庐陵县知事，后来擢升为右佥都御史，继任南赣巡抚。王守仁由于镇压农民起义和平定"宸濠之乱"而拜为南京兵部尚书，受封"新建伯"，但是功高遭忌，遂辞官回乡讲学，在绍兴、余姚一带创建书院，宣讲学问。明嘉靖六年（1527 年），王守仁被派遣总督两广军事，后因肺病加剧，上疏乞归，病逝于江西南安舟中，谥号"文成"。王守仁生活于明朝中叶，当时阶级矛盾十分尖锐，社会动荡不安，王守仁把社会动乱的原因归结于人心的敝坏，为了拯救人心和挽救时局，王守仁创立了一整套心学理论，人称"王学"。王守仁的著作由门人编辑为《王文成公全书》，他的哲学思想主要体现于《传习录》和《大学问》这两本论著中。王守仁继承了宋代陆九渊的心学思想，提出"心外无物"这一知名命题，认为心是宇宙万物的本原，客观事物的存在与否，完全以心的感知为依归，曾与友人讲说："你未看此花时，此花与汝心同归于寂；你来看此花时，则此花颜色一时明白起来，便知此花不在你的心外。"

与"心外无物"相联系，王守仁又提出"心外无理"的命题，认为事物的"理"不存在于客观事物之中，而存在于人心之中。在认识论方面，王守仁的重要观念是"致良知"和"知行合一"。"良知"就是存在于人心之中的天理，也是一种天赋的道德。所谓"致"，就是说良知会被人欲所蒙蔽，所以必须下一番"致"的功夫来涤除人欲以恢复本然的善心。"致良知"说的也就是人们要努力于道德的修养，以道德理念来克服非道德的思想，从而使自己的人格境界得到提升，趋于完善。王守仁将"格物致知"反过来讲为"致知格物"，也就是先致其良知，而再将心中的良知施于事事物物，使外在的事物与心中的良知相符合。王守仁所说的"知行合一"并非指要令自己的实践与自己的认知相符合、相统一，而是说知和行都源出于心，这二者是合一的，是不可分离的。王守仁是宋明心学的集大成者，其学说在明代中后期一度影响甚大。

严 复

严复（1854—1921年），原名宗光，字又陵，后改名复，字几道，14岁考入福州船政学堂学习海军，5年后毕业，因成绩优异，被派往英国留学，先到朴次茅斯大学，后转入格林尼治海军学院学习战术和炮台建筑等。在英国，严复广泛地接触了西方的自然科学与人文科学知识，对卢梭、孟德斯

鸠、达尔文等人的学说尤其欣赏。

1879 年，严复学成归国，到福州船厂任教习，第二年调往天津北洋水师学堂任总教习（教务长），后升为总办（校长）。严复还曾担任过京师大学堂译局总办、上海复旦公学校长、安庆高等师范学堂校长、清朝学部名辞馆总编辑等职，在辛亥革命后出任北京大学校长。在戊戌变法前后，严复翻译出版了赫胥黎的《天演论》、亚当·斯密的《原富》、斯宾塞的《群学肄言》、穆勒的《名学》、孟德斯鸠的《法意》等西方学术名著，系统地介绍了西方的政治、经济、哲学、法律等学科领域的最新发展成果。这些译作令中国读者视界大开，在社会上引起很大的轰动，其中影响最大的就是"物竞天择，适者生存"的进化论学说。面对中国民众的愚弱，严复不赞成通过革命的方式促成中国的进步，而是认为欲实现中国的富强当从教育着手，逐渐地改变不堪的现状。这种渐进的思维与革命家的想法是相悖的。严复晚年时思想趋于保守，反对新文化运动，也反对白话文，但是他并没有参与文白之争。

少年学国学

文化艺术访觅

学国学

周韵 主编

北京燕山出版社

图书在版编目（CIP）数据

文化艺术访觅 / 周韵主编 . — 北京：北京燕山出
版社，2024.2
（少年学国学）
ISBN 978-7-5402-6749-0

Ⅰ . ①文… Ⅱ . ①周… Ⅲ . ①文化艺术 – 中国 – 少年
读物 Ⅳ . ① G12-49

中国版本图书馆 CIP 数据核字（2022）第 216274 号

少年学国学·文化艺术访觅

主　　编	周　韵
责任编辑	王长民
文字编辑	赵满仓
封面设计	凡　人
出版发行	北京燕山出版社有限公司
社　　址	北京市西城区椿树街道琉璃厂西街 20 号
邮　　编	100052
电话传真	86-10-65240430（总编室）
印　　刷	三河市华成印务有限公司
开　　本	880mm×1230mm　1/32
总 字 数	460 千字
总 印 张	24
版　　次	2024 年 2 月第 1 版
印　　次	2024 年 2 月第 1 次印刷
定　　价	118.00 元（全 6 册）
发 行 部	010-58815874
传　　真	010-58815857

如果发现印装质量问题，影响阅读，请与印刷厂联系调换。

目录

·音乐舞蹈·

· 戏　曲 ·

·绘　画·

· 书 法 ·

古 琴

琴又称瑶琴、玉琴、绿绮，现代一般称为古琴、七弦琴。琴历来被认为是高雅的艺术，古人常以"琴、棋、书、画"并称，把它看作是君子必备的文化修养，因此我国文人多擅弹琴，如孔子、嵇康、欧阳修等。

琴在我国至少已有 3000 多年的历史，现在考古发现的最早实物，是湖北随州出土的战国初期的十弦古琴和湖南长沙马王堆出土的七弦汉琴。琴的全身为扁长共鸣箱，面板多用梧桐木制作。琴头有承弦的岳山，琴尾有承弦的龙龈和护琴的焦尾，整体显得宽头窄尾。在面板的外侧有 13 个圆点状的徽，它是音位和泛音的标志，一般由贝壳制成。琴上有七根弦，古代用丝弦制成。琴的声音清脆悦耳，表现力强。琴有独奏、琴箫合奏、琴歌、雅乐合奏 4 种传统的演奏形式。

编 钟

编钟又叫歌钟，是中国古代一种重要的打击乐器，是钟的一种，由若干个大小不一的钟按照音阶有序地排列悬挂在木架上而构成的，每个钟的音高各不相同。编钟的历史能够

上溯到 3500 年前的商代，但当时编钟较为简单，多见的是三枚一套。后来整套编钟的数量开始不断增加，形成较大的规模。

古代的编钟是帝王和贵族专用的乐器，是等级与地位的象征，多用于宫廷演奏。每逢重大事件如征战、朝见或祭祀等活动时进行演奏。

在 1978 年湖北随州市西郊曾侯乙墓出土了一套曾侯乙编钟。这套编钟的音域可以达到 5 个八度，音阶结构基本上与现代的 C 大调七声音阶接近。它规模宏大、制作精美，整套共 65 件，其中有 19 件钮钟，45 件甬钟以及 1 件钟，总重达 2500 多千克。全套钟保存完好，可随意拆卸。

钟上有大量关于音乐知识的篆体铭文，这些铭文是研究先秦音乐史的珍贵文字资料。

经专家演奏测试，曾侯乙编钟的音响已构成倍低、低、中、高 4 个色彩区，能演奏任何音阶的乐曲，同时能够胜任采用和声、复调以及转调手法的乐曲，称得上是音乐奇迹。

磬

磬是我国古代的一种石制打击乐器，通常悬挂在架子上，演奏时用木槌敲击，可发出悦耳动听的鸣响。磬的历史非常悠久，出现年代可追溯到母系氏族社会，也叫作"石""鸣球"等。当时的人们常常会在获取劳动成果后，敲击石头，

以其清脆悦耳的声音来烘托气氛。这就是磬最初的原型。磬出现以后,被广泛用于历代统治者的各种宫廷场合的音乐中。

磬拥有非常古朴的造型和精美的外观,制作精美。按照它的使用场所和演奏方式,可分为特磬和编磬两种。特磬专门用于皇帝祭祀时演奏,编磬由若干个磬编成一组而成,挂在木架上进行演奏,主要在宫廷音乐中使用。寺庙中也使用磬。

在出土曾侯乙编钟的曾侯乙墓中,出土了有古代楚文化特点的编磬32枚。这套完整的编磬是用石灰石、青石和玉石制成的,悬挂在青铜磬架上,共分两层,具有清脆响亮的音色。相关部门曾经制作出曾侯乙编磬的复制品,严格按照原件的规格和形制进行制作,验证了编磬动听的音色。磬是中国音乐史上独特的一种乐器,古老而优美。

箜 篌

箜篌历史悠久,是中国古老的弹拨乐器,又称"坎侯"。早在春秋战国时期,就已经出现了箜篌的雏形。盛唐时期,箜篌的演奏技艺随着经济文化的飞速发展达到了相当高的水平。古代的箜篌既是宫廷乐队使用的乐器,也是深受民间喜爱的乐器,一度广为流传。箜篌还曾经传入日本、朝鲜等国,并受到人们的喜爱。

中国古代流传的箜篌主要分为卧式箜篌和立式竖箜篌两

箜篌图

种，后来又出现了雁柱箜篌。竖箜篌的形状像半截弓背，在向上弯曲的曲木上设曲形共鸣槽，整体结构中还有脚柱和肋木，支撑着20多根弦。演奏者演奏时将箜篌竖抱于怀，从两面用双手的拇指和食指同时弹奏，这个弹奏姿势，唐人称为"擎箜篌"。新型的雁柱箜篌是仿照古代立式竖箜篌的基本造型，在其基础上改进研制而成。其外形近似于西洋竖琴，不同的是它有两排琴弦，每排有36根弦，每根弦都是由"人"字形的弦柱支撑，看上去，这种箜篌的形态比较像天空中飞翔的雁阵队形，所以得名为"雁柱箜篌"。箜篌拥有宽广的音域和柔美的音色，表现力丰富，既能演奏旋律，也能很好地演奏和弦。

古 筝

古筝是中国一种具有优美音色和丰富表现力的民族拨弦乐器。它有着悠久的历史，早在战国时期，古筝就在秦国流行，所以它又被称为"秦筝"。古筝的流传甚广，从岭南至内蒙古，几乎遍及整个中国。最初的古筝是从战国时期一种竹制的五弦乐器演变而来，秦汉时期，五弦发展为十二弦，隋唐时期为十三弦，元明时期为十四弦，清代时期为十六弦。后经改良，由十七、十九弦不等而发展到二十一至二十五弦，筝弦也由原来的丝弦改为钢丝弦等。这样，古筝的音域和表现力得到很大提高，深受人们欢迎。它既可用作独奏、重奏、

合奏，也可用作戏曲、曲艺和舞蹈等的伴奏。古筝的音色清越、高洁、典雅，委婉动听，具有一种幽远的独特神韵。轻拂宛如行云流水，重扫势若山崩海啸。它既能细致微妙地刻画人们的内心感情，也能描绘激动人心的壮观场面；无论是如泣如诉，还是慷慨激昂，或是激越高歌与浅声吟唱，它都可以表现得淋漓尽致。左手的揉、按、点等手法尤能体现古筝的音韵特色。

古筝在长期的流传过程中，与当地戏曲、说唱和民间音乐相融汇，形成各种具有浓郁地方风格的流派。传统的筝乐被分成南北两派，其中以陕西、山东、河南和客家筝曲最为著名。《渔舟唱晚》和《汉宫秋月》是古筝中的名曲。

笛 子

笛是中国最古老的乐器之一，早在 8000 年前的远古时期，我国就已经出现了用鸟禽肢骨制成的竖吹骨笛。横笛大概在汉朝时出现，相传是在汉武帝时张骞从西域传入，当时叫作"横吹"，是鼓吹乐的重要乐器，以竹制成。秦汉后，笛子成为竖吹的箫和横吹的笛的共同名称，这种状况一直延续到唐代。宋元时期，笛成为词曲和曲艺伴奏的重要乐器。

笛子的声音具有悠扬、婉转的特点，容易给人以一种缠绵思乡的感觉。唐代诗人李白曾经写过这样的诗句："谁家玉笛暗飞声，散入春风满洛城。此夜曲中闻折柳，何人不起

故园情。"李益也有诗云："回乐峰前沙似雪，受降城外月如霜。不知何处吹芦管（芦笛），一夜征人尽望乡。"充分显示了笛声动人的艺术魅力。

笛的种类有很多，其中使用最为普遍的是曲笛和梆笛。曲笛又叫苏笛，以伴奏昆曲和盛产于苏州而得名。曲笛管身粗长、音色柔和，善于表现江南的柔婉情致。梆笛以伴奏梆子类戏曲得名，管身细短，音色明亮，善于表现北方的刚健气质。

琵 琶

琵琶是我国历史悠久的一种常用弹拨乐器。秦朝时，在民间流传着一种圆形的、带有长柄的乐器。弹奏这种乐器主要有两种方法：向前弹叫"批"，向后挑起叫"把"，当时人们就把它叫作"批把"，后来改称为琵琶。当时的琵琶形状为直颈，圆形音箱，音位和弦数不固定。南北朝时，从西域传入一种曲项琵琶，其形状为曲颈，梨形音箱，有四柱四弦。人们就把它和我国的琵琶结合起来，制成了一种新式曲项琵琶。到了唐代，琵琶从制作到演奏上都得到了很大的发展。琵琶构造方面的改变是把原来的 4 个音位增至 16 个，同时把琵琶颈部加宽，下部共鸣箱变窄。在演奏方法上，改横抱演奏为竖抱演奏，改拨子演奏为手指直接演奏。此后，琵琶的制作和演奏技法不断得到改进，最后形成如今的四相

十三品和六相二十四品两种琵琶。

琵琶音域广阔、演奏技巧丰富繁多，具有丰富的音乐表现力。适合琵琶演奏的曲风有多种，基本上有文曲、武曲、大曲3种。文曲以抒情为主，曲调柔美，代表曲目如《春江花月夜》《汉宫秋月》等。武曲则风格豪放，《十面埋伏》《霸王卸甲》等都是其代表作。大曲的曲调以活跃、欢畅为主。

二　胡

二胡是唐代由西域胡人传过来的弦乐器，来自北方的奚部落，因此又称"胡琴"。后来，胡琴发展出了二胡、中胡、京胡、坠胡、板胡等十几个种类，二胡就是其中比较重要的一种。二胡基本上都是木质的，整体由琴杆、琴筒、琴轴等基本部件构成。二胡的琴筒有圆形、六角形等形状，琴筒的一端蒙有蛇皮或蟒皮，另一端则设置雕花的音窗。在乐队中，二胡作用很大，它既能独奏，也适合合奏。既能演奏风格细腻深沉、柔美抒情的乐曲，也能够演奏风格欢快活泼的乐曲，有非常丰富的表现力和艺术感染力。无锡民间艺人阿炳创作的《二泉映月》，是我国著名的二胡曲，这首乐曲饱含着作者悲伤的命运和内心的疾苦与希望，具有强烈的艺术感染力。

箫

"黄河远上白云间，一片孤城万仞山。羌笛何须怨杨柳，春风不度玉门关。"这是唐代著名诗人王之涣的《出塞》，也是唐代七绝的压卷之作。诗中幽怨的羌笛，就是现在人们所说的箫。箫原称"洞箫"，是我国古老的吹奏乐器之一。箫和笛一样，都是源于远古时期的骨哨。因此很长一段时间人们把箫称为笛，直到唐代，两者才开始分离，横吹为笛，竖吹为箫。箫的音量较小、音色轻柔，比笛声更有一股缠绵不尽的幽怨之意，因此箫比较适于独奏和重奏。著名的独奏曲目有《鹧鸪飞》《妆台秋思》《柳摇金》等，另有琴箫合奏曲《梅花三弄》《平沙落雁》等。

六代乐舞

宫廷雅乐在周朝的代表作品当数"六代之乐"：《云门》《咸池》《大韶》《大夏》《大濩》《大武》。由于它们都是歌舞乐三位一体，又称为"六舞"。

第一代乐舞：《云门》，歌颂黄帝的丰功伟绩，以黄帝所在氏族的图腾为云彩而得名。

第二代乐舞：《咸池》，亦称《大咸》，表现了祭奠祖先和祈求祖先保佑的内容。之所以叫《咸池》，是因为在神

话传说中，咸池是日落之地，也是祖先亡灵栖息的地方。

第三代乐舞：《大韶》，简称《韶》，因以排箫为主要伴奏乐器，又名《箫韶》，传说是舜时的宗教性乐舞，该乐舞有九次变化，歌也有九段，在后世又被称为《九歌》。它是远古时期最为著名的乐舞，孔子在齐国听《韶》乐之后"三月不知肉味"，并赞叹道，"尽美矣，又尽善也"，"尽善尽美"这个成语由此得来。

第四代乐舞：夏时的《大夏》，主要歌颂大禹治水的功绩。这个乐舞也有九段，用伴奏，又称为"夏九成"。

第五代乐舞：《大濩》是赞颂商代君王成汤伐桀的功绩。"濩"在殷墟甲骨文卜辞中本是指用音乐舞蹈形式祭祀祖先的巫术活动，后来将这类巫术活动中表演的音乐舞蹈专称为"乐"。《大濩》表演时场面壮观、气势宏大，集商朝乐舞之大成。

第六代乐舞：周朝的《大武》，歌颂周武王讨伐商纣的胜利。《大武》是这一时期宫廷歌舞的最高典范，在表演时，舞分六场，乐也分六章。这些歌曲的唱词，被收集在《诗经》的《周颂》中。

六代之乐是当时宫廷最具权威性的祭祀礼乐，也是"乐教"的经典教材。周朝的"大司乐"，就是专门设立的音乐教育机构的总长官。下面有高、中、下三级乐官和乐工，等级分明，职责明确，构成了一个系统地管理和排演礼乐、教习礼乐的机构。

五声和七音

东汉学者郑玄在《史记·乐书·集解》中指出："宫、商、角、徵、羽, 杂比曰音, 单出曰声。""宫""商""角""徵""羽", 这几个字相当于今天简谱中的"1、2、3、5、6"。中国传统采用的音阶, 就是用这5个字表示的五声音阶, 以及以此为基础的七声音阶。这5个音叫作正音, 七声音阶中, 除了这5个音外, 再加上2个偏音。传统的七声音阶有3种, 最

八音指用金、石、土、革、丝、木、匏、竹八种材料制作的乐器。

常见的叫作正声音阶，也叫作"雅乐音阶"或"古音阶"，是由五个正音和"变徵""变宫"两声组成。"变徵"相当于简谱中的4，"变宫"相当于简谱中的7。"变"在中国传统音乐理论中的意思是"低"。"变徵""变宫"就是比"徵""宫"低半个音的音。另外两种如下：一种是五个正音和"清角""变宫"的"下徵音阶"，也叫"清乐音阶"或"新音阶"；还有一种叫作"清商音阶"或"燕乐音阶"，由五个正音加"清角"与"清羽"构成。"清"在中国传统音乐理论中表示"高"，"清角"比"角"高半个音，"清羽"比"羽"高半个音。

"宫商角徵羽"来源于何时，现在还没有定论，但在春秋时各种典籍已记载了，所以可以推断它们的出现不迟于春秋，甚至可推到西周或者商代。

乐　调

一般而言，古人以宫作为音阶的第一级音。但其他各音，实际上也可以作为音阶的第一级音，音阶的第一级音不同，调式自然也就不同了。如果以宫作为音阶的第一级音，乐调就是宫调式；以商作为音阶的第一级音，乐调就是商调式；以角作为音阶的第一级音，乐调就是角调式，其他依此类推。有五音，便有五种不同的调式；有七音，便有七种不同的调式。这就是乐调。

音 乐

词典上对音乐的解释为：用有组织的乐音来表达人们思想感情、反映现实生活的一种艺术。音乐分为声乐和器乐两大类型。可见，音乐是"音"和"乐"两部分的合成。据出土文物显示，作为一门古老的艺术形式，音乐的历史可以追溯到新石器时代。当时的音乐是以歌、舞、乐相结合的形式存在的。氏族中关于"三人操牛尾，投足以歌八阕"的记载便是说的这种"音乐"形式。还有《云门》《大夏》《韶》等，都是古代的"音乐"。只是人们并不以"音乐"来称呼它。

将"音乐"合起来用以指代各式各样的乐曲，始见于《吕氏春秋·大乐》中："音乐之所由来者远矣。"后来，有人将英文的"music"翻译成了汉语"音乐"一词，"音乐"这个称呼才被人们更广泛地使用开来。

如今的音乐形式多种多样，其基本要素包括节奏、曲调、和声、力度、速度、调式、曲式、旋律等。

三分损益法

三分损益法，是中国古代制定音律时所用的生律法，最早见于《管子》："凡将起五音凡首，先主一而三之，四开以合九九，以是生黄钟小素之首，以成宫；三分而益之以

一，为百有八，为徵；不无有三分而去其乘，适足，以是生商；有三分，而复于其所，以是成羽；有三分，去其乘，适足，以是成角。"这段话的意思是，凡是要起奏五音声调，先确立一弦而对其进行三等分，经过四次三等分的推演以合九九八十一之数（即三的四次方），由此产生黄钟小素的音调，这个作为基准音的声调就是宫声；三除八十一而将其一份加在八十一上，得一百零八，就是徵声；不再用三除而令一百零八减去其三分之一，得数七十二，由此而成为商声；再用三除七十二，并加在它的原数上，得到九十六，就是羽声；对九十六进行三分再减去其三分之一，得数六十四，就产生角声。简单地说，三分损益法就是根据某一标准音的管长或弦长，依照三分之一的长度比例进行加减，从而推算出其余一系列音律的管长或弦长。三分损益包含"三分损一"和"三分益一"两层含义。三分损一是指将原有长度做三等分而减去一份，而三分益一则是指将原有长度做三等分而增添一份。两种方法交替、连续运用，各音律就相应而生。

十二平均律

十二平均律，也叫"十二等程律"，是目前世界上通用的一种音乐律制，它把一组音分成 12 个半音音程，相邻两律之间的振动数之比完全相等。它是我国明代著名音乐理论家和数学家朱载堉创造出来的，他在乐理著作《律学新说》

中，首次对十二平均律的理论进行了详细阐述，并在他的数学著作《嘉量算经》中，对十二平均律的数学演算进行了详细记述，这是他留给我们的珍贵文化遗产。

十二平均律用发音体的长度计算音高，假定黄钟的正律是 1 尺，通过计算得知低八度的音高弦长为 2 尺，然后对 2 开 12 次方，能够得到频率公比数，这个公比自乘 12 次后，就能够得到十二律中各律的音高，黄钟正好是各律的还原起点。通过这种方法，人们首次解决了十二律自由旋宫转调的难题，可谓是对世界音乐理论的重大贡献。

十二平均律还包括对乐音标准音高的阐述和相关法则与规律，借由这个原理，才能更为方便顺利地制造键盘乐器。钢琴键盘上的 88 个黑白键，就利用了这个原理。该理论的出现早于西方音乐家大约 1 个世纪。

工尺谱

工尺谱是中国古代的一种记谱形式，以"工、尺"等字来对不同的音高符号命名是我国古代特有的记谱方法，是在管乐器的指法记号基础上演变而成的，诞生于隋唐时期。随着时代与音乐的变化和发展，也随着地区和乐种的不同，其记谱符号以及记写方式也不尽相同。明代中期以后，昆腔的流行带动了记谱法的推广和统一，工尺谱就在此过程中逐渐成为应用最广的一种谱式。

工尺谱的音高分别以上、尺、工、凡、六、五、乙代表现在音阶的1、2、3、4、5、6、7。其节奏符号，古代将其称为"板眼"。一般而言，板代表的是强拍，眼代表的是弱拍，板和眼基本上可以分为散板、流水板、一板一眼、一板三眼等形式。

清代乾嘉年间，出现了用工尺谱记写的管弦乐合奏总谱，这就是《弦索备考》。这部谱集共收入13首乐曲，又叫作"弦索十三套"。每首曲子都能用箫、笛、提琴等乐器进行演奏，它们各部工尺谱的音高、调号、节奏符号基本相同于常用工尺谱。这部乐谱的出现对全面记录民间音乐有很重要的意义，它是古代音乐人的心血结晶，更是中华民族音乐宝库中的珍贵财富。

李延年

李延年，生卒年不详，是汉朝著名的宫廷乐师。年轻时曾因触犯刑律而被处以宫刑，在宫中当管狗的太监，但后来由于"性知音，善歌舞"，而受汉武帝的器重。李延年歌声动人，曾经在汉武帝面前赞美他的妹妹："北方有佳人，绝世而独立。一顾倾人城，再顾倾人国。宁不知倾城与倾国？佳人难再得。"结果他的妹妹因此而受宠，被封为夫人，李延年也被封为掌管乐府的协律都尉，成为当时炙手可热的人物。不幸李夫人早逝，李家逐渐失宠，李延年也由于家人连

累被杀。

李延年具有多方面的才能，除唱歌外，他还善于编曲创作，史称他"每为新声变曲，闻者莫不感动"。他曾经为司马相如等著名文人所写的 19 首郊祀歌词作曲，用于宫廷祭祀乐舞。他还对外来音乐进行加工创作，将张骞从西域带回的《摩诃兜勒》一曲改编为"新声二十八解"，用作仪仗队的军乐，为我国音乐的发展做出了卓越贡献。

赵飞燕

赵飞燕（公元前45—前1年），原名宜主，本为长安宫人，家庭贫困，出生后父母将其遗弃，三天后见她还没有死去，才将其抚养起来。长大一些后，她被送到阳阿公主家做歌舞伎，逐渐显示出惊人的才艺，又因身轻如燕，而得号"飞燕"。一次，汉成帝造访阳阿公主，见到赵飞燕，十分欣赏，遂纳入宫中，先封为婕妤，再立为皇后，极其宠幸。赵飞燕姿容秀丽，身材轻盈，舞技出众，是中国古代最为知名的舞蹈家之一。传说她表演的一种舞蹈，手如拈花颤动，身形似风轻移，曼妙之极，堪称绝世而独立。对此，李白在赞美杨贵妃的《清平调》中曾写道："借问汉宫谁得似，可怜飞燕倚新妆。"西汉绥和二年（公元前 7 年），汉成帝暴卒。太子刘欣即位，是为汉哀帝，赵飞燕被尊为皇太后。虽然赵飞燕曾

赵飞燕歌舞图
史传赵飞燕体态轻盈、舞步曼妙，能做掌上之舞。

经为祸后宫的恶劣行径备受群臣指斥，但是哀帝念及赵飞燕有恩于己，遂没有追究。六年后，哀帝驾崩，平帝即位。是时外戚王莽专权，下诏废其为庶人，赵飞燕随即自尽。

李龟年

唐朝宫廷人才济济，李龟年（生卒年不详）是唐玄宗最为赏识的乐人之一。他和兄弟李彭年、李鹤年都以音乐闻名，其中以李龟年最为有才。他能歌善舞，精通多种乐器，还善于作曲。王公贵族经常请他到府上表演，动辄以千金相赠。结果李氏兄弟在洛阳建造的宅第，规模甚至超过了公侯府第。"安史之乱"后，李龟年流落到江南，境遇十分凄惨。一次，诗人杜甫偶然听到他的歌声，感叹不已，于是写下了著名的《江南逢李龟年》："岐王宅里寻常见，崔九堂前几度闻。正值江南好风景，落花时节又逢君。"

唐玄宗

唐玄宗（685—762年）是一位具有卓越政治才干的君主，著名的"开元盛世"就是由他开创的。更难得的是，他还多才多艺。《新唐书·礼乐志》中说他通晓音律，酷爱法曲，在坐部伎中挑选300人，组成了一个新的音乐机构——梨园。如果有人在演奏时发生错误，他必能察觉，并亲自纠正。唐玄宗精通多种乐器，尤擅羯鼓，曾被大臣誉为"头如青山峰，手如白雨点"。此外，唐玄宗还能创作乐曲，如《紫云回》《龙池乐》《凌波仙》《得宝子》等。他根据印度《婆罗门

曲》改编的歌舞大曲《霓裳羽衣曲》，被誉为中国歌舞音乐一颗璀璨的明珠。作为一位帝王音乐家，唐玄宗对唐代音乐的影响不可估量。正是由于他的积极倡导，唐代音乐才得以与各民族音乐文化进行融合。应该说唐代音乐的繁荣，唐玄宗功不可没。

杨贵妃

　　杨贵妃（719—756年），名玉环，出家时道号为"太真"，祖籍弘农华阴（今属陕西），后迁居蒲州永乐（今山西永济）。父杨玄琰任蜀州司户，故杨玉环出生于成都。唐开元二十二年（734年），杨玉环成为唐玄宗之子李瑁的王妃，即寿王妃。5年之后，玄宗初次见到杨玉环，深为她的美艳所迷，于是以为窦太后荐福的名义令杨玉环出家为道，5年之后守戒期满，诏令还俗，接入宫中，而后玄宗又将杨玉环册封为贵妃。

　　杨贵妃不仅具有倾国之姿，尚有绝人之艺，是唐代十分出色的宫廷音乐家和歌舞家，艺术才华在后宫之中实属罕见。《旧唐书·杨贵妃传》记载："太真姿质丰艳，善歌舞，通音律，智算过人，每倩盼承迎，动移上意。"

　　作为才华卓著的舞蹈家，她最擅长表演《霓裳羽衣舞》。据说，唐玄宗创作《霓裳羽衣曲》后，杨贵妃略略一看，便依韵而舞，舞姿翩跹，宛如天女散花，表现了一种缥缈神奇的意境，令玄宗兴奋不已。在对《霓裳羽衣曲》的配舞中，

杨玉环既吸收了传统舞蹈的表现手法，又融合了西域舞艺的回旋动作，使整个舞蹈绰约多姿，飘忽轻柔，与乐曲达到了完美契合，成为唐代乐舞中的精品。杨贵妃起舞，唐玄宗曾亲自为其伴奏，观毕赞叹说，"方知回雪流风，可以回天转地"，可见杨玉环的舞艺之精湛。

杨玉环还精通胡旋舞，身段飘摇，翻跃如风，令人眼花缭乱。白居易的诗中说"中有太真外禄山，二人最道能胡旋"。安禄山是当时的胡旋舞高手，虽然身材肥胖，可是跳起胡旋舞，却可以飞快地旋转，令人目不暇接。后来安禄山发动叛乱，杨玉环命丧马嵬坡。

《高山流水》

《高山流水》大概是我国起源最早、影响最大的一首琴曲，取材于"伯牙鼓琴遇知音"的故事。文献如《列子·汤问》《吕氏春秋·本味》中对此事都有记载，且经常为世人引用。故事说的是春秋战国时期的俞伯牙善于弹琴，而钟子期善听。伯牙弹琴志在高山，子期就说："妙啊，就像雄伟的泰山一样！"伯牙志在流水，钟子期就说："妙啊，就像烟波浩渺的江河一样！"每次伯牙弹奏，子期必能洞悉其心意，因此被伯牙视为知音。后钟子期不幸去世，俞伯牙非常悲痛，于是破琴绝弦，不再弹琴。

这个故事对后世的知音观念影响很大，更重要的是，它

直接孕育了《高山流水》这首不朽的千古绝唱。不过现存的《高山流水》已经一分为二，变为《高山》和《流水》。在明清以后多种琴谱中，以清代唐彝铭所编《天闻阁琴谱》中所收川派琴家张孔山改编的《流水》最有名。他增加了以"滚、拂、绰、注"手法作流水声的第六段，成为最流行的谱本，后琴家多据此演奏。除琴曲外，《高山流水》还有筝曲。它同样取材于"伯牙鼓琴遇知音"的故事，只是风格与琴曲迥然不同。

《阳关三叠》

《阳关三叠》是唐代著名的歌曲，又称《阳关曲》《渭城曲》。歌词根据唐代著名诗人王维诗《送元二使安西》谱写而来："渭城朝雨浥轻尘，客舍青青柳色新。劝君更尽一杯酒，西出阳关无故人。"因为歌词要反复咏唱三遍，所以又称为《阳关三叠》。

《阳关三叠》传至后代，有多种曲谱和唱法，现存最早的谱本是明代初年龚稽古所编《浙音释字琴谱》。另有其他琴歌谱 30 多种，它们在曲式结构上有些差别，曲调则大同小异，都是简单纯朴，带着一丝挥之不去的淡淡离愁，并用反复的咏叹深化对友人的依依惜别之情，因此成为历来送别友人的经典曲目，而"阳关"也因此曲成为送友酬唱的代名词。流传至今的《阳关三叠》琴歌，出自清末张

王维《送元二使安西》诗意图

鹤所编的《琴学入门》，全曲3大段，即3次叠唱。每次叠唱除原诗外，加入若干词句。《阳关三叠》除作为歌曲演唱外，亦经常作器乐演奏，其中以琴曲、筝曲、二胡曲较有影响。

《梅花三弄》

《梅花三弄》，又名《梅花引》《玉妃引》，我国著名的古琴曲。明代朱权的《神奇秘谱》中记载，《梅花三弄》最早是东晋桓伊所奏的笛曲《梅花落》："桓伊出笛吹三弄梅花之调，高妙绝伦，后人入于琴。"在唐诗中也有对笛曲

《梅花落》的描述，后改为琴曲。《梅花三弄》表现的主题因时代而有所不同。南朝至唐的笛曲《梅花落》大都表现离愁别绪，明清时的琴曲《梅花三弄》表现的是梅花傲雪凌霜、坚贞不屈的节操与品质。"梅为花之最清，琴为声之最清，以最清之声写最清之物，宜其有凌霜音韵也。""三弄之意，则取泛音三段，同弦异徽云尔。"后一句的意思是《梅花三弄》的结构采用循环再现的手法，重复整段主题三次，每次重复都采用泛音奏法，故称为"三弄"。

《秦王破阵乐》

《秦王破阵乐》，属武舞类，由唐初乐歌《破阵乐》发展而来，为唐朝宫廷乐舞，是最著名的歌舞大曲之一，最初用于宴享，后来用于祭祀。据《旧唐书·音乐志》记载，唐高祖武德三年（620年），秦王李世民击破叛将刘武周，解除了唐朝的危局，河东（今山西永济）士庶歌舞于道，军人利用军中旧曲填唱新词，欢庆胜利，遂有"秦王破阵"之曲流传于世。李世民即位后，诏魏徵等增撰歌词7首，令吕才协律度曲，定为《秦王破阵乐》。唐贞观七年（633年），李世民又亲制《破阵舞图》，对舞蹈进行加工：左圆、右方、先偏、后伍、鱼丽、鹅鹳、箕张、翼舒，交错屈伸，首尾回互，往来刺击，以象战阵之形，舞凡三变，每变为四阵，计十二阵，与歌节相应，共用乐工120（一说128）人，戎装演习，

擂鼓呐喊，声震百里，气壮山河，而后又调用马军 2000 人入场，景象极为壮观。后来，唐高宗时的《神功破阵乐》和唐玄宗时的《小破阵乐》，都是在《秦王破阵乐》的基础上改编而成的。《秦王破阵乐》不仅在国内流行了 300 年之久，而且还传播到了印度和日本。这支乐谱后来在国内失传，却在日本保存下了琵琶谱、五弦琵琶谱、筝谱、筚篥谱、横笛谱等谱本。

《霓裳羽衣曲》

　　《霓裳羽衣曲》是唐代最负盛名的歌舞大曲之一，对于它的创作来历，众说纷纭。比较可信的是《霓裳羽衣曲》是由唐玄宗吸收西凉都督杨敬述所献的印度《婆罗门曲》改编而成。但是在歌舞的结构方面则遵循中原传统的相和大曲、清商大曲的三段式，分为散序、中序、曲破三个部分。因此《霓裳羽衣曲》是中外音乐相交融的结晶。

　　此曲的音乐以古老的《长安鼓乐》为素材，舞蹈则以敦煌壁画飞天的舞姿为借鉴，采用唐大曲结构形式精心排演而成。《霓裳羽衣曲》是女子舞蹈，表演者穿着孔雀毛的翠衣和淡彩色或者月白色的纱裙，肩着霞帔，头戴着"步摇冠"，身上佩戴许多珠翠，宛如美丽典雅的仙子。在表演舞蹈之前，先是一段"散序"，乐队的金、石、丝、竹等乐器次序发音，以独奏、轮奏等方式，演奏一段悠扬动听的旋律。在接着的

"中序"的慢拍子中，装饰华美的舞者才开始上场。中序的节奏舒缓，舞姿主要是轻盈的旋转、流畅的行进和突然的回身，尤其是柔软清婉的"小垂手"舞姿，行动轻灵又迅急，衣裙像浮云般飘起，宛若仙子踏云而来。到"曲破"之后，节奏就加快了，急剧的舞蹈动作使身上环佩璎珞叮当碰撞，这时，还有整齐的合唱，富有表情的说白，极富感染力。最后是"尾声"，节拍又慢下来，最后在一个拖长的音阶中终结。《霓裳羽衣曲》的演出方式并不完全固定，杨玉环表演过独舞形式的，也有双人舞形式的，后来也有用百名宫女组成的大型舞队表演成群舞。

《春江花月夜》

《春江花月夜》又名《夕阳箫鼓》《浔阳琵琶》《浔阳夜月》。它主要描绘的是月夜春江的迷人景色，赞颂了江南水乡的优美风姿。

它原是一首著名的琵琶传统大套文曲，明清时广为流传。乐谱最早见于鞠士林的手抄本，1895年李芳园在编辑《南北派十三套大曲琵琶新谱》时收入此曲，曲名《浔阳琵琶》。后人将此曲改为丝竹合奏，并根据《琵琶记》中的"春江花朝秋月夜"改名为《春江花月夜》。改编后的乐曲用二胡、琵琶、古筝、洞箫、钟、鼓等乐器演奏。全曲中没有一件乐器是从头演奏到底，但又一气呵成，毫无断线之感。全曲分

为 10 段，按照中国古典标题音乐的传统，每段都有一个小标题。它们分别是江楼钟鼓、月上东山、风回曲水、花影层叠、水深云际、渔歌唱晚、回澜拍岸、桡鸣远濑、欸乃归舟和尾声。《春江花月夜》旋律古朴、典雅，节奏平稳、舒展，意境深远，具有很强的艺术感染力。

《胡笳十八拍》

《胡笳十八拍》原是一首琴歌，相传为汉魏时期著名的女诗人蔡文姬所作，是由 18 首歌曲组合的声乐套曲，由琴伴唱。"拍"在突厥语中即为"首"。"笳"则是中国古代北方民族的一种吹奏乐器，有点像笛子。起"胡笳"之名，想必是由于琴音融入了胡笳哀声的缘故。

今存曲谱有 2 种：一是明代《琴适》中与歌词配合的琴歌；二是清初《澄鉴堂琴谱》及其后各谱所载的独奏曲。后者影响尤大，全曲共 18 段，运用宫、徵、羽 3 种调式，音乐的对比与发展层次分明，前十来拍主要倾诉作者对故乡的思念；后几拍则抒发作者惜别稚子的隐痛与悲怨。全曲始终萦绕着一种缠绵悱恻、凄婉哀怨的思念之情，让人听了不禁肝肠寸断。李颀的《听董大弹胡笳声兼寄语弄房给事》诗中云："蔡女昔造胡笳声，一弹一十有八拍。胡人落泪沾边草，汉使断肠对归客。"此诗形象地说明了此曲非同一般的艺术感染力。

蔡文姬胡笳十八拍图　南宋　李唐

《汉宫秋月》

　　《汉宫秋月》是中国十大古曲之一，原为清代崇明派的琵琶曲，后来被改编为多种版本，现在流传的演奏形式在琵琶曲之外还有二胡曲、筝曲、江南丝竹等。乐曲得名于元代马致远的杂剧《汉宫秋》，《汉宫秋》讲述的是王昭君出塞和亲的事迹，《后汉书·南匈奴列传》记载："昭君入宫数岁，不得见御，积悲怨，乃请掖庭令求行。"这支乐曲表达的就是古代宫女所怀有的那种深居宫中寂寞清冷而又无可奈何的哀怨悲愁的情绪，曲调细腻、幽雅、隽永、悲咽，一咏三叹，情景兼备，具有很强的艺术感染力。

《渔樵问答》

　　《渔樵问答》是一首古琴曲，为中国十大古曲之一，曲谱最早见于明代萧鸾撰写的《杏庄太音续谱》，其中记有这样的评语："古今兴废有若反掌，青山绿水则固无恙。千载得失是非，尽付之渔樵一话而已。"这支琴曲表达的是隐逸之士对不为凡尘俗事所羁绊的渔樵生活的向往。清代陈世骥在《琴学初津》中说："《渔樵问答》曲意深长，神情洒脱，而山之巍巍，水之洋洋，斧伐之丁丁，橹声之欸乃，隐隐现于指下。迨至问答之段，令人有山林之想。"

乐曲正是采用渔者和樵者问答的方式，以上升的曲调表示问句，下降的曲调表示答句，通过飘逸而优美的旋律，精确而形象地渲染出渔夫、樵夫在青山绿水间怡然自乐的情趣和悠然自得的神态。

《广陵散》

《广陵散》又名《广陵止息》，东汉末至三国时已流行。"散"有散乐之意，是指有别于宫廷雅乐的民间音乐。对于它的内容取材，一直有两种说法。一种说法是，战国时聂政刺韩相的史实，见于《战国策》和《史记·刺客列传》，说的是韩国大臣严仲子与宰相侠累有仇。严仲子认为聂政是个勇士，遂请其刺杀韩相侠累。于是聂政只身前往韩国，刺杀了韩相侠累，然后自毁容貌，屠肠身亡，体现了一种"士为知己者死"的高尚情操。另外一种说法是，《广陵散》是《聂政刺韩王曲》的异名。东汉蔡邕的《琴操》中是这样说的：聂政的父亲奉命为韩王铸剑，因为误了期限，结果被韩王所杀。聂政为父报仇行刺失败，但他知道韩王好乐后，遂自毁容貌潜入深山，苦心学艺十余年。学成之后，他进宫为韩王弹琴，然后趁机从琴腹内抽出匕首，刺死韩王，然后自杀。

这两种说法虽然略有不同，但都说明了《广陵散》讲的是一个有关刺客的悲壮故事，因此全曲始终贯注着一股慷慨不平的激烈之气。现存的曲谱主要有三种：明朱权《神奇秘

谱》本；明汪芝《西麓堂琴统》甲、乙两种谱本。其中以《神奇秘谱》本最为完整。全曲共分45段，每段都有与之相应的小标题，如取韩、冲冠、发怒、投剑等。全曲反复表现沉郁悲愤和慷慨激昂两种情感，具有震撼人心的力量。在追求中和之美的古典音乐作品中，富有战斗精神的《广陵散》显得独树一帜。

《十面埋伏》

《十面埋伏》是中国古代琵琶曲，作者不详。这是一首历史题材的大型琵琶曲，描写了公元前202年楚汉两军在垓下最后决战的情景。汉军用十面埋伏的阵法击败楚军，最终迫使项羽霸王别姬、乌江自刎，汉军大获全胜。

关于《十面埋伏》产生的时间，至今没有定论。唐代白居易曾写过《琵琶行》，诗中有"银瓶乍破水浆迸，铁骑突出刀枪鸣。曲终收拨当心画，四弦一声如裂帛"的诗句，可以看出当时白居易曾听到过表现激烈战斗场面的琵琶曲。明末清初人王猷定所著的《四照堂集·汤琵琶传》中记载了当时著名音乐家汤琵琶演奏《楚汉》的情景，与《十面埋伏》在情节及主题上是一致的。可见早在16世纪以前，此曲已在民间流传。但是，它的曲谱最早见于1818年华秋苹所编《琵琶谱》，分13段：开门放炮、吹打、点将、排阵、埋伏、小战、呐喊、大战、败阵、乌江、争功、凯歌、回营。这首

著名的琵琶古曲，描绘了战前的准备、激烈的战斗场面以及悲壮惨烈的结局。整首乐曲具有壮丽辉煌的风格，气势雄伟，曲风激昂，使人心潮澎湃。

《平沙落雁》

著名古琴曲，又名《雁落平沙》，作者不详。这首琴曲最早的记载是明代《古音正宗》，后有多种琴谱流传。对于本曲的曲意，各种琴谱的解题不尽相同。《古音正宗》中说此曲："盖取其秋高气爽，风静沙平，云程万里，天际飞鸣。借鸿鹄之远志，写逸士之心胸者也……通体节奏凡三起三落。

秋高气爽，风静沙平。

初弹似鸿雁来宾，极云霄之缥缈，序雁行以和鸣，倏隐倏显，若往若来。其欲落也，回环顾盼，空际盘旋；其将落也。息声斜掠，绕洲三匝；其既落也，此呼彼应，三五成群，飞鸣宿食，得所适情：子母随而雌雄让，亦能品焉。"全曲委婉流畅，隽永清新，至今深受人们喜爱。

戏　曲

戏曲是中国传统戏剧的名称，包含文学、音乐、舞蹈、美术、武术、杂技等因素。"戏曲"一词最早出现在元人陶宗仪的《南村辍耕录》中，当时指的是宋元杂剧。近代学者王国维扩大了戏曲的范围，使之成为包括宋元南戏、元明清杂剧、明清传奇以及京剧和所有地方戏在内的传统戏剧的统称。它们虽然名目各异，但有共同特色，即说唱结合，既有"戏"，又有"曲"，以曲为主。

早在原始社会，歌舞已有萌芽，经过漫长的发展，不断地丰富革新，逐渐形成了完整的戏曲艺术体系。戏曲的渊源来自民间歌舞、说唱和滑稽戏3种不同艺术形式。发展成熟的中国戏曲，形成自己的特点，那就是集歌舞唱于一体，有较为固定的结构形式，角色逐渐脸谱化，情节相对简单化。这种高度艺术化的音乐歌舞形式能给欣赏者带来巨大的审美享受，但同时也制造了传播与接受的机遇。

戏曲的发展经历了先是下层民间艺人、书会才人的创作，再经文人作家的加工和由剧作家独立创作。历史上著名的戏剧家有关汉卿、王实甫、徐渭、汤显祖、李玉、李渔、洪昇、

孔尚任等。这些作家，创作出许多优秀剧目，久演不衰，成为中国文化中的宝贵财富。

诸宫调

诸宫调是中国宋元时期盛行的一种大型说唱艺术。它的特点是有说有唱，以唱为主。歌唱部分是用多种宫调的多种不同曲调组成，所以称为"诸宫调"，又称"诸般宫调"。由于其曲调丰富，能说唱长篇故事，表现复杂的故事情节，所以广受人民喜爱，流传时间很长。

据北宋王灼的《碧鸡漫志》记载，诸宫调是北宋神宗年间孔三传首创。他把唐、宋词调，唐、宋大曲，宋代唱赚的缠令和当时北方流行的地方俗曲，按声律高低归入不同的宫调，来进行说唱。北宋末年是诸宫调的鼎盛时期。南宋建立后，诸宫调随之传到了南方，逐渐演变成南诸宫调，伴奏乐器主要是笛子；而传入金燕京等地的诸宫调则演变成北诸宫调，伴奏乐器主要是琵琶和筝。诸宫调由杂剧艺人来演唱，诸宫调与戏剧关系密切，但不是戏剧，只是一种类似大鼓书的说唱艺术。

宋末元初，到处都是四处流动的诸宫调戏班。但到了元朝末年，诸宫调逐渐衰落。明清时期，诸宫调演变为弹唱词。保存到现在的诸宫调作品有：《双渐苏卿诸宫调》《西厢记诸宫调》《刘知远诸宫调》等。

南 戏

南戏大约诞生于北宋末年，是我国历史上最早出现的戏剧，也叫作"南曲戏文"，在当时的杂剧、唱赚、宋词等基础上发展而成的，曾经在南方民间广为流传。

早期南戏的戏剧结构比较简单，没有"折""出"之分，一个完整的剧本就是从头一直演到最后。舞台上最初也没有幕布，时间和空间的转换，完全靠唱、念、舞以及表演者的情态和观众的想象等来体现。南戏的创作者大多是民间艺人，作品语言非常通俗，具有浓厚的民间色彩。我国现存的南戏早期剧本《张协状元》已完全具备戏剧的基本特征。该剧对剧中主人公的不幸遭遇进行交错对比描写，将生、旦与净、丑互相穿插，围绕故事和谐而综合地运用了独唱、宾白、科介等表现手段，体现了早期南戏戏剧结构、音乐形式和演出情况，是戏曲史上难得的资料。元末明初时期的南戏创作达到了高峰，当时出现了一系列的经典剧目，比如"五大南戏"《荆钗记》《白兔记》《拜月亭记》《杀狗记》《琵琶记》。

杂 剧

唱、云、科是元杂剧表演艺术的核心，唱即演唱，主要由一个角色从头唱到尾；云又叫宾白，有诗对宾白、教语宾

白和类似顺口溜的宾白等形式；科大体上来说包括身段、武术、歌舞等。在表演形式上，元杂剧继承了宋金杂剧的特色，由上、下门出入，确立了中国戏曲独有的上下场的连场形式；在角色分行上，元杂剧扩充了宋金杂剧的基础，形成了旦、末、净、外、杂各行；在面部化妆和表演服饰上，元杂剧在宋金杂剧的基础上也有所发展。

元杂剧的形成是中国戏曲发展到成熟阶段的重要标志，它的代表剧目有：关汉卿的《窦娥冤》《救风尘》，王实甫的《西厢记》，马致远的《汉宫秋》，白朴的《梧桐雨》等。

京　剧

京剧是发源于 19 世纪初期的北京的一种综合性的戏曲表演艺术，是在继承昆曲、京调、弋阳腔等剧种的语言、音乐、舞蹈等艺术元素的基础上，又吸收各地民间艺术逐渐发展起来的。所以说，京剧是戏曲艺术的集大成者。

在唱腔方面，京剧的曲调极其丰富，除西皮、二黄以外，还有昆曲、吹腔、四平调、高拨子、南梆子、民间小调、小曲等，以西皮、二黄为主。一般来说，西皮善于表现活泼、欢乐，而二黄则以表现悲哀、咏叹为主。两种唱腔都有很多板式，构成优美的唱腔。

在表演方面，京剧更具戏剧化，形成了不同于其他艺术门类的表演艺术风格。京剧表演艺术中程式化的东西，塑造

京剧《霸王别姬》

人物形象上的行当分类，诸如生、旦、净、末、丑各类型人物的唱、念、做、打，以及喜、怒、哀、乐各种不同的表演模式，都是在继承和发展传统的戏剧艺术表现手法的基础上产生的。

京剧乐队由弦乐、管乐、弹拨乐和打击乐组成。京剧的乐器非常丰富，有二十几种，如单皮鼓（小鼓）、板（檀板、拍板）、堂鼓（同鼓）、大堂鼓（南堂鼓）、大锣、小锣、钹、汤锣、京胡、二胡、小三弦、月琴、笛、笙、唢呐等。

京剧产生之后，曾经在清廷内得到空前发展。清末民初，京剧艺术达到鼎盛，产生了一批不朽的艺术家和杰出作品，名扬海内外，被誉为中国的国粹艺术。

昆　曲

　　昆曲是我国传统文化艺术中的珍品，是我国传统戏曲中最古老的剧种之一，已经有六七百年的历史。它起源于元朝末年的昆山地区，又叫作"昆剧"，是由元代末年的顾坚创立的，最初叫昆山腔。

　　明朝嘉靖年间，戏曲音乐家魏良辅对昆山腔进行改进，立足南曲，吸取北曲长处，促成了集南北曲优点于一体的"水磨调"的形成，这就是昆曲。后来，昆曲不断传播，成为传奇剧本的标准唱腔，并最终发展成为全国性剧种。到清朝乾隆年间，昆曲达到鼎盛。原本以苏州的吴语语音演唱的昆曲因广泛传播，难免带上流传地的特色，故而流派众多。

　　昆曲音乐的结构属于联曲体结构，也可以称为"曲牌体"。昆曲常用的曲牌有上千种，包括唐宋时期的词调、词牌、民歌等在内，可谓是采众家之长。昆曲的创作是以南曲为基础的，同时也使用北曲的套数，常常使用"犯调""借宫""集曲"等方法。昆曲主要以笛子为伴奏乐器，以笙箫、唢呐、琵琶等作为辅助。昆曲字正、腔清、板纯，唱腔极富韵律感，抒情性强，表演优美细腻，歌舞结合巧妙。

　　在长期的演出实践中，昆曲积累了大量优秀演唱剧目。其中脍炙人口的有王世贞所写的《鸣凤记》、汤显祖所写的《牡丹亭》《紫钗记》等。

生旦净末丑

生、旦、净、末、丑是京剧里的 5 个主要行当，又称角色。生行，简称"生"。生行分为须生（老生）、红生、小生、武生等。须生（老生）：扮演中年以上的剧中人，因口戴胡子故名。红生：扮演勾红脸的须生。小生：扮演翎子生（带雉翎的大将、王侯等），纱帽生（官生）、扇子生（书生）、穷生（穷酸文人）等。武生：指戏中的武打角色。

旦行简称"旦"，分青衣、花旦、老旦、武旦、刀马旦等。旦角全为女性。青衣：扮演贤妻良母型角色。花旦：扮演皇后、公主、贵夫人等角色。武旦、刀马旦：扮演武功见长的女性。老旦：扮演中老年妇女。

净行，简称"净"，亦叫花脸。净行又分为以唱为主的铜锤花脸与黑头花脸，以工架为主的架子花脸（如大将、和尚、绿林好汉等）及武花脸与摔打花脸等。

末行，简称"末"，多为中年以上的男性，专司引戏职能，如打头出场者，反其义而称为"末"。

丑行简称"丑"，主要饰演丑角，分文丑、武丑。文丑分为方巾丑（文人、儒生）；武丑，专演跌、打、翻、扑等武技角色。

唱念做打

京剧表演艺术是一种高度程式化、戏剧化的综合的歌舞表演形式，唱、念、做、打是其中最为基本的四种艺术手段。唱念做打是京剧演员，以及所有戏曲演员所必备的四种基本功。

唱包括咬字、归韵、喷口、润腔等发音技巧以及吐字发声的规律，演员学习唱功必须学会喊嗓、吊嗓，以扩大音域和音量，提高演唱技巧，以及根据人物特点用唱来表现人物的精神和内心。

念白基本上有韵白和散白两类之分，是一种经过艺术提炼的语言，节奏感和音乐性很强。念白常常用来作为唱的辅助手段，以表达戏剧中人物的性格和内心，是京剧艺术很重要的表演手段。

做功是一种经过规范的、舞蹈化的包括手、眼、身、步在内的形体动作，演员必须灵活运用以突出剧中人物的性格等方面的特点，从而更好地塑造艺术形象。

打是将传统的武术经过艺术加工变为舞蹈化的动作，是生活中格斗动作经艺术化提炼的结果。基本分为把子功和毯子功两种。这对演员的武打功底要求很高，常常出现高难度动作，有利于深刻展示人物内心，以及提高舞台魅力。

脸　谱

　　脸谱是中国戏曲艺术的重要组成部分，也是最重要的特征之一，它又称"花脸"，主要用于净、丑角色所扮演的各种人物，生、旦角色很少采用。

　　戏曲脸谱分为净角脸谱和丑角脸谱两类，从历史上来看，丑角脸谱出现得较早，而净角脸谱是在戏曲成熟以后，由民间艺人逐步创作出来的。最早的净角脸谱出现于元代，当时元杂剧中出现了一些性格豪放、粗犷、严正的正面角色，但是当时没有适合于表现他们性格和精神的化妆形式，于是戏曲艺术家们就根据剧本的描写，创作出净角脸谱的雏形。后来，随着戏曲的不断发展，戏剧角色的不断增多，为更好地突出角色的性格特点，戏曲脸谱也随之精致、多样起来。戏曲脸谱有各种谱式名目，谱式是对构图相近的一类脸谱的概括性称谓，早先的戏曲脸谱的形式比较单一，整个面部基本都涂一种颜色，只是在眉眼的位置上进行重点化妆，直到清朝初期才开始出现多种样式的谱式。以京剧为例，基本谱式有以下几种：

　　整脸：脸上只涂一种颜色，或红或黑或白。红脸用白笔或者黑笔画眉，用黑笔画眼及表情纹；黑脸则用白笔画眉；白脸用黑笔画眼、鼻及表情纹。红脸和黑脸主要用于正面角色，如包拯、关公、赵匡胤等，白脸则用于那些外表光鲜、

内心险恶的奸臣角色，如严嵩、潘洪等。

三块瓦脸：也称三块窝脸，脸即用黑笔把眉、眼、鼻"三窝"高度夸张地勾画出来，给人一种浓眉大眼、竖眉立目的感觉，包括老三块窝脸和花三块窝脸。

十字门脸：脑门涂白，两腮涂粉红，有小灰色小圆眉子，特点是自脑门到鼻子尖画有黑色立柱纹，同两个黑眼窝合起来像一个"十"字。主要用于老年正面角色，如高旺、姚期等。

花十字脸：是在保持十字门脸基本形式的前提下，在细部进行细致的刻画，主要用于牛皋、项羽、张飞等粗鲁豪放的角色。

六分脸：即脑门涂白，眼窝以下涂一种颜色，黑色、红色或者紫色，上下比例为四比六。主要用于老年正面角色，黑色六分脸也可以用于壮年角色。

元宝脸：即眉眼以下部分画脸，脑门不涂或者涂淡红色，主要用于社会下层的人物。

碎花脸：与整脸恰恰相反，是所有谱式中色彩、构图最复杂的一种，主要用于凶猛、怪异的角色。

歪脸：特点是颜色、构图不对称，用于表现相貌反常、丑陋的角色。

同光十三绝

　　"同光十三绝"指的是清同治、光绪年间，京剧舞台上享有盛名的 13 位演员。画师沈容圃绘制他们的剧装画像，这幅画传世以后，他们被称为"同光十三绝"。这 13 位京剧演员分别是程长庚（老生，饰《群英会》之鲁肃）、张胜奎（老生，饰《一捧雪》之莫成）、卢胜奎（老生，饰《战北原》之诸葛亮）、杨月楼（武生，饰《四郎探母》之杨延辉）、谭鑫培（老生，饰《恶虎村》之黄天霸）、徐小香（小生，饰《群英会》之周瑜）、梅巧玲（花旦，饰《雁门关》之萧太后，梅兰芳的祖父）、时小福（青衣，饰《桑园会》之罗敷）、余紫云（青衣花旦，饰《彩楼配》之王宝钏）、朱莲芬（旦角，饰《玉簪记》之陈妙常）、郝兰田（老旦，饰《行路训子》之康氏）、刘赶三（丑角，饰《探亲家》之乡下妈妈）、杨鸣玉（丑角，饰《思志诚》之闵天亮）。

同光十三绝

"同光十三绝"所饰演的角色包括老生、武老生、武生、小生、青衣、花旦、老旦、丑角，他们以自己杰出的艺术成就，对京剧艺术的进步做出卓越贡献。

梨园行

唐朝是音乐最为繁荣的时代，与此相称的是音乐机构的高度成熟。当时最著名的音乐机构当数梨园。

熟悉戏曲的人都知道，梨园其实就是戏曲界的别称，著名诗人白居易在《长恨歌》中写过这样的诗句："梨园弟子白发新，椒房阿监青娥老。"可见这个名称从唐朝起就已经存在了，那时它是一种宫廷设立的音乐机构，意义远没有现在宽泛。不过由于梨园的巨大影响力，它的意义逐渐扩大，人们把从事歌舞表演的行业叫作"梨园行"，从事歌舞、戏曲、曲艺表演的演员叫"梨园弟子"。

说起梨园，不能不提起唐玄宗。《新唐书·礼乐志》载："玄宗既知音律，又酷爱法曲，选坐部伎子弟三百，教于梨园。声有误者，帝必觉而正之，号皇帝梨园弟子。"从这可知，梨园是唐玄宗为了培养优秀的宫廷乐工演奏法曲所设，因设于宫廷禁苑果木园圃"梨园"而得名。梨园的主要职责是教习法曲和训练乐器演奏人员，由于皇帝经常亲自参与教习，这些乐人也被称为"皇帝梨园弟子"。除宫中梨园，在长安和洛阳的太常寺内还分别设有"太常梨园别教院"和"梨

园新院"，前者主要演奏新创作的歌舞大曲，后者演奏民间音乐。

秦　腔

秦腔是发源于古代陕西、甘肃等地的民间小曲，成长壮大于历史文化名城西安，历经各朝各代的艺术家反复锤炼、创造，而逐渐形成。古时陕西、甘肃一带属秦国，所以称之为"秦腔"。因为早期秦腔演出时，常用枣木梆子敲击伴奏，故又名"梆子腔"。秦腔成形后，流传全国各地，因其一整套成熟、完整的表演体系，对各地的剧种产生了不同程度的影响，并直接影响了梆子腔剧种的发展，成为梆子腔剧种的始祖。

秦腔的表演技艺朴实、粗犷、豪放，富有夸张性，生活气息浓厚，技巧丰富。其身段和特技有：趟马、吐火、喷火、担子功、翎子功、水袖功、扇子功、鞭扫灯花、顶灯、咬牙、耍火棍、跌扑、髯口、跷工、獠牙、帽翅功等。秦腔的唱腔分为欢音和苦音两类，欢音善于表现轻快活泼、喜悦的感情，而苦音则长于表现悲愤、凄凉的感情，丰富多彩的唱腔能够很好地表现各种感情。秦腔的主要伴奏乐器为板胡。秦腔的角色分类有"十三门二十八类"之说，即角色分为四生、六净、二旦、一丑等13门，而这13门又可细分为28类。各门各类都有其特色，都有著名的演员、著名的戏剧段落。

　　秦腔的传统剧目数以万计，其中以取材于"三国""杨家将""说岳"等英雄传奇或者悲剧故事的剧目居多，剧目无论在数量还是题材的广度都居全国三百余种戏剧之首。其中经常演出的曲目有《春秋笔》《八义图》《紫霞宫》《玉虎坠》《和氏璧》《麟骨床》等。

川　剧

　　川剧是起源于四川，长期流行于四川、云南、贵州等几个西南省份，是人们喜闻乐见的一种地方戏剧。

　　明末清初，陆续有大批各地移民进入四川，以及各省在四川的会馆纷纷建立，全国各地的南腔北调也相继被移植到四川各地，这些剧种在长期的发展过程中，相互融合、相互借鉴，又结合当地的风俗、方言以及各种民间戏曲，逐步形成了一种具有四川特色的剧种，就是川剧。

　　川剧的声腔主要由昆曲、高腔、胡琴、弹戏以及灯腔等5种声腔组成，其中除灯腔发源于四川本地以外，其他4种腔调都来自外地。这5种声腔再加上为这5种声腔伴奏的各种乐器，形成了形式多样、曲牌丰富而又风格迥异的川剧音乐形式。

　　高腔，是川剧中最重要的一种腔调。川剧高腔拥有众多的曲牌数量，剧目广、题材多、适应性强，兼有南曲和北曲中高亢激越、婉转抒情的特点。川剧中的昆曲来源于江苏的

昆曲，川剧艺术家利用昆曲长于歌舞的特点，往往将昆曲中的单个曲牌融入其他唱腔中演出，形成独具特色的川剧昆腔，简称"川昆"。胡琴是西皮和二簧的统称，因为二者的主要伴奏乐器都为"小胡琴"，所以这样统称。川剧胡琴来源于湖北汉调和安徽徽调，吸收了陕西汉中二簧和四川扬琴唱腔中的优秀部分发展而成，其中川剧西皮腔善于表现激昂、高亢或者欢快的感情，而川剧二簧则长于表现沉郁、悲凉的感情。川剧的弹戏来源于陕西的秦腔，属于梆子系统，故俗称"川梆子"。川剧弹戏以盖板胡琴为主要伴奏乐器，用梆子敲击节奏。曲调有善于表现喜感情的"甜平"和善于表现悲感情的"苦平"两种。灯腔，来源于四川本地，是川剧唱腔中最具本地特色的一种。灯腔是由四川传统的灯会歌舞演化过来的，乐曲短小、节奏明快、轻松活泼，所演的多数是民间小戏，唱的也都是民间小曲，具有浓厚的生活气息。另外，川剧中还有许多具有浪漫主义色彩的表演特技，如吐火、藏刀、顶油灯等，其中影响最大、最具特色和最常见的是变脸，演员往往能在极短的时间内变换出十多张面孔，表现角色情绪和心理的突然变化，极具观赏性。

豫　剧

豫剧，原名"河南梆子""河南高调"等，流行于河南、陕西、甘肃、山西等地，是我国最重要的地方剧种之一。豫

剧发源于陕西的梆子腔，即所谓的秦腔。清朝初期，秦腔传入河南，入乡随俗，开始用河南口音演唱，吸收了河南本地的民间小调等民间艺术形式的精华，并受到了昆曲、弋阳腔、皮黄腔等外省剧种的影响，在乾隆年间正式形成具有河南特色的剧种。乾隆嘉庆年间，豫剧迅速发展壮大，成为河南省重要的剧种。

豫剧的音乐分为四大流派，分别是：以开封为中心的"祥福调"，以商丘为中心的"豫东调"，流传于洛阳的唱法"豫西调"，流传于河南东南部沙河流域的唱法"沙河调"等。其中影响最大的是豫东调和豫西调。豫剧的各种流派虽然有诸多不同，但是共性大于个性，作为统一的一个剧种，豫剧具有以下特点：首先，豫剧注重唱功，演出中常有大段的唱词，相对来说动作少一些；其次，豫剧具有较大的自由性，唱词、说白、动作等都没有固定的模式，演员可以根据自己的理解，做一些创造；再次，豫剧与民间艺术结合紧密，常常把杂技、武术等技艺的动作融合到舞台表演中来，显得粗犷火爆；最后，豫剧的唱词通俗易懂，好学好唱。

豫剧的角色行当分为"四生四旦四花脸"，即老生、红生（大、小红脸）、小生等四生；老旦、小旦、正旦、帅旦等四旦；黑脸、大花脸、二花脸、三花脸等四花脸。豫剧的伴奏乐器分文武戏，文戏用三弦、板胡、月琴伴奏，武戏用板鼓、堂鼓、大锣、小锣、手镲、梆子、手板等伴奏。

豫剧的传统剧目有600多个，其中经典曲目有《对花枪》

《三上轿》《提寇》《铡美案》《十二寡妇征西》《花木兰从军》等。

粤 剧

　　粤剧是中国南方的重要剧种，流行于广东、广西以及港澳台地区。东南亚、北美、大洋洲等有广东籍华人聚集的地区，也常有粤剧演出。

　　明末清初，江浙地区的昆曲班子、江西的弋阳腔班子陆续到广东地区演出，引起了广东人民的关注，受到他们的影响，广东本地人创建了自己的戏剧班子，称为"本地班"。本地班的唱腔吸收昆曲及弋阳腔的部分优点，融合本地歌舞戏曲的特点，念白全用本地方言，形成了独具一格的广腔。清朝嘉庆、道光年间，随着弋阳腔、昆腔的衰落和梆子戏的传入，本地班开始以梆子为主要唱腔，后来安徽徽班的影响日益扩大，本地班又吸取了徽班的部分特点，发展成为以"梆簧"（即梆子、二簧）为基本唱腔，同时又保留了昆腔、弋阳腔部分曲目的"粤剧"。清朝咸丰年间，本地班响应太平天国起义，组织武装与清兵搏斗，被清朝残酷镇压，使粤剧遭封杀长达 15 年之久。粤剧中的精品剧目有《平贵别窑》《赵子龙催归》《凤仪亭》《罗成写书》《西河会》《山乡风云》等。

古典十大悲剧

中国古典十大悲剧是:《窦娥冤》（杂剧，元朝关汉卿）、《汉宫秋》（杂剧，元朝马致远）、《赵氏孤儿》（杂剧，元朝纪君祥）、《琵琶记》（南戏，明朝高则诚）、《精忠旗》（传奇，明朝冯梦龙）、《娇红记》（杂剧，明朝孟称舜）、《清忠谱》（传奇，清朝李玉）、《长生殿》（传奇，清朝洪昇）、《桃花扇》（传奇，清朝孔尚任）和《雷峰塔》（传奇，清朝方成培）。

千百年来，这些悲剧一直在舞台上上演，经久不衰，深受广大人民喜爱。鲜明的人物形象、感天动地的故事情节，打动了一代又一代人。在文化普及率很低的时代，人们从这些故事中得到了教育和熏陶，深化了对现实生活的认识，鼓舞自己的生活热情，提高了道德情操。中国古典十大悲剧是中国戏剧的代表，是中国文化艺术珍品。

古典十大喜剧

中国古典十大喜剧是:《救风尘》（杂剧，元朝关汉卿）、《西厢记》（杂剧，元朝王实甫）、《看钱奴》（杂剧，元朝郑廷玉）、《墙头马上》（杂剧，元朝白朴）、《李逵负荆》（杂剧，元朝康进元）、《幽闺记》（传奇，元朝施君

美）、《中山狼》（杂剧，明朝康海）、《绿牡丹》（传奇，明朝吴炳）、《玉簪记》（传奇，明朝高廉）和《风筝误》（传奇，清朝李渔）。

这些喜剧深受人们喜爱，那深邃的思想、纷繁复杂的主题和扑朔迷离的情节倾倒了无数观众。剧中人物敢爱敢恨、幽默机智，同腐朽势力斗智斗勇的故事，使人们认清了封建统治者的虚伪本质，鼓舞了人们同封建统治者斗争的勇气和信心。十大喜剧因其优美的文辞和精湛的音乐，具有极高的艺术价值，成为中国文学艺术库藏中的璀璨瑰宝，彪炳百代。

《窦娥冤》

《窦娥冤》，元代关汉卿作。关汉卿，号已斋（一作一斋）、已斋叟，汉族，解州（今山西运城）人。一生创作的杂剧有六十多种，是我国戏剧的创始人，与马致远、郑光祖、白朴并称为"元曲四大家"。《窦娥冤》是关汉卿的代表作，也是我国古代悲剧的代表作。全名《感天动地窦娥冤》，全剧为四折一楔子，它的故事源于《列女传》中的《东海孝妇》。剧情说楚州贫儒窦天章因无钱进京赶考，无奈之下将幼女窦娥卖给蔡婆家为童养媳。窦娥婚后丈夫去世，婆媳相依为命。蔡婆外出讨债时遇到流氓张驴儿父子，被其胁迫。张驴儿企图霸占窦娥，见她不从便想毒死蔡婆以要挟窦娥，不料误毙

《窦娥冤》 年画

《窦娥冤》是取材于元代社会现实的一部作品，是我国古代一个著名的悲剧，窦娥是封建社会里开始觉醒的被压迫阶级一个成功的悲剧典型。几百年来，这部剧作不仅成为我国戏曲舞台的保留剧目，而且被译成多种文字流传国外。

其父。张驴儿诬告窦娥杀人，官府严刑逼讯婆媳二人，窦娥为救蔡婆自认杀人，被判斩刑。窦娥在临刑之时指天为誓，死后将血溅白绫、六月降雪、大旱三年，以明己冤，后来果然都一一应验。三年后，窦天章任廉访使至楚州，窦娥鬼魂诉冤，于是重审此案，为窦娥申冤。

作品成功地塑造了"窦娥"这个被压迫、被剥削、被损害、善良、坚强、反抗的妇女形象。戏曲语言既本色又当行，具有"入耳消融"的特点，没有艰深晦涩的毛病。本剧在词曲念白的安排上恰到好处，曲白相生，自然熨帖，关汉卿不愧是当时戏曲家中一位"总编修师首"的人物。

《琵琶记》

　　《琵琶记》，元末南戏，高明撰。高明，字则诚，号菜根道人，今浙江瑞安人。全剧四十二出。《琵琶记》是根据早期的宋元南戏《赵贞女蔡二郎》改编的。原剧写蔡二郎（即汉代著名文士蔡邕）考中状元后抛弃双亲和妻子，入赘相府，最终被雷劈死的故事。《琵琶记》把人物形象和故事的结局进行重大改造，把蔡伯喈变为一个"全忠全孝"的书生，强调了封建伦理的重要性，希望通过戏曲起到教化作用。《琵琶记》的人物很有个性，其主要人物已成为艺术典型。赵五娘是全剧中最为光辉的人物，贤孝妇形象光彩照人。丈夫进京赶考，她独自一人在家侍奉公婆，承担起家庭的全部重担。饥荒年间，她把少得可怜的粮食留给公婆，自己却在背后偷偷吃糠。公婆死了，无钱买棺材，她剪下头发，沿街叫卖。因无钱请人埋葬公婆，她就用麻裙包土筑坟墓。然后描容上路，进京寻夫。在极度艰难的环境中，她含辛茹苦，任劳任怨，自我牺牲，尽心尽力承担起生活的重担。

　　全剧典雅、完整、生动、浓郁，显示了文人的细腻目光和酣畅手法。它是高度发达的中国抒情文学与戏剧艺术的结合。《琵琶记》被誉为传奇之祖，是我国古代戏曲中一部经典名著。

《西厢记》

　　《西厢记》，全名《崔莺莺待月西厢记》。作者王实甫，元代著名杂剧作家。故事最早起源于唐代元稹的传奇小说《莺莺传》，董解元的《西厢记诸宫调》是王实甫创作的《西厢记》的直接蓝本。全剧五本二十一折，突破了杂剧创作一剧四折的体例。此剧一上舞台就惊倒四座，博得男女青年的喜爱，被誉为"《西厢记》天下夺魁"。此剧讲述了书生张珙游于蒲州，寄宿普救寺。适逢崔相国夫人携女莺莺扶相国灵柩回家乡安葬，途经普救寺，借宿于此。张生游殿，与莺莺相遇，两人一见倾心。在婢女红娘的帮助下，两人在西厢约会，莺莺以身相许。后两人来往之事被老夫人发现，出于无奈，只得答应了张生与莺莺的婚事。但老夫人又以崔家三代不招白衣秀士为由，逼张生赴京应试，待张生应试及第后，才允许他与莺莺成亲。后张生高中皇榜，归来求亲，有情人终成眷属。

　　剧本歌颂了以爱情为基础的结合，否定封建社会传统的联姻方式，正面提出了"愿天下有情的都成了眷属"的主张，具有鲜明的反封建礼教和封建婚姻制度的主题。几百年来，它曾深深地激励过无数青年男女。对后来以爱情为题材的小说、戏剧创作影响很大，《牡丹亭》《红楼梦》都不同程度地从它那里吸取了反封建的民主精神。

《牡丹亭》

　　《牡丹亭》，全名《牡丹亭还魂记》，也称《还魂梦》
或《牡丹亭梦》。作者汤显祖，字义仍，号若士，江西临川人。
《牡丹亭》是他创作的"玉茗堂四梦"（或称"临川四梦"）
（其他为《紫钗记》《邯郸记》和《南柯记》）中最得意之
作。全剧五十五出，据明人小说《杜丽娘慕色还魂》改编而
成。戏剧写了南安太守杜宝的女儿杜丽娘，冲破约束，私自
游园，触景生情，梦中与书生柳梦梅幽会，从此一病不起，
怀春而死。杜宝升官离任，在女儿的墓地建造了梅花观。柳
生进京赴试，借住观中。他在园内拾得杜丽娘的自画像，情
有所钟，百般呼唤，终于和画中人的阴灵幽会。柳生掘墓开
棺，杜丽娘起死回生，两人结成夫妇，同往临安。杜丽娘的
教师陈最良往临安向杜宝告发柳生盗墓之罪。柳生在临安应
试后，恰逢金兵南侵，延迟放榜。安抚使杜宝在淮安被围。
柳生受杜丽娘嘱托，送家信传报还魂的喜讯，反被囚禁。金
兵退却后，柳生高中状元。杜宝升任同平章军国大事，拒不
承认婚事，强迫女儿离异。纠纷闹到皇帝面前，杜丽娘和柳
梦梅二人终成眷属。杜丽娘这一人物，为中国文学人物画廊
提供了一个光辉的形象，她性格中最大的特点是在追求爱情
过程中表现出来的坚定执着。她为情而死，为情而生。《牡
丹亭》是我国戏曲史上浪漫主义的杰作，特别突出了情（欲）
与理（礼）的冲突，强调了情的客观性与合理性；洋溢着追

求个人幸福、呼唤个性解放、反对封建制度的浪漫主义理想。沈德符《顾曲杂言》说："《牡丹亭梦》一出，家传户诵，几令《西厢》减价。"可见其艺术成就也是非常卓越的。

《长生殿》

《长生殿》，清初洪昇作。初名《沉香亭》，继称《舞霓裳》，最后定名为《长生殿》。取材自唐代诗人白居易的长诗《长恨歌》和元代剧作家白朴的剧作《梧桐雨》。全剧共五十出。剧本写唐明皇宠爱贵妃杨玉环，终日与杨贵妃游宴玩乐，不理朝政，朝中大权由杨贵妃的哥哥杨国忠把持。七月初七，杨贵妃与唐明皇在长生殿上情意绵绵，盟誓世世代代结为夫妻。不久，安禄山因与杨国忠争权，发兵叛乱。唐明皇带杨贵妃逃离长安，官军将杨国忠杀死，又逼唐明皇将杨贵妃缢死。安禄山叛乱平息后，唐明皇日夜思念杨贵妃。后来，道士杨通幽运用法术架起一座仙桥，让唐明皇飞升到月宫，与杨贵妃相会，实现了他们在长生殿上立下的"生生死死共为夫妻"的盟誓。剧本从多方面反映社会矛盾，将百姓的困苦和宫廷的奢华生活做了对比，爱憎分明。同时又表现出对唐玄宗和杨玉环之间爱情的同情。清宫内廷常演此剧，北京的聚和班、内聚班等班社都以演此剧而闻名。其中片段被各种戏剧剧种改编，梅兰芳的京剧《贵妃醉酒》也是改编自《长生殿》。

《桃花扇》

《桃花扇》，清初孔尚任作。《桃花扇》是孔尚任十多年苦心经营，三易其稿写出的一部传奇剧本。全剧共有四十出。剧本写明代末年曾经是明朝改革派的"东林党人"逃难到南京，重新组织"复社"，和曾经专权的太监魏忠贤余党阮大铖进行斗争。其中复社中坚侯方域邂逅秦淮歌妓李香君，两人陷入爱河。阮大铖匿名托人赠送丰厚妆奁以拉拢侯方域，被李香君知晓坚决退回。阮大铖怀恨在心。弘光皇帝即位后，起用阮大铖，他趁机陷害侯方域，迫使其投奔史可法，并强将李香君许配他人。李香君坚决不从，欲自尽未遂，血溅诗扇。侯方域的朋友杨龙友，利用血点在扇中画出一树桃花。南明灭亡后，李香君出家。扬州陷落后，侯方域逃回寻找李香君，最后也出家学道。全剧穿插当时的历史事件，如南明君臣花天酒地，四镇带兵打内战，史可法守扬州，城破后投河自尽等。《桃花扇》是一部最接近历史真实的历史剧，重大事件均属真实，只在一些细节上做了艺术加工。以男女情事来写国家兴亡，是此剧的一大特色。《桃花扇》形象地刻画出明朝灭亡前统治阶层腐化堕落的状态，康熙皇帝专门派内侍向孔尚任索要剧本，看到其中描述南明皇帝耽于声色的情节，常皱眉顿足说："弘光弘光，虽欲不亡，其可得乎！"

绘画

传神论

中国画力图传达出事物的内在神韵。比如画人物，中国画除了外貌写真，它更强调表现人物内在的精神风貌，就是所谓"传神"，这是中国画的画家们一直坚守的艺术表现原则。

早在 4 世纪，东晋大画家顾恺之就提出了"以形写神"说。他曾讲到，楼台亭榭等建筑静物画起来费时间，但画好比较容易；而画人物最难了，难就难在要"迁想妙得"，就是要用思想去捕捉表现对象的心理活动，以巧妙地传达出人物的精神风貌。据记载，顾恺之画成人物后，常常几年都不点眼睛。有人问原因，他回答说："四体妍媸，本无关于妙处。传神写照，正在阿堵中。""阿堵"为六朝人口语，相当于现代汉语里的"这个"，此处指眼睛。顾恺之的意思是说，表现人物时，身体四肢的美好与丑陋都无关紧要，只有画好这眼睛才能传达出人物的内在神韵。可见，中国画的画家对人物传神是多么重视。

气韵说

南北朝时期，我国古典文艺批评空前繁荣，此时生活在南齐的谢赫，全面系统地总结了古代绘画的创作实践，提出了品评画作优劣的"六法"。这"六法"最大的贡献，就是将"气韵生动"创立为观赏、衡量中国画好坏的首要标准。

所谓"气韵生动"，是讲绘画作品要有生气、有神气而不呆板，要能表现出描绘对象的精神特质。这好比是看一个人，从中国画的审美标准出发，就要先看气质风韵，而不只是看形体。

"气韵生动"是作品精神的自然流露。"气"是思想观念、感情和想象，"韵"是个性与情调。它要求艺术家无论画人物、山水、花鸟，都要表现出它们的精神之美。

一幅画只有气韵生动，才能焕发出感人的生命力量。比如齐白石笔下的一头牛，就绝不是动物的简单再现，而是他心里能与之对话且充满个性活力的牛。据廖静文回忆，徐悲鸿有一次给白石老人送去新鲜的桃子，老人十分高兴，一定要让捧桃人走前面，并恭敬地说："桃子先走！"老先生礼待桃子如一令人尊敬的生命，他笔下的桃子自然就有了鲜活的生命力，让人十分喜爱。

看一幅画作，首先看它的整体气韵，这就是懂画了。懂画，就是会欣赏；会欣赏，学画才能成为高手。

"诗中有画，画中有诗"

北宋大文豪苏轼，在评论唐朝著名诗人与画家王维（字摩诘）的作品时，曾说过这样一段名言："味摩诘之诗，诗中有画；观摩诘之画，画中有诗。"这句话点出了诗歌与绘画创作互相渗透、彼此融合、相得益彰的内在联系。事实上，中国的诗歌也好，绘画也好，其创作都是相通的——它们均以抒情寄兴为主，其过程均须品察万物，然后再通过思维活动把作者的感情色彩"形象化"，把物象"意象化"。北宋的张舜民讲"诗是无形画，画是有形诗"。后来经过苏轼的提倡，"诗情画意"便成了品评中国画意境美的一个重要美学原则。

所谓"诗情画意"，就是要融诗心、诗境于画境，做到画有诗意。只有做到这一点，画作才具有意境美，才达到了比较高的艺术境界。除此以外，中国画还很讲究绘画与诗文、书法、篆刻的完美结合，这在元代以后的文人画中非常普遍。

在这些艺术追求的带动下，历代画家都十分注重自己的文化修养。他们讲究"宏道""人品"，追求"古意""士气""逸气"，将自己的艺术之根深深植于中华文化的丰厚土壤之中。因为只有做到这一点，其画作才会既有艺术美又有文化美。

在绘画史上，思想有深度、学问渊博、修养高的人往往

更容易达到中国画创作的高水平。赵孟𫖯、董其昌都是如此。"扬州八怪"之一的金农，50多岁才学画，可是由于他在学问、书法、金石等方面的修养极高，出手即不凡，绘画创作很快就达到了高超境界。

值得一提的是，欣赏画作的能力也直接来源于文化艺术修养。苏轼曾说，观马要看其神骏之气。中国画的上品佳作一般都具有很深的文化内涵，我们要想真正欣赏它、读懂它，既要明白其文化背景，又要知道其艺术源流。

丹 青

人们常把绘画称为"丹青"。《汉书·苏武传》中记载："竹帛所载，丹青所

柳宗元《江雪》诗意图
千山鸟飞绝，万径人踪灭。孤舟蓑笠翁，独钓寒江雪。

画。"最初，"丹青"指的是古代绘画中常用的两种颜料。丹，指的是朱砂；青，指的是青雘。因为这两种颜料不易褪色，所以备受人们的喜爱。

汉代的陆贾在《新语》中说道："民弃本趋末，伎巧横出……丹青玄黄琦玮之色，以穷耳目之好，极工匠之巧。"意思是说，绘画中，人们广泛使用"丹青"这两种颜料。最初，"丹青"仅指代红、青两种颜色。后来，绘画中的所有色彩都被泛称为"丹青"。因而，由各种色彩绘出的图画，便被人们通称为"丹青"。一些杰出画家、绘画高手也被称为"丹青手""丹青妙手"。

"中国画"又名"国画"。在绘画艺术史上，中国画的起源可以追溯到5000多年前仰韶文化中的"鹳鱼石斧图"。但是以"中国画"一称享誉世界，则要从清代与西洋画相对的画作说起。《颐园论画》中说："西洋画工细求酷肖。"也就是说，西洋画重写实，尤以素描和油画驰名。

与西洋画不同，中国画更重意境和神韵。中国画按使用材料和表现方法，主要分为工笔、写意和兼工带写三种，具体可分为水墨画、重彩、浅绛、工笔、写意、白描等；按题材可分为人物画、山水画、花鸟画、动物画等。按照画幅大小和形状及折叠方式，可以分为横向的长卷、横批，纵向展开的条幅、中堂，仅有一尺见方的册页、斗方，画在折扇、团扇等扇子上的扇面等。中国画重点强调点、线、面的结合，工笔画重视线条细致逼真，形神兼备；写意画重视整体的意

境，比较重视对浓淡光影的表现，追求神似。

总体而言，中国画体现出中国独特的风韵，或干净简练，或华丽繁复，有着与西洋画截然不同的审美情趣和艺术造诣。

写 真

杜甫的《丹青引赠曹将军霸》中写道："将军画善盖有神，必逢佳士亦写真。"这里所说的写真，指的是曹将军的肖像画。那么，人们为什么要把中国的肖像画称为"写真"呢？如今我们所说的"写真"，与杜甫诗中所说的写真是一个含义吗？

古时，肖像画又叫写真。它还有写照、传神、写貌、写像、影像、追影、写生、容像、像人、祖先影像、禅宗祖师像、顶相、仪像、寿影、喜神、揭帛、代图、接白、帝王影像、圣容、衣冠像、云身、小像、行乐图、家庆图等别称。在中国传统绘画题材中，人物、山水、花鸟是三大类别，肖像画便是人物画类别中的一个分支。

据湖南长沙马王堆西汉墓出土的帛画显示，早在汉代，我国的肖像画艺术水平已经达到了一定的高度。作为人物形象的描绘，肖像画要求做到形神统一。在以绘画技巧描摹人物外部特征的同时，还要求将人物内在的性格特点、情态特征表现出来。可以说，一幅肖像画是个人外在形象、内在精神的全面真实展示。因而，人们将其命名为"写

真""传神"等。

东晋画家顾恺之曾经说过："传神写照，正在阿堵之中。"说的便是肖像画表现人物的关键所在便是传神逼真。明代以后，受西方肖像画绘画风格影响，我国还出现了一个新的绘画派别——写真派。他们以画家曾鲸为代表，专以写真为题材。

现如今，"写真"的含义被人们扩大化，甚至有了贬低之意。其含义和古代的肖像画之"影像"的别称颇为相似，但是却不单单指代肖像那么简单了。其中包括了"摄影""照片"的内涵。

中国画

中国画这个概念，广义上指运用中国的传统绘画工具（笔、墨、纸、砚、颜料等）所绘的画，简称"国画"。中国画按题材又可分为人物画、山水画、花鸟画、动物画等；按使用材料和表现方法，主要分为工笔、写意和兼工带写三种；按照画幅大小和形状及折叠方式，可以分为横向的长卷、横批，纵向展开的条幅、中堂，仅有一尺左右见方的册页、斗方，画在折扇、团扇等扇子上的扇面。

中国画在创作上重在传达出物象的神态情韵和画家的主观感受；在造型上，讲求"妙在似与不似之间"和"不似之似"，对那些能体现出神情特征的部分往往会采取夸张甚至

变形的手法加以刻画，而不是追求实际的"相像"；在构图上，中国画讲求经营，重视虚与实、疏与密的配合与平衡，力求打破时空的限制，构造出一种画家心目中的景象。中国画善用水墨，创造出极为丰富的笔法和墨法，同时墨还可以与色相互结合，形成墨色互补的多样性。以这些独特的笔墨技巧，如点、线、面作为状物传情的表现手段，描绘对象的形貌、骨法、质地、光暗及情态神韵，传情达意，具有独立的审美价值。中国画，特别是中国文人画，讲求诗、书、画、印的有机结合。画面上题写的诗文跋语，既是画面的有机组成部分，同时还能表达画家对社会、人生及艺术的思考和认识，在深化主题的同时，提升画作的文化品位。

中国画在观察认识、形象塑造和表现手法上，与西方绘画相比，有着迥异的风格和独特的艺术趣味。中国画对客观事物的观察、体认、再现，以及借物传情的艺术构想，渗透着画家的社会意识，使绘画具有相应的认识作用、教育作用和高度的审美价值，体现出中国人独特的思维方式、哲学观念和审美情趣。

人物画

人物画是以人物活动为主要描绘对象的绘画，它是中国画的三大画科之一。早在周代，就已经出现了以劝善戒恶为目的的历史人物壁画。

　　按题材分类，人物画可分为历史人物画、宗教人物画和现实人物画3种。按艺术手法可分为有工笔重彩、写意、白描、泼墨等。按画面人物的多少，一般分为群像画和肖像画。群像画以突出人物活动为主，肖像画以描绘人物形象的酷肖为主。各种人物画所表现的侧重点虽有所不同，但都要求形神兼备，人物形象要符合人物的形体、比例、场景透视原理等，更重要的是传达人物的性格、气质和神态。人物画通常要求人物显得逼真传神、气韵生动，常常把人物安排在一定的场景中。描绘重点是人物的面部，同时处理好人物之间、人物与环境之间的关系，以求画面整体的统一。战国楚墓出土的《人物龙凤图》与《人物驭龙图》帛画，是表现战国时期神话人物的经典作品，也是目前最早的独幅人物画作品。我们公认的著名古代人物画有东晋顾恺之的《洛神赋图》《女史箴图》，唐代韩滉的《文苑图》，五代南唐顾闳中的《韩熙载夜宴图》，北宋李公麟的《维摩诘像》等。

山水画

　　山水画是中国三大画种之一。它所表达的是古人对自然的崇拜和热爱，表达了天人合一的境界和追求，一定程度上反映作者对自然的思考以及对人生社会的认识，在用写实或艺术的手法表现自然之美的同时，也间接反映当时的社会生活状态。在技法上，山水画有水墨山水、青绿山水、金碧山

水、浅绛山水、淡彩山水、没骨山水等形式。在题材和内容上，名山大川、田野村居、城市园林、寺观舟桥、历史名胜等皆可入画。

晋代，山水画从人物画中分离出来，成为独立的画科；隋唐的李思训、王维等人完善了山水画的画理、画法、章法，中国山水画的传统就此形成。五代以及北宋时期，山水画大兴，荆浩、关仝、李成、董源、巨然、范宽、米芾等人以水墨山水闻名，王希孟、赵伯驹等人以青绿山水闻名，山水画在这时发展到高峰。山水画的技法基本上有"勾""皴""染""点"四个步骤，首先用墨线勾出山石的大致轮廓，再用各种皴法画出山石明暗向背，然后用淡墨渲染，加强山石的立体感，最后用浓墨或鲜明的颜色，点出石上青苔或远山的树木。

现存最早的山水画名作是隋代展子虔所作的卷轴画《游春图》，此画绢本设色，现为北京故宫博物院藏品。

花鸟画

花鸟画是中国绘画的三大画种之一，它的描绘对象包括花卉、竹石、虫鸟、游鱼等。早在原始社会的陶器上，就出现了简单的鸟鱼图案，这算是我国最早的花鸟画。东晋、南朝宋时，花鸟画成为独立的画种，唐代趋于成熟。经过长期发展，花鸟画总体上形成了以写实为基础，寄托情感和寓意

萱石长春图扇页　明　蓝瑛

为归依的传统。画家通常以花鸟来表现人的精神和气节韵致，以及对现实的种种寄托，具有强烈的抒情性。同时也间接表现社会生活，反映时代精神。按艺术手法，花鸟画可分为工笔和写意等；按照用墨用色的不同，可分为水墨花鸟画、泼墨花鸟画、设色花鸟画、白描花鸟画及没骨花鸟画等。

在构图上，花鸟画突出主体，善于剪裁，常常通过枝叶来进行对画作整体的布局安排和调整，讲究虚实相对，相互呼应。此外，配合对画作内容进行解说或烘托的诗文，也是花鸟画的一大特点。五代到宋朝，中国花鸟画达于繁盛。南宋及元代相继出现了水墨写意"四君子画"（梅、兰、菊、竹），与此同时兴起了以线描为主要手段的白描花卉。明朝后期，徐渭以草书入画，开创了强烈抒写个性的先河。到清初朱耷，这种表达个性的花鸟画达到高峰。数千年的积淀，使得花鸟画成为世界美术史上独特而优雅的存在。

文人画

文人画，也称"士大夫甲意画"。是我国传统绘画的风格流派之一，画中带有浓烈的文人情趣，流露着浓烈的文人思想。早在魏晋南北朝时期，文人画的某些创作思想和艺术实践就出现了，但"文人画"作为一个正式的名称，是由明末画家董其昌提出来的。

书卷气或称"诗卷气"是文人画评画的一个标准，也就是说，文人画讲究在画作中体现出诗意。文人画的作品大都以山水、古木、竹石、花鸟等作为题材，以水墨或淡设色写意为表现手法。在墨和色彩的选择和使用上，文人画比较重视水墨的表现力，讲究墨分五色，善于通过墨浓淡干湿的不同变化，描绘不同的物象，抒发不同的情感，寄寓作者的情怀。文人画独特的创作思想和绘画风格是中国画的宝贵经验和传统，以特有的"雅"而独树一帜。

文人画的代表人物有唐代王维，元朝倪云林，明代董其昌，清代八大山人、吴昌硕等。文人画讲究诗情画意，"画中有诗，诗中有画"是文人画一致的追求，画中往往还有题诗，诗画合璧，体现出浓郁的画家雅趣与文人才情，具有极高的审美价值。

笔 法

笔墨是中国画的最大特色，从广义上讲，笔墨指利用笔墨达到的效果，诸如色彩、章法、意境、品位等都要通过笔墨来实现；从狭义上讲，笔墨专指用笔用墨的技巧。这里我们先说笔法。

中国画用笔分为中锋、侧锋、逆锋、拖笔等。中锋也叫正锋，方法是将笔管垂直，用笔时笔尖在墨线中间，中锋的线没有明显的粗细变化，显得连贯一致；侧锋是指行笔时笔尖不垂直于纸，笔尖在墨线一边，侧锋笔墨容易产生飞白效果，线条有切削感；顺锋是指笔按照由左向右、由上向下的走势运行；逆锋是将笔向笔锋方向逆行，适于画树干、山石时使用，线条显得苍老滞涩；拖笔是指执笔时稍稍放松，引着笔管拖行，线条显得轻柔飘逸。笔锋的运用还有："提按""转折""滑涩""虚实""顿""戳""揉"等方法。中国画的笔法主要体现在对线的运用上。"以线造型"是中国画的基本原则。经常利用毛笔线条的粗细、长短、浓淡、刚柔、疏密等变化，来表现物体的形态和画面的节奏韵律。关于运笔方法，黄宾虹曾提出"五笔"之说，"五笔"即"平、圆、留、重、变"。要求用笔画线时注意粗、细、曲、直、刚、柔、轻、重的变化和对比，从而做到画人物"传神写照"；画山水刚柔相济，有质有韵。中国画的笔法必须服从客观形象造型的要求，笔法不同，画作的风格就不同；对象不同，

使用的笔法也应该不同。同时，笔法必须接受画家思想感情的指挥，画家个性感情的不同，自然会运用不同的笔法，产生不同的艺术效果。

墨 法

中国画的墨法，主要是运用墨色变化的技巧。中国画素有"五墨六彩"的说法，五墨是指墨的浓度，即焦、浓、重、淡、清。六彩是指墨的变化，即黑、白、干、湿、浓、淡。用墨是中国画的基本技法，处理好笔与墨、墨与色的关系，是技法中的关键问题。还可以通过笔中墨与水的比例、含墨水的多少、蘸墨方法以及行笔速度等，变换出各种不同的笔墨效果。中国画用墨，主要在于运用墨色变化的技巧，以墨代色，让不同的墨色在纸面上体现出来，更巧妙的是在一支笔下产生各种墨色的变化。

中国画用墨的技巧随着时代的不断发展和历代画家的总结而日趋成熟，逐渐产生了泼墨法、积墨法和破墨法等表现手法。泼墨法是用笔蘸满墨色，大片涂抹，像泼出去一样，不重复，画面淋漓湿润，多用于作大写意画时使用。积墨法是先画一遍或浓或淡的墨，干了之后，再画一层，让墨色积叠起来，画面苍润浑厚。破墨法又分为浓破淡、淡破浓、干破湿、湿破干四种。具体操作是先画出墨色，在墨未干的时候，再在上面施加墨、色，可使墨色呈现出湿润、丰富、浓

厚而变化莫测的效果。画家作画的时候，往往将三种方法融合在一起。此外，还有焦墨法、宿墨法、用矾法等。

水墨写意

写意俗称"粗笔"，是与"工笔"相对的一种绘画技法，可分为"大写意"和"小写意"两种。通过简练概括、放纵恣肆的笔墨，着重表现描绘对象的意态神韵。它出现于工笔人物画成熟之后，是由宋代的梁楷创造的。明代中期，水墨写意画迅速发展，泼墨大写意画非常流行，出现了很多名家，如人称"青藤白阳"的徐渭和陈淳，就是当时成就突出的两位画家。

徐渭是明代著名的书画家，是当时最有成就的写意画大师。他的写意花鸟，用笔豪放，笔墨淋漓，注重内心情绪的抒发，如《墨葡萄图》等。他独创的水墨写意画的新风，对后世产生了极大的影响。陈淳擅长泼墨大写意的花鸟画，他的作品不讲究描画对象外表的形象，而是追求画面的生动，在淡墨运用方面有一种特殊效果，如《红梨诗画图》等，其人物画寥寥数笔，令人回味，山水画水墨淋漓。

工 笔

工笔，又称"细笔"，与写意相对，为细致写实的中国画技法，特点是注重线条美，造型严谨，一丝不苟。工笔的

技法又可分为描、分、染、罩。描，即白描，就是先分别用浓墨、淡墨描出底稿；分，即用墨色上色，用清水分蕴开来，以表现出画面的层次；染和分的程序一样，但用的不是墨色，而是用彩色来分蕴画面；罩，指的是整体上色。

中国的工笔画起于战国，到两宋走向成熟。工笔画是中国画中追求形似的画种，关注细节，注重写实，图人状物"尽其精微"，力求"以线立形，得形取神，以形达意"，获取神态与形体的完美统一。历代工笔画名家有唐代的周昉、张萱，五代宋朝的黄筌、赵佶，明代的仇英等人。著名作品有《簪花仕女图》《虢国夫人游春图》等。

白　描

白描，指中国画中单用墨色线条勾描形象而不施彩色的画法。白描可分为单勾和复勾两种。单勾即用线一次勾成，或用一色墨，或根据不同对象用浓、淡两种墨；复勾则仅以淡墨勾成，再根据情况进行复勾，其线条并非依原路刻板地复迭，要求流畅自然，以达到加强画面质感和浓淡变化的效果，使得物象更具神采。由于物象的形、神、光、色等都要通过线条来表现，所以白描画法有着较高的难度，但是其具有朴素简洁、概括明确的特点，因而常用于人物画和花鸟画，顾恺之、李公麟等都是中国古代著名的白描大师。

十八描

　　"十八描"，指中国画中衣服褶纹的18种描法，分别为：① 高古游丝描：为工笔画法，线条细而均匀，多为圆转曲线，顿笔为小圆头状。② 琴弦描：比高古游丝描略粗，用颤笔中锋，线中有停停顿顿的变化，多为直线，有写意味道。③ 铁线描：比琴弦描粗些，用笔中锋，转折处方硬似铁丝弄弯的形态，顿笔也是圆头。④ 混描：基本上是一种写意画法，先用浓墨皴衣纹，墨未干时，间以浓墨，讲求"浓破淡"的墨法变化。⑤ 曹衣出水描：来自西域画家曹仲达，其画佛像衣纹下垂、繁密，贴身如出水状，故称"曹衣出水"，受印度犍陀罗艺术的影响，用笔细而下垂，成圆弧状，讲求线条之间的疏密变化。⑥ 钉头鼠尾描：行笔方折多，转笔时线条加粗，收笔尖而细。⑦ 橛头钉描：是一种写意笔法，用秃笔，侧锋入笔，线条粗而有力，顿头大而方。⑧ 蚂蝗描：顿头大，行笔曲折柔软，但很有力。⑨ 折芦描：多为直线，用笔粗，而转折多为直角，折笔时顿头方而大。⑩ 橄榄描：顿头大如同橄榄，行笔稍细，粗细变化大。⑪ 枣核描：顿头如同枣核状，线条行笔中亦有枣核状的用笔变化。⑫ 柳叶描：用笔两头细，中间粗。⑬ 竹叶描：与柳叶描类似，有时不相区分。⑭ 战笔水纹描：如山水画水纹之画法，表现薄而褶多的衣纹。⑮ 减笔描：大写意笔法，极为简练，

用笔粗而一气呵成，一笔中有墨色变化。⑯枯柴描：水墨画笔法，用笔粗，水分少，类似皴法，笔势往往逆锋横卧。⑰蚯蚓描：用篆书笔法，线条圆转有力，粗细均匀，曲折多而柔软。⑱行云流水描：表现软而弯转的衣纹。

用 色

中国画历来十分讲究色彩的运用。早在南齐谢赫的《画品》中，就把"随类赋彩"作为"六法"之一。这种以区分物象种类并赋予不同色彩的理论，即是中国画用色的基础。此外，用色还十分重视环境对物象的影响，随着环境的不断改变，物象的色彩也相应发生变化。南朝萧绎是中国画论中提出色调冷暖、色与光关系的先驱之一。他在《山水松石格》中说"炎绯寒碧、暖日凉星……高墨犹绿、下墨犹赭"，意思是说，绯红色看来让人感到炎热，碧绿则使人感到寒意。高处的墨色犹如翠绿的颜色，下面的墨色则与赭石色的土地颜色近似。他用简单的句子概括了冷暖色调使人产生的感觉不同和景物高下、远近对色彩的影响。

中国画用色有勾线重彩填色、水墨淡彩、淡彩与重彩结合3种方法，设色的具体方法包括干染、湿染、平染、分染、罩染、碰染、衬染、用水、用胶、用矾等。

色学原理中，红、黄、蓝为三原色。中国画调色也是在原色与原色之间互相调配，可调成间色，间色与间色相调配

成为复色。曙红、藤黄、花青是中国画色彩中的基本三原色。由于中国画讲究用墨，而赭石能在墨与色之间起到调节作用，所以赭石是应用最多的颜料之一。此外，其色彩丰富性还体现在基色的配比不同所产生的相应变化上。如用三分花青与七分藤黄，就可调配成嫩绿，当改变配比时，还可以产生草绿、新绿、老绿等绿色。加入墨色后，又能产生不同色调的墨绿等。总体而言，中国画的色彩要求是体现出大气、典雅、稳重的特色，表现干净而和谐的美。

构图与透视

中国画的构图，又称章法，即合理安排景物所在位置，画面形象不能任意罗列、填塞，必须按照事物的客观规律加以安排。同时需要注意景物的大小、深浅、虚实等对立统一的关系，不能过分拘泥于章法，按照客观事物的自然形态，结合主观意识自由创作。

中国画的作画要领，通常是作画之前，首先要确定好表现的内容和作品的主题，考虑主宾远近的取势，然后根据画面需要，进一步考虑留白、气势、色彩、题词、用印等细节安排。同时还要注意自身所处的位置和视点移动，将所得视觉形象巧妙地取舍、综合，使之形成一种意境，达到突出主题、表达情感的最佳效果。书法中有计白当黑的说法，中国

画很注意对空白的利用和表现。每一处空白，都是精心布置，看似无意，其实有意。在中国画上，我们常常能见到不同的留白，这些空白有的是严守真实的画面空间和布白，有的是打破真实，依据画家的构图需要而平列的空间和布白，这样做的结果就是能够让描画对象按照艺术的需要拉长或缩短形象，或者变换位置，从而呈现出最佳视觉效果。

在透视方面，中国画焦点透视法和散点透视法都有，但最常用和常见的还是散点透视法，多视点的散点透视法在中

昼锦堂图卷　明　董其昌

国画中最为主流，又称"移步换景"。如《清明上河图》的长卷，既有俯视的图景，又不乏仰视和平视的图景，它把街市、人物、桥梁、船只等都合理地安排和表现在一个画面上。中国画透视的方法还有一种是"以大观小"，也就是把辽阔的景物缩到极小的空间内，让人能够一目了然地看到景物或人物群体的全貌，同时尽量缩小作画对象透视上的大小差别，使物象超越空间的约束。

题款与印章

自元代以后，多数中国画都形成了画面、题款、印章并举的形式，成为中国画的传统形式。题款，也称落款、款识、题画、题字，等等。凡在书画上标上姓名、年月、诗文等都称为题款。它对构图起着稳定平衡作用，能弥补绘画构图的不足，是整幅作品的重要组成部分，同时还能增添诗情画意，补充画者想要表达的内容。

具体而言，在画面上题写诗文，叫"题"，题画文字，有题画赞、题画记、题画跋、题画诗（词）等。在画上标志年月、签署名号、盖章等，叫作"款"。款文也可以记写籍贯、年龄等，若为他人作画，往往要写上受赠者的称谓。题款对款文的文采和书法的水平都有很高要求，字体不限，但是必须和画的内容、风格和意境相配合。

中国画的印章有姓氏章、姓名章、名章、字号章、年代

章、收藏章、闲章之分，印章的书体有大篆、小篆、隶书、草书、行书之分，印章的字体与形式必须和画相谐。所有形式的章，其位置和内容都有相应的要求，不能随便，但唯独闲章的位置较为灵活，内容也可以活泼，警句、诗词、成语、短句等都可以，但正所谓"闲章不闲"，它并非可有可无。在一些古画名画上，我们常能见到繁多的收藏章，有的甚至在空白处盖满了收藏章，元代钱选的《浮玉山居图》流传到清末时，画上已经有 300 余方印章，作为鉴别真伪的依据，它们起了巨大的作用。

虎头三绝顾恺之

顾恺之，东晋著名画家，字长康，小字虎头，晋陵无锡（今江苏无锡）人。顾恺之多才多艺，工诗赋、书法，尤擅绘画，尝有"才绝、画绝、痴绝"之称。他的画多是人物肖像及神仙、佛像、禽兽、山水等。顾恺之人物画的特色是"传神"，也就是能画出人物的精神，使画中的人物看起来栩栩如生。

顾恺之的代表作有《洛神赋图》《女史箴图》等，由于年代久远，都没有留存下来，如今看到的皆为后代摹本。《洛神赋图》取材于曹植的名篇《洛神赋》。画卷从曹子建和他的随从在洛水看到洛神起，到洛神离去为止，全卷交织着欢乐、哀怨、怅惘的感情。图中，曹子建依依难舍，怅然沉思，

而宓妃回眸顾盼，含情脉脉，可以说达到了"悟通神化"的地步。《女史箴图》线条非常纤细，若"春蚕吐丝"。

顾恺之的画对后世影响深远，其笔法如春蚕吐丝，线条似行云流水，轻盈流畅，遒劲爽利，称为"铁线描"。顾恺之与南朝陆探微、梁代张僧繇，并称"六朝三杰"。世人曾这样评价三人的作品："象人之美，张得其肉，陆得其骨，顾得其神。神妙亡（无）方，以顾为最。"顾恺之还著有《论画》《魏晋胜流画赞》等绘画理论作品，提出并阐发了"以形写神""迁想妙得"的理论观点，对中国画的发展产生了重大影响。由于他在绘画方面的卓越成就，国画界尊崇他为画祖。

阎立本兄弟

提到唐代书画，不能不提阎立本兄弟。唐代的评论家张彦远曾说："阎则六法该备，万象不失。"他所说的阎实际上是指阎立本、阎立德弟兄二人。在这二人中，阎立本得到的评价更高。

阎立本是唐朝著名的画家和书法大家，无论书画，均得美名。他的画作特点是极其形似，取材甚广，宗教人物、山水、动物无不涉足，他最为擅长的是人物画。著名代表作有《步辇图》《历代帝王图》等，其中《历代帝王图》是中国古典绘画中最重要的作品之一。这幅画描绘了自汉

到隋的 13 位帝王形象，画中用精细的笔法表现出各位帝王各自的性格特征，其中寓含着作者或褒或贬的强烈的感情色彩。阎立本所画的宫女，形象多曲眉丰颊，线条优美而且神采如生。阎立本的画作描法富于变化，有粗有细，有松有紧，极富表现力。

阎立德不仅是画家，还是当时优秀的建筑师。他曾受命营造唐高祖陵，负责监督建造翠微、玉华两宫，此外还参与营建昭陵，也曾主持修筑唐长安城外郭和城楼等。阎立德在工艺美术和绘画方面都造诣颇深，曾担任御用服装设计师，主持设计帝后所用服饰。他的绘画才能，以人物、树石、禽兽见长。

画圣吴道子

吴道子，原名吴道玄，画史尊称吴生，阳翟（今河南禹州）人。幼年家境贫寒，起初为民间画工，年轻时就小有名气。后来漫游洛阳，开始从事壁画创作，名声更显。当时人将张旭草书、裴旻舞剑、吴道子作画称为"三绝"。开元年间被唐玄宗召入宫中，以后一直为宫廷服务。

吴道子擅长画佛道、神鬼、人物、山水、鸟兽、草木、楼阁等，尤其是佛道、人物。吴道子的一生，主要从事宗教壁画的创作。他曾于长安、洛阳两地寺观中绘制了 300 多幅壁画，而且没有雷同，其中以《地狱变相图》最为著名。他

的山水画也很著名。唐玄宗曾派他去画四川的山水，他没有打一张草稿，回来一气呵成。他的画具有独特风格，所画人物衣褶飘飞，潇洒秀逸，被人们称为"吴带当风"。《送子天王图》是吴道子的代表作。这幅画描绘的是佛祖释迦牟尼降生以后，他的父亲净饭王和母亲摩耶夫人抱着他去大自在天神庙朝拜，诸神向他行礼的故事。现存的是宋人李公麟的临摹本。

江南画派

江南画派，指的是以中国五代南唐画家董源和他的学生巨然和尚为代表的南方山水流派。董源，字叔达，江南钟陵（今江西进贤）人，曾任南唐后苑副使，后苑在宫廷的北面，因此称董北苑。他的山水水墨取法王维，着色则学李思训，善用明暗透视画法，画江南风景。他的《潇湘图》展现的是远山茂林、江水行船、沙滩平坡，是有代表性的江南风光。而他的《龙宿郊民图》，描绘的是草木茂盛的丘陵，给人以空气湿润、山水空蒙之感。他的《落照图》，用笔很少，近视看不真切，远看却山川、村落俱佳，显出一派逼真的夕照景象，这种明暗透视化的方法比西洋要早了将近千年。董源创"披麻皴"画法，对后世画家产生了巨大的影响。

巨然和尚是董源的学生，江宁（今南京）人，开元寺僧，

擅长山水，师法董源的水墨风格，但又有所发展，擅画江南山水的"淡墨轻岚"之景。他的名作《烟岚晓景》壁画，为当时民众所称赏，《秋山问道图》更是为世人所推崇。巨然以杰出绘画成就，得以与董源并称"董巨"。董源和巨然，是南方山水画派的始祖。

米氏云山

米派是我国古代山水画流派之一。由宋代著名书法家米芾所创，他的儿子米友仁加以发展，形成在当时影响很大的特色画派。米芾父子在绘画界被称为"大米""小米"，或合称"二米"。他们在中国书画史上占有非常重要的地位。

米芾打破了传统的山水画用笔多以线条为主的常规，以卧笔横点成块面，被叫作"落茄法"。这种画法的特点是用水墨点染的方法，描绘烟云掩映的山川景色，米芾称其为"墨戏"，体现一种烟雨云雾、迷茫奇幻的景趣，显得亦真亦幻，美妙独特，世人将这种风格称为"米氏云山"。米友仁的山水画传承了父亲的画法，更可喜的是青出于蓝而胜于蓝。他的作品云烟缭绕，林泉点缀，看似草草，实含法度。米派的大写意风格，对后世影响很大，南宋的牧溪，元代的高克恭、方林义等人都是米派弟子。如今珍藏在故宫博物院的米友仁的《潇湘奇观图》，为纸本，墨笔，纵 19.7 厘米，横 285.7 厘米。所描绘的是瑰丽的潇湘景色，山峦连绵，烟云渺茫；

春山瑞松图卷　北宋　米芾

画中一改青绿山水画的"线勾填彩"画法，而是点画水墨，纵横落点，虚实结合，尽情渲染；连山头的点子皴，也改为"淡墨细点"。米氏云山在中国绘画史上独特而亮丽，是父子画家的代表和典范。

张择端和《清明上河图》

《清明上河图》是北宋画家张择端的传世名作。张择端，字正道，东武（今山东诸城）人，生卒年不详，北宋末年画家。他自幼好学，宋徽宗时供职翰林图画院，专事绘画。

　　《清明上河图》是进献给宋徽宗的贡品，长525厘米，宽25.5厘米，其中共有人物1643个、牲畜208头、房舍122座、轿子8顶、舟船25只、树木124棵。它主要描绘了北宋都城东京（今开封）的繁华景象。全图分为3个段落：首段描绘的是汴京郊野的风光，中段描绘的是繁忙的汴河码头，后段描绘的是汴梁城市区繁华的街道。画中汴河两岸店铺林立，市民熙来攘往，运载东南粮米财货的漕船通过汴河桥洞，一队远道而来的骆驼商队穿过城门。市区城楼高耸，街巷纵横，店铺鳞次栉比，行人摩肩接踵。茶坊、酒肆、脚店、肉铺、寺观、公廨等人头攒动，热闹非凡。《清明上河图》是一幅描绘北宋汴京社会经济生活风俗的不朽画卷。另外需要特别指出的是，"清明"并非指清明节，而是太平盛世的意思。画作描绘的是秋天。现收藏于北京故宫博物院。

马一角、夏半边

　　马一角是马远的外号，字遥父，号钦山，原籍河中（今山西永济）人，南宋画家。他擅长画山水，取法李唐但有个人风格，下笔遒劲却不失严谨，设色清润，山石枝叶楼阁都有特色，画阁楼时常常使用界尺，而加衬染，《踏歌图》《水图》等是其代表作。

　　夏半边是夏圭的外号，字禹玉，临安（今浙江杭州）人。

是南宋宁宗朝的画院待诏，长于山水人物，山水尤其出色，取法李唐，善用个性十足的"拖泥带水皴"，画作显得简劲苍老而墨气明润，他画台阁时不用界尺，而是随手为之。他的《西湖柳艇图》《长江万里图》《江城图》《风雨图》等画作，均显出他精练概括的本领。

马远、夏圭并称"马夏"。他们二人的山水画各有自己的独特风格，却又不乏共性，那就是他们的画面上往往留下很大的空白，但这些空白绝对不是画面的缺失，而是为了表达一些意境，以及为构图需要而留的。他们的构图方法，被称为"边角之景"，"马一角"和"夏半边"就是由此得名的。他们的画作在表现内容上，追求高度的完整与单纯，在表现手法上，又追求绝对的简洁，这种艺术表现手法为后世不断效仿。

赵孟頫

赵孟頫，字子昂，号松雪，吴兴（今浙江湖州）人，宋朝宗室，元朝著名文学家、画家、书法家。宋亡后，入仕元廷，封魏国公。赵孟頫博学多才，精通音律、书画。在绘画上，其山水、人物、花鸟、竹石、鞍马无所不能，工笔、写意、青绿、水墨无所不精。赵孟頫的山水画取法董源、李成，人物、鞍马画师法唐人和李公麟。

在绘画理论上，他提倡复古，主张崇尚唐人，"作画贵

有古意，若无古意，虽工无益"，反对南宋院体中柔媚纤巧的画风。他倡导"书画同源"，强调以书法用笔入画，并主张师法自然，提出"到处云山是吾师"的口号。他的理论和创作对元、明、清三代都有极大影响。他的画作被时人称为"有唐人之致去其纤，有北宋人之雄去其犷"，从而开创了元代新画风，被称为"元人冠冕"。

赵孟頫一生创作了大量的各种题材的绘画，传世画作有《鹊华秋色图》《红衣罗汉图》《秋郊饮马图》《江村渔乐图》。

元四家

"元四家"是黄公望、王蒙、倪瓒和吴镇4位元代山水画家的合称。他们都生活在元末，虽然每个人的社会地位不尽相同，但不得意的遭遇是相似的。他们四人都是江浙一带人，在艺术上受到赵孟頫的影响，擅长水墨山水、竹石等，并结合书法诗文，是典型的文人画风格。他们的画作使中国山水画的笔墨技巧达到了一个新的高峰，成为元代山水画的主流，对明清山水画产生了巨大的影响。

"元四家"的作品非常注重笔墨技巧，讲究意境神韵，使山水画的美学价值得到很大提高。在作品中，他们都流露出对没落王朝的怀恋情结，同时也受到当时文人消极避世思想的影响，他们的作品大多偏于淡远、萧疏、幽深，比较脱

离现实。黄公望的画作山川浑厚、草木华滋；王蒙的画作千岩万壑，连环重迭；吴镇的山水苍茫沉郁；倪瓒的山水具有一种荒凉空寂、疏简消沉的趣味。他们的代表作分别有：黄公望的《富春山居图》，王蒙的《青卞隐居图》《夏日山居图》，倪瓒的《渔庄秋霁图》《紫芝山房图》，吴镇的《江岸望山图》。

浙　派

　　浙派形成于明代前期，流行于明代中期。浙派山水画的风格，综合借鉴了南宋李唐、刘松年、马远等人的绘画风格，行笔奔放，墨色酣畅淋漓，画面的动感强烈，自成一派，影响巨大。浙派画家中的杰出代表是浙派的创始人戴进。

　　戴进，字文进，号静庵，是明代影响深远的一位画家。他精通山水、人物、走兽，风格独特，用笔流畅，气势壮阔，常用铁线描和兰叶描的手法作画。戴进的画风曾经风靡一时，作品被人们认为是经典的艺术，很多人都对他的风格进行学习和模仿。他的代表作品有《春山积翠图》《风雨归舟图》等。此外，浙派盟主吴伟也是一个令人称道的画家，他的画作特色是用笔雄健豪放，潇洒自如，代表作品有《溪山渔艇图》《长江万里图》等。在戴进和吴伟之后的张路、蒋嵩、汪肇等浙派画家，在吴伟的基础上，风格逐渐趋向简约豪放。浙派以其精湛的功力和创新的面貌，兴盛于明初，并影响了

之后中国画坛 100 多年。

吴门画派

在吴门画派中，最著名的有沈周、文徵明、唐寅、仇英，后人称他们为"吴门四家"。

沈周和文徵明的作品都具有传统的文人画风格，其作品题材丰富，尤以山水画为胜，大都描写江南秀丽的风景和文人生活，注重笔墨，讲究诗、书、画的结合。文徵明的作品有《绿阴清话图》《松下高士图》等。唐寅和仇英均为职业画家，创作内容丰富，技法全面，功底深厚，他们的作品都有很高的趣味性，深受人们喜爱。他们所描绘物象精细真实，强调意境，雅俗共赏。唐寅的山水画笔墨细秀，风格清逸，如《骑驴思归图》《山路松声图》等。人物画多为仕女和历史故事，造型准确，色彩艳丽。仇英擅长青绿山水和工笔人物画，传世作品有《桃源仙境图》《观榜图》《松溪横笛图》等。

吴门四家在山水画方面的成就对南宋院体绘画是新的突破，他们在人物画和花卉画方面各有特点和成就。除仇英之外，吴门四家的另外三人非常重视将诗、书、画有机结合，这一做法促使了文人画更臻完美、更加普及，对明代后期直至清初画坛产生了非常有力的影响。

唐 寅

　　唐寅，字伯虎，后改字子畏，号六如居士，明代画家，吴县（今江苏苏州）人。他是吴门画派的代表人物，与沈周、文徵明、仇英并称明代四大家（吴门四家）。他出生于一个商人家庭，从小聪明好学，诗文书画，无一不精。29岁时，他考中应天府（今南京）乡试第一名解元，名声大振，自诩为"江南第一才子"。但在第二年的会试中，因好友科举舞弊案的牵连，被捕入狱，从此功名断绝。出狱后，唐伯虎性情大变，从此绝意仕途，潜心书画，终成一代大家。唐伯虎擅长画山水、人物、花鸟等。他的山水画师法周臣、李唐、刘松年，风格秀逸清俊，笔墨细秀，布局疏朗。人物画师承唐代传统，多以仕女和历史故事为题材，色彩或艳丽或清雅，线条清细，体态优美。花鸟画洒脱随意，格调秀逸，长于水墨写意。传世画作有《骑驴思归图》《山路松声图》《事茗图》《王蜀宫妓图》《秋风纨扇图》等。

南陈北崔

　　"南陈北崔"指的是明朝后期两位以人物画著称于世的画家陈洪绶和崔子忠。陈洪绶，字章侯，号老莲、悔迟、老迟。诸暨（今浙江诸暨）人。崇祯朝为监生，清军入关后出

莲花冠子道人衣　昨日侍君王

紫薇花柳　不知人已去年闱绯

兴幸绯

蜀后主每于宫中裹小巾命宫妓

衣道衣冠连花冠日召花栴以

侍甜莫蜀之谣已溢耳矣而之

不挽注之竟至濫稼伊後想淫

頭之令不典挺跳　唐寅

王蜀宫妓图　明　唐寅

95

家为僧。他是一位全面型画家，人物、山水、花鸟及梅竹四大类都有涉足，尤其擅长人物画。他的人物画包括故事画、宗教画、高士画、仕女画及肖像画（木刻插画）等，经常为文学作品创作插图。陈洪绶不拘守成法，大胆突破前人成规，有独创精神，自成一家，艺术效果具有奇傲古拙气势，被人们称为"高古奇骇"。有《荷花鸳鸯图》《升庵簪花图》《婴戏图》《西厢记》传世。

崔子忠，初名丹，字开予，更名后，字道母，号北海、青蚓，山东莱阳人。他曾拜董其昌为师，擅长画人物、仕女、肖像，师法顾恺之、陆探微、阎立本、吴道子等。崔子忠所画的人物面目奇古，线条细劲，格调高古，境界奇异。传世名画有《云中玉女图》等。

松江派

松江派是明末的山水画流派之一，以顾正谊为创始人，董其昌为其最著名的代表。松江派有 3 个支派：以顾正谊为首的称"华亭派"，以赵左为首的称"苏松派"，以沈士充为首的称"云间派"。因为他们都是松江府（今上海松江，古称华亭）人，画风亦互有影响，所以概称为"松江派"。松江派山水画的典型风格是逸润苍郁，骨气灵秀，其中成就最高的董其昌是晚明最为杰出、也是影响最大的书画家，他的画作追求平淡天真的格调，讲究笔致墨韵，用笔洗练，墨

色清淡，层次分明，古雅秀润。明末朱谋垔编著的《画史绘要》评价说："董其昌山水树石，烟云流润，神气俱足，而出于儒雅之笔，风流蕴藉，为本朝第一。"

四 僧

"四僧"是指清初的4位画家：石涛、朱耷、弘仁、髡残。他们都出生于明朝末年。清初，他们和当时的一些知识分子一样，誓不仕清。于是，他们削发为僧，避世山野林间，以绘画抒发愤慨和忧愁，因而被人称为在野"四僧"。他们虽然在野，但他们在绘画上所取得的成就，对清初画坛仍产生了重大影响。

"四僧"在创作上都崇尚自然，反对泥古不化；豪放、磊落是他们共有的画风；多利用传统艺术形式，面向自然、面对人生，强调抒发情感，表达真实感受；他们也重视笔墨情趣，并寻找自己的绘画空间，抚慰受到伤害的心灵。

石涛是扬州画派的先驱，善画山水，兼工人物、兰竹。他作画讲求独创，构图新奇，尤擅长截取法。运笔恣肆，粗细刚柔并用，泼墨挥洒，不拘小节，作品意境多苍莽新奇。石涛在绘画艺术上的独特成就，对清一代画家影响很大。

朱耷以画花鸟画闻名，继承徐渭的传统，发展了泼墨写意画法。作品往往借物抒情，以象征、寓意和夸张的手法，塑造奇特的形象，抒发厌恶世俗生活和国亡家破的痛苦内

心。他的画对后来的"扬州八怪"和近现代大写意花鸟画影响很大。

弘仁擅长山水画，喜欢模仿倪云林。他的作品笔墨秀逸，布局奇兀，近景大岩壁立，远山缥缈朦胧，掩映生姿，当时极有声誉。他的设色山水和墨笔山水长卷，均为精绝之作。

髡残擅绘人物、花卉，尤其精于山水。他的山水画，笔法厚重、苍劲有力；善用雄健的秃笔和泼墨，层层皴擦勾染，笔墨交融，厚重而不呆板，秃笔而不干枯；山石多用解索皴和披麻皴，并以浓墨点苔，显得山川湿厚，草木华郁。

八大山人

八大山人，姓朱，名耷，明宁献王朱权九世孙、弋阳王孙，世居江西南昌。清初曾参加抗清斗争，失败后，隐姓埋名，为避祸，于 23 岁落发为僧，法名传綮，字刃庵，中年用过雪个、个山、驴屋、人屋等号。他取名"朱耷"，"耷"乃"大耳为驴"的意思。晚年还俗结婚，靠笔砚养家糊口，从 59 岁用"八大山人"号，一直到去世。

八大山人有深厚的家学渊源，又受明末流行的董其昌画风的影响。笔墨精微、气韵醇厚，笔法得董其昌、黄公望、倪瓒之妙，把他们的秀逸优雅化成了奇逸苍茫。在花鸟画上，他创造性地发展了大写意花鸟画法。他精研明代前期的林良、吕纪，明中期的沈周、文徵明、陈淳，明后期的徐渭各家画法，

以他高超的眼界、高深的学养，熔各家精华为一炉，以自己极其鲜明的艺术风貌，把水墨写意花鸟画的抒情能力，发挥到空前的高度，他把花鸟画"缘物抒情"的传统推到极致。

八大山人毕生推崇董其昌，这是非常有意思的现象。生活优越的董其昌努力集合文人画中优雅的笔墨趣味，终身都在做书画贵族化的事情，而身为旧王孙的真正的贵族八大山人，在落入国破家亡的危难境地之后，悲愤无声，却呈现了凝练蕴藉、博大精深的艺术风格。高深的学养、高贵的真情，会聚一起，如深埋高山峻岭的浑金璞玉，琢成面世，便发出惊人的光芒。

八大山人不但善于画大写意花鸟，他的山水画也萧散淡泊、气韵高古，经常把我们带到宇宙八荒的空间和终古无尽的时间里边去。像他这样深植于历史和文明的人，面对大自然的美景，自会有不同寻常的感动。

《荷花翠鸟图》呈现的是一种平和清静的气氛，构图疏密有致，有开合，能平衡，下面是清爽通透的空间，上面丰富的墨色写出了茂盛荷叶的苍绿，双鸟，上有呼、下回首相应，留下了无穷韵味与想象空间。

在画法上，八大山人学习了宋、元、明一些大家的笔意，在师法前人时注重创造。例如对董其昌，取其秀逸之长，避其柔媚之短，从而形成自己笔墨苍劲古拙而又超逸华滋的独特风格。

历来多有论者往往过多强调了八大山人的冷、倔、怪，

实则八大山人的高深不可企及之处是他的作品温润、蕴藉、冲和，没有丝毫燥气。

八大山人喜欢荷花，也画得最好，长卷一展，如一片荷塘尽收眼底，他画的荷，叶叶生动，有擎天作盖的、有临风而立的、有横逸斜出的。笔墨出神入化，浓墨活，淡墨更活。叶子画得如此之好，花则更妙。正如宗白华评八大山人说，他的画是最超越自然而又最切近自然，是最心灵化的艺术，而同时又是自然本身。

扬州八怪

扬州八怪是指清康乾年间活跃在扬州的一批大艺术家，他们有大致相同的画风、趣味以及文艺思想和命运。八怪究竟是哪几位画家，历来说法不一，现在一般是指汪士慎、黄慎、金农、高翔、李鱓、郑燮、李方膺和罗聘8人。扬州八怪对官场的黑暗、富商的巧取豪夺深感痛恨，对劳动人民的疾苦抱以深切的同情，在生活上大都历经坎坷，最后走上了以卖画为生的道路。他们虽然卖画，却是以画寄情，在书画艺术上有更高的追求，不愿流入一般画工的行列。

扬州八怪在艺术观上，最突出的一点是重视个性表现，建立自己的"门户"；在题材选择和内容含意上大胆创新，将百姓日常生活用品纳入绘画题材之中，同时扩大花鸟画的范围，多以梅、兰、竹、松、石为描写对象。在绘画风格

上，扬州八怪主要继承了徐渭、石涛等人的水墨写意画技巧，他们学习前人，但又不拘泥于那些前辈的技艺，进一步发挥了水墨特长，以简练的手法塑造物象，不拘于某些具体环节的形似。笔墨上，纵横驰骋，随意挥洒，力求神似，直抒胸臆。在内容上，他们除了表现一般的孤高、绝俗等思想外，还运用象征、联想、隐喻、夸张等手法，并通过在画上题写诗文，赋

华峰三祝图轴　清　郑燮

予作品深刻的社会内容和独特的表现形式。如郑燮的《墨竹》，看此画，读竹旁之诗，使人不由得联想到当时的灾荒、饥馑，充分体现了画家那颗仁慈、爱民之心。再如李鱓的《鸡》，此画以象征、隐喻手法劝人行善。扬州八怪的绘画技艺和风格特色虽然只流行于扬州及相邻地区，但它在继承和发展水墨写意画上，产生了巨大的推动作用。

岭南画派

　　岭南绘画是现代中国画的流派之一，指清末民初的广东画派，以岭南三杰为代表，主张吸取古今中外特别是西方绘画艺术之长以改造传统国画，使之发展为现代化、民族化、大众化的艺术，目的是改变中国人的心灵，在国内外都有影响。

　　岭南画派的创始人高剑父，与高奇峰、陈树人并称为"岭南三杰"，他们师出同源，信奉相同的艺术原则，但风格不同，各有千秋。高剑父要求学生"青出于蓝而胜于蓝"。岭南画派的第二代画家关山月、黎雄才、赵少昂等，也都有各不相同的风格。再后来，杨之光、陈金章、梁世雄、林墉、王玉珏等画家，也各有长处。岭南画派倡导美学教育，特地在广州、上海等地创建了《时事画报》《真相画报》及审美书馆。

　　岭南画派的绘画题材多选木棉、奔马、雄鹰、苍松，其中南方风物较多。通过画面形象反映时代精神，在技法上则追求师法自然，吸取西欧水彩画的光影特色的同时又追求东方古画拙朴的神韵，因而作品赋色和谐，清新明快，晕染柔净，具有浓厚馥郁的岭南风情。

　　岭南画派的最大艺术特点在于创新，主张写实，博取诸家之长，发扬国画的优良传统，在中国画史上是鲜亮的一笔。

书法

中国书法

　　书法是指文字的书写艺术，特指以毛笔表现汉字而形成的艺术形式。经过长达数千年的发展，书法艺术形成了篆书、隶书、草书、楷书、行书等书体。

　　书法包括用笔、结构、章法、墨法等艺术表现手段。用笔包括书写时的笔法、笔力、笔势、笔意等艺术技巧。笔法是指起笔、收笔、圆笔、方笔、中锋、侧锋、露锋、藏锋、提按、转折等用笔的方法；笔力指笔画所蕴含的内在力量；笔势指用笔时所形成的气势；笔意指笔画线条所表现的情感、意趣。书法的结构又称结字、结体或间架，是从美观角度对字的笔画进行组合的艺术技巧，它受文字的结构规律和作者的审美情趣影响，表现形式有虚实、疏密、欹侧、匀称、和谐、聚散、呼应等。章法是通过字与字、行与行之间的合理安排使作品看上去完美和谐的艺术技巧，在各种书法中最注重章法的是草书和行书。用墨是指用不同笔、墨、纸组合产生不同的效果的技法，方法有：浓墨、淡墨、干墨、渴墨、湿墨、枯墨、涨墨等。

　　书法是中国独特的艺术形式，是世界艺术史上独树一帜的巨大创造，体现了中国人独特的哲学思想和审美情趣。它

源远流长，在几千年的发展史上，形成许多著名的书法流派，产生了灿若群星的书法家，留下了难以尽数的书法珍品，这些珍贵的文化艺术遗产，不仅有巨大的审美价值，也有着巨大的文化和历史价值。

书 体

书体是指书法的基本字体，主要有篆书、隶书、草书、楷书、行书等。篆书包括商代甲骨文、周代金文、战国篆书和秦代小篆，秦代小篆是其代表。小篆是在大篆（籀文）的基础上发展简化而成，特点是结体圆长，笔画粗细匀称，不露锋芒，线条美观。代表作有秦李斯所书《泰山刻石》《琅琊台刻石》等。隶书又名佐书、史书，盛行于汉代。隶书的特点是左右舒展，笔画波磔，是一种具有装饰趣味的字体。代表作是汉朝的一些碑刻，如《张迁碑》《史晨碑》和一些简牍作品。历代隶书名家有唐代史惟则、韩择木，清代金农、邓石如等。楷书又称正书、真书，是隶书的变体，盛行于唐代。它的特点是形体方正，笔画有严格的法度。代表作有《颜勤礼碑》《神策军碑》等。楷书名家有曹魏的钟繇，唐代欧阳询、颜真卿、柳公权等。草书的特点是狂放，用笔大起大落、连绵不断、一气呵成。名家有唐代张旭和怀素，代表作《肚痛帖》《自叙帖》等。行书又称行押书，特点是简易、流畅，活泼自然。名家有晋代王羲之，宋朝的苏轼、米芾，

元朝的赵孟頫等，代表作是《兰亭序》《祭侄文稿》和《黄州寒食帖》。

章 草

章草是一种隶书的草写。它是从秦代的草隶中演化出来的新书体。西汉元帝时史游整理后编写了《急就章》，使这一新书体规律化，这就有了章草书体的范本。它的笔画特点圆转如篆，点捺如隶。一字之内笔画间有牵丝萦带，但是字个个独立。

历史上草书名家都精通章草，章草上通隶书、简牍，下开今草，学习它可以两通。

"目未寓章草，落笔多荒唐。"

这是《章草草诀》中的话，说的是实情。章草奠定了草书的基本规范，如果不经过章草学习，很容易把规范草书写成潦草之书。

章草书法特点：章草省掉隶书的蚕头却保留了雁尾，这雁尾用重笔挑出。

隶书和分书

隶书相传为秦末程邈在狱中所整理。隶书是把小篆删繁就简，笔画由圆转变为方折，线条出现波磔的字体。出现于

先秦，成熟于东汉。我们现在学习的汉隶著名碑刻大都是东汉晚期的，如《孔庙碑》《华山庙碑》《礼器碑》《张迁碑》《乙瑛碑》等。

分书又称"八分书"，历来解释纷纭，比较公认的说法是，隶书的字形像"八"字分布，所以称隶书为"八分书"，又称分书。

隶书继承了篆书的曲线美，创新出了隶书特有的"波磔"笔画的线条美。

隶书是与汉代其他文化艺术同步的，它的最主要特点是：大气、厚重、生动，而且不乏精致。汉代是隶书艺术的高峰，已形成了丰富多彩的风格，大致可分为遒劲凝练、飘逸秀丽、工整精严、端庄博雅、古朴厚重、奇逸恣肆等。

楷 书

楷书又称正书，或称真书，是在减省隶书的基础上发展而成的，是隶书的变体，其特点是形体方正，笔画平直，可作楷模，故名。始于东汉，盛行于东晋并一直沿用至今。

魏晋之间，凡工楷书者，都称为善于隶书。《晋书·王羲之传》："尤善隶书，为古今之冠。"《晋书·李充传》："充善楷书，妙参钟（繇）、索（靖），世咸重之。"初期"楷书"，仍残留极少的隶笔，结体略宽，横画长而直画短。

魏晋钟繇的《宣示表》《荐季直表》仍存隶书的遗意，然已备尽楷法，公认为正书之祖，其书可为楷书的代表作。

草 书

草书有章草、今草、狂草之分。章草最早形成于汉代。当时通行的是草隶，即草率的隶书，又名"隶草""古草"，其后发展成为"章草"。正如刘熙载《艺概·书概》所说："解散隶体，简略书之，此犹未离乎隶也。""章则劲骨天纵，草则变化无方。"至汉末，张伯英（芝）把章草里面的隶书笔意省去，将上下字体之间的笔势连带、偏旁连接，从而创造出了"今草"。唐代的张旭、怀素在"今草"的基础上，写得更加狂放不羁，称"狂草"。欣赏草书时要注意：

1. 观气象，草书是最能体现人的气质、情感及精神风貌的书体，以有高情逸韵为上、潦草粗俗为下。宋代米芾曰："草书不入晋人格，辄结成下品。"可为参考。

2. 观笔墨，草书是典型的线条艺术。不论中锋、侧锋，方笔、圆笔，都要内含情致，外具形质。墨法则要浓淡润枯，五色焕发，俱见神采。

历来人们形容草书佳作都说是"笔走龙蛇"，美术上称为蛇形线，那么蛇形线有什么样的艺术魅力呢？英国画家荷加斯通过各种线条类型的美学研究，认为蛇形线赋予美以最大的魔力……蛇形线是一种弯曲的并朝着不同方向盘绕的线

条，能使眼睛得到满足，引导眼睛去追逐其无限多样的变化……这不仅使想象得以自由，从而使眼睛看着舒服……它是动人心目的线条。

宋体字

关于宋体字的起源，大致有两种说法。一说它是由甲骨文，到秦始皇"书同文"，最终由书法家们集汉字特点，简化汉字结构而成的字体；二说它是应雕版印刷术的需要，而发明出来的印刷字体。

在第二种说法中，有人认为它是在宋徽宗独创的字体"瘦金体"基础上发展而来的。"瘦金体"也称"瘦筋体"，又有"鹤体"的雅称。瘦金体字形瘦长，又挺拔傲立。书写柔缓又强劲顿挫。横带收锋，竖有顿笔，撇捺甩出锋利不飘。整个字体看下来，柔中带刚，刚柔相济，是宋徽宗时期御用文书的专用字体。

据说，瘦金体最终衍生成宋体字与宋朝宰相秦桧有关。秦桧因写得一手娟秀字体，又极尽迎合奉承之能事，而深得宋徽宗的喜爱。在处理文牍过程中秦桧发现，各地呈上来的公文字体五花八门，阅读起来极为不便，于是他便有心规范字体。为了讨徽宗欢心，秦桧在模仿徽宗瘦金体字的基础上，取汉字精简笔画，创造出一种新的字体形式，时人称之为"秦体"。后来，秦桧因陷害忠良而成为千古罪人。人们便以朝

代名称，将"秦体"字更名为"宋体"。

关于这种说法，文献中并没有明确记载。但是据汉字学家考证，如今我们所用的宋体、仿宋体，从字形到笔锋上，都和瘦金体一脉相承。

行　书

行书出现在汉末，是介于楷书、草书之间的一种字体，是楷书的草化。它不像楷书的书写速度太慢，也不像草书的难于辨认，笔势不像草书那样潦草，也不要求像楷书那样端正。行书点画常常强调游丝引带，写起来如行云流水。楷书稍加连贯，点画略带呼应，就是行书。写起来比楷书快，又比草书容易识读，所以行书是应用最广的书体。东晋以后历代书家都擅长行书。行书，如同人的行走，从容自得，自由自在；又如行云流水，不激不厉，有一种流动的美；又如音乐中如歌的行板，悠扬婉转，韵味久远。唐代张怀瓘在《书议》中说得好："夫行书，非草非真，离方遁圆，在乎季孟之间。兼真者，谓之真行；带草者，谓之行草。子敬之法，非草非行，流便于草，开张于行，草又处其中间。无藉因循，宁拘制则；挺然秀出，务于简易；情驰神纵，超逸优游；临事制宜，从意适便。有若风行雨散，润色开花，笔法体势之中，最为风流者也。"

晋人的行书是历代书法家所仰慕学习的经典。前人论为

"书以晋人为最工，亦以晋人为最盛。晋之书，亦犹唐之诗、宋之词、元之曲，皆所谓一代之尚也。"晋人书法又以王羲之、王献之父子为代表。王羲之的行书方圆兼备、刚柔相济，达到了中和之美的极致，而且又天真烂漫、尽合自然之美，极尽变化之能事。以后的唐代颜真卿用裹锋，参以篆书笔意，行书遒劲郁勃；李邕以纵横之势写峻健之书；五代杨凝式在刚健厚重中见灵动逸气；宋代苏轼丰腴而雄健，神采焕发；米芾字有八面，沉着痛快；他们的行书都是以二王为基础的。元以后书家在前人的基础上，或在极熟上见功力、或在能生上出变化，形成自家行书的不同面貌。

王羲之与《兰亭序》

王羲之，字逸少，琅琊临沂（今山东临沂）人，著名书法家，被后代尊为"书圣"。王羲之出身声威显赫的东晋士族，曾经官至右军将军和会稽内史，所以常被人们称为王右军、王会稽。王羲之是个书法的多面手，行、草、楷、隶各种书体都写得很好，他的楷书学习的是钟繇的笔法，草书学的是张芝，也曾学习过李斯、蔡邕等人的书法，可谓是博采众长。王羲之的书法圆转凝重，创立出有婉媚风格的今体书风，突破了隶书笔意，有"龙跳天门，虎卧凤阙"的美誉，给人以安静优雅的美感。《晋书·王羲之传》评价他说："尤善隶书，为古今之冠，论者称其笔势，以为飘若浮云，矫若

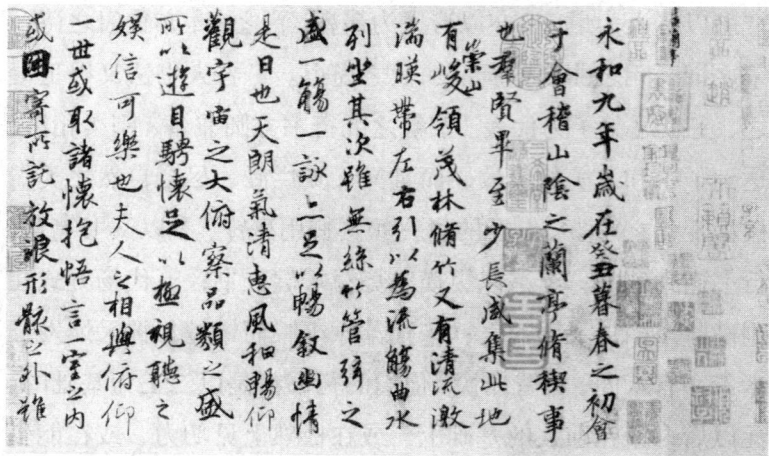

《兰亭集序》帖（局部）东晋 王羲之

惊龙。"据史料记载，他的书法作品有楷书《乐毅论》《黄庭经》，草书作品有《十七帖》，行书作品有《姨母帖》《快雪时晴帖》《丧乱帖》等。其中他的行书《兰亭序》最具代表性，被赞誉为"天下第一行书"。

东晋穆帝永和九年（353年）三月初三，阳光明媚，王羲之与谢安、孙绰等41人在山阴（今浙江绍兴）兰亭饮酒唱歌，赋诗唱和。最后，有人提议将众人当日所做的37首诗，汇编成集，这便是《兰亭集》。之后，大家又推举王羲之写一篇《兰亭集序》。王羲之酒意正浓，于是提笔在纸上畅意挥毫，一气呵成，这就是名噪天下的《兰亭序》。序中记叙了兰亭周围山水之美和聚会时的欢乐之情，同时抒发了王羲之对好景不长，生死无常的感慨。此帖共28行，342字，章法、结构、笔法都很完美。《兰亭序》用笔以中锋为主，从而使

其字形有骨气奇高之彩，侧笔优美，曲折有致，有时蕴藉含蓄，有时锋芒毕露。尤其是章法，从头至尾，俯仰开合，疏朗多姿，笔迹似断实连，气韵生动。结体欹侧变幻，错落有致，曲尽其态，尤其是帖中 20 个"之"字，每字各具情态，无一雷同。《兰亭序》充分体现了王羲之作品飘若浮云、游若惊龙的风格特征。同时他的气度、风神、襟怀、情愫，在这件作品中也得到了充分表现。王羲之的《兰亭序》不仅在当时名冠天下，也是后来众多书法家临摹、学习时最常用的版本。

颠张醉素

"颠张"指唐朝书法家张旭，他的草书特点是激情勃发，如狂如颠。"醉素"指张旭的学生怀素和尚，他的草书特点是圆转飞动、空灵剔透。张旭、怀素是唐代草书书法家中最具创新意识和成就的，他们对传统书法既有继承又有创新，将传统的草书进行了一定程度的创新，两人的书法都臻于化境。他们在书法上的创造，使其完全摆脱了实用性而成为一种纯粹艺术。

张旭，字伯高，生卒年不详，吴郡吴（今江苏苏州）人。曾担任过长史的职务，因此有"张长史"之名。张旭为人风流狂放，据说他写字前必先喝酒，醉后挥毫，有时甚至用头发蘸墨书写，书法连绵回绕，起伏跌宕，变化无穷，

因此被人叫作"张颠"。张旭的草书灵感多来自生活与自然，比如他曾经从公孙大娘的舞剑过程中领悟到书法的新途径，这种擅长触类旁通的学习精神使得他最终在草书上取得了很高的成就，被后人尊称为"草圣"。他的传世草书有《肚痛帖》《古诗四帖》等。

怀素，俗姓钱，字藏真，永州零陵（今湖南永州）人，自幼出家为僧，是张旭的学生。他擅长草书，喜好饮酒，人称醉僧。每次喝醉后，就挥笔狂书，"运笔迅速，如骤雨旋风，飞动圆转，随手万变，而法度具备"。他的草书在张旭的基础上又有新的发展，灵动飘逸，变化多端，具有创造性。怀素与张旭合称"颠张醉素"，对后世草书影响很大。有《自叙帖》《藏真帖》《苦笋帖》《论书帖》《食鱼帖》《律公帖》《小草千字文》等传世。

颜筋柳骨

"颜筋"，指的是唐朝颜真卿的书法，特点是筋力丰满，气派雍容堂正；"柳骨"指的是唐朝柳公权的书法，其特点是骨力劲健。

颜真卿，字清臣，京兆万年（今陕西西安）人，一说琅琊临沂（今山东临沂）人。曾任监察御史、殿中侍御史、平原太守、御史大夫。颜真卿自幼学书，曾得到张旭亲授，并集众家之长，融会贯通，形成独特的个人风格。他行书、

楷书俱佳，但以楷书最佳，他的楷书端庄雄伟，气势开张，结体方正茂密，笔力雄强圆厚，笔画横轻竖重；行书则气韵舒和。总的来说，他的书法蕴涵古法，却又不被古法拘束，在唐朝的书法上独树一帜，称为"颜体"。颜真卿创造出极具大唐风度的书体，是盛唐书法创新的代表人物，是书法史上继二王之后成就最高、影响最大的书法家，同时也以高尚出众的人格名垂千古。他的代表作有《多宝塔碑》《颜勤礼碑》《麻姑仙坛记》《祭侄文稿》《湖州帖》等。《多宝塔碑》是颜真卿的成名作，它是由岑勋撰文，徐浩题额和史华刻字，现收藏于西安碑林，书写风格颇有二王、欧、虞、褚的遗风，整篇结构严密，点画圆整，端庄秀丽。

柳公权，字诚悬，京兆华原（今陕西铜川耀州区）人，是唐代与颜真卿齐名的大书法家，并称"颜柳"。曾任翰林院书诏学士、太子太保。他擅长楷书，先学王羲之，后学颜真卿，博众家之长。最终，他在晋人劲媚的书法特点和颜书的雍容雄浑风格之间独辟蹊径，自成一体。他的书法结体紧密，笔画锋棱分明，偏重骨力，书风遒劲，在书法史上影响很大。世人常将其书法与颜真卿相对比，称之为"颜筋柳骨"。他的代表作有《玄秘塔碑》《神策军碑》《金刚经》等。《神策军碑》整体布局平稳匀整，特点是左紧右舒，历来被作为最好的临写范本之一；《玄秘塔碑》的原碑现存陕西西安碑林，这是柳公权传世书法中最为著名的一篇，在楷书中堪称模范。

宋四家

"宋四家"指的是苏轼、黄庭坚、米芾和蔡襄4个最能代表宋代书法成就的书法家。

苏轼，著名文学家、书画家。他的书法继承"二王"传统，但又注意创新。他擅长行书和楷书，其字初看平淡无奇，细看却有浩荡之风，笔法有风骨，变化灵活，代表作品有《前赤壁赋》《后赤壁赋》《黄州寒食帖》等。

黄庭坚，北宋诗人、书法家。他兼擅行书和草书。以侧险的笔法取势，字形瘦劲，其代表作有《松风阁诗帖》《黄州寒食诗跋》《花气熏人帖》等。

米芾，是一位独具个性的书法家，其作品遵循法度，但又有潇洒奔放的态势，作品呈现出淋漓痛快的风格，传世作品包括《苕溪诗卷》《蜀素帖》等。其中《蜀素帖》是米芾的著名佳作，此书用笔纵横挥洒，方圆兼备，刚柔相济，藏锋处微露锋芒，露锋处亦显含蓄，长短粗细，体态万千，充分体现了他"刷字"的独特风格。章法上，紧凑的点画与大片的空白强烈对比，粗重的笔画与细柔的线条交互出现，流畅的笔势与涩滞的笔触相生相济，动静达到了完美结合。结字也俯仰斜正，变化极大，并以侧欹为主，表现了动态的美感。另外，由于丝绸织品不易受墨而出现了较多的枯笔，这恰使得通篇墨色有浓有淡，更精彩动人。

蔡襄，在宋代书法发展史上起到过关键性作用。浑厚端庄、淳淡婉美、气息温雅是他书法的最大特点。他的传世代表作有《自书诗帖》《谢赐御书诗》《蒙惠帖》等，此外还有碑刻珍品《万安桥记》《昼锦堂记》等。

董其昌

董其昌，晚明杰出书画家、书画理论家和收藏家，"华亭派"的主要代表，人称董华亭。字玄宰，号思白、香光居士，上海松江人，曾经官至南京礼部尚书。

董其昌的书法成就中，行草的造诣最高。董其昌的书法融晋、唐、宋、元名家风格为一体，用墨讲究，用笔精到。其书力追古法，笔画显得非常古朴，自成风格，飘逸潇洒，大气空灵。董其昌的书法，精于"六体"和"八法"，可谓

岳阳楼记　明　董其昌

集大成于一身，在当时声名远播。清代中期，康熙、乾隆都推崇董其昌的书法，将其视为正宗而常常临摹欣赏，引得当时出现了满朝皆学董书的疯狂热潮。作为一位书画理论家，他虽然没有留下书论专著，但我们能从他众多题跋中看到他的书法主张。他以韵、法、意的概念对晋、唐、宋三代书法的审美取向进行评论，这是书法理论史上的创见。董其昌的传世书画作品很多，代表作有《白居易琵琶行》《三世诰命》《草书诗册》《烟江叠嶂图跋》《倪宽赞》《前后赤壁赋册》等。

文房四宝

中国书法的材料和工具是由笔、墨、纸、砚构成的，因而人们通常把它们称为"文房四宝"，意思就是说它们是文人书房中必备的四件宝贝。

笔，主要是指毛笔。据传，毛笔的最早使用者是秦代的蒙恬。毛笔的种类甚多，现在所使用的主要有紫毫、狼毫、羊毫及兼毫4种。"紫毫"，就是取野兔脊背之毫制成，因色呈黑紫而得名。"狼毫"，是指以狼毫制成的笔。古代也确实有用狼毫制成的毛笔，但今天所称的狼毫，是用黄鼠狼之毫做成的。"羊毫"，是指以青羊或黄羊之须或尾毫制成的毛笔。"兼毫"，是指合两种以上之毫制成，依其混合比例命名，如三紫七羊、五紫五羊等。

墨，分为天然墨、半天然墨和人工墨。天然墨、半天然墨主要是指石墨，多在汉代以前使用；人工墨主要是指松烟墨和油烟墨，它们出现在汉代，至今仍在使用。松烟墨是用松枝烧烟加工制成，其特点是颜色乌黑，无光泽；油烟墨是用桐油或添烧烟加工制成，其特点是色泽黑亮，有光泽。在墨锭当中，泛出青紫光的最好，黑色的次之，泛出红黄光或有白色的为最劣。

纸，是我国古代四大发明之一。根据造纸的材料和吸墨功能的强弱，纸可以分为两大类。以木头为材料制成的纸，吸墨较强，以宣纸类为代表，如彷宣、玉版宣。由于宣纸较为昂贵，后来又出现了毛边纸、元书纸与棉纸等。用竹子制成的纸吸墨性较弱，以笺纸类为主，如澄心堂纸、泥金笺，还有今天的洋纸。

砚，是磨墨用的工具。根据制砚材料的不同，砚可以分为石砚、陶砚、砖砚、铜砚、玉砚等种类，最常用的还是石砚。从古至今，最负盛名的砚是广东产的端砚和安徽产的歙砚。

少年学国学

民俗传统大观

周韵 主编

北京燕山出版社

图书在版编目（CIP）数据

民俗传统大观 / 周韵主编 . — 北京：北京燕山出
版社，2024.2

（少年学国学）

ISBN 978–7–5402–6749–0

Ⅰ.①民… Ⅱ.①周… Ⅲ.①风俗习惯 – 中国 – 少年
读物 Ⅳ.① K892–49

中国版本图书馆 CIP 数据核字（2022）第 216275 号

少年学国学·民俗传统大观

主　　编　周　韵
责任编辑　王长民
文字编辑　赵满仓
封面设计　凡　人
出版发行　北京燕山出版社有限公司
社　　址　北京市西城区椿树街道琉璃厂西街 20 号
邮　　编　100052
电话传真　86-10-65240430（总编室）
印　　刷　三河市华成印务有限公司
开　　本　880mm × 1230mm　1/32
总 字 数　460 千字
总 印 张　24
版　　次　2024 年 2 月第 1 版
印　　次　2024 年 2 月第 1 次印刷
定　　价　118.00 元（全 6 册）
发 行 部　010-58815874
传　　真　010-58815857

如果发现印装质量问题，影响阅读，请与印刷厂联系调换。

目录

·节 日·

·礼 俗·

·饮食文化·

·称谓文化·

·古人的娱乐·

·独特的中医·

节日

春 节

　　春节是中国的传统节日，又叫阴历年，俗称"过年""新年"，时间是农历正月初一。它是中国所有节日中最隆重的节日。春节的历史很悠久，它起源于商朝时年头岁尾的祭神祭祖活动。正月初一古称元日、元辰、元正、元朔、元旦等，俗称年初一。民国时期改用公历，公历的1月1日称为元旦，农历的正月初一叫春节。

　　据《史记》《汉书》记载，正月初一为四始（岁之始，时之始，日之始，月之始）和三朝（岁之朝，月之朝，日之朝）。在古代，人们在这一天迎神祭祖，举行各种娱乐活动，占卜气候，祈

买年画　清　《太平欢乐图》
历史上，民间对年画有着多种称呼：宋朝叫"纸画"，明朝叫"画贴"。直到清朝道光年间，文人李光庭在文章中写道："扫舍之后，便贴年画，稚子之戏耳。"年画由此定名。

求丰收。春节的各种活动各地略有不同，其内容大致都有：除夕，俗称大年，这时家人团聚，吃团年饭，进行守岁；贴门神和春联（汉代的习俗是在门户上画鸡、悬苇，或画神荼、郁垒二神像于桃板上，意在驱逐瘟疫恶鬼，后演变为门神和年画）；正月初一，人们走亲访友，互致祝贺，称为拜年。另外，各地还要放爆竹，以驱祟迎祥。

人 日

　　人日节又称人胜节、人庆节、七元节。此节今天虽已消亡，但在古代却是一个大节。人日节最早的记载是西汉东方朔的《占书》："岁后八日，一日鸡，二日犬，三日豕，四日羊，五日牛，六日马，七日人，八日谷。其日晴，所主之物育，阴则灾。"这是以天气的阴晴来预测一年的物产与人事：那一天晴，则相应的人畜两旺，阴则有灾。但岁后八日为什么与这些家禽家畜相联系呢，并且还与人相联系呢？这可能与中国远古神话的女娲造人说有关。

　　《风俗通义》载："俗说天地开辟，未有人民，女娲抟黄土做人，剧务，力不暇供，乃引绳泥中，举以为人。"中国古代神话认为，人是女娲用黄土所造，因捏泥捏不过来，于是用绳子甩泥浆以为人。《太平御览》转引《谈薮》注云："一说，天地初开，以一日作鸡，七日作人。"从古籍的记载中可以看出，中国古人的确相信女娲造人说，并且在岁后

的第一天至第八天，分别造出了鸡、狗、猪、羊、牛、马、人与谷。从神话的角度来说，人日就是人的生日，也是家庭的生日。正月初七正式成为人日节可能在晋代。《荆楚岁时记》记载："正月七日为人日，以七种菜为羹，剪彩为人，或镂金箔为人，以贴屏风，亦戴之头鬓。又造华胜以相遗，登高赋诗。"当时，人日的各种习俗已经形成，如吃七菜羹、剪彩人、互相赠送华胜（妇女的头饰）、登高踏青等，这标志着古人已经把人日当成了节日。

立 春

立春是二十四节气的第一个节气，时间大约在农历正月上旬，这时严冬已尽，春天开始，应是温阳和煦、"吹面不寒杨柳风"的时节，不过偶尔也会有春寒料峭的时候。立春在古代就是今天的春节，从汉代开始，所谓春节就专指立春节，并且这种以立春为迎春之节的传统一直到清代都在持续。现在正月初一的春节古代称为元旦，是一年的岁首。将春节固定到正月初一，是辛亥革命以后的事。中华民国采取了公历，以公历的1月1日为元旦，为区别起见，这才将旧历正月初一专称为"春节"。这样的命名，也是因为春节常在立春前后的缘故。

再从迎春的主题来看，立春和春节是一致的，是古已有之的传统。自古以来，中国人就十分重视立春节，旧历书

云：“斗指东北，维为立春，时春气始至，四时之卒始，故名立春。”就节气而言，一年的岁首是立春。民间有谚云，“一年之计在于春”，可见立春此日之重要。中国以农业立国，农业收成关系到国计民生，因此，古代的帝王为了表示对立春的重视，常常率领群臣举行隆重的迎春大典。

元宵节

元宵节又叫上元节、元夕节、灯节，是汉族传统节日，时间是农历正月十五日。正月是农历的元月，古人称夜为

元宵灯市

正月十五，最热闹的就是灯市。这幅清代元宵灯市图，表现了张灯结彩、人来人往的热闹景象。

"宵"，正月十五是一年中第一个月圆之夜，所以称正月十五为元宵节。早在西汉汉文帝时，就已经下令将正月十五定为元宵节。汉武帝时，"太一神"（太一：主宰宇宙一切之神）的祭祀活动定在正月十五。东汉明帝提倡佛教，他因听说佛教有正月十五僧人观佛舍利、点灯敬佛的做法，就下令在正月十五这一天夜晚在皇宫和寺庙里点灯敬佛，并下令民间也都挂灯。后来这种佛教节日逐渐形成民间的节日。元宵节经历了由宫廷到民间，由中原到全国的发展过程。

后来随着时间的推移，元宵节的内容不断变化。唐玄宗时规定观灯为三夜，元宵夜出现杂耍技艺。北宋延长到五夜，出现了猜灯谜活动。明朝时规定正月初八张灯，正月十五落灯，又增加了戏剧表演。元宵节的一个重要活动就是吃元宵（北方大部分地区吃元宵，而南方吃汤圆），有团团圆圆之意。一般认为，元宵节是春节活动的结束。

二月二

"二月二"，指的是农历二月初二，是我国的一个传统节日。有关"二月二"的习俗很多，其中俗语"二月二，龙抬头"可谓家喻户晓。"龙抬头"一说，最早见于明人刘侗《帝京景物略》："二月二，龙抬头，煎元旦祭余饼……"至于抬头的为何是龙，又为何只与"二月二"有关，说法和故事就多了。民间认为，龙是一种吉祥物，主管天上的云雨，

"龙抬头",意味着风调雨顺,是人们心中美好愿望的充分体现。由于我国大部分地区受季风气候影响,所以在农历二月初,气温便开始回升,日照时数逐渐增加,气候已经适宜进行田间农事活动。所以,会有这样的农谚:"二月二,龙抬头,大家小户使耕牛。"但也有一些地方或某些年份,因为春旱较严重而导致春雨贵如油。倘春雨充沛,则预示着一年的丰收。所以又有农谚说:"二月二,(若)龙抬头,大仓满,小仓流。"

"二月二"敬土地神这一习俗,盛行于我国台湾地区。每逢"二月二",人们把纸钱系在竹枝上,然后插立田间,以奉献给土地神。鄂西鹤峰一带的土家族人在敬土地神时,还要点香烛,摆上酒菜,然后磕头请愿。

这一天,其他习俗也有很多,比如有的地方在起床前,先念:"二月二,龙抬头,龙不抬头我抬头。"起床后还要打着灯笼照房梁,边照边念:"二月二,照房梁,蝎子蜈蚣无处藏。"有的地方在这一天妇女不动针线,说是怕伤了龙的眼睛;还有的地方这一天禁止洗衣服,怕伤了龙皮,等等。

上巳节

上巳,是指农历三月的第一个巳日,故又称元巳(一月中有 3 个巳日,还有中巳、下巳)。三月上巳的风俗最早可能起源于周朝。《周礼·春官宗伯·女巫》载:"女巫掌岁

时被除、衅浴。"郑玄注："岁时被除，如今三月上巳如水上之类；衅浴，谓以香薰草药沐浴。"可见周朝已经有上巳日被、沐浴的风俗，作用是驱疫避邪，除去旧年的不祥。但上巳的名称最早见于南朝古籍中汉代的事迹。

农历三月上巳每年都不固定，为了方便和统一，魏晋后将上巳节定在了三月初三，又称重三或三月三。节日固定以后，节日的仪式和活动就有了更大的规模且更为规范，从宫廷到民间，上巳日出城踏青、祭祀宴饮、于水边沐浴已是普遍的活动。此外，上巳节在上古还有在河边解神的活动。解神即还愿谢神，这大概是一种巫术仪式。随着时代的发展，人们在水边不仅仅举行沐浴被除的仪式，还把它当成宴饮游玩的好时光，于是，魏晋以后又普遍流行曲水流觞、列坐赋诗等文人的雅事，其巫术意义的祭祀则越来越淡化了。

社 日

社日节是祭祀社神的日子。关于社神的由来，《礼记·祭法》载："共工氏之霸九州也，其子曰后土，能平九州，故祀以为社。"以后土为社神还有一个神话：后土原名叫勾龙，是水神共工的儿子。共工长得人脸蛇身，满头红发，脾气暴烈。有一天，他和天神打仗，一怒之下竟把撑天的柱子撞折了，这一下天崩地裂，洪水泛滥。于是，女娲只好炼五色石才把破了的天补好。勾龙见父亲闯了大祸，心里非常难过。

当女娲将天补好之后，他就把九州的大裂缝填平了。黄帝见勾龙贤明，便封他一个官叫后土，让他拿着丈量土地的绳子，专门管理四面八方的土地，也就成了人们所称的社神。

社日分为春社和秋社。春社一般为立春后第五个戊日，约春分前后。古人在秋天祭祀社神，则是报答社神给人间带来的好收成。秋社在立秋后第五个戊日，约在秋分前后。社日的主题是为春祈而秋报，其活动除了祭社神以外兼有乡邻会聚宴饮的性质。在古代，社日颇受人们重视。每逢春、秋二社，朝廷与各级政府要举行正规的社祭仪式，民间则要举行社祭聚会，进行各式各样的社祭表演，并集体欢宴，非常热闹。

清明节

清明节是我国的传统节日，也是最重要的祭祀节日，大概在每年的 4 月 4 日至 6 日之间。同时，清明又是二十四节气之一。

清明节大约始于周朝，已有 2500 多年的历史。因清明与寒食（民间禁火扫墓的日子）的日子接近，后两者合二为一，寒食成为清明的别称，也成为清明的一个习俗。清明那天不动烟火，只吃凉的食品，并且去给祖先扫墓（俗称上坟）。北方和南方在清明节的活动侧重不同。北方重视扫墓，人们带着酒食果品、纸钱等物品到墓地，将食物摆在亲人墓前，

焚烧纸钱，给坟墓培上新土，插上几枝嫩绿的新枝，叩头祭拜，最后吃掉酒食回家。南方则侧重踏青，借此出去郊游。另外，清明节时还有插戴柳枝、放风筝、取新火、画蛋、斗鸡、荡秋千等活动。直到今天，清明节仍是祭拜祖先、悼念亲人的重要节日。

端午节

端午节又称端阳节、重午节、午日节等，俗称五月节，中国民间的传统节日，时间是农历五月初五。

关于端午节的起源，流传最广的是纪念伟大诗人屈原。楚国大臣屈原遭奸臣陷害，被流放到汨罗江一带。他听说楚国国都郢被秦军攻破，悲痛万分，投汨罗江而死。江边的人民怕鱼吃屈原的尸体，就向江中投米，并划龙舟驱散江中的鱼，后来演化为吃粽子和赛龙舟活动。除了吃粽子和赛龙舟外，端午节的习俗还有佩香囊，悬挂菖蒲、艾草，喝雄黄酒，挂荷包和拴五色丝线，挂钟馗像等习俗。

七夕节

七夕节又称"乞巧节"或"女儿节"，时间是农历七月初七，这是中国传统节日中最具浪漫色彩的一个节日，也是

过去女子最重视的一个节日。乞巧节起源于汉代。东晋葛洪的《西京杂记》有"汉彩女常以七月七日穿七孔针于开襟楼，人俱习之"的记载，这是古代文献最早的关于乞巧的记载。乞巧节来源于牛郎织女的故事：织女是天帝之女，下凡与牛郎结婚，生下一男一女。后王母娘娘派人抓走织女，并在两人之间划了一道天河，只允许两人每年七月初七在鹊桥相会一次。传说织女是一个心灵手巧的仙女，所以每逢七月初七，凡间女子就会在这一天晚上向她乞求智慧和巧艺，并求她赐给美满的姻缘，这就是乞巧节的由来。传说在七夕的夜晚，人们抬头可以看到牛郎织女在银河相会，在瓜果架下还能偷听到两人的情话。它与孟姜女传、白蛇传、梁祝并称中国四大传说。

中元节

中元节又称鬼节、盂兰盆会，是佛教于每年农历七月十五日举行的施斋供僧超度亡灵的法会。

盂兰盆是梵文的音译，意为"救倒悬"，它源于目连救母的传说。据《佛说盂兰盆经》记载，释迦牟尼的弟子目连在母亲死后非常痛苦，如处倒悬。因此求佛祖为其母亲超度，佛祖让他在僧众夏季安居终了之日（农历七月十五）供养十方僧众，终使其母解脱。从此，佛教徒开始兴办盂兰盆会。佛教传到我国后，南朝梁大同四年（538年），梁武帝首次

设盂兰盆斋。到了唐朝，盂兰盆会更加盛行，除了设斋供僧外，还增加了拜忏、放焰口、放灯等活动。中元节一般是 7 天，到了晚上，各家都要备下酒菜、纸钱祭奠死去的亲人。死去的亲人又有新亡人和老亡人之分。3 年内死的称新亡人，3 年前死的称老亡人，要分别祭奠。在中元节最后一天，各家都要做一餐好饭菜敬亡人，这叫"送亡人"。

中秋节

中秋节是中国传统节日，又称团圆节、八月节。时间在农历八月十五，这正是一年秋季的中期，所以称为中秋节。中秋节与元宵节、端午节并称三大传统佳节。农历把一年分为四季，每季又分孟、仲、季三部分，所以中秋也称仲秋。八月十五的月亮是一年满月中最圆、最亮的，所以中秋节又叫作"月夕""八月节"。中秋节在两汉时已经出现，但时间是立秋日。唐朝时，中秋节的活动日益增多，出现了观月、赏月、饮酒对月等活动。北宋宋太宗把八月十五定为中秋节。中国一直是一个农业社会，而八月正是农作物的收获季节，庆祝丰收、祝贺团圆便成了中秋节的主题。每当夜幕降临，明月东升，人们献月饼、瓜果以祭月，这种风俗一直延续到今天。八月十五，人们仰望夜空中的明月，期盼家人团聚。他乡的游子，也会寄托自己对故乡和亲人的思念，所以中秋节又称"团圆节"。

琼台赏月图

在唐代，中秋赏月、玩月颇为盛行；在宋代，中秋赏月之风更盛；明清以后，中秋节赏月风俗依旧，许多地方形成了放天灯、走月亮、舞火龙等风俗。

重阳节

重阳节又称重九节、茱萸节，是中国传统节日，时间在农历九月初九。《易经》认为，九为阳数，两九为"重九"，两阳为"重阳"，古人认为，这是个值得庆贺的吉利日子。九九重阳，因为与"久久"同音，九在古人的观念里是最大的数字，所以有长久长寿的含意，而且秋季也是一年收获的黄金季节，所以人们对重阳节有着特殊的感情。历代文人也有不少祝贺重阳的诗词佳作。

重阳节起源很早，在战国时的《楚辞》中就已经提到。屈原的《远游》里写道："集重阳入帝宫兮，造旬始而观清都。"三国魏文帝曹丕在《九日与钟繇书》中，描写了重阳节的饮宴："岁往月来，忽复九月九日。九为阳数，而日月并应，俗嘉其名，以为宜于长久，故以享宴高会。"到了唐代，重阳节被正式定为民间节日。明朝重阳节时，皇帝要亲自到万岁山登高，皇宫里要一起吃花糕以庆贺。在重阳节这天，人们登高、赏菊、插茱萸、放风筝、饮菊花酒、吃重阳糕等。

冬　至

冬至是我国的一个传统节日，也是农历中一个非常重要的节气，现在我国不少地方仍有过冬至节的习俗。冬至

俗称"冬节""长至节""亚岁"等。早在 2500 多年前的春秋时期，冬至已经在我国用土圭观测太阳而测定，它是二十四节气中最早被制定的一个，时间在每年阳历的 12 月 21 日至 23 日。

我国古代对冬至相当重视，曾有"冬至大如年"的说法，而且有庆贺冬至的习俗。冬至过节源于汉代，盛于唐宋，相沿至今。经过数千年的发展，冬至形成了它独特的节令食文化。很多地方都把馄饨、饺子、汤圆、赤豆粥、黍米糕等作为过节时的食品，在北方的一些地区还流传着冬至不吃饺子会被冻掉耳朵的传说。以前较为时兴的"冬至亚岁宴"的名目也有很多，如吃冬至肉、献冬至盘、供冬至团、馄饨拜冬等。

冬至较为普遍的一种风俗是吃馄饨。南宋时，临安人就在冬至吃馄饨，开始是为了祭祀祖先，后逐渐盛行开来。民间还有"冬至馄饨夏至面"之说，意思是在冬至时要吃馄饨。馄饨的名号繁多，北方以及江浙等大多数地方称馄饨，广东称云吞，湖北称包面、水饺，江西称清汤，四川称抄手，等等。冬至的另一传统习俗是吃汤圆，这种风俗在江南尤为盛行。"汤圆"在江南是过冬至必备的食品，冬至吃汤圆又叫"冬至团"，民间有"吃了汤圆大一岁"之说。在北方的不少地方，在冬至这一天有吃狗肉和羊肉的习俗。因为冬至过后天气进入一年当中最冷的时期，中医认为，狗肉、羊肉都有壮阳补体之功效，所以民间至今有冬至进补的习俗。在我国台湾地区，

则流传着冬至用九层糕祭祖的传统，人们用糯米粉捏成鸡、鸭、龟、牛、羊等象征吉祥如意福禄寿的动物，然后用蒸笼分层蒸成，用来祭祖，以示对老祖宗的怀念。

腊 八

腊八节是中国传统节日，又称腊八。因时间在农历十二月（腊月）初八，故名。早在先秦时，人们就在腊八这天祭祀祖先和神灵，祈祷来年丰收和吉祥。这天也是佛教创始人释迦牟尼的成道之日，因此腊八也是佛教徒的节日，称为"佛成道节"。在这天，僧人们在寺庙里诵经礼佛，并效法释迦牟尼得道前，牧羊女为他献乳粥的传说，用香谷和干果熬成粥，供奉佛祖，称腊八粥，又称七宝五味粥。随着佛教传入中国，这一佛教节日逐渐世俗化，成为民俗。

在这一天最重要的活动就是吃腊八粥，我国吃腊八粥在宋朝就开始了。腊八节这天，家家户户都要熬腊八粥，先祭祀祖先，然后合家团聚一齐食用，还会馈赠亲朋好友。

小 年

小年又称小年下、小年节，时间是农历十二月二十三。这天主要是送灶神上天言事，称送灶、辞灶、醉司命。灶神

称东厨司命定福灶君，俗称灶君、灶王、灶王爷，它主管人间的饮食，是一家之主。

中国在秦汉时期就开始祭祀灶神。魏晋以后，灶神有了姓名。现在民间供奉的灶神，是一对老夫妇并坐，或是一男两女并坐，这就是灶君和灶君夫人的画像。一般贴在锅灶墙上，有"上天言好事，下凡降吉祥"之类的对联，横批是"一家之主"。

祭祀灶神在晚上进行。祭祀时，摆上果品甜点，先磕头烧香，然后揭掉旧灶神烧掉，这就是送灶神上天。祭祀灶神时，应多摆设甜和黏的食品或把糖粘在灶神嘴上，传说这样可以使他嘴甜，只能说好话。有的还在灶神上抹酒，称"醉司命"。

除 夕

除夕，又称"除日""除夜""岁除""岁暮""岁尽""暮岁"，俗称大年夜（除夕的前一天为小除，称小年夜。除夕为大除），旧称"年关"，是农历岁末的最后一晚，即大年三十，是中国的传统节日。除夕就是"月穷岁尽"的意思。

相传古时候有一个猛兽叫"年"，每到岁末就出来吃人。一个偶然的机会，人们发现年害怕红色的东西、火光和巨响。于是每到岁末，人们都穿上红色的衣服，燃放鞭炮，吓得年再也不敢出来了。人们互相祝贺道喜，张灯结彩，饮酒摆宴，

除夕婴童放鞭炮图

庆祝胜利。后来人们逐渐把穿红色衣服演变成贴红色春联。

除夕，各地的风俗略有不同，北方人包饺子，南方人做年糕。水饺状似元宝，年糕音似"年高"（一年比一年高），都是吉祥如意的好兆头。

除夕之夜，全家人都要吃"团年饭"。吃团年饭时，桌上一定要有鱼，象征"富裕"和"年年有余"。饭后，长辈要给晚辈发"压岁钱"，接下来就是全家人守岁到凌晨，到了大年初一去拜亲访友。

礼俗

折柳送别

李白有诗云："谁家玉笛暗飞声，散入春风满洛城。此夜曲中闻折柳，何人不起故园情。"哀婉的思乡之情被"闻折柳"一语道破。折柳是人们寄托相思之苦的一种意象。在古代，人们送别，除了"肠断望尽天涯路，十里长亭目相送"外，也会折柳相赠。那么，折柳送别的习俗源于何时呢？

据史料记载，人们以柳寄情始于汉代。《诗经·小雅·采薇》中写道："昔我往矣，杨柳依依。今我来思，雨雪霏霏。"说的是离人在春光明媚、万物尚青之时离开，归来时，却是一幅白雪皑皑的冬景。其实，这里作者是借景物烘托离别的心情。在这之后的很多乐府民歌中，开始陆续出现以杨柳表离别的诗句。

汉语中，"柳"与"留"谐音。人们希望通过折柳，表达挽留离人的心情。亲人们依依惜别，难舍难分的情愫就像随风飘荡的柳枝一样绵绵无期。人们送离人折柳，又意在祝愿远行的亲人或朋友，能够如同折柳一样，到哪里都有旺盛的生命力，不因背井离乡而不适。折柳在身，便如亲人在旁，随遇而安。

据说，在古代的长安灞桥长堤上，每隔几米的距离，便有一株如丝绦般的垂柳。此地是出入长安的必经之路，因而

古人送别

有很多人在此送别。微风吹拂着岸边的杨柳，更增添了人们
的离别感伤。于是，人们折下柳枝送与离别之人，带着柳枝
离开的人，便会如柳枝一样易于生存，并以柳枝遥寄相思无
解之情。唐代张九龄有诗云："纤纤折杨柳，持此寄情人。"

　　折柳意象产生后，文人墨客对其加以拓展升华，使得送
别感怀的场景，更显得意境缥缈，折柳惜别以表祝愿的情结
也更加浓了。

做满月

　　婴儿出生一个月叫满月，在民间，庆贺满月的仪式和活
动多种多样，丰富多彩。其中，喝满月酒和剃满月头是延续

至今最为重要的习俗。

婴儿满月的礼俗流行于唐朝。到了南宋，几乎所有官宦和富有的人家都要为婴儿举办"洗儿会"，这是一种很隆重的风俗。主人家要在婴儿出生满一个月的日子发请帖宴请亲友，亲朋好友会在这一天携带各种礼品前来向婴儿表达祝福。到了近代，婴儿满月时的庆祝方式有了不同，满月时外婆要为婴儿准备一份丰盛的礼物，包括面条、粽子、馒头和一只活鸡，有的还会送婴儿用的帽、鞋、袜、衣服等，俗称"拿满月"。中午时分，亲朋好友聚在一起，觥筹交错，祝福声此起彼伏。这种情景就是历代相沿的"满月酒"。

"剃满月头"是婴儿满月的另外一项重要仪式，在民间也叫落胎毛。在我国，不同的地方剃满月头的习俗是不一样的，有不同的说法和讲究，但其中有一个共同点是胎毛不能剃光。一般情况下是在头顶心或近脑门处留下一撮，俗称桃子头、桶盖头、米囤头等。另外，还有一些地区的习俗是把落胎毛的仪式放在婴儿出生满百天时举行，称为剃百日头，留一撮毛和郑重处理落发的习俗与剃满月头基本一致。

关于珍藏剃下胎毛的意义，也有众多说法。有些地方的风俗是将其搓成一个圆球挂在床檐正中，意在孩子长大离家后，胎发团还挂在母亲的床上，可以永远受到母亲的护佑；有些地区的习俗是用线绳将胎发吊在窗台上牢牢系住，说这样就可以使小孩经受风吹雨打，有利于小孩的成长；有的地方则是将胎发盛入金银小盒，或用彩色的线结

成绦络，认为这样做可以起到辟邪的作用；还有的地方是将胎发用红布包起来，缝进小孩儿的背心或夹袄中，认为如此便能使小孩儿顺利成长。

抓 周

婴儿出生满一年，古称"周"，现称周岁。周岁这天，全家人不仅要庆贺，而且还要举行隆重的抓周仪式。抓周，也叫试儿、试周、揸生日。它是周岁礼中一项很重要的仪式，最早见于南北朝时期的古俗，在民间流传至今。

在我们熟悉的古典名著《红楼梦》里，也曾写到过"抓周"这个礼仪。贾宝玉在周岁那天抓了胭脂钗环，因为这些都是妇女的用品，所以父亲很不高兴，还说他将来一定不会好好读书，是一个酒色之徒。

民间的"抓周"仪式一般都在中午吃"长寿面"之前进行。在古代，讲究一些的富户都要在床（炕）前陈设大案，摆上一些代表各种职业的器具，比如笔、墨、纸、砚、印章、算盘、账册、首饰、花朵、吃食、玩具等，如果过生日的是女孩，则还要加摆勺子（炊具）、剪子、尺子（缝纫用具）、绣线，等等。然后在没有任何诱导的情况下，小孩由大人抱着来选这些东西，家长根据小孩先抓什么，后抓什么，来测卜孩子的志趣、前途以及未来要从事的职业。比如小孩先抓了文具，则意味着长大以后必定是个文人；先抓了印章，则

意味着长大以后可以官运亨通；如果小孩抓到的是算盘，则说明他长大后善于理财，是个生意人。如果女孩先抓剪、尺之类的缝纫用具或勺子之类的炊事用具，则说明她长大后心灵手巧，善于料理家务。反之，假如小孩先抓了吃食、玩具，众人千万不能当场斥之为"好吃""贪玩"，而是把它圆成一个美好的祝愿，比如说成"孩子长大之后，必有口福，善于享受生活"，等等。总之，长辈们对小孩的前途寄予厚望，抓周不过是在一周岁之际，对小孩祝愿一番而已。

长命锁

　　长命锁又名"寄名锁"。它是一种挂在儿童脖子上的装饰物，在明清时尤为流行。按照传统的说法，只要佩挂上这种饰物，就能帮小孩辟灾去邪，"锁"住生命。所以许多小孩从出生不久就挂上了这种饰物，一直挂到成年。

　　长命锁是由"长命缕"演变而来的。佩戴长命缕的习俗最早可追溯到汉代。在汉代，每逢五月初五端午佳节，家家户户都在门楣上悬挂五色丝绳，取辟邪纳福之意。到了魏晋南北朝时，这种丝绳被许多妇女戴到手臂上，逐渐成为妇女和儿童的一种臂饰。当时由于战争频繁，瘟疫、灾荒不断，广大人民渴望平安，所以就采用这种佩戴五色彩丝的方式来辟灾去邪、祛病延年。这种彩色丝绳，就是我们所说的"长命缕"。到了宋代，这种风俗不仅流行在民间，还传入宫廷，

除妇女、儿童之外，男子也可佩戴。"长命缕"的制作也渐渐变得复杂，除丝绳、彩线外，有的还会穿上珍珠等物。到了明代，由于风俗变迁，成年男女佩戴"长命缕"的风俗渐弱，通常只有儿童佩戴，于是"长命缕"渐渐演变成为一种只为儿童佩戴的颈饰——长命锁。

长命锁一般多用金银宝玉制成，它的造型多被做成锁状，锁面上常镂有"长命富贵""长命百岁""玉堂富贵"等吉利的祝福，另一面则雕有"麒麟送子""五子登科"等我国的传统图案。按老规矩，小孩佩戴的长命锁，要等到成年后才取下来。

取 名

姓名学是我国的国粹，源于我国古代诸多先贤的哲学思想。孔子曾说，"名不正则言不顺"，苏轼也说，"世间唯名实不可欺"，都道出了姓名对人的重要性。因此，取名之事，实乃人生之大事，轻视不得。所以，在民间流传着多种多样的关于取名的传统习俗。

主要的取名习俗有以下几种：

节令法：根据孩子出生时的节令与花卉取名。如春花、夏雨、兰贞、雪梅等，常见于女性。

地名法：比如沈申（上海）、袁晋（山西）、黄云生（云南）等。也有从祖籍及出生地中各取一字，缀联成名，主要是以纪念为主。

盼子法：父母连连产下女婴，盼子心切，便会在为女儿取名时用一些谐音字，如根（跟）弟、玲（领）弟、招弟、盼弟等。

抱子法：夫妇膝下无子，从外地或外姓抱养一个孩子。此类孩子的名字中，常有一个"来"字，如来宝、来娇等。

体重法：鲁迅的小说《风波》中描绘："这村庄的习惯有点特别，女人生下孩子，多喜欢用秤称了轻重，便用斤数当作小名。"如"九斤老太"，这是流行于浙东民间的一种特殊取名风习。

排行法：兄弟双名，其上字或下字相同，叫排行。如《水浒传》中的阮氏三兄弟：阮小二、阮小五、阮小七。

五行法：根据五行缺行取名。旧时民间取名，要请算命卜卦者推算小孩的"五行"和"八字"。假如某人命中五行缺少某一行或二行，那就得用缺行之字，或用缺行作偏旁的字取名补救，否则孩子会命运多舛。如鲁迅小说《故乡》中闰土名字的由来：因为他是"闰月生的，五行缺土，所以他的父亲叫他闰土"。

百日礼

"百日礼"，又称"百岁礼""过百天"，指的是在婴儿出生100天的时候所举行的一种纪念仪式。100天是孩子出生后的一个非常重要的日子，在这一天，父母会邀请亲朋

好友会聚一堂，一同为小儿祝福，而婴儿在这天则要穿"百家衣"、戴"百岁锁"。百家衣是由各种色彩的小布块缀成的，而用来做衣服的布块、布条则是由多个亲戚朋友凑成的。在众多的颜色中以紫色最为贵重，也最难寻，因为"紫"与"子"同音，人们一般不愿把"子"送给别人。孩子穿百家衣有两种蕴意：一是象征长命百岁，一是象征先苦后甜。百岁锁，又叫"长命锁""百岁链"，常常是姥姥家或舅舅家送的，也有的是父母购置的，一般是用银做成的，外面镶金，少数有钱人家会用纯金的，锁的两面分别刻有"长命百岁""富贵平安"等吉祥语。戴长命锁的寓意是把婴儿的生命给"锁"住，这样孩子就会平安。有时百岁锁并不是姥姥家送的或自己家买的，而是要"凑份子"，也就是孩子的父母将白米、茶叶、枣、栗子等含有吉祥蕴意的食品取少许包在红纸包里，要包很多包，最好是能够达到一百包，然后将这些红纸包分送至亲戚朋友家，而对方在接受后则在红纸里放上若干钱返还回来，父母再用这些凑起来的零钱到金银匠那里铸制"长命锁"，人们认为这样得来的锁是最吉祥的。

成年礼

成年礼是为承认年轻人具有进入社会的能力和资格而举行的人生仪礼。我国传统成年礼称为冠礼、笄礼，早在周朝就有了。

男子行加冠礼，即在男子20岁时，由主持仪式者为男子戴3次帽子，称为"三加"，分别为"缁布冠""皮弁""爵弁"，象征冠者从此有了治人的权利、服兵役的义务和参加祭祀活动的资格。传统冠礼中还有"命字"，即由嘉宾为冠者取新的字号，冠者从此有了新的名字。

女子在15岁时要行笄礼，但是规模比冠礼要小得多。主要是由女性家长为行笄礼者改变发式，表示从此结束少女时代，可以嫁人了。

举行成年礼，地点选在宗庙神圣之地，日子需经卜筮而定。行礼当天，主人需邀请亲朋好友来观礼才算正式。秦汉以后的成年礼仪，大多遵守《仪礼》的规范进行，唐宋以后，成年礼已逐渐式微，部分成年礼仪式举办大多依附于民间信仰。

三书六礼

三书六礼指的是中国古代婚嫁礼仪的程序。三书指的是聘书、礼书和迎亲书。聘书就是定亲书，即男女双方正式缔结婚约，纳吉（过文定）时用。礼书就是过礼之书，即礼物清单，书中详列礼物种类和数量，纳征（过大礼）时用。迎亲书指迎娶新娘之书，用于结婚当日（亲迎）接新娘过门时。

六礼指的是纳彩、问名、纳吉、纳征、请期和亲迎。纳

彩，男方家请媒人去女方家提亲，女方家答应议婚后，男方家备礼（通常以活雁作礼，表示忠贞不贰）前去求婚。问名，俗称"合八字"。即男方家请媒人问女方的名字和出生年月日，并将女方的生辰八字放在祖先灵案上观察。如果家中平安无事，就把男方生辰八字送给女方。女方家把男方的生辰八字放置在佛像前。如果三日家中无事，就同意缔结婚姻。纳吉，又称小定或文定，也就是订婚。男女双方家平安无事后，男方备礼通知女方家，告知决定缔结婚姻，送给女方金戒指。纳征，又称纳币，大聘或完聘，即男方家送聘礼给女方家。请期，又称择日。即男家择定婚期，并征得女方家同意。亲迎，即新郎到女方家迎娶新娘。

抛绣球

在婚礼上，我们经常能看到这样的情节：新娘手捧花束，背对女宾，然后抛出花束。据说，接到花束的人会交上桃花运。有观点认为，这种行为源自古代的抛绣球选夫婿。古代人真的会以抛绣球的方式选择夫婿吗？

据民俗专家考证，"抛绣球选夫婿"源自广西壮族的一个传说。

相传，800多年前，在广西靖西的一个小山村里，有一个穷小伙阿弟。他生性笃实，勤劳肯干。一日，阿弟与邻村姑娘阿秀邂逅，两人坠入爱河。阿弟承诺，要靠自己的双手

富起来，然后风风光光地到阿秀家提亲。然而没想到，美丽的阿秀上街赶集的时候，被县上的恶少盯上。为了得到阿秀，恶少三番两次威逼利诱，阿秀始终没有妥协。

恶少听说阿秀早已芳心暗许给了穷小子阿弟，便串通官府将阿弟强行收押。阿秀知道是自己连累了阿弟，却无力和官府抗衡，只能终日以泪洗面，不久便双目失明。听说阿弟被判了死刑，阿秀也无心留在世间，决定陪阿弟共赴黄泉，相约来生。于是，她拿出针线，开始缝制绣球，希望下一世能够以它为信物，找到彼此。

双目失明后的阿秀双手自然不如从前灵巧，而且经常被针扎到，直至阿弟临刑的前一天，才绣好血迹斑斑的绣球。带着承载了下一世约定的绣球，阿秀买通了狱卒，与阿弟见最后一面。当阿秀将绣球递给已被折磨得不成人形的阿弟时。绣球发出一束强光，将阿弟和阿秀笼罩在了其中。待他们睁开眼之时，早已身处世外桃源。从此，他们过上了幸福的生活。

因这一古老的传说，绣球成为壮族人的吉祥物。壮族的青年男女便以绣球为信物，约定终身大事。

至于抛绣球选夫，并没有文献明确记载。虽然古有诗云"天街直拂花枝过，择婿楼高彩球坠"，但是这也仅存于民间的个别现象。古代对婚姻要求十分严格，不是门当户对、媒妁之言很难如愿，自然也不会轻易以绣球决定婚姻。

说　媒

　　"说媒"是自古代流传下来的一种民俗，到今天依然在一些地方存在。封建社会曾有这样的俗语：男女授受不亲，它所强调的就是"天上无云不下雨，地上无媒不成婚"。男女双方若要"结丝罗""谐秦晋""通二姓之好"，一般都要经人从中说合。这种说合，就叫"说媒"。中华人民共和国成立之后，"说媒"曾一度改称为"做介绍"，做这种工作的人，通常被人们雅称为"月老"，俗称"媒人"，后来改称为"介绍人"。

　　"月老"是"月下老人"的简称。关于月下老人，流传着这样一个故事：古代有个叫韦固的读书人夜行经过宋城，碰上一位老人靠着一个大口袋坐在路边，在月光下翻看一本大书。韦固很好奇，就问老人看的是什么书。老人回答说，这本书是天下人的婚姻簿。韦固又问老人那大口袋里装的是什么，老人告诉他："口袋里装着红绳，是用来系男女的脚的，只要把一男一女的脚系在一根红绳上，他们会结成夫妇，即使远隔千里。"这就是我们常说的"千里姻缘一线牵"的来由。

　　"红娘"是媒人的另一个雅称。在唐代元稹的《莺莺传》中，塑造了一个聪明活泼的婢女红娘的形象。她巧设机谋，最终撮合成了张生与莺莺小姐的婚事。在元代，王实甫根据

这个故事写成的《西厢记》中，我们发现其中的红娘被塑造得更加聪明可爱。后来，人们便以"红娘"代称媒人，这一称呼明显能够感受到人们对媒人的重视和友好。

媒人在说成一桩媒后是可以得到一些钱财的，这些钱财被称为"谢媒礼"，通常用红包包好，称为"红包"或"包封"，这笔钱一般由男方支付。在成亲的前一天，这笔钱连同送给媒人的谢礼，比如鞋袜、布料、鸡、肘子、物品等，一起送到媒人家。媒人在第二天就要去引导接亲，这就是我们通常所说的"圆媒"或"启媒""发媒"。

在旧式婚礼中，媒人还被称为"伐柯人"，说媒则叫作"执柯"。在男女两家对婚事取得基本一致的意见之后，媒人要引导男方去相亲，代双方送换庚帖，带领男方过礼订婚，选择成亲吉日，引导男方接亲，协办拜堂成亲事宜，直到"新人进了房"，才把"媒人抛过墙"。

相 亲

"相亲"俗称"看亲情"。指的是男方正式向女方提亲之后，男方父母亲就要到女方家登门"看厝相亲"。以前，男女结婚首先要经过"相亲"这一道程序。虽然现在提倡自由恋爱，但"相亲"还是作为一种民俗流传了下来，并且在不同的地方、不同的民族有着不同的特点和风格。

相亲的仪式，在较偏僻的乡间较为简单。男方选择个吉

祥之日，由媒人告知女方父母，在相亲的吉日，让女儿多加打扮，并进行家务之事，如洒扫庭院，或在田间耕作，或做女红，或躲在门后探头侧面观看客人的言笑容貌，男子及其父亲只观察其外貌而已。如认为容貌不丑，体态确为少女的风姿，其他方面则单凭媒人说项，男方认为满意即可。

男方按所选择的吉祥之日，到女方"看厝相亲"。女方家要给每一位客人准备一碗煮熟的鸡蛋，俗称"月老蛋"。一则表示对客人的欢迎和尊重，再则也有借此观察对方的用意。"月老蛋"是由女子亲自敬送，如果男子或男方尊长对女子感到满意，便可以吃下"月老蛋"；如果不中意，就不动这碗"蛋"。以这种曲折委婉的方式表达当事人的心意，避免因为言语而造成不愉快，比较有人情味。

在一些地方也有女家往男家"相亲"的习俗。招待的点心可以是长寿面，象征将要永结长久的美意。女方亲友如果对男子感到比较满意，便吃下长寿面，否则不吃。但无论如何，在收面碗时，务必要记得在碗底放一个较厚的红包，敬"月老蛋"的也要如此。经过了"看亲情"，男女双方以及双方家长都无反对意见，这门婚姻基本上就不成问题了。

过 礼

过礼是指古时"看亲"之后，要履行订婚手续。第一步，由媒人把男方的生辰八字送到女方，把女方的生辰八字送到

男方。然后双方把生辰八字放到祖先牌位或佛像前，如果3天内双方家里没有发生盗窃、生病之类的事，就同意婚事。有些迷信的父母，会拿着双方的生辰八字请算命先生推算，看看是否冲突。如果不冲突，就同意婚事；如果冲突，就立即回绝。

"换帖""合八字"之后，媒人要选个吉日，带男方去"过礼"订婚。"过礼"是大事，男方要给女方送一笔重礼，礼物至少包括猪肘子一个，酒一对，鸡、鸭各一只，对方父母的衣料各一套，鞋、袜各一双，包封一个，给女方的东西若干等。至于包封里钱数的多少、给女方的订婚礼物，都要在事先由媒人同双方协商好，不能由男方单独决定。同时，女方父母也应替对方着想，力求节俭，少收聘礼。过礼之后，双方就开始正式商议结婚事宜了。

择 吉

择吉就是选择吉日。按照传统婚姻的程序，过礼之后，男方及其父母会选择迎娶的良辰吉日，由媒人通知女方家，准备迎娶。这被称为"择吉"和"送日子"。择吉一般是请教算命先生办理，也可以自己根据《通书》（雅称"历书"、俗称"家家历""皇历"）择吉日。一般只要"六合"相应，就是好日子。吉日选定后，双方确定了结婚日期，就会向亲戚朋友发出婚宴请柬，请他们来参加婚礼。

请柬一般由男方或其父母亲自送到亲友手中。亲友们接到请柬后，除特殊情况只送礼不参加以外，都要亲自参加、道贺。道贺时，亲朋好友送礼物。礼物的多少和贵重程度视各人与男方关系的亲疏、交谊的深浅、本人的经济条件而定。一般都付现金、用红纸打"包封"。包封签子上要写上表示祝贺的话。送给女方的礼物大多是实物，也有用红包替代的，称为"助嫁"。送女方礼物的亲友们并不等请柬来了再送，而是闻讯主动送去，因为女方父母要以送礼人的多少决定"出嫁酒"的规模。

迎　娶

结婚佳期在即，男女两家都会杀鸡宰猪，准备喜宴，请好厨师、傧相、伴娘、轿夫、账房以及勤杂人员。按照传统婚礼，在婚礼那天，一般是女方家早晨摆"出嫁酒"，男方家中午摆喜筵。早晨，男方家鸣炮奏乐，发轿迎亲。媒人、新郎、伴娘、花轿、乐队、礼盒队等一齐前往女方家。女方家在花轿到来之前，要准备好喜筵。新娘要由母亲或姐姐梳好头、化好妆，用丝线绞去脸上的绒毛，称为"开脸"，然后戴上凤冠霞帔，蒙上红布盖头，等待花轿。

花轿一到，女方家奏乐鸣炮相迎。新郎叩拜岳父岳母，并呈上写好的大红迎亲简贴。随后女方家动乐开筵。早宴之后，新郎新娘向女方家的祖宗牌位和长辈行过礼后，伴娘就

迎亲图

揍着新娘上花轿了。上轿时,新娘应放声大哭,以示对父母家人的依恋。新娘上轿后,奏乐鸣炮,迎亲队伍回新郎家。乐队在前,乐队后面是骑马的新郎,接着是花轿和送亲的人员。迎亲队伍快到新郎家门口时,要鸣炮动乐相迎。花轿停在新郎家的堂屋门前,伴娘上前掀起轿帘,将新娘揍下轿来,宾客向新郎、新娘身上散花。

哭 嫁

古时候,新娘在出嫁前几天要"哭嫁",母亲、姐妹、亲属要陪着一起哭,而且哭得越伤心越好,以示不忘父母的养育之恩。如果出现嫁而不哭,新娘就会被四邻认为没有教

养，会被传为笑柄。有些地区甚至会把哭嫁当作衡量女子才智和贤德的标准，要是新娘在出嫁时不哭，就会被认为是才德低劣，被人瞧不起。有的出嫁姑娘不哭还会遭到母亲的责打。哭嫁风俗不知起源于何时。据古籍记载，战国时期赵国公主嫁到燕国去做王后。临别时，公主的母亲赵太后"持其踵，为之泣……祝曰：必勿使反（同"返"）"。

坐花轿

古时候的婚俗讲究颇多。除了有人保媒、门当户对作为前提条件外，新人结婚，还要经历烦琐的婚礼流程。"纳彩""问名""纳吉""纳征""请期""迎亲"几个环节一个也不能少，然后方能将新娘娶回家。

作为女主角的新娘子，不但要身着喜服，头蒙喜帕，而且必须乘坐花轿到新郎家。花轿，源自古代的轿子。据《史记》记载，古代有一种名为"肩舆"的交通工具，是轿子的雏形。到了唐朝，文献中开始有了"轿子"的字样。此时的轿子被称为"步辇"，通常只有皇帝一人可以享受。

据史料记载，南宋孝宗皇帝曾为皇后设计了一顶"龙肩辇"。这种辇以红绸罩顶，上面绣有四条游龙。辇中软椅绸幔，奢华高贵，最适合妇人乘坐。之后，帝王在纳妃之时，都会以类似"龙肩辇"的轿子迎亲，以彰显皇家气派。因为华美精致，人们就称这种轿子为"彩舆"，这便是最早的花

轿。后来，轿子由皇宫专属，逐渐成为达官贵人、年老妇女出门的代步工具，花轿迎亲的习俗也在民间流行起来。

迎亲时所用的花轿种类多样，和现在的彩车差不多，轿子越是奢侈华美，越能彰显娶亲人的地位。富贵人家为了炫耀，通常采用镶金缀银的八人抬花轿。普通人家，则简单的饰以红绸，二人抬之以示隆重。

拜 堂

拜堂又称拜高堂、拜花堂、拜天地，是古代婚礼仪式之一，是婚礼的高潮。迎娶之日，男方家发轿之后，男方堂屋布置好拜堂的场所。厅堂上燃放香烛，陈列祖先牌位，摆上粮斗，里面装着五谷杂粮、花生、红枣等，上面贴双喜字。当接新娘的花轿停在堂屋门前，伴娘站到花轿前时，仪式就已经开始。喜轿进入院子，要从火盆上抬过，寓意为烧去不吉利之物，今后的日子红红火火。新娘从轿中出来，脚不着地，踏着"传席"进入男方堂屋。之后，傧相二人分别以"引赞"和"通赞"的身份出现，新郎新娘在引赞和通赞的赞礼中开始拜堂。拜堂前，燃烛焚香、鸣爆竹奏乐。拜堂的"三拜"分别是："一拜天地，二拜高堂（双亲），夫妻对拜"，最后"新郎新娘入洞房"。拜堂仪式到此结束。

拜堂风俗始于唐朝。唐朝时，新娘见舅姑（公婆），俗称拜堂。北宋时，新婚夫妇先拜家庙，行合卺礼。第二天五

更，新娘把镜台镜子摆在一张桌子上，进行下拜，称为拜堂。南宋时，拜堂改在新婚当天。新婚夫妇到中堂先揭开新娘的盖头，然后"参拜堂，次诸家神及家庙，行参诸亲之礼"。后世沿用南宋风俗，一般在迎娶当天先拜天地，然后拜堂。清代和民国时期都将拜天地和拜祖先统称为拜堂。

喜 宴

旧时拜堂之后，新娘在新房中不再出来。而新郎要走出新房去招待宾客。喜宴要按宾客的尊卑长幼排座位，称为"请客"或"清客"。排座位的原则是上尊下卑，右尊左卑，客人按长幼尊卑，身份、地位从高到低入席。

主席要摆在堂屋正中，男方请"上亲"坐上首右边席位，由新郎的父亲或舅父坐上首左边席位作陪，其余宾客按尊卑长幼对号入座。除正席外，次尊贵的一席摆在新房中，新娘的母亲坐在首位，新郎的母亲或舅母作陪，其余宾客也按长幼尊卑次序排定。宾客入席后，傧相便宣布动乐鸣炮开宴。新郎要先到首席敬酒，说表示感谢的话祝酒。然后，厨房开始上菜，喜宴逐渐进入高潮，各席的酒菜都一样，只有"男上亲"和"女上亲"的酒席略有差别，而且新郎要守候在桌边，为"上亲"斟酒等，以示尊敬。喜宴结束后，"上亲"先到堂屋休息，吃点心，由男方尊长陪着说些客套话。过一会儿，上亲起身告辞。临走时，男家要送红包、衣料、鞋袜

之类。"送上亲"时，男家所有体面的人都要送到门口，鸣炮动乐，以示敬重。

入洞房

拜堂之后，新娘新郎要入洞房了。首先，新郎手持"合欢梁"，也就是一根彩绸，牵着新娘，与新娘面对面，倒行着把新娘引入洞房。随后的礼俗是"坐帐"，即新娘坐在床沿上，新郎用自己的左衣襟压住新娘的右衣襟，表示男人压住女人，这是古代男尊女卑的体现。这个仪式后，新郎要揭去新娘的红盖头，而首次面对婆家众人的新娘子，则会羞涩地以伞遮面，此谓"遮伞"。此时的新娘娇羞不已，便会引来阵阵欢声笑语。之后，入洞房进入最重要的一个仪式——合卺。合卺就是新婚夫妻共同饮酒。古时候，卺是由一个葫芦或瓠剖开的瓢，合卺则是喝完酒后把两个剖开的瓢用线拴在一起，象征着夫妻本是一体二分，如今合二为一。唐宋以后，合卺演变成喝交杯酒的形式。交杯酒就是用彩线把两个杯子连起来，新婚夫妇对饮，或各饮半杯，然后交换饮尽。喝完酒后，还要把杯子扔到地上，最好成一仰一俯，象征阴阳和谐。

合卺之后，新婚夫妻还有结发仪式，也就是新郎把新娘的头发解开，然后把两人的头发象征性地扎在一起。人们之所以把原配夫妻称为结发夫妻，其源盖出于此。

接下来还有闹洞房。传统闹洞房最精彩的是撒喜床，这个活动具体是，在闹洞房的时候，由新郎的嫂嫂手托盘子，盘内放上栗子、枣、花生、桂圆等物（寓意为早生贵子，多子多福），抓起这些果物，撒向坐在床上的新娘，且边撒边唱。众人随声附和，洞房中嬉笑打闹，欢声笑语彻夜不断。这个游戏人人参与，而嫂嫂则是主角。所以，嫂嫂的人选必须是个"吉祥人"，首要的条件是儿女双全；其次还要能唱能跳，口齿伶俐，擅长逗乐搞笑。据唐宋时古书记载，闹洞房实为陋俗。但是，由于闹洞房不仅能增加婚礼的喜庆热闹气氛，还可以让新娘与男方亲朋好友熟络，所以一直为民间传承。

回 门

回门是旧时汉族婚姻风俗。婚后三、六、七、九、十日或满月，新郎新娘携礼品，随新娘返回娘家，拜新娘的父母及亲属，称"回门"。这是一种必不可少的礼节，是婚事的最后一项仪式。回门一般在上午九、十点钟动身，新郎新娘要购买新娘家人喜欢的礼品，礼品一般为四件。回到娘家，新郎新娘首先要问候老人。这时新郎就应改口，跟新娘一样，称岳父、岳母为父亲、母亲。女方家设宴款待，新郎入席上座，由女方尊长陪饮。就餐时，新郎新娘一一向父母、亲友和邻里敬酒。饭后，新郎新娘陪父母聊天，听听他们的教诲，

然后告辞回家，并要主动邀请岳父岳母和兄弟姐妹到自己家里做客。有的地区也可小住几日。这种风俗起源于上古，称"归宁"，意为婚后回家探视父母。后世名称不一，宋代称"拜门"，清朝时北方称"双回门"，南方称"会亲"。河北地区称"唤姑爷"，浙江杭州称"回郎"。

做　寿

　　做寿也叫"祝寿"，是我国一种庆贺老人生日的活动。中国民间以 50 岁以下为"做生日"，50 岁以上为"做寿"。民间做寿的形式大同小异，一般根据家境贫富而酌情定之。在家中做寿时，正厅要设寿堂、贴寿字、结寿彩、燃寿烛，重要的一项就是宴请宾客，大家欢聚一堂，共同庆贺。宴请酒食中的面条，称为"寿面"，是必不可少的，取其福寿绵长之意。亲戚前来祝贺，所执贺品多为寿桃、寿幛、寿联。受贺者穿着新衣端坐堂中，接受贺者的两揖之拜及贺礼；如遇平辈拜寿，受贺者应起身请对方免礼；若遇晚辈中小儿叩拜，受贺者需给些赏钱。如果是父母的寿日，出嫁的女儿要回来祝贺。在一些地区，出嫁的女儿会为做寿的长辈送上自己亲手做的鞋，还有衣料、寿面、寿酒，等等。如果父母都在，不论他们是否同庚，皆为双寿，所以送礼要送双份。

　　在我国民间，祝寿多重"九"和"十"。"九"是数中

之极，意味着至极；"九"又与"久"谐音，取其"天长地久"之意，因此，岁数逢九或九的倍数，就要举行大典，称为"庆九"。其中"花甲寿"和"八十寿"是最重要的。我国以60岁为一个花甲子，所以有些地方认为人只有至60岁才能称"寿"，因此60岁的生日一定会办得很隆重；80岁就可被誉为"老寿星"了，所以"八十寿"又称为"做大寿"，要比60岁时的更为隆重。

丧　礼

　　丧礼是古代凶礼的一种，指的是安葬和悼念死者时所必须遵循的一整套礼仪制度。我国丧礼，根源于上古社会的丧葬习俗，与灵魂不灭的观念有关。由秦汉及隋唐，丧礼臻于完备。主要包括丧葬仪规、丧服制度、祭祀活动3个方面。

　　丧礼的传承，由于时代的不同、地域的差异而有所变化，加上宗教等因素的影响，因而产生无数多姿多彩、风格特异的丧葬习俗，反映出不同的文化心理。出殡是丧礼最后一项重要仪式，其时间一般是在"大殓（即将死者放入棺材）"的次日或人死后的第七日，而官宦富贵之家则在"七七"（49天）以后甚至更长时间，才在事先择定好的日子出殡。出殡前一天晚上，死者至亲好友都来到丧家，晚饭后祭奠烧纸，称为"辞灵"，而且整夜留在丧家，俗称"伴宿"或"守夜"。次日清晨，撤去灵前所供诸物，"孝子"将"丧盆"摔碎，

北京出殡行列图　清

执领魂幡在他人搀扶下前导，灵柩随后起行，还要带上一只公鸡，到墓地后释放，给死者"引路"。出殡的规模一般没有固定标准，因贫富而异，少则二三十人，多则百人以上。按规矩，棺材必须用人抬起步行，而不能用车拉。抬棺材的人在农村多是由亲友帮忙，而在城市可以雇人。出殡的队伍中还要有相应的"仪仗"，包括铭旌、纸制冥器和用柳枝糊白纸做成的"雪柳"和祭幛等，以及沿途吹打的鼓乐班子，边走边撒纸钱。

　　归葬之处，一般都是在本家族的墓地。棺入穴后，先由孝子用衣襟捧土覆盖，然后众人填土成坟，于坟前焚烧冥器摆供祭奠后返回。下葬后第三天，家人要到墓地给新坟填土、祭奠，称为"圆坟"。死者去世后每隔七天都要有祭奠仪式，俗称"办七"或"烧七"，一般至七七而止。死者去世后第一百天、周年、二年、三年的"整日子"也要祭奠。另外，

清明、七月十五、十月初一以及除夕等，都是民间烧纸上供、祭奠亡灵的日子，一直延续至今。

挽歌和挽联

挽歌就是哀悼死者的歌。在古代，送葬时"孝子"在前执绋，挽柩者唱挽歌。上古时期没有挽歌，《礼记·曲礼上》："适墓不歌，哭日不歌，临丧则必有哀色，执绋不笑。"《左传·哀公十一年》记载："公孙夏命其徒歌《虞殡》。"（《虞殡》即送葬的挽歌）此后挽歌逐渐流行。《晋书·礼志·中》记载："汉魏故事，大丧及大臣之丧，执绋者挽歌。"在古代，不同的等级送葬时也要唱不同的挽歌。汉武帝命音乐家李延年作两首挽歌《薤露》和《蒿里》。《薤露》是送王公贵族时唱的，《蒿里》是送士大夫和庶人时唱的。一般来说，挽歌都是死者的亲友写的，但也有的死者在生前就为自己写好了挽歌，嘱咐亲友在为他送葬时唱。比如大诗人陶渊明在自己临死前三个月就写了三首挽歌。在当时，有很多文人都在生前为自己写挽歌，以示对死亡的大彻大悟。

挽联则是哀悼死者、治丧祭祀时专用的对联。内容主要是概括死者的一生功绩，对死者进行评价，诉说自己与死者的友谊，对死者的去世表示哀悼等。

跪拜礼

跪拜礼的产生源于古人席地而坐的方式，因为汉代以前，并没有专供坐用的椅、凳之类，人们坐的时候是两膝着席，将臀部压在脚后跟上。以这种方式而坐，遇到需要向他人表示敬意或致谢的时候，就将臀部抬起来，即是呈现跪的姿态，然后再俯身向下，这就是跪拜礼的由来和其基本形式。原始的跪拜礼很简单，后来成为一种正式的礼节之后则变得繁复起来，并且发展出了诸如"九拜"等跪拜方法，应用范畴也扩及生活中的方方面面。

九 拜

"拜"，是中国古代的一种表达崇高敬意的礼节。所谓的"九拜"，并不是指叩拜九次，而是指九种不同的叩拜礼仪，不同的人依据其各自的等级和身份在不同的场合使用相应的叩拜方式。《周礼·春官宗伯·大祝》记载："辨九拜，一曰稽首，二曰顿首，三曰空首，四曰振动，五曰吉拜，六曰凶拜，七曰奇拜，八曰褒拜，九曰肃拜。"

各自的具体做法是："稽首"，为屈膝跪地，左手按右手，拱手于地，头缓缓贴近地面，而且头在地面上须停留一段时间，手在膝前，头在后，这是拜礼中最为庄重的一种。

"顿首"，其他方面与稽首相同，只是头一碰到地面就抬起来，因为头接触地面的时间很短，所以称为顿首，其庄重性仅次于稽首。"空首"，是两手拱地，引头至手而不着地，这是拜礼中的较轻者。"振动"，是两手相击，振动其身而拜，有捶胸顿足之意，表达极度的悲哀之情。"吉拜"，是先空首，再顿首。"凶拜"，是先顿首，再空首。"奇拜"，"奇"是单数的意思，为先屈一膝而拜，又称"雅拜"。"褒拜"，是行拜礼后为回报他人行礼的再拜，也称"报拜"。"肃拜"，推手为"揖"，引手为"肃"，"肃拜"实际上是一种揖礼，并不下跪，而是俯身拱手行礼，但其表达的是拜的含义。

"九拜"之中，前三种是正式的拜礼，后面的几种则是正拜的变通。这些拜礼的应用范畴大体是：宗庙祭祀拜祖先，郊祀拜天拜神，以及臣拜君，子拜父，学生拜老师，新婚夫妇拜天地、拜父母，都行稽首礼；平辈和同级之间，行顿首礼；对于卑者的稽首礼，尊者以空首礼答拜；振动礼为丧仪中所用；吉拜礼行于各种祠祭；凶拜礼是服 3 年之丧时所用；肃拜礼为女子所用，因为女子佩戴的首饰较多，不便跪拜。另外，也用于军人之中，原因是军人身披甲胄，行动有所不便。

拱　手

　　拱手是中国古代一种常行的礼节，在上古时期就已产生，做法是双手抱拳前举，近似于带手枷的奴隶，原初的含义为表示愿做对方的奴仆，以表示一种相当的尊敬。清代学者阎若璩在对《论语》的注释中提到："古之揖，今之拱手。"但是拱手与作揖并不完全相同，拱手仅仅是双手抱拳前举而已，作揖则还要配合两臂的上下左右等方向性的动作，正式的作揖还要鞠躬，后来揖礼简化，在行用的时候常常变成了拱手，而拱手与作揖这两个概念也就时常混用。

作　揖

　　作揖是中国古代的一种表示敬意的礼节行为，至今仍在行用，其方式为双手抱拳前举，同时身体略弯，也有很多时候仅仅是举手而已。作揖起源很早，相传在夏代就已经出现，在西周时期就十分流行了。据《周礼》记载，根据双方的地位和关系，作揖的种类有土揖、时揖、天揖、特揖、旅揖、旁三揖等。土揖是拱手前伸而稍向下；时揖是拱手向前平伸；天揖是拱手前伸而稍上举；特揖是一个一个地作揖；旅揖是按等级分别作揖；旁三揖是对众人一次作揖三下。此外，还有一种表示特别敬意的长揖，即拱手高举，自上而下向人行礼。

宾主互行三次揖礼到达堂阶前，又相互谦让三次而后主人与宾客上堂。

一般而言，作揖是一种恭敬之心的表达，但在个别时候却有着反面的含义。《汉书·高帝纪》记载郦生见刘邦的时候不拜而长揖，表达出一种不敬服的心态。当然，这并非作揖本身的含义，而是说按照礼节，本应当致以更为恭敬的行礼方式，这时如果用作揖来代替的话反而显得不敬了。严格来讲，作揖抱拳的通常方式是右手握拳，左手成掌，包住或者盖住右手，这称为"吉拜"；反之则为"凶拜"，也就是左手握拳，右手成掌，这种作揖方式一般用于丧礼的场合。这一区别的源起为一种诚意的表示，因为大多数人右手为主手，在攻击他人的时候主要用的是右手，作揖时左手在外，而将用于攻击的右手盖在里面，是一种友好的表示与真诚的传达。

避 席

避席，是古代的一种表示尊敬的行为，古时没有椅子，人们席地而坐，在需要的时刻离开席子站立一边，也就是避席。《孝经》中记载了曾子在听孔子讲课的时候被提问即避席而立的故事，颇为传诵，引为美谈。避席最初只是个别行为，后来则为人效仿，成为社会上通行的一种礼节。魏晋时期，椅子由少数民族传入中原，人们逐渐不再习惯于坐在席子上，避席之礼也就无从谈起，但并没有消失，而是转化为新的"避席"方式，当今通常的离座起立以表敬意的礼节也就是古代避席之礼的转化。

坐、跪和长跪

坐，是人体姿势的一种，泛指将臀部依靠在可以支持身体重量的物体上、用臀部来代替两脚着力的姿势，当今一般指将臀部放在椅、凳之类的坐具上，古时因为没有椅子，人们坐的方式与现代有所不同，在正式的场合是席地而坐，两膝着地，臀部压在脚跟上，这种方式腿部受到的压迫很严重，日常生活中并不全都如此，只是因为其姿势较为美观，而成为一种表示庄重的正坐。跪的姿势是两膝着地或着席，直身，臀部不着脚跟，是一种对地位高者表示尊敬的姿势，古人席

地而坐，在有急要之事或谢罪之时，也会采取跪的方式，有时单膝着地也称之为跪。长跪是跪的一种最为郑重的方式，特点是挺身直立，用膝盖和脚趾来支持身体，拜跪时习惯上以先下右膝为礼。

投 刺

刺，指的是古时所用的一种写有姓名的简牍，相当于现在的名片，清代赵翼在《陔余丛考》中说："古者削木以书姓名，故谓之刺；后世以纸书，谓之名帖。"投刺也就是将写有自己名字的刺或名帖投递给想要求见的人，以期对自己事先有一个基本的了解。唐代之后，投刺成为一种普遍的风习，而刺的形制也多了起来，因为主人身份的差异和传达目的的不同等都有着各自的区分，例如，位尊者（如亲王）可以使用红色的名帖，向别人传达丧事的时候要在名帖的四周卷上黑框。古代的刺或名帖都是亲笔书写的。

古人的见面礼

见面礼，即见面时所行的礼。古人常用的见面礼有揖、拱、拜等。揖是古人相见的最常用的礼节，具体分为三种：没有婚姻关系的异性之间，行礼时推手微向下；有婚姻关系

的异性之间，行礼时推手平而置于前；一般的同性宾客之间，行礼时推手微向上。另外还有长揖，是一种不分尊卑的相见礼，拱手高举，自上而下，较普通的揖程度更深一些。拱，是两手在胸前相合以表示敬意，《论语》中记载一次子路见到孔子时"拱而立"，就是行用的拱礼。拜，古人见面时最为庄重的一种礼节。早时的拜，只是拱手弯腰而已，两手在胸前合抱，头向前俯，额触双手。《孔雀东南飞》中的"上堂拜阿母"，指的就是焦仲卿对母亲所行的这种拜礼。后来拜则主要指跪拜，臣民在面见皇帝的时候都要行跪拜礼。

座次的讲究

古时座次有着严格的尊卑之分。在筵席上，最尊的座次是坐西面东，其次是坐北向南，再次是坐南面北，最卑是坐东向西。《史记·项羽本纪》中载有："项王、项伯东向坐，亚父南向坐……沛公北向坐，张良西向侍。"其中，项王的座次最尊，而张良的座次最卑。在举行朝会的时候，则是背北面南为尊，所以称帝叫作"南面"，而为臣则叫作"北面"。另外，通常的看法是，右者为尊，因此遭受贬谪称为"左迁"，而在座次的排定上，地位次尊的人则居于最尊者的右边。

饮食文化

烧尾宴

　　古代名宴烧尾宴历来声名显赫，是指士子登科或官位升迁而举行的宴会。此宴出现在唐高宗时期，距今已有 1300 余年了。"烧尾"一词源于唐代，有 3 种说法：一说是兽可变人，但尾巴不能变没，只有烧掉；二说是新羊初入羊群，只有烧掉尾巴才能被接受；三说是鲤鱼跃上龙门，必有天火把它的尾巴烧掉才能成龙。此三说都有升迁更新之意，故此宴取名"烧尾宴"。

　　烧尾宴的风习，始于唐中宗景龙时期，终于玄宗开元年间，仅流行了 20 余年。景龙三年（709 年），韦巨源官升尚书左仆射，在家设烧尾宴奉请皇帝，肴馔丰美绝伦，世所罕见。《清异录》中记载了韦巨源设烧尾宴时留下的一份不完全的食单，使我们得以窥见这次盛筵的概貌。食单共列 58 种菜点。20 余种糕饼点心中，仅"饼"的名目就有"单笼金乳酥""贵妃红""见风消""双拌方破饼""玉露团""八方寒食饼"等七八种之多；馄饨一项，就有 24 种形式和馅料……烧尾宴中的工艺菜也令人叹为观止，一道"素蒸音声部"，用素菜和蒸面做成一群蓬莱仙子载歌载舞，栩栩如生，华丽壮观。菜肴则水陆八珍，尽皆入馔。从菜名到烹调均新

奇别致，超乎想象。有乳煮的"仙人脔"，生烹的"光明虾"，活炙的"箸头春"，冷拼的"五生盘"，笼蒸的"葱醋鸡"，油炸的"过门香"以及匠心独运的蛤蜊羹"冷蟾儿羹"……58种菜点并非烧尾的全部，我们已能窥见此宴的奢华，无怪乎唐代另一个宰相苏琼得官，却不向皇帝进献烧尾宴，并义正辞严地说："宰相是辅佐皇帝治理国家的，今关中大饥，米价很贵，百姓都吃不饱，所以臣不敢烧尾。"从此，烧尾宴就渐渐消逝了。

满汉全席

满汉全席，兴起于清代，原是官场中举办宴会时满人和汉人合坐的一种全席，逐渐发展成集满族与汉族菜点之精华的历史上最著名的中华大宴。乾隆年间李斗所著的《扬州画舫录》中有关于满汉全席的最早记载："满汉全席，分为六宴，均以清宫著名大宴命名，一为蒙古亲藩宴，二为廷臣宴，三为万寿宴，四为千叟宴，五为九白宴，六为节令宴。全席汇集满汉众多名馔，择取时鲜海错，搜寻山珍异兽。计有冷荤热肴一百九十六品，点心茶食一百二十四品，计肴馔三百二十品。合用全套粉彩万寿餐具，配以银器，富贵华丽，用餐环境古雅庄隆。席间专请名师奏古乐伴宴，沿典雅遗风，礼仪严谨庄重，承传统美德，侍膳奉敬校宫廷之周，令客人流连忘返。全席食毕，可使您领略中华烹饪之博精，饮食文

化之渊源，尽享万物之灵之至尊。"

满汉全席是我国一种具有浓郁民族特色的巨型宴席。既具有宫廷菜肴之特色，又吸取地方风味之精华，菜点精美，礼仪讲究，形成了引人注目的独特风格。满汉全席共有108道菜，分3天吃完。满汉全席取材广泛，用料精细，山珍海味无所不包。烹饪技艺精湛，富有地方特色，突出满族菜点特殊风味，烧烤、火锅、涮锅几乎是不可缺少的菜点；同时又展示了汉族烹调的特色，扒、炸、炒、溜、烧等兼备，为中华菜系文化的瑰宝。

宫廷御膳

宫廷菜历史悠久，源远流长。我国的宫廷菜萌芽于夏商时期，到西周时，宫廷御膳机构已全面建立。商代有"酒池肉林宴"，周朝有"八珍宴"，战国时期有"楚宫宴"，汉代有"王宫宴"，唐代有"烧尾宴""龙凤宴"，宋代有"皇寿宴"，到清代的"盛京宴""满汉全席宴"等，宫廷御膳以其独特的魅力流芳至今。宫廷御膳就是中国历代封建王朝专门管理帝王和后妃膳食的机构所做的菜肴。宫廷菜作为中华民族饮食文化登峰造极的产物，其特点是菜点众多，珍馐齐全，选料精细，制作讲究，调料多样，滋味各异，形状美观，餐具精致，菜名典雅，富有情趣，注重滋补，美容养颜；多山珍海味，既有白煮烧烤，又可煎炒烹炸，技术较任何地

紫光阁赐宴图　清

方菜系更为全面。经历代御厨不断加以完善，宫廷菜品种更加繁多，味道的层次感强，口味以清鲜酥嫩见长。宫廷御膳的外形可谓是精美绝伦，美食与美器共同彰显皇族风范；宫廷御膳在菜品质量上堪称天下无双，营养丰富，口感极佳。

康熙皇帝的一品龙皇翅、宫门献鱼；雍正皇帝的御膳极品鲍、清宫蒸蟹；乾隆的长寿汤；慈禧太后的一品官燕、抓炒鱼片、蜂窝土豆等，皆为菜肴之上品。溜鸡脯、荷包里脊、炸佛手等更是千古流传的特色菜肴。

中国菜系

中国是传统的"烹饪王国"，在中国人的心目中，美食有着重要的地位。"民以食为天""饮食男女，人之大欲存

焉"等古语形象地说明了中国人自古就有重饮食的习俗。中国文化对世界影响最为广泛而深远的当属中国烹饪,在世界各个国家,只要有华人居住,就有中国餐馆。外国人到中国旅游,不品尝一下中国的美味佳肴、风味小吃,就无法领略中国饮食文化的精妙所在。可以这样说,不了解中国饮食,就不了解中国,中国饮食文化可谓是独一无二、博大精深。

在中国饮食文化发展演变的过程中,形成了以"中国菜"总的格调下不同的地方风味,逐渐成为一套自成体系的烹饪派别。中国的地方菜系丰富多样,最著名的有8种:鲁菜、川菜、粤菜、闽菜、苏菜、浙菜、湘菜、徽菜,称为"中国八大菜系",还有的加上京、鄂两菜系,构成十大菜系。众多菜系的不同,主要是源于各地区的地理环境、自然条件或物产资源存在着差别,这是各地人民的饮食种类和口味习惯各不相同的物质基础。"东南之人食水产,西北之人食陆畜",就是这个道理。物产决定了人们的食性,长期形成的对某些食物独特味道的追求,渐渐地就成为一种难以更改的习性。俗称的"南甜北咸、东辣西酸",就是地方饮食长期形成的结果。菜系的形成还与社会的发展,政治、经济、文化中心的形成和转移密切相关。中国著名的几大菜系基本上都是出自富庶的省份地区或是人杰地灵之乡。如四川被称为"天府之国",淮扬是盐商的老家,湘菜和徽菜名列八大菜系,也与其省份出读书人较多有很大的关系。

宴饮之礼

作为传统的古代宴饮礼仪，自有一套程序：主人折柬相邀，到期迎客于门外。宾客到时，互致问候，引入客厅小坐，敬以茶水、烟或点心。《清稗类钞·宴会》云："（客来）既就坐，先以茶点及水旱烟敬客，俟筵席陈设，主人乃肃客一一入席。"客齐后导客入席，以左为上，视为首席，相对首座为二座，首座之下为三座，二座之下为四座。客人坐定，由主人敬酒让菜，客人以礼相谢。席间斟酒上菜也有一定的讲究：应先敬长者和主宾，最后才是主人。男女同席时，则先女宾后男宾。酒要斟至八分满为宜。上菜时要先上冷菜后上热菜。上全鸡、全鸭、全鱼等大菜时，不能把头、尾朝向正主位。宴饮结束，主人要将客人让入客厅小坐，上茶，交谈至辞别。这种传统宴饮礼仪如今在我国大部分地区仍完整保留。

待客之礼

关于待客之礼，《周礼》《仪礼》与《礼记》中已经记载得非常详细。凡是陈设便餐，带骨的菜肴放在左边，切的纯肉放在右边。干的食品菜肴靠着人的左手方，羹汤放在靠右手方。细切的和烧烤的肉类放远些，醋和酱类放

在近处。蒸葱等伴料放在旁边，酒浆等饮料和羹汤放在同一方向。这些规定都是从用餐实际出发的，并不是虚礼，主要是为了取食方便。仆从摆放酒壶酒樽，要将壶嘴面向贵客；端菜上席时，不能面向客人和菜肴大口喘气，如果此时客人正巧有问话，必须将脸侧向一边，避免呼气和唾沫溅到盘中或客人脸上。主人要做引导，要陪伴，主客必须共餐。尤其是有长者在席时，酌酒时须起立，离开座席面向长者拜而受之。长者表示不必如此，少者才返还入座而饮。如果长者举杯一饮未尽，少者不得先干。凡是熟食制品，侍食者都得先尝一尝。如果是水果之类，则必让尊者先食，少者不可抢先。

进食之礼

进食之礼在先秦时已有了非常严格的要求，直至现在。一般要坐得比尊者、长者靠后，而进食时要尽量坐得靠前一些，以免不慎掉落的食物弄脏了座席。主人不能先吃完而撤下客人，要等客人食毕才停止进食。宴饮完毕，客人自己须跪立在食案前，整理好自己所用的餐具及剩下的食物，交给主人的仆从。更有"共食不饱""共饭不泽手""毋口它食""毋啮骨""毋投与狗骨""毋扬饭""毋刺齿""当食不叹"等许多饮食礼仪。这些进食之礼曾作为许多家庭的家训，代

代相传。食礼为先，食礼是饮膳宴筵方面的社会规范与典章制度，餐饮活动中的文明教养与交际准则，体现了赴宴人与东道主的仪表、风度、神态和气质。

席间雅兴

中国人不仅讲究吃，还讲究吃的艺术。一桌宴席不仅要吃得有滋味，还要吃得有兴致、有水平。

诗文宴饮，大多为文雅之士而为之。此时食客既要有席宴的吃情，又要有应时的才情。早在先秦之时，就有以赋诗为宴饮增趣的。《春秋左传》记载，齐国国君与晋国国君欢宴，席上晋国大夫荀吴赋诗曰："有酒如淮，有肉如坻。寡君中此，为诸侯师。"齐君也赋诗曰："有酒如渑，有肉如陵。寡人中此，与君代兴。"两人均赋诗颂扬自己的国家，在这样的豪情之中不禁大增宴席的雅兴。不仅诗如此，文亦然。唐朝著名诗人王勃在宴会上文情大发，挥毫泼墨，留下了千古绝唱《滕王阁序》。

为筵宴助兴，除了音乐舞蹈和赋诗撰文之外，古人席间还有种种雅致的游乐活动，有的甚至流传至今。如礼射、投壶、流觞、传花、酒令、舞剑、看戏、划拳、征联、说笑话、射覆、抛球、骰子、酒胡子……这些游乐活动虽大多与饮酒关系更为密切，却无不为席宴增添无限的趣味。

酒 令

酒令是中国人席上常见的游乐方式，以酒令佐饮既活泼又富有情趣。酒令用于行酒，是以众人事先约定的方式来决出胜负，以胜者罚负者酒。酒令多种多样，许多均为文字游戏，有对诗、联句、拆字、回环、连环、藏头等。此外，还有骰令、游戏令，即掷骰子行酒和抛球、划拳等游戏方式。唐代著名诗人白居易有云："香球趁拍回环匝，花盏抛巡取次飞"，形容酒筵上欢快热烈的抛球游戏场面。

流 觞

流觞又称"流杯""浮杯"。"觞""杯"均为酒器，又称为"羽觞"或"耳杯"，春秋战国时期的楚国就已经非

曲水流觞图
此图描绘的是东晋大书法家王羲之在春三月与朋友集会赋诗之雅事。

常流行羽觞了。羽觞很轻，能够浮于水上，便有了流觞之戏。人们在水旁欢宴时，将酒杯盛满酒自上游放入水中，之后奏乐。待酒杯流到筵席之处时，众人便取酒分饮。在山水美景之间，饮酒、品尝美食和玩乐，是何等的雅兴。

传　花

传花是古人筵宴上的一个极其有趣的节目，最常见的一种是击鼓传花。击鼓时，在座每人依次传递花枝，鼓停之时，花枝在谁手中，此人即将受罚。《红楼梦》中提到贾府每在元宵、中秋佳节之时就会击鼓传花，宴饮玩乐。除了传花，还有数花。宋代叶梦得的《避暑录话》中记载，宋代大文学家欧阳修在扬州有一座"淮南第一堂"美誉的平山堂。每逢暑天，便会与骚人墨客、至友同仁们宴饮于此。饮酒之时，常常令人将池中的荷花摘来，与众宾客依次摘取花瓣，待花瓣全被摘光之时在谁手里，谁就要罚酒一杯。

茶　道

茶道即饮茶之道，是一种以茶为媒的生活礼仪，也是修身养性的一种方式，它通过沏茶、赏茶、饮茶来增进友谊、美心修德、学习礼法，是很有益的一种仪式。茶道最早起源

于中国，兴于唐，盛于宋、明，衰于近代。宋代以后，中国茶道传入日本、朝鲜，获得了新的发展。唐朝《封氏闻见记》中有记载："茶道大行，王公朝士无不饮者。"这是我国现存文献中对茶道的最早记载。唐朝陆羽所著的《茶经》是最早记载中国茶道历史发展的巨著。

在我国，茶被誉为"国饮"，被人们视为生活的享受、健康的良药、提神的饮料、友谊的纽带和文明的象征。中国的茶文化博大精深，茶道是核心。茶道包括两个内容：一是备茶品饮之道，即备茶的技艺、规范和品饮方法；二是思想内涵，即通过饮茶达到陶冶情操、修身养性，使思想升华到富有哲理的境界之目的。中国茶道的基本要求是：1.茶具必须清洗洁净。2.主张用清水煎茶，有条件的情况下可用泉水、江水，甚至用松上雪、梅花蕊上雪化水煎茶。3.讲求水沸适度。4.要求使用名贵优质茶具，将茶碗烫热或烤热，以便茶汤香气充分升扬。中国四大茶道流派分别为贵族茶道、雅士茶道、禅宗茶道和世俗茶道。

中国茶道大胆地探索茶饮对人类健康的真谛，创造性地将茶与中药等天然原料有机结合，使茶饮在医疗保健中的作用得以增强，从而获得了更大的发展空间，这就是中国茶道最具实际价值的方面。

称谓文化

上古的姓和氏

姓氏是姓和氏的合称。上古时期，姓和氏不尽相同。姓是一种族号，而氏是姓的分支。上古先民经历过母权社会，实行群婚制，孩子一生下来，往往跟着母亲，"姓"的本意是女人生的子女，代表了一种血缘关系，是家族基因的延续，同一个母亲所生的子女就是同姓。不知道父亲是谁，所以子女往往跟母亲取姓。我们从不少古姓，如姒、姚、嬴、姜、姬等都加了女字旁，就可以略知一二。后来子孙逐渐繁衍，到了伏羲氏族社会时期，从一族中，分化成若干个分支，散落到各地居住，这每一个分支，都需要有一个特殊的称号作为标志，以便和别的分支区别开来，而这一区别的标志，就是氏。例如，旧时传说商人的祖先是子姓，后来从子姓中，分化成为殷、来、宋、时、空同等氏。这样一来，殷、来、宋、时、空同等氏，实际上就跟原来的子姓族差不多了。可以说，姓是旧有的族号，而氏是后起的族号。氏族社会时期实行族外婚，同一氏族的人不能结婚，这样，"姓"就起到了"别婚姻"的作用。姓产生后，世代相传，一般不会更改，比较稳定；而氏则会有一个人的后代有几个氏或者父子两代不同氏的情况。另外，不同姓之间可能会以同样的方式命氏，

因此会出现姓不同而氏相同的现象。春秋战国时期，姓和氏是有区别的。战国以后，姓和氏的界限开始模糊起来，人们以氏为姓，导致姓氏逐渐走向合一。

先秦女子姓氏

上古时期，在同姓之间，是不进行婚配的。对于贵族妇女来说，姓比名要紧要得多。我们看古书上一些女性的称呼，有时会不知道她的名，却往往能知道她的姓。

待嫁的女子，如果要和家族中的其他人区别开来，往往是在姓上，加上表示排行的伯（孟）、仲、叔、季，通过排行的方式达到区别的目的。例如，伯姬、叔姬，同是姬姓，区别就在于表示不同排行的伯、叔。

女子出嫁以后，尤其是从本国出嫁到其他国家的女子，也可以在姓上添上与出嫁有关的一些名目，从而起到区别的作用。办法主要有四种：

1. 在姓上加上本国的国名或氏。例如，秦嬴、齐姜、晋姬、国姜，其中秦嬴、齐姜、晋姬中的秦、齐、晋，都是国名；国姜中的国，是氏。

2. 如果是嫁给其他国家的国君，就在姓上添上夫君所受封的国名。例如，芮姜、息妫、秦姬等。

3. 如果是嫁给其他国家的卿大夫，就在姓上添上配偶的氏，或者添上配偶所受封的邑名。例如，赵姬、孔姬、棠姜，

赵姬是赵衰之妻，孔姬是孔圉之妻，赵衰、孔圉都是卿大夫，赵、孔是氏；棠姜是棠公之妻，棠是邑名。

4.女子死后，别人或后人在她的姓上添上她的配偶的谥号，或者添上她本人的谥号。如郑武公的妻子被称为武姜，武姜中的"武"，就是郑武公的谥号；又如鲁文公的妃子敬嬴，敬嬴中的"敬"，就是敬嬴本人的谥号。

长幼次序

伯（孟）、仲、叔、季是古人表示排行的用词。伯是老大，仲是老二，叔是老三，季是老四。周代时，表示排行的伯（孟）、仲、叔、季，常常是加在男子的字的前面，另外在字的后面，加上"父"或"甫"字，以表示性别或尊称。这样，排行、字、尊称三部分，就构成了男子字的全称。例如，伯禽父、仲山甫、仲尼父等。

不过排行和尊称，往往是附加的东西，所以也可以省略。有时是省略尊称"父"或"甫"，如伯禽、仲尼等，有时是省略排行，如禽父、尼父等。

周代女子字的全称，跟男子字的全称又有不同。女子字的全称，是在字的前面加姓，在姓的前面加伯（孟）、仲、叔、季表示排行，在字的后面加上"母"或"女"字表示性别尊称。可见女子字的全称和男子字的全称相比，多加了姓。如中姞义母，等等。

因为女子的尊称和排行是附加的东西，所以也可以省略。有时是省略"母"字，如季姬牙；有时是省略排行，如姬原母；有的时候，只是单称"某母"或"某女"，如寿母、帛女。不过女子最常见的称呼，还是在姓上加上排行，如孟姜、叔姬、季芈等。

年　号

古时皇帝用来纪年的名号，叫作年号。汉武帝是第一位开始有年号的皇帝。汉武帝即位的第一年，立年号为建元，所以这一年称为建元元年，第二年称为建元二年，其他依此类推。

新皇帝登基，都要改变年号，这叫作"改元"。同一皇帝在位时，当然也可改变年号，如汉武帝就曾改元为元光、元朔、元狩、元鼎、元封、太初等。

明代和清代的皇帝，年号相对稳定，基本不改元。这样久而久之，就出现了用年号来称呼皇帝的现象。如明世宗的年号是嘉靖，便被称为嘉靖皇帝；清圣祖的年号是康熙，便被称为康熙皇帝，等等。

谥号

谥号是古代帝王、诸侯、卿大夫等有地位的人死后，后人对其一生做个简单的总结评价，褒贬一下善恶功过，算是盖棺论定之意。此制度开始于周代，君王的谥号由礼官议定，由新即位的皇帝宣布；其他人的谥号都由朝廷给出，因为是盖棺论定，基本还是能做到客观。

经常用于谥号中的一些字的意义基本是固定的，因此从一个皇帝或大臣的谥号里便能对他一生作为有个大致判断。就皇帝而言，比如含有文、武、明、睿、康、景、庄字眼的，往往都是比较能干的皇帝，此类谥号属于上谥；冲帝、质帝、少帝往往是幼年即位而且早死的，带有哀、思、怀等字眼的，往往有同情的意味，这两类谥号属于中谥；厉、灵、炀则含

诸葛亮为蜀国大业"鞠躬尽瘁，死而后已"。诸葛亮去世后，刘禅追谥他为忠武侯。

有否定的意思，比如周厉王、隋炀帝都是暴君，此类谥号属于下谥。因儒家文化提倡孝道，许多皇帝的谥号里往往都有个"孝"字。例如，汉代所有皇帝的谥号都另加个"孝"字，如孝惠、孝文、孝景一直到孝献。就大臣而言，也有一些常用的谥号。比如诸葛亮谥号为忠武侯，因为诸葛亮的成就及个人魅力，忠武就成了士大夫们倍觉荣耀的谥号；晋代王导的谥号为文献，因其个人成就，唐代的名臣都沿用此谥号；宋代范仲淹的"文正"谥号，也为后世名臣所沿用。

需要指出的是，皇帝必有谥号，士大夫则只有地位高的才有。并且一般在其死后几年才给予，只有极少数功绩特别大的会在死时便给。另外，除朝廷公开给予的谥号外，一些有名望的学者或士大夫，其亲戚、门生也往往私下给其起谥号，称为私谥。

名和字

按照古代的习俗，婴儿出生3个月的时候由父亲给取名，而男子到20岁行加冠礼的时候还要取字，女子则是到15岁结发加笄的时候取字。名和字一般都是有关联的，最常见的就是名和字为同义或近义的关系，例如，诸葛亮，字孔明，孔明就是非常明亮的意思；屈原，名平，而"广平曰原"；秋瑾，字璇卿，瑾和璇都是美玉。也有少数名与字是成反义关系的，如唐代诗人王绩，字无功；孔子的弟子曾点，字皙。

别　号

　　古人在名和字之外，还有别号。别号与字的不同之处在于，字是父亲或其他尊长给取的，而别号则是自己取的，也有少数是后来别人赠予的。唐宋之后，人们取别号的情形非常普遍，如李白，字太白，号青莲居士；苏轼，字子瞻，号东坡居士；辛弃疾，字幼安，号稼轩。无论是否为自己所取，别号一般都反映出本人的某种经历或某方面的特点，十分常见的一种情况就是以居住地的名称或该地所具有的景物为别号，如王守仁，因曾居于贵州的阳明洞，故世称阳明先生；白居易因晚年长居洛阳香山而自号香山居士；欧阳修自号"六一居士"，蕴意是一万卷书、一千卷金石文、一张琴、一局棋、一壶酒，再加上他本人一个老翁，这体现出一种典型的文人雅趣。别号的应用非常广泛，以致对有些人来说后世在习惯上不再称他们的名或字，而是以号相称，如苏东坡、郑板桥、齐白石、八大山人等，称的都是别号。

行　辈

　　行辈，即排行和辈分，在古代，这不仅是亲族之中一种自然的排列关系，而且体现出鲜明的宗法色彩，在一个家族中，不同的行辈之间在取名用字上有着明确的规定，从而传

达出特定的血缘关联。古时人们取名常常使用伯、仲、叔、季的字样，伯，表示的是排行中的第一位，即老大，而仲是老二，叔和季则表示幼者，并不一定就是老三和老四。在表示长幼之外，同一行辈的名字里还要有相同的成分，例如，苏轼，字子瞻，苏轼的弟弟苏辙，字子由，轼与辙，都从车部，而字的前一个字也是相同的；在《红楼梦》中，贾敬、贾赦、贾政等都是文字辈，而贾宝玉一代则是玉字辈，如贾珍、贾琏等，再下一代就是草字辈，如贾蓉、贾蘭（兰）。有的注重统绪的家族更是将很多代的行辈用字进行事先排定，最为人熟知的就是孔子和孟子后代的行辈，例如孔子后裔，从第56代起至第105代的行辈依次为：希言公彦承，弘闻贞尚胤，兴毓传继广，昭宪庆繁祥，令德维垂佑，钦绍念显扬，建道敦安定，懋修肇懿长，裕文焕景瑞，永锡世绪昌。这样，从名字上就可以看出辈分来。

称　谓

　　古人的称谓有名、字、号等，不同种类的称谓在应用时有着不同的意义。古人一般自称时说名，对别人则不直呼名，而是称字，以示尊敬，仅在作传和介绍的时候才直说名，不然直呼其名则有厌恶、轻视之意。号则既可用来自称，也可称对方。在此之外，人们在表达对某人的尊敬时，还往往以他的谥号、斋名、籍贯、郡望、官职、官地等来进行称呼，

如范仲淹被称为范文正公，蒲松龄被称为聊斋先生，柳宗元被称为柳河东，韩愈被称为韩昌黎，杜甫被称为杜工部，刘备被称为刘豫州。

地 望

东汉末年，社会上形成了一些非常具有势力的门阀大族，曹魏时期实行"九品中正制"，就是将官员分为9个品级，由"中正"来推荐和评定，而这一职位通常由一地的望族担任，他们垄断了当地的选举权，他们的姓氏也因此与本地密切地联系起来，这样，他们在其郡县所拥有的特别的地位和声望就被称为这些士族的"地望"，又叫作"郡望"。如唐代段成式在《酉阳杂俎续集·支诺皋下》中说："韦斌虽生于贵门，而性颇质厚。然其地望素高，冠冕特盛。"

帝王赐姓

帝王赐姓是姓氏的主要来源之一。先秦时期的赐姓主要属于封建的性质，也就是说帝王将某地封赐给谁，谁也就因此而以国或邑名为姓，例如屈原，本姓熊，在春秋初期，楚武王熊通的儿子被封在屈邑，因而改姓屈，名屈瑕，屈瑕就是屈原的先祖。秦代之后，赐姓不再具有封赏领地的含义，

而只意味着一种精神上的褒奖，这是帝王进行政治笼络的一种手段。所赐之姓，可能为国姓，即皇帝的姓氏，也可能是其他姓氏。

赐姓一般出于这样几种情况：1.安抚降将，例如唐初，幽州罗艺、石州刘孝真、江淮杜伏威、榆林郭子和、原窦建德部大将胡大恩等归顺唐朝的各路将领皆被赐以李姓。2.笼络外藩，如唐初契丹酋长窟哥、奚族酋长可度者、粟末靺鞨酋长突地稽、黑水靺鞨酋长倪属利稽等率其所部内附唐朝，皆被赐以国姓李氏。3.褒奖功臣，如明代郑和，本姓马，小字三保，因为在靖难之役中协助燕王朱棣有功而得赐姓名为郑和。当然也有相反的情况，就是赐以恶姓来进行贬损，例如，武则天夺得皇后之位后，将唐高宗的前皇后王氏和宠妃萧淑妃分别改姓为蟒和枭，蟒意为大毒蛇，枭意为恶鸟，表达了十足的蔑视怨恨之意。

皇帝自称

一个人落魄孤立无援的时候常会说："我现在是孤家寡人，要什么没什么。"孤家寡人就是说形单影只，孤立无援的意思。可是在古代，"孤家"和"寡人"可都是皇帝的专称，皇帝众星捧月，群臣簇拥，那么皇帝又怎么会是"孤家寡人"呢？

"寡人"一词在古代意为"寡德之人"，这是古代君主

的谦辞。先秦时期，王、诸侯、士大夫等，都可以自称为"寡人"。如《左传》中记载："请子奉之，以主社稷，寡人虽死，亦无悔焉。"《史记·廉颇蔺相如列传》中也有"秦王以十五城请易寡人之璧"的说法。那时候，"寡人"不光是男人的专属。《诗经》中曾经记载，卫庄公夫人庄姜就曾自称过"寡人"，由此可见，古人常用"寡人"来谦虚地说自己无德无能。但是到了唐朝，这种现象明显减少了，逐渐变成只有皇帝可以自称寡人。

皇帝自称"朕"的情况，也和"寡人"差不多。早先，

秦王政作为中国历史上的第一个皇帝，他毫不谦虚地将自己称为"始皇帝"。因而，人们都称他为"秦始皇"。

人们都可以用"朕"自称，"朕"和现代汉语里的"我"相似。并且，使用这一称谓的人不分等级。此时的"朕"并没有特殊含义，只做第一人称使用。然而到了秦始皇称帝，"朕"就只有皇帝一人可以自称，而且明文规定，违者重罚。其实，"朕"最早指的是身体的意思，嬴政以自己功盖三皇五帝，以始皇帝自称，并且认为这个词有"预兆""朕兆"的意思，所以要专用在自己身上，以尊皇权。

"孤"的用法完全是延续了秦朝以前的称谓习惯。因为在没有皇帝一人独掌天下的诸侯纷乱时期，王与诸侯国王并存，因"孤"含有"独自"和"孤独"等意味，诸侯们通常用此字自嘲落魄。但是到了汉末，"孤"却有了雄霸的意思。群雄独占一方，各自称孤。"孤"从此就演变成了王者的代名词，其中也包含有高处不胜寒、傲然孤茕的意味。

对父母的讳称

讳称是指由于忌讳的原因，不使用正常的称谓，故意换用别的称谓，这种忌讳现象旧时在方言区是常见的。在当代，忌讳的心理虽然已经淡化或消失，但是讳称却习惯成自然，在有些方言区仍然沿用。

讳称实际是父母忌讳心理的反映，他们觉得这样会使孩子更好养些。有的是父母自认命不好，担心把厄运传给孩子；有的是担心父母和孩子命中相克，所以不好用常称，只好用

讳称。讳称实际上是被当作避邪的方法。现在这种迷信的思想逐渐淡化了。

地名用作人名

地名与人名的关系异常密切，我国历代都有地名用作人名的现象。有些人以所在的山、水、桥、榭取名，有些人以出生时的州、郡、乡里的名称取名。例如，北宋著名的政治家司马光，他的父兄和他自己都是以地名取名的。他的父亲生于池州（今越南谅山），于是取名司马池；他的堂兄生于乡下，故取名司马里；他的胞兄生于父亲的宣城太守任上，取名司马宣；而他本人生于父亲的光州任上，故取名司马光。

我国古代有些当官的人，喜欢以所任职的地名相称。这些称呼延续下来，就成为这些人名中的一部分。例如，唐代柳宗元又称"柳柳州"，韦应物又称"韦苏州"，苏轼又称为"苏徐州"等，都是由于他们曾分别在柳州、苏州、徐州等地任职的缘故。

数字用作人名

数字用作人名开始于春秋时期，吴王给自己的女儿起了个名叫二十。后来这种用数字取名的方法在吴地广为流传。

到了宋代，这种方法还是很盛行，史籍上也有记载。南宋文学家洪迈的《夷坚志》中提到的数字姓名有从事各种职业的人，有男有女，有农民、渔夫，也有商人、艺人，共十五六个。如周三、从四、王十九、刘十二等。明清以后，官吏采用这种数字取名的方法增多。

用数字取名，有的是取数字的吉祥含义，有的是用孩子出生时祖父或父亲的年龄或父母相加的年龄。据说更多的是用全族中同辈排序命名，如李白又叫李十二，白居易又叫白二十二，这些都是根据排序法用数字命名的。

古人的十种敬称

"敬称"也叫"尊称"，表示尊敬客气的态度。

1.品格高尚、智慧超群的人用"圣"来表敬称，如称孔子为圣人，称孟子为亚圣。后来，"圣"多用于帝王，如圣上、圣驾等。

2.帝王的敬称：万岁、圣上、天子、圣驾、陛下等。古代帝王认为，他们的政权是受命于天而建立的，所以称皇帝为天子。驾，本指皇帝的车驾。古人认为，皇帝当乘车行天下，于是用"驾"代称皇帝。古代臣子不敢直达皇帝，就告诉在陛（宫殿的台阶）下的人，请他们把意思传达上去，所以用陛下代称皇帝。

3.皇太子、亲王的敬称：殿下。

4. 将军的敬称：麾下。

5. 有一定地位的人的敬称：使节称节下；三公、郡守等有一定社会地位的人称阁下，现在多用于外交场合，如大使阁下。

6. 对方或对方亲属的敬称有令、尊、贤等。令，意思是美好，用于称呼对方的亲属，如称对方父亲：令尊；称对方母亲：令堂；称对方的女儿：令爱。尊，用来称与对方有关的人或物，如称对方父母：尊上；称对方的意思：尊意。贤，用于称平辈或晚辈，如称对方：贤家；称对方的儿子：贤郎。仁，表示爱重，应用范围较广，如称同辈友人中长于自己的人为仁兄，称地位高的人为仁公等。

7. 称年老的人为丈、丈人，如"子路从而后，遇丈人"（《论语》）。唐朝以后，丈、丈人专指妻父，又称泰山，妻母称丈母或泰水。

8. 尊长者和用于朋辈之间的敬称有君、子、公、足下、夫子、先生、大人等。

9. 君对臣的敬称是卿或爱卿。

10. 称谓前面加"先"，表示已死，用于敬称地位高的人或年长的人，如称已死的皇帝为先帝，称已经死去的父亲为先考或先父，称谓前加"太"或"大"表示再长一辈，如称帝王的母亲为太后，称祖父为大（太）父，称祖母为大（太）母。

古人的十种谦称

1. 古代帝王的谦称有孤、寡。

2. 古代官吏的谦称有下官、末官、小吏等。

3. 古人称自己一方亲属朋友的谦称有家、舍，"家"是称比自己辈分大年纪大的亲属，如家父、家母；"舍"是称自己的家或自己的年幼亲属，前者如寒舍，后者如舍妹等。

4. 读书人的谦称有小生、晚生等，表示自己是新学后辈；不才、不肖表示自己没有才能或才能平庸。

5. 用于对自己的谦称：愚，谦称自己不聪明；鄙，谦称自己学识浅薄；卑，谦称自己身份低微。

6. 晚辈、地位低的人对尊长者谦称在下。

7. 老人的谦称有老朽、老夫、老汉等。

8. 女子的谦称是妾。

9. 老和尚的谦称是老衲。

10. 国君对其他国的谦称是寡君。

朋友的各种称谓

朋友，古人云："同门曰朋，同志曰友。"

看上去平淡，却重道义的朋友，称为君子之交（《庄子·山

木》：君子之交淡如水）；平常百姓的交情，称为布衣之交（《史记·廉颇蔺相如列传》：臣以为布衣之交尚不相欺，况大国乎）；彼此之间像兄弟姐妹一样，称为金兰之交（《世说新语·贤媛》：山公与嵇、阮一面，契若金兰）；坚若金石的交情，称为金石之交（《汉书·淮阴侯传》：今足下虽自以为与汉王为金石交，然终为汉王所擒矣）；哪怕砍头也不变心的朋友，称为刎颈之交（《史记·廉颇蔺相如列传》卒相与欢，为刎颈之交）；彼此心志相同，情投意合的朋友，称为莫逆之交（《庄子·大宗师》：三人相视而笑，莫逆于心。遂相与为友）；患难中仍能不离不弃的朋友，称为患难之交（《玉堂丛语·荐举》：仲举与文贞在武昌，因患难之交）；推心置腹，无所不谈的朋友，称为肺腑之交（白居易《代书诗一百韵寄微之》：肺腑都无隔，形骸两不羁）；不计较年龄的交情，称为忘年之交（《南史·何逊传》：弱冠州举秀才，南乡范云见其对策，大相称赏，因结忘年交好）；彼此知心，不拘身份的朋友，称为忘形之交（《新唐书·孟郊传》：少隐嵩山，性介，少谐合。愈一见为忘形交）；穷苦时结交的朋友，称为贫贱之交（《后汉书·宋弘传》：臣闻贫贱之知不可忘，糟糠之妻不下堂）；交朋友不嫌贫贱，称为杵臼之交（《后汉书·吴祐传》：时公沙穆来游太学，无资粮，乃变服客佣，为祐赁春。祐与语大惊，遂共定交于杵臼之间）。

"路"的各种称谓

"路"的名称有很多，从古至今叫法不一。

上古叫"康衢"，"康衢大道""康庄大道"是指宽阔平坦、四通八达的道路。

秦始皇时，大修道路，当时称为"驰道"，意思是天子驰车的道路。

唐朝时，筑路万里，称为"驿道"；元朝称"大道"；清朝才称"路"。

1912年，我国第一条可行驶汽车的路建成，称为"汽车路"，又叫"马路"，并沿用至今。

路的大小不一，名称也就各异。比如西周时期，人们把通行三辆马车的才称为"路"，能通行两辆马车的称为"道"，通行一辆马车的称为"途"。"畛"是走牛马的乡间小路，"径"是仅能走牛马的田间小路，且南北为"阡"，东西为"陌"。

再如城市里的道路叫"街"；比街窄小一点的叫"巷"；小巷叫"坊"，吴语叫"弄堂"，北方叫"胡同"。

年龄的种种称谓

古代对年龄的称谓有很多种。

孩提：指刚会发笑尚在襁褓中的幼儿。

垂发：指古代儿童尚未束发时自然下垂的短发，用以代称人的童年时期。

总角：古代幼童将垂发扎成两束结于头顶，其状如角，称为"总角"，指人的幼年阶段。

龀或髫龀：旧说男八岁、女七岁换牙，脱去乳牙，长出恒牙，这时称为"龀"或"髫龀"，表示人的儿童、少女时期。

弱冠：古代男子二十岁时，要行冠礼，即戴上表示已是成人的帽子，为"弱冠"。

及笄：笄，是古代束发用的簪子。古代女子到了十五岁以后，就要把头发盘起来，并用簪子绾住，表示自己已成年。故女子成年时就叫"及笄"。

男子到了二十岁，就要举行成人礼。

破瓜之年：古代女子长到十六岁，称"破瓜之年"，原因是将"瓜"字拆开乃为两个"八"字，相加刚好为十六。

而立：三十岁。

不惑：四十岁。

艾年：古代指年满五十岁的老人。

花甲：由古代干支纪年法而来。古代年满六十称"花甲"或"花甲之年"。

古稀：七十岁的代称。

耄耋：八九十岁，"耄耋"合称，指高寿老人。

期颐：百岁老人。

丈夫称谓的演变

根据《诗经》的记载，古时妻子称丈夫为"良人"，后来"良"字就演变出"郎"与"娘"，丈夫称"郎"或"郎君"，妻子称"娘子"。到了宋朝，丈夫的地位进一步提高，称为"官人"，因宫廷出现了"官家"一词，于是民间就有了"官人"的称谓。在官宦人家，丈夫则被妻子称为"老爷"。"外人""外子""相公"等，都是丈夫名称更进一步的演变。

到了民国时期，"先生"这个名词流行起来。以往教书的称"先生"，丈夫也称"先生"，后来教书的不再称"先生"，改称"老师"了，而"先生"除了广泛用于对人的尊称外，也指自己的丈夫，含有仰慕尊崇之意。

现在的年轻人流行称丈夫为"老公"。但是很少有人知道"老公"这一词最早是指"太监",古代宦官,卑称阉宦、太监、阉人等,而民间则俗称这些人为"老公"。李自成攻入北京,即有"打老公"一说,可见"老公"最初指的是太监。在《汉语大词典》中,"老公"一词下有两种解释,一为"(方言)丈夫",二为"太监"。

古人的娱乐

六　博

　　"六博"，又称"陆博"，可以看作是象棋的前身，因每人6枚棋子而得名。六博在棋盘和棋子之外还有箸，相当于后来的骰子，在行棋之前使用，因而六博的胜负具有很大的偶然性。六枚棋子为：枭、卢、雉、犊、塞（2枚），"枭"之外的5枚统称为"散"，玩法就是以杀枭为胜，枭相当于后来象棋中的将或帅。六博在春秋时期已经出现，在此后相当长的时期都非常盛行，后来六博发生分化，一支发展为后来的象棋，另一支则演变为赌博的手段，原初形式的六博在宋代之后就基本消失了。

投　壶

　　投壶是古时士大夫阶层在宴饮时所进行的一项游戏。春秋时期，诸侯宴请宾客的礼仪之一是请客人在席上射箭，因为当时射箭为六艺之一，为士人必备的技能，但也有一些客人射艺不佳，于是就采用以箭投酒壶的方式来代替，逐渐成为一种风习，投壶代替了射箭而成为宴饮之间的一种游戏。秦汉之后，"雅歌投壶"几乎是士人们会宴之时的必有项目，

投壶图

并且产生了许多较为复杂的形式，游戏的难度有所增加，同时趣味性也变得更强。宋代司马光在专著《投壶新格》中详细记载了游戏的各个方面，包括壶具的尺寸、投矢的名目和计分方法等。然而在宋代之后，投壶渐趋衰落，不复盛行。

围　棋

　　围棋是一种双方各执黑、白棋子进行对弈以最终占地面积大小来定胜负的游戏。战国时期赵国史官编写的《世本》称"尧造围棋"，晋代张华在《博物志》中说"或曰舜以子商均愚，故作围棋以教之"，反映围棋起源之早。至少在春

秋时期，围棋已经十分流行。关于围棋的最早确切记载见于《左传·襄公二十五年》："今宁子视君不如弈棋，其何以免乎？弈者举棋不定，不胜其耦。而况置君而弗定乎？必不免矣。九世之卿族，一举而灭之。可哀也哉！"公元前559年，卫国的国君献公被大夫宁殖等人驱逐出国，后来，宁殖的儿子又答应把卫献公迎回来，文子听说后感叹宁氏的做法反复无常，预言他们的灾祸将要不远了。"举棋不定"这一成语就是由此而来。其后围棋在发展的过程中经过了较大改进，三国时期魏邯郸淳在《艺经》上说，魏晋及其以前的"棋局纵横各十七道，合二百八十九道，白、黑棋子各一百五十枚"，而在甘肃敦煌莫高窟石室中发现的南北朝时期的《棋经》记载，当时的棋局是"三百六十一道，仿周天之度数"，这与现代围棋的棋局是完全相同的。唐玄宗时设立了"棋待诏"制度，就是为翰林院中的专业棋手赋予官职，提高了棋人的地位，扩大了围棋的影响。明、清两代则是围棋发展的高峰，名家辈出，并且形成不同的流派，这种兴盛的局面直到清末因国势衰弱而被截断。

射　覆

　　"射覆"，是古时《易经》占卜的学习者所玩的一种卜测性质的游戏。"射"是猜度之意，"覆"是覆盖之意，"射覆"就是猜测覆盖物所遮藏的为何物。游戏的时候，覆者用

盆碗杯盂等器皿覆盖某一物件，射者通过占筮的途径来进行猜度。覆盖的一般都是生活中常见的物品，有时也写下一个字来让人卜测。汉代的东方朔就是一位射覆大家，晋代的郭璞、梁元帝萧绎、唐代的李淳风、宋代的邵雍等都是史上有记载的一流高手。射覆在古代是一项十分流行的游戏，在诗词典籍中多有所见，如李商隐《无题》诗中写道："隔座送钩春酒暖，分曹射覆蜡灯红。"《红楼梦》第六十二回中对宝玉、宝钗、探春、香菱等进行的射覆游戏更是描写得非常详细。射覆需要运用到非常玄妙的易学知识，蕴涵着全息理论的奥义，但也表现出通常思维所不可理解的一面。

中国象棋

中国象棋，在战国时朝已经成为贵族阶层所流行的一种游戏。《楚辞·招魂》曰："菎蔽象棊（棋），有六簿（博）些。"王逸注云："言宴乐既毕，乃设六簿，以菎蔽作箸，象牙为棊，丽而且好也。"这里讲的是先秦时期的象棋，当时称为"六簿"，棋具由局、箸、棊组成。局，就是棋盘；箸，相当于骰子，每次行棋之前进行投掷；棊是棋子，用象牙雕刻而成，每方6子，分别为枭、卢、雉、犊、塞（2枚）。象棋是模仿当时的兵制而设计的，象棋游戏也具有军事训练的意义。后来象棋取消了投箸，也就是说不再存有侥幸的成分，而全凭实力和智谋取胜。此后，秦汉至隋唐，象棋在流

传过程中不断地得到改进，最后定型于北宋末年，即当代的象棋样式：双方各 16 枚棋子，分别为将（帅）一个，车、马、炮、象（相）、士（仕）各两个，卒（兵）五个。南宋时期，象棋变得家喻户晓，十分盛行，还出现了洪迈的《棋经论》、叶茂卿的《象棋神机集》等象棋专著，象棋由此成为一门独立的学问。

百　戏

　　"百戏"一词产生于汉代，是当时各种民间表演艺术的泛称。据宋代类书《事物纪原》卷九"百戏"引《汉元帝纂要》："百戏起于秦汉曼衍之戏，技后乃有高縆、吞刀、履火、寻橦等也。"这里的"曼衍之戏"指的是一种由人装扮成巨兽的舞蹈，"高縆"就是走钢丝，而"寻橦"是一个人手持或头顶长竿，另有数人缘竿而上的表演。"百戏"原本涵盖广泛，包括各种乐舞、说唱、戏耍等，而宋代之后则习惯上将"百戏"仅用于称呼杂技一类的表演。

骑　射

　　骑射，即骑在马上射击，最初是一种军事技能，后来也作为一项独立的体育活动。中国古代早期，马只用来驾车，

并不用来骑乘，直到周赧王八年（公元前 307 年），赵武灵王实行军事改革，令军民着胡服，学骑射，中原地区才有了骑马的风俗。在此之前，中原各国的军队编制是步兵与战车相配合，而胡人则已有骑兵队伍，在交战的过程中，虽然中原军队的武器更为先进，但是灵活性却不如胡兵，加之身着长袍，行动起来更不方便，这常常导致作战失利，于是赵武灵王决心改易服装，建立骑兵。后代历朝也都建有骑射部队，至于辽、金、元等游牧民族所建立的朝代更是以骑兵立国，骑射是一项看家本领。清朝前期，骑马和射击被看作生活必备的技能，连同妇女和儿童也普遍善于骑射，骑射成为民族兴盛的一项标志，满族人也深以此为豪，努尔哈赤和皇太极皆被誉为"马上皇帝"。后来战事平息，骑射则主要作为一

乾隆射猎图

项体育运动而存在。清末唐晏在《天咫偶闻》中说："国家创业，以弧矢威天下，故八旗以骑射为本务，而士夫家居亦以射为娱。家有射圃，良朋三五，约期为会。其射之法不一。"从这段记述中可以看出骑射对于八旗子弟的重要性，同时也展现出当时骑射风气的盛行。

角

角，又称角抵，是两人相抵以较量力气的一种运动。《汉书·刑法志》记载："春秋之后，灭弱吞小，并为战国，稍增讲武之礼，以为戏乐，用相夸视。而秦更名角抵，先王之礼没于乐中矣。"这段话表明，角在战国时期已经兴起，秦代的时候更名为"角"（角抵）。实际上，角的由来是相当久远的，司马迁在《史记》中说："蚩尤氏头有角，与黄帝斗，以角抵人，今冀州为蚩尤戏。"按这种说法，角是从黄帝战蚩尤的时候流传下来的。到了晋代，角又称为"争交"。南宋吴自牧在《梦粱录·角抵》中介绍："角抵者，相扑之异名也，又谓之争交。"相扑是角在南北朝时期起的名字，这项运动在唐代时传入日本，并发展成为在日本非常受欢迎的体育项目。当然，现代日本的相扑与中国古代的角运动是有着较大差异的。其实，角早期的涵盖是很丰富的，到宋代之后才变为专指相扑一类的摔跤活动。

蹴 鞠

　　蹴鞠，是中国古代的一种球类运动。关于蹴鞠的最早记录见于《史记·苏秦列传》："临菑甚富而实，其民无不吹竽鼓瑟，弹琴击筑，斗鸡走狗，六博蹋鞠者。""蹋鞠"也就是蹴鞠，又名"蹴球""蹴圆""筑球""踢圆"等，说的都是用脚踢球的意思。蹴鞠是一项古老的体育运动，起源于齐国都城临淄，齐宣王在位时期已经十分盛行。秦代，蹴鞠运动一度沉寂，进入汉代又复兴盛，并被视为"治国习武"之道，在军队和宫廷之中十分流行，使得蹴鞠由一种平民百姓的运动提升为一种贵族运动。汉代还出现了研究这项运动的专著——《蹴鞠二十五篇》，这也是中国和世界上最早的一部体育著作，可惜已经失传。到了唐代，蹴鞠的制作技艺和运动技术都有了很大的改进，球变得更圆、更轻，而充气技术也是世界上最早的发明。唐代分队比赛，由原来的直接对抗转为间接对抗，中间隔着球门，双方各在一侧，以射门数多者为胜，并且还出现了女子蹴鞠，女子蹴鞠不射门，而以踢球的技法显胜，这被称为"白打"。及至宋代，蹴鞠变得更加兴盛，上海博物馆馆藏的一幅《宋太祖蹴鞠图》，描绘的就是当时皇帝亲身从事蹴鞠运动的情景。《文献通考》记载："宋女弟子队一百五十三人，衣四色，绣罗宽衫，系锦带，踢绣球，球不离足，足不离球，华庭观赏，万人瞻仰。"

这时，球技已经发展出成套的花样动作，擅长者可调用头、肩、背、胸、膝、腿、脚等身体的各个部位，使"球终日不坠"。《水浒传》中记述的因擅长踢球而发迹的高俅就是当时蹴鞠盛行的一个鲜明的例证。在球的制作方面，宋代又有了进一步的发展，"密砌缝成，不露线角"，做成的球要"正重十二两"，"碎凑十分圆"，由此可见，制球工艺已经非常精湛。清代开始，蹴鞠运动变得冷落，近代西方足球传入，蹴鞠作为一种社会流行的体育运动就销声匿迹了。

马球

马球，又称"击鞠"或者"击球"，是一种骑在马背上用长柄球槌拍击木球的运动。相传马球在唐初由波斯（今伊朗）传入，初时称之为"波罗球"。也有人认为中国更早的时候就已经有了马球，如曹植《名都篇》中"连翩击鞠壤，巧捷惟万端"的句子描写的就是马球运动。有可能是中国原来的击鞠运动后来参照波斯的马球进行了一定的改造，而后打马球方为人们所普遍注意。但是马球运动由于需求条件的特殊，所以只在宫廷和军队中流行。唐代是马球运动最盛的时期，据文献记载，唐朝的中宗、玄宗、穆宗、敬宗、宣宗、僖宗、昭宗等皇帝都是马球爱好者，不仅对这项运动予以积极的提倡，并且也亲身参与其中。唐玄宗于天宝六载（747年）还专门颁诏将马球作为军队的训练课目之一。陕西乾县出土

的唐章怀太子李贤墓中的打马球壁画充分地表现了唐代马球运动的场景。画面上击球者有二十余人，皆着各色窄袖袍，足登黑靴，头戴幞头，手执偃月形球杖，身骑奔马，做出竞争击球的各种姿态，非常逼真，这为人们了解古代打马球的情形提供了生动的直观认识。

踏 青

　　踏青，又叫春游，指的是在清明前后芳草始生、杨柳泛绿的早春时节到郊野去游览的出行活动。踏青的习俗由来已久，在魏晋时期已经成为社会上盛行的风气，而到唐宋年间更是极盛。"三月三日天气新，长安水边多丽人……"杜甫的这首《丽人行》所描写的就是当年长安踏青的盛况。在古代，三月初三又称为上巳日，因王羲之的《兰亭集序》和书法而颇为传颂的兰亭集会实际就是在上巳日举行的一种踏青活动，这一风俗流传到唐代，长安的仕女在这一天会到城南的曲江游玩踏青，为一时之盛容。在游赏春光之外，荡秋千和放风筝是踏青时节最为主要的两项活动。李清照在一首《点绛唇》中写道："蹴罢秋千，起来慵整纤纤手。露浓花瘦，薄汗轻衣透。"这描写的就是荡秋千之后给人所带来的快意感受。而清代诗人潘荣陛的一首《北京竹枝词》则对清明时节的放风筝活动进行了精彩的描绘："风鸢放出万人看，千丈麻绳系竹竿。天下太平新样巧，一行飞上

碧云端。"千百年来，虽然在不同的时代具体的活动内容有所变化，但是踏青这一习俗却一路流传下来，当今依然为人所喜爱。

冰 戏

冰戏，亦称"冰嬉"，是各种冰上体育活动的泛称，包括跑冰、花样滑冰、冰上执球与踢球以及冰上杂戏等，是北方人民在寒冷的冬季中一项重要的娱乐活动。

冰戏在宋代的时候已经流行，到明代更成为宫廷的体育活动，而在清代最盛。满族由于生活在冬季严寒而漫长的东北地区，所以冰戏更成为生活中的重要内容，并且不仅仅是一种娱乐活动，同时还是一项重要的军事训练。按清代的习俗，皇帝每年在冬至到三九的这一段时间都要在太液池（即当今的北京之三海）校阅八旗溜冰，同时观看冰戏表演。表演的兵丁分为两翼，每翼头目12名，穿红黄马褂，其余的人穿红黄齐肩褂，射球兵丁160名，幼童40名，也都穿马褂，背插小旗，按八旗各色，依次走冰，然后对优胜者给予奖励。除了一般的溜冰之外，还有冰上射箭、打球、单人表演、双人表演等项目，内容非常丰富。其中的单人和双人表演与现在的花样滑冰有相似之处，当时的冰上单人和双人表演不仅技术高，形式也很多，有金鸡独立、蜻蜓点水、紫燕穿波、凤凰展翅、哪吒探海、双燕飞、朝天蹬等花样。此外，

冰嬉图　清

还有冰上舞龙、舞狮、跑旱船等集体表演。这种隆重的冰戏表演在当时堪称一件盛事。

看社戏

南宋文学家陆游在《稽山行》中曾写道："空巷看竞渡，倒社观戏场。"在以前，各社各村都有定期演戏的习俗，民

间称为"年规戏",也就是鲁迅所说的社戏。以前,每个乡镇村落都有社庙。各地都有民约规定,春秋两季要祭社,后来发展为采用演戏来祭社,这就是年规戏的渊源。

社戏作为一种流行于绍兴地区的传统民间娱乐风俗,源于该地农村春秋两季祭祀社神(土地神)的习俗。先时,春社为祈求五谷丰登,秋社为庆贺一年丰收,后发展为以演戏酬神祈福,进而沿袭为民间文化娱乐活动。

绍兴演社戏的风俗在南宋时已经盛行,到清末仍非常流行。鲁迅小时候在家乡酷爱看社戏,在《社戏》《无常》《女吊》等名作中,我们都能看到他对社戏多加赞扬,称它为"很好的戏"。社戏一般在庙台或临时搭建的草台上演出。古时的庙台有两种:一种建于庙宇大殿前的天井内;另一种是筑于庙门的水上舞台,也叫"水台",观众可坐在船上看戏。一些乡村还流行邀请亲友看社戏的习俗。每当此时,各家各户宰牲,制备酒肴,用来款待宾客。

社戏剧目一般来说可分为3部分:彩头戏、突头戏和大戏。彩头戏,也称"口彩戏",主要为恭祝发财、晋官的吉利戏剧。突头戏,当地称"骨子毁",是为正戏做铺垫的戏剧。其剧目情节曲折,有较高的艺术性,著名剧目有《龙虎斗》《英列传》《双龙会》等折子戏。大戏即正戏,绍兴人也称"平安大戏",傍晚时开始演出。著名的大戏有《双核桃》《倭袍》《双龙会》等。演出中,根据剧情的发展需要,还会插演一些《男吊》《女吊》《跳无常》等鬼戏。现在,在

岁末农闲或重大节日期间，绍兴乡村还会请剧团进村演戏，不乏社戏之遗风。

斗　鸡

斗鸡比世界上其他善斗的动物"斗"的历史要长得多，在春秋战国时期就已经十分盛行。

斗鸡的民俗游戏，大多从清明开始，斗到夏至休止。我国最早的斗鸡记录，见于《左传》："季、郈之鸡斗，季氏介其鸡，郈氏为之金距。"唐朝是斗鸡活动最昌盛的时代，不只是民间设斗鸡场，捧鸡而斗，就是皇帝也要斗鸡。据唐代《东城父老传》记载，李隆基即位前就好斗鸡。在那时，斗鸡之戏是清明节的一项重要内容。李隆基当上皇帝后，在宫内建鸡坊，并有 500 人专司驯鸡。结果上行下效，有钱的倾家荡产买鸡，没钱的就以假鸡为戏。

唐代斗鸡驯鸡发达，社会却为此付出了世风颓靡的巨大代价。斗鸡使人如痴如狂，也使一些"斗鸡小儿"恃宠骄横，不可一世。

明朝的斗鸡之风与唐朝不分上下，当时还有一种专门研究和举办斗鸡活动的民间组织，叫作"斗鸡社"。在明代，泰山是斗鸡的重要场所之一，每逢泰山庙会，前来斗鸡的人都络绎不绝，观看捧场的人更是数不胜数。

直到今天，斗鸡活动在山东、河南等地依然十分流行。

斗蛐蛐

斗蛐蛐是中国民间的一项重要民俗活动，而且颇具"民族特色"。因为除中国或华人聚集的地区外，尚未听说其他民族亦有如此嗜好。从古至今，自宫廷到民间，爱好斗蛐蛐的人数不胜数，以致历史上竟出了几个有名的"蛐蛐宰相""蛐蛐皇帝""蛐蛐相公"，至于民间的"蛐蛐迷"们，就更难以计数了。

斗蛐蛐究竟始于何时，已经无法考证了。人们是怎样发现蛐蛐善斗并使之成为一种历久不衰的民间游戏呢？有一种说法是这样的，说宫女们或民间小儿在捕捉蛐蛐，放在笼中畜养以解闷的过程中，发现两只蛐蛐放在同一只笼中，就会出现视如仇敌般的争斗，于是开始有意识地引逗，从中取乐。

还有一种可能，说斗蛐蛐是在斗鸡、斗鹌鹑的启发下而出现的。既然皇帝酷好斗鸡，达官贵人也趋之若鹜，又有因斗鸡而得宠的人，就难免会勾起某些"有心人"的嗜利之欲，他们便在其他禽虫中进行试验，结果发现蛐蛐的斗性最强，其场面一点儿也不亚于斗鸡，于是将蛐蛐精心畜养起来，或做贡品以邀宠，或留做自己闲时玩赏。此举逐渐传布开来，斗蛐蛐便发展为一项民间游戏，并且一直保存至今。

斗蛐蛐这一游戏之所以普及得特别快，原因首先在于它本身具有极强的娱乐性。另外，玩斗蛐蛐十分简便易行，既无须多大的财资，又不甚劳神费力，只要从野地里捉来稍加

调养，便可决一雌雄。

除此之外，斗蛐蛐的盛行还有一个刺激性因素，那就是赌博。唐代的赌风极盛，斗蛐蛐最初只是一种纯娱乐性的游戏，并没有用于赌博。但很快人们发现用斗蛐蛐进行赌博更方便，同时也更具刺激性。由于金钱因素的加入，斗蛐蛐活动以更快的速度普及发展，至宋代就已经达到相当规模了。

赛龙舟

赛龙舟，又称"赛龙船"或"龙舟竞渡"，是我国传统节日端午节的主要习俗，也是深受人们喜爱的水上竞赛性娱乐活动，在江苏、浙江、湖南、湖北、福建、云南、贵州等地最为盛行。相传赛龙舟起源于对屈原的纪念，古时楚国人由于舍不得贤臣屈原投江死去，许多人划船追赶拯救。他们争先恐后，追至洞庭湖时不见踪迹。之后，每年五月初五，人们都要划龙舟以纪念屈原，借划龙舟驱散江中之鱼，以免鱼吃掉屈原的身体。

后来，赛龙舟除纪念屈原之外，在各地人们还赋予了不同的寓意。

江浙地区划龙舟，兼有纪念当地出生的近代女民主革命家秋瑾的意义。贵州苗族人民在农历五月二十五至二十八举行"龙船节"，以庆祝插秧胜利和预祝五谷丰登。云南傣族同胞则在泼水节赛龙舟，纪念古代英雄岩红窝。不同民族、

观竞渡 清 《端阳故事图册》

赛龙舟是端午节的主要习俗。相传古时楚国人因不舍屈原投江死去，许多人划船追赶拯救。之后每年五月初五划龙舟以纪念。

不同地区，划龙舟的传说有所不同。直到今天，在南方的不少临江河湖海的地区，每年端午节都要举行富有自己特色的龙舟竞赛活动。

清乾隆二十九年（1764年），台湾地区开始举行龙舟竞渡。直到现在，台湾地区每年五月初五都举行龙舟竞赛。此外，划龙舟也先后传入日本、越南及英国等国。1980年，赛龙舟被列入中国国家体育比赛项目，并每年举行"屈原杯"龙舟赛。

荡秋千

荡秋千是我国古代清明节的一种习俗，也是妇女十分喜欢的一种传统游戏。秋千，古字"鞦韆"两字均有"革"字旁，"千"字还带走之旁，意思是揪着皮绳而迁移。它的历史很古老，最早叫千秋，后为了避忌讳，改为秋千。古时的秋千多用树枝为架，再拴上彩带做成，后来逐步发展为用两根绳索加上踏板的秋千。到了唐宋时期，秋千成为专供妇女玩耍的游戏。一些地方还认为，荡秋千能祛除疾病。这也许就是荡秋千能世代相传、经久不衰的原因之一。

荡秋千是我国各族人民普遍喜爱的一种民间体育运动，尤其受朝鲜族妇女的喜爱。每逢节日聚会，人们便会看到成群结队的朝鲜族妇女，聚集在参天的大树下或高耸的秋千架旁。身穿鲜艳民族服装的朝鲜族妇女，在人们的欢呼、叫好声中荡起了秋千，她们一会儿腾空而起，一会儿俯冲而下，尽情地欢乐，长长的裙子随风飘舞，大有腾云驾雾之感。

荡秋千的方法通常有3种，一种是单人荡，单人荡需要很高的技巧和力量。有的荡得很高，有的甚至能绕梁一转，显示了艺高人胆大；第二种是双人荡，两人面对面站在秋千上，一人使劲一人牵引，讲究两人的配合，尽管重量加大了也能荡得很高，有时能与横梁比高，荡幅达到180度，但很难越过横梁做360度旋转；第三种是大人带小孩荡，一边唱

着"荡一荡，除百病，岁岁得平安"的歌谣。

在中国封建社会里，女子深受封建礼教的束缚，长期大门不出，二门不迈，很少有机会与外界接触。在清明前后、春回大地的大好时光，女子便趁走出户外之机，以荡秋千舒展身子，同时也得到精神的解脱和放松。荡秋千作为一种娱乐活动，因其运动量小、时间可以自由支配而深受妇女儿童的喜爱。

放风筝

风筝起源于中国，至今已有2000余年的历史。在古代，风筝又叫作"纸鸢"或者"鹞子"，被称为人类最早的飞行器。相传春秋时期，著名的建筑工匠鲁班曾制木鸢飞上天空。后来，以纸代木，称为"纸鸢"；汉代起，人们开始将其用于测量和传递消息；唐代时，风筝传入朝鲜、日本等周边国家；到五代时期，人们在纸鸢上系以竹哨，风入竹哨，声如筝鸣，因此又称"风筝"。至宋代，放风筝逐渐成为一种民间娱乐游戏。

历代放风筝的时间均有较强的节令性，原因在于自然季节、气候对放风筝有较强的约束力。宋朝以后，春季放风筝已成定例。清明节前后，城镇居民多于城外空旷处放风筝。宋人高承《事物纪原》中把纸鸢列入"岁时风俗类"，即可说明风筝已有了明确的节令性。清代，仍盛行春季放风筝。

十美图·放风筝

放风筝在中国由来已久，是深受人们喜爱的一种游戏，也是一种重要的娱乐疗法。

清人李声振在《百戏竹枝词》中说："百丈游丝放纸鸢，芳郊三五禁烟前。"与北方风俗所不同，南方各地常有秋季放风筝的习惯，福建省内即多取九月初九重阳节放风筝，清末风俗画家吴友如在《纸鸢遣兴》图中题道："闽中风俗，重阳日都人士女每在乌石山、于山、屏山上竞放风筝为乐。"

明、清两代的文人士子、庶民百姓都十分喜爱风筝，但是封建帝王却不许百姓在城里放风筝。原因是这样的：古代传说韩信曾利用放风筝测量未央宫远近，企图开凿地隧进入宫廷造反起事。明、清两代帝王竟引为前鉴，生怕再发生类似的事情，因此明令禁止在城内放风筝。

在古代，人们还把放风筝与去晦气联系在一起。古人认为，放风筝可清目、泻内热，如果某人有灾，就将姓名写在

风筝上，放至空中后，剪断引线，使其任意飞远，灾难也就可以随之消失。

拔 河

据《封氏闻见记》记载，"拔河"在古代被称为"牵钩"。最初，它是训练水兵的工具。当年鲁班在楚国为官时，设计了一种用竹片制成的篾绳。这种篾绳是专门用来训练水兵的。将兵将分成两组，各执篾绳的一端，用力向两边拉。实战中，敌船撤退逃跑时，可以用篾绳钩住敌船，使他们不能逃脱；敌船势强进攻时，可以利用篾绳阻止敌船靠近。篾绳，在作战中起到了推拉敌船的作用。因而，篾绳便有了"拖钩""强钩"的称呼。

后来，这种训练水兵的方法流传到了民间，在楚国旧地广为流行。拖钩敌船活动渐渐演变成两拨人相互"较劲"的集体活动。据史料记载，唐朝时期，"牵钩"活动已经十分盛行。上至文武百官，下至黎民百姓，都热衷于这项活动。也是从唐朝开始，"牵钩"更名为"拔河"。据说，当时的拔河和现在不同，人们在绳中央插一面红旗，麻绳的两端，分设有数百条小绳。参加拔河的人手里各执一端。拔河的时候，绳子两端形成两个扇面，旁边观看的人擂鼓助威，这样的拔河场面，要比现在壮观得多。

独特的中医

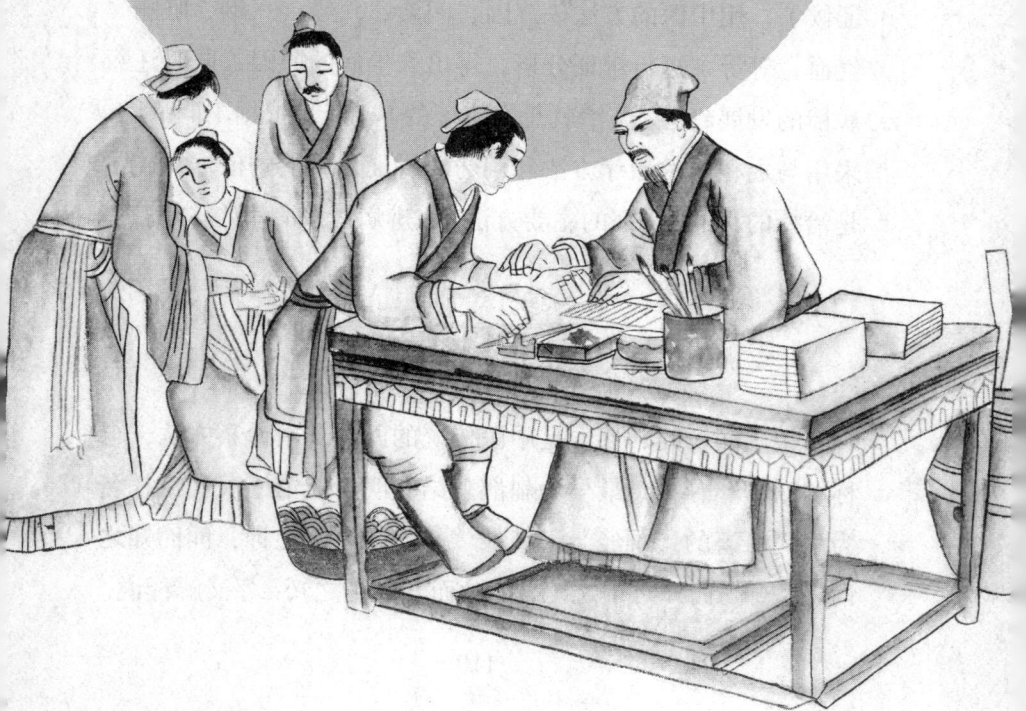

辨证施治

辨证施治就是从病人的整体考虑进行治疗，而不是头痛医头、脚痛医脚。它既不同于对症治疗，也不同于西医的辨病治疗，它把人体的状况和疾病的发展变化规律联系起来，综合考虑进行治疗，可以说是病因疗法。

辨证的辨包括辨别与分析两方面内容。证就是对一组症状的综合与归类。辨证就是运用四诊所获得的客观资料（即证候），用中医的方法（三因、四诊、六经、八纲、脏腑、气血，等等）进行辨证分析，得出人生病的原因，同时注意病情的发展趋势。施治就是在辨证的基础上，根据不同症状，采用与之相应的治疗方法和用药。辨证是施治的依据，施治是治疗的目的。辨证的主要方法有：辨病位、辨病因、辨病机。

望闻问切

望、闻、问、切，是中医传统的四种基本诊察方法，合称"四诊"，相传最早为扁鹊总结发明。成书于汉代、托名为扁鹊所著的《难经》记载："望而知之谓之神，闻而知之谓之圣，问而知之谓之工，切脉而知之谓之巧。"又解释说：

"望而知之者，望见其五色，以知其病；闻而知之者，闻其五音，以别其病；问而知之者，问其所欲五味，以知其病所起所在也；切脉而知之者，诊其寸口，视其虚实，以知其病，病在何脏腑也。经言，以外知之曰圣，以内知之曰神，此之谓也。"望、闻、问、切的诊察方法在中医学中具有统领性的地位，明代徐春甫在《古今医统大全》中说："望闻问切四字，诚为医之纲领。"

扶正祛邪

"扶正祛邪"是中医的重要治疗方法。"扶正"，即扶助正气，也就是提升人体对疾病的抵抗力和对环境的适应力；"祛邪"，即祛除邪气，也就是除掉致病的因素。依照中医理论，疾病的发生酝酿于人体中正气与邪气相斗争的过程，正气增长，病情就向好的方面发展；邪气增长，病情就向坏的方面发展，所以治疗就要从"扶正"和"祛邪"下手，促使正气战胜邪气，从而消除疾病，令人体变得健康。

中药与方剂

中药，即中医用药，大体可分为植物药、动物药和矿物药3类，又可依据加工程度而分为中成药和中药材。中药学

是中华民族经过长期的精心探索而总结出来的宝贵成果，经过数千年的发展历程而不断得到丰富和完善。现存的最早的中药学著作为成书于汉代之前的《神农本草经》，书中记载了中药 365 种（植物药 252 种、动物药 67 种、矿物药 46 种），同时对每一味药的产地、性质、采集时间、入药部位和主治病症都进行了详细介绍，并且对各种药物的配合应用以及服药方法和药物的制剂类型都做了概述。及至明代，李时珍撰写的《本草纲目》载药 1892 种，附方 1 万多个，成为古代中药学的一部集大成之作。方剂是中药学的具体应用，指的是按照中医用药规则经过适宜的选择、酌量而制成的包含药物加工与服用方法在内的药方，简称为"方"。最早记载方剂的医书是汉初的《五十二病方》。东汉张仲景的《伤寒杂病论》将理法方药融于一体，共载方剂 314 种，被后世誉为"经方"，这表明方剂学此时已发展成熟。

人体的经络网

经络是经脉和络脉的总称，人体运行气血的纵行的干线称为经脉，而遍及全身各个部位的经脉的分支称为络脉，经脉与络脉共同构成了人体的经络网，将人体内外、脏腑和肢节联结成为一个有机的整体。经络系统以阴、阳来命名，分布于肢体内侧面的经脉为阴经，分布于肢体外侧面的经脉为阳经，一阴一阳衍化为三阴三阳，相互之间具有相对应的表

里相合关系，即肢体内侧面的前、中、后，分别称为太阴、厥阴、少阴，肢体外侧面的前、中、后分别称为阳明、少阳、太阳。在人体经络网中，十二经脉和十五络脉尤为重要。十二经脉发挥着主体性的作用，其名称分别是：手太阴肺经、手厥阴心包经、手少阴心经、手阳明大肠经、手少阳三焦经、手太阳小肠经、足太阴脾经、足厥阴肝经、足少阴肾经、足阳明胃经、足少阳胆经和足太阳膀胱经。十二经脉和任、督二脉各自别出一络，加上脾之大络，共计十五条，称为十五络脉，分别以十五络所发出的腧穴命名，如手太阴之别络、足太阳之别络、任脉之别络、脾之大络等。十五络脉加强了十二经脉中表里两经的联系，补充了十二经脉循行的不足。经络理论在中医学中占有着基础性的地位，对指导中医的各种诊疗实践有着决定性的作用。

穴 位

　　穴位，学名为腧穴，通常也称为穴、穴道，在中医学上指人体上可以针灸的部位，多为神经末梢密集或较粗的神经纤维经过的地方。中国古人很早就发现了穴位，成书于西汉之前的《黄帝内经》就指出"气穴所发，各有处名"，并且记载了160个穴位名称。魏晋时期的皇甫谧在《针灸甲乙经》中对人体340个穴位的名称、位置及其主治功能都一一进行了详切的论述。按照中医学理论，人体穴位是经络之气输注

于体表的部位，又是疾病反映于体表的部位，还是针灸、推拿、气功等疗法的施术部位。长期的实践证明，穴位具有"按之快然""驱病迅速"的神奇功效，但是穴位的实质究竟如何，人们尽管采用了种种现代的技术和理论去测定与分析，依然没有得出确论。

药 膳

药膳就是将某些具有药用价值的食物经过特定的烹调方法制作而成的一类特别的食品。药膳寓医于食，既将药物作为佳肴，又将食物赋以药用，从而在享用美味的同时又获得了医疗的效果。药膳营养价值和药用价值兼备，相比较服用单纯的药剂而具有明显的优点，因此有"药补不如食补"之说。远古时期，人们寻找各种可利用的植物和动物，有些动植物可供人们果腹，有些动植物可供人们治疗疾病，对于大多数动植物来说这两种作用是分开的，人们发现其中有一部分兼具食用和药用两种价值，这就是最初的药膳。"药膳"一词在史籍中最早见于《后汉书·列女传》，其中有"母亲调药膳思情笃密"的句子，早在东汉之前，药膳作为一种实际应用就已经长期存在了。到汉代，则形成了非常丰富的药膳知识，东汉末年成书的《神农本草经》中记载了大枣、人参、枸杞、茯苓、生姜、杏仁、乌梅、鹿茸、蜂蜜、龙眼等具有药性的食物，这些食物已经成为配制药膳的原料。东汉

宝玉喝莲叶汤

此为清孙温绘全本《红楼梦》中插图。讲的是宝玉要喝莲叶汤，贾母自己做好，让玉钏送去。莲叶汤正是药膳中的一种。

名医张仲景在《伤寒杂病论》《金匮要略方论》中更是提出了大量的饮食调养方法配合药剂的治疗。至唐代，"药王"孙思邈在《备急千金要方》中设立了《食治》专篇，这标志着药膳已发展成为一个专门的学科。而后药膳的理论知识得到持续的完善，药膳的应用也从宫廷到民间，遍及千家万户。

扁 鹊

扁鹊，生卒年不详，约生于春秋晚期和战国早期，齐国勃海郡（今河北任丘）人，一说为齐国卢邑（今山东长清）人，姓秦，名越人。"扁鹊"本是黄帝时代的名医，因为秦

越人医术高明，所以人们称誉其为"扁鹊"。扁鹊是中国历史上第一位有确切记载的名医，被认为是中医学的鼻祖。扁鹊最大的贡献是创造了望、闻、问、切的诊断方法，还广泛地应用砭刺、针灸、按摩、汤液、热熨等方法治疗疾病，奠定了中医临床诊断和治疗方法的基础。《史记·扁鹊仓公列传》记载："扁鹊名闻天下。过邯郸，闻贵妇人，即为带下医；过洛阳，闻周人爱老人，即为耳目痹医；来入咸阳，闻秦人爱小儿，即为小儿医；随俗为变。"扁鹊遍游各地行医，擅长各科，在邯郸为妇科医生，到洛阳为五官科医生，入咸阳则又为儿科医生。但是到秦国后，秦太医令李醯因为自己的医术不如扁鹊，而将扁鹊刺杀。扁鹊著有《内经》和《外经》，都已失佚。

华 佗

华佗（约 145—208 年），字元化，沛国谯（今安徽亳州）人，东汉著名医学家。《后汉书·华佗传》说他"兼通数经，晓养性之术""精于方药"，医术高超，被人们称为"神医"。他精通内、外、妇、儿、针灸各科，尤以外科著称，他一生主要在今安徽、江苏、山东、河南一带行医。曹操患头风病，华佗以针刺法治疗，很快治愈。曹操想留他做侍医，遭到华佗的拒绝，因而被曹操杀害。

《三国志》上载有华佗治疗的 20 多个病例，如传染病、

寄生虫病、妇产科病、小儿科病、皮肤病、内科病等。华佗首创了中药全身麻醉剂——麻沸散，并应用于腹部外科手术，这在全世界是第一例，对后世影响极大。后世的中药麻醉都是在麻沸散启发下发展起来的，在世界麻醉学和外科手术史上，也有很大影响。华佗长于养生，模仿动物动作发明了"五禽戏"，进行医疗体育锻炼。他曾把自己的医疗经验写成一部医学著作，即《青囊经》，可惜失传。

孙思邈

孙思邈（581—682年），京兆华原（今陕西铜川耀州区）人，隋唐时期著名医药学家，被后人尊为"药王"。孙思邈自幼体弱多病，家人为给他看病几乎耗尽家财。因此，他从小就立志要从事医学研究。他认真阅读了《黄帝内经》《伤寒杂病论》《神农本草经》等古代医书，钻研民间方药，向经验丰富的医生学习。到二十多岁时，孙思邈已经成为一个有名的医生了。隋文帝、唐太宗、唐高宗都请他出来做官，但都遭到了拒绝。

孙思邈长期生活在民间，广泛搜集民间药方，积累了丰富的医疗经验。孙思邈不但精通内科，而且擅长外科、妇产科、儿科、五官科等，还掌握了针灸技术和渊博的药物学知识。他最早描述了下颌骨脱臼的复位手法，一直沿用到现在。在长期的医疗实践中，孙思邈深切感到过去的方药医书浩博

庞杂，分类也不科学。因此他一方面阅读医书，一方面广泛搜集民间方药，编成《备急千金要方》和《千金翼方》，这两本是供家庭备用的医药卫生手册。之所以用"千金"命名，是因为孙思邈认为人命比千金还要贵重。

李时珍

李时珍（约 1518—1593 年），字东璧，蕲州（今湖北黄冈蕲春）人，明代医药学家。出身于世医家庭，受家庭的熏陶，李时珍从小就喜爱医药，立志悬壶济世。经过刻苦学习和实践，在 30 岁时李时珍已经成为当地名医。后楚王聘李时珍到王府掌管良医所事务，3 年后，又推荐他上京任太医院判，后经举荐补太医院之阙，一年后辞官回家。其间，李时珍阅读了王府和太医院里大量的医书，医学水平大增。

在李时珍之前，中国医学书上记载的药物有 1558 种，这些药物不仅品种繁杂，而且名称混乱。医生们在行医时非常不方便，有时候还会开错药。李时珍决心把这些药物整理出来，重新编定一本药典。他深入民间，向农民、渔民、樵民、药农请教，查阅医书 800 多部，对药物一一鉴别和考证，纠正了古书中的许多错误，还搜集许多新药物，历时 30 多年，写成了《本草纲目》一书。《本草纲目》对药物进行了分类，首先为纲，其次为目，再次是药名、产地、形色、药用等。

《本草纲目》对后世医学影响很大，还传至日本、朝鲜、越南等国。

　　《本草纲目》共 52 卷，190 余万字，载有药物 1892 种，收集医方 11096 个，绘制精美插图 1160 幅。是作者在继承和总结以前本草学成就的基础上，结合作者长期学习、走访所积累的大量药学知识，经过实践和钻研，历时数十年而编成的一部巨著。分为十六部六十类。每种药物分列释名（确定名称）、集解（叙述产地）、正误（更正过去文献的错误）、修治（炮制方法）、气味、主治、发明（前三项指分析药物的功能）、附方（收集民间流传的药方）等项。全书收录植物药 881 种，附录 61 种，另有具名未用植物 153 种，共计达 1000 多种。占全部药物总数的 58%。

　　《本草纲目》不仅考证了过去本草学的若干错误，提出了较为科学的药物分类方法，而且融入先进的生物进化思想，并丰富了临床实践经验。是对几千年来祖国药物学的总结，也是我国医药宝库中的一份珍贵遗产，被誉为"东方药物巨典"，对近代科学以及医学影响甚大。